THE

WILL STORR

ステータス・ゲームの心理学

なぜ人は他者より優位に立ちたいのか

ウィル・ストー　風早さとみ[訳]

STATUS

GAME

原書房

ON SOCIAL POSITION AND HOW WE USE IT

ステータス・ゲームの心理学

愛する息子のジョーンズへ

「おお、アテネよ。あなたの民からよい評判を得るために、わたしがどれだけの危険を冒しているか信じられるだろうか？」

アレクサンドロス大王（紀元前三五六〜紀元前三二三年）

目次

プロローグ

人生はゲームだ。

まずこれを理解せずに、人間の世界は理解できない。生きている誰しもがゲームをプレーしている。その隠されたルールは人々のなかに組み込まれ、わたしたちの思考や信念や行動を密かに指示している。こうしたゲームはわたしたちの内にある。つまりゲームこそ、わたしたち人間なのだ。誰もがプレーせずにはいられない。

人生がこのような不思議なあり方をしているのは、わたしたちの進化の過程に理由がある。ほかのあらゆる生物と同じように、人間も生き残って繁殖していかなければならない。集団意識の強い種である人間の個々の生存は、支えてくれるコミュニティに受け入れられるかどうかにつねに依存してきた。わたしたちは、他者とのつながりを余儀なくさせる強い感情――すなわち、受け入れられる喜びと、拒絶される苦しみ――を発達させてきた。しかし、いったんどこかしらの集団に属すると、その底辺で満足していることはほぼない。人はそのなかで上昇しようとする。その試みがうまくいき、コミュニティから認められ評価されるとき、わたしたちは幸せを経験する。あたかも自分の人生に意味と目的があり、それに向かって前進しているように感じるのだ。こうした感情も、決して偶然ではない。人間の脳が進化によって設計されてきた数百万年というあいだ、わたしたちは周囲に比べて自分のステータスが高ければ高いほど、生き残って繁殖する可能性を最大化することができた。石器時代に遡れば、高いステータスはよりよい伴侶やたくさんの食料を得られ、そして自分や子孫たちの身をより安全に守れることを意味した。それは現代でも変わっていない。だから、わたしたちは集団に受け入れられ、そのなかでステータスを勝ち取るために、人とのつながりや地位を求めずにはいられない。これが人生というゲームだ。

パプアニューギニアの前近代社会から東京やマンハッタンの摩天楼の森まで、どこを旅しても、人間は集団を形成し、ステータスを求めてゲームをしている。先進国で行われるゲームの種類はまるで無限だ。政治ゲーム、宗教ゲーム、企業ゲーム、スポーツゲーム、カルトゲーム、法律ゲーム、ファッションゲーム、趣味ゲーム、コンピュータゲーム、チャリティゲーム、ソーシャルメディアゲーム、人種／ジェンダー／国家ゲーム。これらの集団のなかで、わたしたちは個人のステータス——つまり、ほかの参加プレーヤーからの称賛を求めて努力する。同時に、自分の属する集団もまた、ライバルの集団とステータス争いをしている。政治連合は別の政治連合と戦い、企業は別の企業と戦い、サッカーチームは別のサッカーチームと戦う。参加しているゲームがステータスを勝ち取ると、自分自身もステータスを得られる。ゲームが負ければ、自分もステータスを失う。これらゲームはわたしたちのアイデンティティを形成する。わたしたちは、自分がプレーするゲームになるのだ。

ステータスを勝ち取り保持しようとするこの生来の欲求は、地位への渇望とその喪失への恐怖を人々に与える。それがわたしたちの思考を歪め、確実に得られるはずの幸せの可能性を否定する。そのため、ほかの動物より、まるで神のごとくはるか高みにのぼっても、人間はいまだ動物たちと同じ、いや、むしろそれ以下のふるまいをするのだ。策略や称賛をつねに気にするわたしたちは、ともすれば狭量で憎しみ深く、攻撃的で傲慢で思い込みが激しくなってしまう。人はたとえわずかだとしても、仕事、恋愛、家庭、インターネットの書き込みなど、あらゆる社会交流においてステータスを求めてプレーしている。自分の服装、話し方、信じるもので勝負をし、自分の人生で――過去や、将来の夢や計画の話で――勝負をする。わたしたちは起きているあいだ、次々と押し寄せるさまざまな感情にさらされる。ほんの少しでも転落すれば恐怖を感じ、上昇すれば恍惚に酔いしれる。わたしたちは幼少時から墓場まで、毎日毎日、一瞬一瞬、上へ下へと行き来している。人生とは、理想の目的地へ向かう旅ではない。これは終わりのないゲームだ。このことは、わたしたちにとって最悪の事実である。

だが同時に、最高の事実でもあるのだ。もし人生にこのような特異なプレー方法がなかったら、そもそも人間がほかの動物より上位に立つことはなかっただろう。わたしたちはステータスを得るのに、さまざまな戦略を立てる。人は最高の狩人、最高の建築家、最高の料理人、最高の技術者、最高のリーダー、最高の富豪になるために努力する。ゲームのために、わたしたちは策を練り、革新し、勝つために限界ぎりぎりまで自分を追い込む。成功すれば、何十、何百、何百万という人が自分のプレーから利益を得るかもしれない。また人は、徳のためにも努力する。差し迫ったモラル戦争に勝つために、危機に瀕した人々を救うために、遠く離れた大陸に住む見知らぬ人々を貧困から救いだすために、自分たちが死んでからずっとあとに生まれてくる人々の命を守るワクチンを開発するために。こうしたあらゆる努力には、恥、プライド、沈痛、高揚といったゲームによるさまざまな感情が伴う。

もちろん、ステータスだけによって人生が突き動かされるわけではない。わたしたちはほかの偉大な原動力によっても意欲を掻き立てられる。権力やセックスや富を欲し、社会をよりよく変えたいと考える。だが、これらの欲求はすべて、ステータス・ゲームをプレーすることによって最も満たされる。世界を支配したい、世界を救いたい、世界を買い占めたい、世界をめちゃくちゃにしたい、そんなときに何より追い求めるべきはステータスだ。ステータスこそ、わたしたちの夢を切り開く黄金の鍵なのだ。そのことを、人間の潜在意識は知っている。心理学者のブライアン・ボイド教授も述べているとおり、わたしたちは「生まれながらにして獰猛にステータスを追い求める。たとえ無意識であっても、周囲の人を感心させることで執拗に自分の地位をあげようとし、また地位という観点で相手を当たり前のように評価する[1]」

これは人間性に対するいやな見方のように感じるかもしれない。ある部分では、たしかにそうである。しかし、この一面はまた光にも刺激にもなれるとわたしは信じている。人類が、徳高く互いに報酬を与えあうシステムを発展させたことは実に驚くべきことだ。その結果として、勇気と利他的行為が生まれる。また、自分の能力に報いようとする人間の本能は、革新と文明につながる。わたしたちが人間性のなかで最も大事にしているこれらの資質は、ステータス・ゲームによって鼓舞されているのだ。

しかし、それに劣らず重要なのが、本書の警告である。こうしたつい語りたくなってしまう心をくすぐるような話の深層を掘りさげ、真実を明らかにすることで、人がいかに簡単に誤った信念や専制政治に誘惑されるかをよりはっきりと理解できるようになるだろう。人生が悪い方向に進んでいるときに人が実際に何をしているかを理解すれば、その罠をより賢く回避することができる。同様に、うまくいっているときに何をしているかを理解すれば、よりよい未来を築ける。そうしてすべての人の平等、富、生活の質を向上させることができるはずだ。

　こうした理解は必要不可欠だ。本書は、欧米諸国で憤りと恐怖が蔓延する時代に執筆された。左派と右派の政党があまりに似ていることが不満の中心だったのは、そう昔の話ではなかったように思う。〝新自由主義〟的資本主義の僅差のバージョン違いであるだけなのに投票する意味はあるのかと、わたしたちは疑問を持ったものだった。しかし、いまやそう問うこともうない。二一世紀の最初の一〇年には、世界的な金融危機、スマートフォンの発明、ソーシャルメディアの台頭などが起こった。右派は独立国家支持の計略に煽られる形で、ブレグジット［イギリスの欧州連合離脱］やトランプに向かって右傾化した。左派はアイデンティティ政治に向かい、ギャモン［gammon 赤ら顔のブレグジット支持者］、シス［cis シスジェンダー］、ブロ［bro 保守的な男性］、カレン［Karen 自己中心的な白人女性］、TERF［トランスジェンダー排除的ラディカル・フェミニスト］、マンスプレイナー［mansplainer おもに女性を見くだし、決めつけた発言をする男性］、マンスプレッダー［manspreader 公共交通機関で脚を広げて座るなど人の迷惑を考えない男性］、ホワイト［white 肌が白いことを揶揄する］、プリヴァレッジド［privileged 特権］、ペール・メール・ステール［pale-male-stale 思考の凝り固まった白人中年男性］といった侮辱用語を新たに辞書に追加するなど左傾化した。家族は言い争い、友情は壊れ、間違った考えを持つ市民やセレブや学者は袋叩きにされ、グローバル企業は政治的見解を拡散し、ニュースを読むと、まるでイラクサのなかを泳いでいるような気になった。いったい世の中はどうしてしまったのだろう？

　人間が同じ過ちを繰り返し、集団同士で争いつづけるのも、人生をゲームとしてプレーしているからだろう。わたしたちの脳はつねに無数の方法で、他人に対して自分がどの位置にいるかを測定し、自動的に自分や属する集団を地位のヒエラルキーに振り分ける。こうしたプロセスのほとんどは無意識のうちに行われ、自分でも気づかない。しかしここで重要なのは、人生をゲームとしてプレーしているあいだ、わたしたちの意識的経験は物語の形を取るということだ。脳はわたしたちに、なぜ彼らのほうが自分より上なのか、あるいは下なのかについて、歪んで単純化された、身勝手な物語を植えつける。こうして複雑な真実は、漫画のように現実離れした善と悪の道徳闘争に置き換えられてしまうのだ。人はみな、こうした物語を信じやすい。これらの物語が現実の経験を形づくり、わたしたちの気分をよくすることで、より高い地位を目指して努力するモチベーションになる。だが、こうした物語は妄想にすぎない。これこそが、人間という種につきまとう傲慢、憎悪、偽善のおもな要因であり、わたしたちを殺人に駆り立てることとさえあるのだ。

以下の章では、心理学、人類学、社会学、経済学、歴史学などの研究をもとに、人生の隠された構造を探っていく。その秘めたパターンを明らかにするために、進化のルーツを遡り、ソビエト連邦、ニジェール共和国、巨大なヤムイモを生育するミクロネシアの島々のコミュニティなどをたどる。また、ナチス・ドイツ、イギリス産業革命、一九八〇年代にアメリカで起こった悪魔的儀式虐待のあいだの共通点を突き止め、ワクチン反対陰謀論者、女性憎悪の連続殺人犯、カルト教団員、ネット上の暴徒や人種差別主義者たちの心のなかに入り込む。そして専制政治——つまり、ステータス・ゲームが悪い方向へ進んだ状態——を新たに定義する方法を見いだす。本書では、世界の物語をふつうとは異なるやり方で紹介する。すなわち、ステータス・ゲームのルールが、往々にして偶然に書き換えられたときに人や文化が変化するものとして、世界を見ていく。ここでは、ステータス・ゲームを異なる三種類——支配ゲーム、美徳ゲーム、成功ゲーム——に定義づけし、いかにある種のプレーがわたしたちをより公平で豊かな明日へ導くことができるのかを問う。最後に、人それぞれが人生というゲームをプレーする際に役立つ実践的なアドバイスを紹介する。

本書は、わたしが過去に書いた二冊の本に基づいている。『異端児たち(The Heretics)』(未邦訳、二〇一三年)では、賢い人々がなぜおかしなことを信じてしまうのかと疑問を呈した。そこでは、当該の〝事実〟が自分の語る英雄物語を助長したり脅かしたりするときに、人はとくに不合理なものに影響されやすくなると結論づけた。『セルフィー(Selfie)』(未邦訳、二〇一七年)は、自己をたどり、また進化、文化、経済がどのようにわたしたちを形成してきたかを紐解く旅だった。そこでは、高度に個人主義的な新自由主義経済が、西洋を不健康な〝完璧主義の時代〟に投げ入れたのではないかという考えを打ちだした(本書の第二六章でも短く再考されている)。以下では、これらのトピックをまとめ、新たなものに結びつけていきたいと思う。

もし、わたしの前書『ストーリーテリングの科学(The Science of Storytelling)』(未邦訳、二〇一九年)から本書にたどり着いてくれたのなら、とんでもない矛盾に陥ってしまったのではないかと思うかもしれない。人の脳はストーリーテラーだと苦労して説いたのに、今度はゲームプレーヤーだと主張しているのだから。しかし、このあと明らかになればと思うが、実際のところ、これはより深いレベルで検討された並行した議論なのだ。意識的経験が物語としてまとめられるものだとすれば、本書はその下の潜在意識の真実を扱っている。

このテーマを研究するようになって数年のうちに、わたしはほかの人々について、また彼らがなぜあんなにも憤り、卑劣になれるのか、混乱してしまうのか、それでいてなぜ素晴らしいのかがわかるようになってきた。彼らは——そして、わたし自身も——、もはやそれほど謎めいた存在ではない。わたしの願いは、人生をより正確にとらえることで、みなが生きる困難を乗り越え、その恐怖から身を守り、最終的には意義深く、安全で幸せな人生を送る方法について少しでも自信が持てるようになることだ。以下は、ステータス・ゲームへのまだ未完成の旅だ。生まれたときからすでにプレーヤーである読者のみなさまには、きっとご理解いただけることと思う。

第一章　ベン・ガンの人生とその後

スチールの椅子の脚を空中にあげ、それを新しい友だちの頭上に振りおろしたとき、ベンの人生は始まった。一九八〇年四月九日、午後七時をちょうど過ぎた頃、ウェールズのブレコンにある学校の運動場でのことだった。「自分の人生はあのとき始まった」とベンは言った。「それ以前にいっさい意味はない」

ベンは一四歳、被害者のブライアンは一一歳だった。その日の早い時間に、彼らは児童養護施設から抜けだした。そして誰もいない学校のグラウンドで壊れた家具の山を見つけ、格闘ごっこに興じた。遊んだあと、ベンはうっかり自分の秘密を漏らしてしまった。彼は自分の言ったことが信じられなかった。もしこの告白が明るみに出たら、社会全体から拒絶され、通りで唾を吐かれ、まったく無価値な存在になってしまうに違いない。「考えなんてなかった。ただうっかり話してしまって、ブライアンに世間にばらされると思った。感情にのみ込まれたんだ。次の瞬間には、椅子の脚で彼を殴っていた。自分が破滅すると思ったから」

ベンは電話ボックスに走り、九九九番に電話をかけた。「子どもを殺してしまった。棒で殴って、首を締めた気がする」ブライアンは、頭蓋骨の一部が失われた状態で発見された。三日後、彼はカーディフ王立病院で死亡した。ブライアンの死をベンが初めて知ったのは、弁護士にこう言われたときだった。「さて、これで殺人扱いになる。誰も教えてくれなかったのか?」無期懲役の判決が言い渡されたとき、ベンは学校の制服を着ていた。裁判官が総括を述べるより早く、彼は連れて行かれた。「被告は道理なく少年を殺害した。動機もなく、殺人になるとわかっている状況で、被害者の人生を終わらせ……」

刑務所では、取るに足りない存在として扱われた。最初、雑居房が見つかるまでのあいだ、「やつらは服も寝具も、持ちものすべてを床に積みあげると、さっさと出ていった」という。ベンは憤慨し、片づけるのを拒否して、三日間も床の上で眠った。直々に命令されても、拒否しつづけた。すると独房に送られた。彼は冷たい独房でひとり座った。いまやそこが彼の世界だった。ベンは子ども殺しの最低の人間だった。何も持たず、何者でもなかった。

ベンは脱獄を試みた。餓死しようともした。刑期一〇年が過ぎ、初めての仮釈放聴聞会で、彼は釈放を認められなかった。その後も何度も何度も却下された。一二年、一五年、二〇年、二五年、それでもベンは刑務所のなかだった。そして二〇〇七年の夏、彼は訪問教員のアレックスと恋に落ちた。「彼はカーキズボンをはいていて、髭がここまであった」とアレックスは語った。「ウサマ・ビン・ラディンとラスプーチンをかけあわせたような見た目で、コーヒーをなみなみと注いだ汚い水差しを運んでいた。『あの人は誰?』とわたしは訊いた。『ベン・ガンだ。あいつとは関わるな』と言われたわ」

しかし、アレックスとベンはつきあいはじめた。ふたりは文房具をしまってある戸棚のなかでセックスをした。授業中、アレックスがベンのパソコンに文字を入力し、あたかも勉強を手伝っているように見せかけながら、実は愛と欲望の言葉をこっそり交わしていた。互いに何百というポストイットをやりとりし、録音した声をメモリースティックで送りあった。ベンは毎日午後の一二時、四時半、九時に密かに手に入れた携帯電話でアレックスに電話した。

二〇一〇年、ベンの服役期間は三〇年になっていた。最短の刑期より三倍も長く、本来なら何十年も前に釈放されているはずだった。だが、聴聞会の機会がやってくるたび、ベンは釈放を認めない新たな理由をあえて刑務所に提供していた。彼の釈放運動をしていたマイケル・ゴーヴ庶民院議員は、『タイムズ』紙に自身の考えをこう述べている。[1]「おそらくベンの性格には自己破壊的な要素があったのだろう。というのも、当局はつねに報告すべき大なり（といっても決して暴力的ではない）小なりの軽罪があったとして、仮釈放を拒否してきた」ベンに塀の外に出てもらおうと、アレックスは出所したら一緒に楽しめるものを絵に描いた。田舎のコテージ、冬の暖炉、猫。彼女には理解できなかった。出所すれば、アレックスのことも、ほかのほしいものもなんでも手に入るのに。ただおとなしくしているだけでよかったのに。なぜベンは拒むのか？

そしてある日、ベンは彼女にはっきりとこう言った。「ここにいたいんだ」

*

もし人生がわたしたちの想像するとおりなら、この話はありえない。自由、愛、コッツウォルズの美しいコテージがベンを待っていたのだ。まるで宗教寓話、ハリウッド映画のエンディング、典型的な英雄的贖罪物語だ。罪を償い、ようやく最終目的地にたどり着き、輝かしい報いを受ける。だが、ベンはそれを望まず、刑務所にとどまることを選んだ。

なぜベンは塀のなかの生活にしがみついたのか？　餓死しようとするほどのどん底の心理状態から、どうやって自分の身を救ったのか？　このように逮捕され、自分が望むあらゆる尊厳が奪われ、ほかの犯罪者や、自分を侮辱する刑務所職員とともに陰気な建物に閉じ込められたとき、人々はどうやって自分の身を守ればいいのか？　何十万年もかけて進化してきた脳は、このような状況にどう反応するのだろうか？

脳は、脳それ自体のための人生を構築するのだ。人生らしい人生を。

遡ること数年前、ベンは勉強を始めた。禅、軍事史、政治、物理学。彼は政治学と歴史学で学士号を、さらに平和と和解学で修士号を取得したあと、犯罪学の博士課程に進み、囚人協会の事務局長にも任命された。「自分は破壊分子として、あるいは政治オタク、刑務所弁護士〔囚人ながら司法に詳しく、自ら弁護に立ったり、ほかの囚人たちに法的アドバイスをする人〕として知られるようになった」。さらにベンはヴィーガンになった。「倫理の問題というより、面倒だから」（ある昼食時に、刑務所職員は仕返しに彼を困らせようと、マッシュドポテトと茹でたポテトに、焼いたポテトを添えた食事を出したという）

ベンは、「権力の乱用に抵抗する」という考えのもとでゲームをプレーすることで、人生を切り開いた。彼はそのゲームの第一人者となった。刑務所にいるあいだ、彼と同じくらいそのゲームのルールに精通していると思われる刑務所長にはひとりしか出会わなかったそうだ。ベンはほかの囚人たちが制度と戦う手助けをし、ときには、ほんのささいな軽罪に対して細かな反論を訴えて、警官を追いつめることもあった。彼は職員のあいだで悪名高い存在となった。仮釈放委員会はベンを「償いを終えてなお抵抗する囚人」と認定した。ベンの勝ちだった。「彼は刑務所でちょっとした大物だった」と、アレックスはわたしに言った。

「出所すれば、それがたちまち変わってしまうのはわかっていた」とベンは言った。「小さな池のなかの中型の魚から、ただの前科者になると」

そんな彼を説得するために、アレックスはベンにブログを書いたらどうかと勧めた。二〇〇九年八月三一日、彼のブログサイト「PrisonerBen（囚人ベン）」に初めての投稿が公開された。読者数は二万人を超え、二〇一一年には権威あるオーウェル賞の候補にも選出された。そしてついに、ベンは考えを改めた。二〇一二年八月二三日、囚人番号一二六一二番のベン・ガンは、四七歳にして釈放された。出所前、ある刑務所職員は彼にこう警告したという。「おまえはここでのステータスを失うことになる」

「その人はどういう意味で言ったのです？」わたしは尋ねた。

「無期刑囚は、刑務所のヒエラルキーのなかで特別な立場にいる。刑務所弁護士にしてもそうだ」とベンは言った。「こうした諸々がステータスとなるが、出所するやいなや関係なくなるのはわかっていた」

わたしの知るかぎり、職員たちは正しかった。釈放されてから、ベンは苦しみつづけた。痩せ細り、青ざめ、頭を剃りあげ、コッツウォルズにあるアレックスのコテージの日当たりのよいサンルームに座って細いタバコを巻きながら、彼は絶望に崩れ落ちる自分を鮮やかにこう描写した。「どこか無意識のレベルで、釈放されることに強い不安を覚えていた。二週間も前後にゆらゆら揺れながら床に座っていたよ。刑務所なら自分の居場所がわかった。自分がどんな人間で、どうありたいかもわかった。だがいまは完全に見失ってしまった。心が壊れそうだ」それでも、わたしがステータスの急落に苦しむだろうと予言した刑務所職員たちは正しかったということかと尋ねると、ベンは否定した。

人はなぜそうするのかと尋ねられたとき、「ステータスのためだ。それが大好きでね」とはまず言わない。ステータスを原動力と考えるのは不快かもしれない。ましてや、何よりも大事だとはとうてい考えたくないだろう。それは、自分たちが語りたいと思う英雄物語と矛盾する。人生の大きな目標を追い求めるとき、人は幸せな結末に注目しがちだ。わたしたちは、資格、昇進、転機、栄冠を望む。ステータスへの欲がそれほど根本的なものなら、わたしたちがそれに対して不快感を覚えるのは意外に思えるかもしれない。だが、そこがゲームなのだ。自分の地位をあげることがモチベーションになると認めれば、他人から軽視され、自分の地位を落とすリスクを負いかねない。そう自身に認めるだけでも、自分の格がさがる気がする。こうして、ステータスに対する欲の意識は自らを蝕む。人はライバルのステータス欲にすぐに気づくもので、それを侮辱の手段に使うことさえある。他人を落として、自分をあげようとする。皮肉な話だが、これぞステータス・プレーのあり方なのだ。

このようにステータスは身を隠す巧妙な技を備えているので、罪の意識に隠れたその獲物を引きずりだしてあげようではないか。ステータスとは、好かれたり受け入れられたりすることではない。それらは、つながりと関連する別の欲求である。人が自分に従ったり、敬意を払ってくれたり、感心したり褒めてくれたり、つまり、なんらかの形で自分が人に影響を与えることができたとき、それがステータスだ。ステータスとは気分のよいものだ。それを気分がよいと感じることは、人間の本質でもある。それは人間の基本的なプログラミングのなかに、進化のなかに、DNAのなかにあるものだ。別にワールドカップでゴールを決めたり、デス・スターを吹き飛ばしたりするような偉業は必要ない。わたしたちは、たった一回の会話や、通りすがりの人の視線を通して、ステータスのベルベットのような感触を繰り返し味わうことができるのだ。

人前にいるときは、意識的であれ無意識的であれ、わたしたちはつねに判断され、評価されている。その評価が重要な意味を持つ。心理学者がどの視点を切り取っても、ステータスと幸福とのあいだの驚くほど強力な関係性が見えてくるという。一二三カ国、六万人以上を対象にしたある研究で、人々の幸福は「他人からどれほど尊敬されていると感じるかの度合いにつねに左右され」、ステータスの獲得やその喪失は、「長期的な肯定的・否定的感情の最も強力な予測因子」であることが判明した。[2] さらに、その学術文献の詳細なレビューはこう結論づけている。「ステータスの重要性は、文化、ジェンダー、年齢、性格の異なる個人のあいだで観察され、(中略)こうした重要な証拠は、ステータスへの欲望がまさしく根本的なものであることを示唆している」[3]

ベンの話は、生き方への深い教訓になる。人はすべてを奪われても生きていけると教えてくれる。人生では、社会から軽蔑され、児童殺害犯に分類され、刑務所のような強引な力と対立することもある。苦悩のあまり、四三日間も食事を拒み、眼球が乾くまで飢えることもある。しかし、そのようなひどい転落の状況からでも、わたしたちは花開くことができる。ベンは、意味と目的のある人生を築いた。彼は、似た考えを持つ人々のなかに身を置き、ステータスの獲得を目的としたゲームをプレーすることで、それを実現したのだ。ベンは無期刑囚かつ刑務所弁護士という地位によって服従と尊敬を勝ち取り、やがて刑務所職員と対立するほかのゲーム参加者たちの役に立つようになった。そして多くの人から称賛され、価値ある存在になっていった。彼は日々、何カ月も何年もこのゲームに努力を注ぎ込み、自分にとって意味ある世界を築きあげた。しかし、出所後、彼は崩壊した。もし自由が人生をかけてつくりあげた意味ある世界からの追放を意味するのなら、自由は地獄だ。

第二章　まわりとうまくやりつつ、人より成功する

ベンが刑務所で成功できたなら、わたしたちも成功を望めるはずだ。たいていの人は、ベンに比べれば自分には決断力も機会もまだあるほうだと思うことだろう。なんて簡単なんだ！　ドアを開けて一歩外に踏みだせば、喧騒と驚きに満ちた世界が広がっているのだ。自分をおおいに信じて努力すれば、なんでもできる、なんにでもなれる。そうよく耳にする。

だが、そんなに簡単なことではない。世界は想像とは違う。ドアの向こう側に行っても、七〇年、八〇年と雄々しく行進できるような、幸せへの単純な道はないのだ。そこでは誰もがゲームをしている。そのゲームには独自の隠されたルール、罠、抜け道がある。しかし、日頃から積極的に参加しているにもかかわらず、その構造をしっかり意識できている人はほとんどいない。ならば、この素晴らしいゲームにみなで目を開こうではないか。人生とは何か、何を目指すものなのか、より具体的に定義してみよう。

人間とは類人猿の一種だ。[1]労働を共有する高度に協力的な集団に属することで生存している。[2]かれこれ五〇〇世代にわたり、定住したコミュニティで暮らしている。だが、人間はそれよりはるかに長いあいだ、少なくとも一〇万世代にわたって狩猟採集集団のなかで移動しながら生きてきた。わたしたちの

脳は、その頃の生活様式のためにプログラミングされた状態のままなのだ。わたしたちは、いまなお部族的であり、他人の集合体とのつながりを本能的に求めずにはいられない。ある集団にひとたび受け入れられると、彼らの承認と称賛を得るために努力する。

わたしたちが繁栄するためには、この承認と称賛が不可欠だ。人間の脳が進化してきた前近代的コミュニティでは、「社会ステータスは資源を支配するうえでの世界共通の合図だ」[3]というのが研究者らの見解であると、心理学者のデイヴィッド・バス教授は述べている。「ステータスはよりよい食物、肥沃な領土、優れた医療をもたらす」ほか、よりよい伴侶を得る機会にもつながり、「下層階級の家庭の若者が得られないような社会的機会を子どもに与える」という。複数の研究者が世界の一八六に及ぶ前近代社会を分析したところ、ステータスの高い男性は「確実に人より多くの富と妻を持ち、自分の子どもたちにより栄養ある食事を与えている」ことが判明した。これこそ、昔もいまも変わらず生存能力と繁殖能力を最大化する秘訣である。つまり、地位が高くなればなるほど、人は生き延び、愛を育み、子孫を残す可能性が高くなるのだ。これが人間の繁栄の本質、すなわちステータス・ゲームである。

進化の過程で、わたしたち人間は参加できる集団を探し、そのなかで地位を求めて努力するようプログラムされてきた。しかし、とくに現代では、属する集団はひとつにかぎられない。刑務所にいるわけではない人々にとって、人生は複数のゲームをプレーすることが一般的だ。考えの似た者同士がつながるとき、必ずゲームが進行する。職場、ネット、競技場、ボランティアセンター、クラブ、公園、活動家団体、さらには家でも。プレーに必要な最低条件はつながりである。ステータスを得られる前提として、まずプレーヤーとして集団に受け入れられなければならない。

心理学者によると、他者とつながり、彼らに受け入れられていると感じるだけで、人間にとって非常によい効果が得られるという。だが同様に、他者とのつながりに失敗したときに、人間の心や体がどう反応するかも明らかになっている。さまざまな研究から、うつ病患者はほかの人より属している集団が「はるかに少ない」傾向にあることがわかっている。[4] 長年の研究では、うつ状態にある人が集団と自分を同一視すればするほど――つまり、集団に投資する自己意識が高まれば高まるほど――、症状が改善することが示唆されている。[5] つながりを持てないと、身体的な病気にもなりかねない。多くの研究が、他者と有意義なつながりがどの程度あるかを観察することで、死亡率を予測できることを明らかにしている。カリフォルニア州アラメダ郡の住民七〇〇〇人近くを対象にしたある調査では、「長生きする可能性が最も高いのは、面と向かったたしかな人間関係を築いている人々である」[6] ことが判明したと、心理学者のスーザン・ピンカー氏は書いている。住民たちの社会関係、またはその不足によって「彼らの健康、富、体力とは無関係に死亡率が予測された」という。

断絶は、社会的動物にとって恐ろしい状態である。それは、その人の生活が破綻し、世界が敵になる前兆だ。つながりがないところには、保護もない。孤立はわたしたちに大きな打撃を与え、人のあり方を変えてしまう可能性がある。心理学者のジョン・カシオポ教授は、孤立によって人は「守勢」に追い込まれ、さらなる拒絶から身を守ろうとすると書いている。[7] 他者に対する認識も歪み、人々が「より批判的で競争心が強く、中傷的で感じが悪く」見えるようになる。こうした誤った解釈は「すぐさまあらぬ予想に結びつく」という。わたしたちは支離滅裂で辛辣で否定的になり、「夫婦喧嘩が悪化する、近所との衝突が増える、全体的な社会問題につながる」といった思考回路に陥ってしまう。

こうなると、人はより孤立し、さらに多くの反社会的行動に傾倒しやすくなる。拒絶された人々は処罰を与える傾向が強くなり、寄付したり見知らぬ人を助けたりといった行為が減る。[8] 自己破壊的な習慣を持つこともある。ある研究で、チョコチップクッキーの試食と称して参加者が集められた。[9] 実験前に、参加者はほかの被験者と交流し、組みたい相手をふたり選ぶよう言われた。そのうちの何人かは誰にも選ばれなかったと嘘を告げられ、また何人かは全員から選ばれたと告げられた。社会的に拒絶された前者のグループは、拒絶されなかったグループより平均で九枚、およそ二倍も多くクッキーを食べた。さらに彼らの大半はクッキーの味をより高く評価した。これは、拒絶されたことで甘い食べものに対する知覚が実際に変化したことを示唆している。

人生がうまく機能しなくなりだすと、心も体も同様に機能しなくなる。病気にかかり、怒りやすく、反社会的になり、ますます孤立を深める。カシオポ教授いわく、人は「誰かと一緒にいると安心し、自分の意に反して孤独になると危険を感じるように進化によって形づくられた生き物」[10] だという。とはいえ、つながり自体が成功した人生を生みだすわけではない。わたしたちは好感は持てるが役に立たない存在であること、集団内の社会的に最下層の地位にとどまることにはおおよそ満足せず、富や称賛を欲し、価値ある存在でいたいと望む。上にあがりたいとうずうずしている。よく引きあいに出される心理学者ロバート・ホーガン教授の言葉を借りれば、人間は「まわりとうまくやりつつ、人より成功する」[11] ことに駆り立てられているのだ。本書の考察の観点から言い換えるなら、ステータス・ゲームに受け入れられ、上手にプレーするということだ。

ゲームから拒絶されることで悲しみ、怒り、病気になるなら、ステータスを勝ち取るのに失敗したときの影響は致命的かもしれない。疫学者のマイケル・マーモット博士は、ステータス・ゲームが人間の身体的健康に及ぼす驚くべき力を明らかにしている。彼は何十年もかけて、イギリスの公務員の健康を分析した。「イギリスは昔もいまも階層社会だ。これほど見事に階層化された社会はほかにない」と、彼は書いている。これによりイギリスは、「社会的地位の微妙な差異が、際立って貧しくも裕福でもない人々の健康にどれほど大きな違いをもたらすかを調べる理想的な〝実験場〟となった」という。

マーモット博士は、公務というゲームで公務員がどれほどのぼりつめたかによって健康転帰や死亡率を正確に予測できることを発見し、驚いた。ある程度予想はつくと思うが、これは裕福な人ほどより健康で恵まれた生活を送っていることとは関係がなかった。マーモット博士が「ステータス症候群」と呼ぶこの効果は、完全に独立したものだった。たとえば、ステータス・ゲームの頂点から一ランク下の地位にいる裕福な喫煙者は、上の地位の同じ喫煙者よりも病気になる可能性が高かった。[12]

これらの健康格差は極めて著しいものだった。「職場のヒエラルキーの最下層にいる四〇歳から六四歳までの従業員は、ヒエラルキーの頂点にいる管理職に比べて死亡リスクが四倍も高かった」[13]という。このことはゲームのどのステップにも当てはまり、ステータス・ゲームで下にさがればさがるほど、健康は悪化し、死期も早まった。「上から二番目のグループは、それより上のランクのグループよりも死亡率が高い」[14]ということだ。こうした注目すべき分析結果は、男性でも女性でも確認された。さらにヒヒにおいても同じ結果が得られたという。[15]研究所で猿に危険なレベルのアテローム動脈硬化性プラークができるまで、コレステロールと脂肪の多い餌を食べさせた。群れのステータス・ヒエラルキーにおいて地位が高い猿ほど、こうしたひどい食事にもかかわらず、病気になりにくい傾向が見られた。研究者が計画的にそのヒエラルキーを変動させると、ステータスの変化に伴い各猿の病気になるリスクも変化した。「猿たちがアテローム性動脈硬化を発症する度合いを決定するのは、最初の地位ではなく、新しい地位のほうだった」とマーモット博士は書いており、さらに「その違いは劇的なものだった」とも述べている。

こうしたことがなぜ起こりうるかについては、わたしたちの実社会が人の遺伝子やその働きにどう影響を与えるかを研究する社会ゲノミクスという新しい科学から暫定的な手がかりが得られている。[16] その基本的な考え方では、人生というゲームがうまくいかないとき、わたしたちの体は攻撃を受けても大丈夫なように、設定を切り替えることで危機に備えているという。それにより炎症を増大させ、負うかもしれない身体の傷の治癒を促す。また抗ウィルス応答を弱めることで、遺伝子の節約にもなる。しかし、炎症の増大が長引くと、わたしたちはさまざまなダメージを受けることになる。神経変性疾患に対する感受性を高め、動脈内のプラークの拡大やがん細胞の増殖を促進させてしまう場合がある。この分野の世界的リーダーであるスティーヴ・コール教授は「いくつかの研究では、社会ステータスの低さを示す客観的指標と、炎症誘発性遺伝子の発現増加および／または抗ウィルス性遺伝子の発現減少とが関連づけられている。激しい出世競争で打ち負かされると、明日への期待が変化し、それが明日へ備える細胞にも伝わるようだ」と述べている。

ステータスを奪われたと感じることが不安やうつのおもな要因であると知っても、おそらくさほど意外ではないだろう。人生が負け続きのゲームであるとき、わたしたちは傷つく。ある学術文献のレビューでは、「他人と比べて自分の地位が低いという認識と、強いうつ症状とは一貫して関連している」ことが明らかにされている。うつ状態の人は、「より高いステータスを求める競争から精神的に離脱する」[17]と主張する心理学者もいる。これによって「高いステータスを持つ人の視線から逃れ」、エネルギーを節約し、「ステータスの低さゆえの機会の減少」に対処することができるのだ[18]。ステータス・ゲームで頻繁に敗北すると、人は洞窟の奥の灰色の安全地帯にそそくさと逃げ込む。こうした影の聖域では、自分の内なる声がわたしたちを攻撃し、自己従属と呼ばれるプロセスのなかであまりにも度を越して批判的になる。わたしたちは怒濤の侮辱で自分自身を貶める。そんな戦いは無意味だと、自分は底辺に属しているのだと、失敗することしかできないじゃないかと、自分に言い聞かせるのだ。

慢性的にステータスを奪われると、わたしたちの心は自らに敵対し、自己破壊に向かうこともある。自殺の原因はさまざまで複雑だが、なかでもステータスの欠如は大きな要因として知られている。実のところ、最も危険なのはゲームで急落することだ。自殺は「社会的劣等感が増大した人々に集中し」、とりわけ「他人より下に転落したとき」に最も起こりやすいと、社会学者のジェイソン・マニング博士は述べている[19]。そのうえで、「下行移動が大きく速いほど、自殺を誘発する可能性が高くなる」[20]とつけ加えている。人生を終わりにしようと決心し、結果こうした苦しみの原因であるゲームをやめる人々は、その少し前に経済的損失を被ったか、あるいは失業したのかもしれない。評判を失ったのかもしれない。ほかの人がどんどん遠ざかっていくなか、ただじっととどまっていたのかもしれない。「自殺は転落によってだけではなく、遅れを取ることでも誘発される」[21]のだ。

わたしたちがプレーしているゲームは非常にシビアである。失敗がもたらす打撃を調査することによって初めて、ステータスとは清潔なシーツやらリンゴ飴やらのような心地よい感覚だけではないこと肉やフルーツや日光を理解できるようになる。わたしたちにはステータスが必要だ。ステータスとは、肉やフルーツや日光では得られない、人生をうまくプレーするのに欠かせない栄養素なのだ。それを慢性的に奪われていると感じたり、ゲームから切り離されていると感じたりすると、わたしたちの心と体は自分に敵対しかねない。人間の脳にとって、ステータスは酸素や水と同じくらい現実的な資源である。[22] それを失うと、わたしたちは壊れてしまうのだ。

第三章　シンボルにあふれた想像世界

わたしたちは自分をゲームのプレーヤーだとは思っていない。わたしたちは自分を物語のヒーローのように感じている。これは脳が紡ぎだす幻想だ。それによって、自分があたかも脇役に囲まれて宇宙の中心にいるヒーローのように感じられるのだ。人生の目標とは、人々を疲弊させる物語の筋書きにすぎない。なぜなら、わたしたちはそのために障害を乗り越え、幸せな結末に向かって気高く努力するからだ。こうした物語は自分に都合のよいモチベーションとなり、ほんのささいな細部にいたるまで説得力を持つ。それが唯一知っている現実であるために、リアルに感じてしまう。だが、それは嘘なのだ。

この〝意識〟という体験がどのように生成されるかは、誰にもわかっていない。とはいえ、神経科学者と心理学者のあいだでは、意識とは見事に単純化され、修正された現実に対する印象であるとの見解の一致がある。わたしたちはあたかも外の世界に自由にアクセスでき、自分の体を取り巻く外の空間を見ている気がするものだ。しかし、これは間違いだ。わたしたちは外ではなく、内を見ているのだ。周囲からの情報は、わたしたちの感覚によって拾いあげられ、何十億という電気パルスにコード化される。これらパルスをまるでコンピュータがコードを読み取るかのように脳が読み取り、それを使って現実の知覚を呼び起こす。ここでおだやかならないのは、これらすべてが頭蓋骨という窮屈な骨の内側で行われているということだ。人生とは三次元の紙芝居、人間の頭のなかで見る物語なのだ。

　人間は世界を幻覚として体験している。神経科学者のデイヴィッド・イーグルマン教授は、「正常な知覚と言われるものも、実際には幻覚と変わらない。ただし、後者は外部からの情報に固定されないだけだ[1]」と書いている。このように知覚を現実に固定させるのが、わたしたちの感覚の仕事である。しかし、人間の感覚は信用ならない。耳、目、舌、肌、鼻は、音、色、味覚、触覚、嗅覚ではなく、「神経と呼ばれるデータケーブルの太い束を駆けあがる、絶え間ない電気パルスの流れ[2]」を脳に伝えている。こうしたパルスから脳がつくりあげる経験は、いわば創作行為と同じである。

　周囲の空間の紛れもなく現実らしく真実らしく見えているものは、実はそうではない。実際の世界はモノクロで無音だ。音も色も味もにおいも、頭のなかの映像にしか存在しない。[3]実際にそこにあるのは、振動する粒子、浮遊する化合物、分子、さまざまな長さの無色の光の波だ。これらの現象に対する人間の知覚は、脳によってつくられる映画の特殊効果なのだ。しかも、わたしたちの感覚はそのごく一部しか検知できない。たとえば、わたしたちの目は光スペクトルの一〇兆分の一しか感知できない。[4]

　このように、脳は世界の経験を創造する。そのうえで、その中心に自己を据える。脳はヒーローをつくりだし、自己という幻想とその魅力的な物語の両方をでっちあげ、わたしたちの人生を希望に満ちた目的地への旅として組み立てるのだ。この物語には語り手――つまり、甲高く鳴り響く内なる声――までいて、自叙伝を即興で紡いでいく。これを神経科学者のマイケル・ガザニガ教授は「解釈装置モジュール」と呼び、その仕事は「人生の筋書きと物語」を提供することだと書いている。[5]それは、「人間の知覚と記憶と行動、およびそれらの関係についての説明を生成する。それが個人の物語、すなわち、わたしたちの意識的経験が持つ異なる相を整合性のあるまとまりに統合した物語となる。混沌から秩序が生まれるのだ[6]」としている。この物語は「完全に間違っている可能性がある」というが、往々にしてそういうものである。「あなたが非常に誇りに思っている〝あなた〟は、解釈装置モジュールが紡ぎだした物語だ。できるかぎり多くの行動を説明してくれるが、そこから外れたものは否定し、合理的な解釈をこしらえる[7]」

心理学的に健康な脳は、その主をヒーローのような気にさせることに長けている。これは、自分の経験を並べ替え、記憶を再度混ぜあわせ、行動を正当化することで実現される[8]。そのために、人は現実を歪める一連の武器を利用して、ほかの人よりも自分のほうが人格的に優れ正しい信念を持ち[9]、希望あふれる未来が待っていると自分に信じ込ませるのだ[10]。心理学者のトーマス・ギロヴィッチ教授によれば、そうである証拠は「明白で一貫している[11]。人間は自身については都合のよい考えを、また世界については気休めとなる考えを採用する傾向にある」という。これら武器のなかでも最も強力だとされているのが、道徳的バイアスだ。自分が何をしようと、いくら不誠実にプレーしようと、脳はわたしたちに、結局のところほかの人よりも自分のほうがよい人間だと結論づけるよう働きかける。ある研究で、参加者に自分がさまざまな種類の善行に費やしていると思う時間の割合を考えてもらったそうだ[12]。六週間後、今度はほかの人の平均評価を提示したうえで、ふたたび同じ質問をした。すると参加者は、ほとんどの行動において平均よりも自分のほうがはるかに道徳的であると評価した。このとき彼らは、ほかの人の〝平均評価〟が、実は六週間前の自分の評価であることに気づいていなかった。また別の研究で、さまざまな特性に関する人々の自己イメージを比較したところ、「全員と言っていいほどの人が、自分の道徳的資質をむやみに誇張させていた」ことがわかった。「多くの人が自分を公正かつ高潔かつ道徳的であると強く信じている一方で、平均的な人を当たり前にそうではないと考えている」と、研究者は書いている。そして、道徳的優位性とは「広く普及した極めて激しいポジティブな幻想である」と結論づけている。

文化とは、この人生という夢のなかに同時発生するものだ。文化は何十億もの脳からつくられる。つまり、何十億もの神経系ストーリーテラーがいっせいに働くことでつくられているのだ。彼らストーリーテラーたちは、宗教、小説、新聞、映画、演説、噂話、イデオロギーなどを、道徳的ヒーローと邪悪な悪者といった単純な物語で埋め尽くす。そのなかで役者は、約束の地へと向かう旅の道すがら不平等に立ち向かい、悪と戦う。わたしたちはみな、心の夢を生きているのだ。

人生の隠された構造を明らかにするためには、意識という幻想物語の下に潜り、それよりはるかに強力な潜在意識に入り込まなければならない。人生の計算の大部分が実際に行われているのは、この謎めいた深層部なのだ。その感じ方に反して、意識とは「脳の活動の中心ではない」[13]とイーグルマン教授は書いている。「それは遠い外れのほうにあるので、行われていることのかすかなささやきしか聞こえてこない」という。この幻覚的な物語世界を生みだす潜在意識の神経回路は、「人類が進化していくなかでわたしたちの祖先が直面した問題を解決するために、自然淘汰によってつくられてきた」[14]のだ。

人間の脳は、これまで進化させてきたゲームをプレーするために特化してつくられている。脳科学者のクリス・フリス教授によると、脳は「世界を報酬空間として描きだす」[15]という。脳は「世界のなかの価値あるものや、それを得るために必要な行動」を発見するためにプログラミングされており、「脳が価値を見いだすことを学習しているおかげで、周囲のあらゆるものが押したり引いたりの働きかけをしてくる」[16]のだという。すでに見てきたように、人間はつながりとステータスを大事にする。生存と繁殖に不可欠な資源を得るために、わたしたちはほかのプレーヤーたちとの絆を求め、さらにより多くの資源を確保するために、地位を求める。とはいえ、この地位をどう正確に測定すればいいのだろうか？人生というこのゲームにおける自分の立ちまわりをどう判断すればいいのだろうか？

わたしたちは、モノに価値をつけることでそうした判断をしている。カルティエの時計はこれだけのステータスを示す価値がある。カシオの時計はあれだけの価値がある。こうした〝ステータス・シンボル〟は、ゲームのプレーヤーたちに自分の成績を教えてくれる。わたしたちは、こうしたシンボルを異常なほど気にする。それが必要なのも、コンピュータ・ゲームとは違い、人生には明確なスコアボードなど存在しないからだ。ほかのプレーヤーが自分と比べてランキングのどこに位置しているかを正確に把握することはできない。ただ、自分たちがある特定の価値を付加したシンボルから、それを感じ取るしかないのだ。このプロセスを管理するために、潜在意識には「ステータス検知システム」[17]というものがあり、「環境内の関連合図を読み取ってステータスを評価する」メカニズムが備わっている。

このシステムは驚くほど敏感だ。また、無生物だけをステータス・シンボルとして用いるわけではなく、人々の外見やふるまいなど、実質的には何にでも価値を投影することができる。オフィス生活に関するある研究では、「つねに書類挟みを持ち歩く」、「ウォータークーラーに水を取りに行くだけでも目的のある態度で歩く」、「複数の時計を飾る」などがステータス・シンボルとなる行為とされている。[18]あるアメリカ企業で、部長全員に一本用のペン立てを支給したところ、「まもなくある部長が二本用のペン立てに替え、四日以内には部長全員が三本用のペン立てに替えていた」[19]という。人々は、グラスに注がれたオレンジジュースの量や、衣服の「どうでもいい」違いなど、自分のステータスの象徴になると解釈した「ささいな」現象に気を取られるようになることがわかっている。高級衣服ゲームでは、一般的なルールとして、ロゴが大きくなるほどステータスがさがり、したがって価格もさがる。ある分析では、「ロゴのサイズが七段階中の一段階大きくなると、グッチのハンドバッグで一二二・二六ドル、ルイ・ヴィトンのハンドバッグで二六・二七ドル安くなる」[20]ことが判明した。ボッテガ・ヴェネタの二五〇〇ドルのホーボーバッグのロゴにいたっては、見えないように内側につけられている。

これらの一見どうでもいいシンボルが重要な意味を持つ。[21]ある実験で、参加者に「裕福そう」あるいは「貧乏そう」な服を着た人々の写真を見せたところ、彼らは裕福そうな服を着ている人のほうがはるかに有能で地位も高いと反射的に思い込んだ。この結果は、前もって潜在的バイアスについて警告しても、衣服はまったく関係ないと教えても、写真の全員が「中西部にある中規模企業」の営業部で働いており、給料は約八万ドルだと伝えても、変わらなかった。さらに、正確な推測をしてもらうために参加者に金銭を支払っても、変わらなかった。彼らのステータス検知システムがこのように極めてかたくなな判断をくだすのにかかった時間は、それぞれの写真ごとに一二九ミリ秒という、たった一瞬のことだった。

ステータス検知システムは、プレーヤーの声やボディランゲージから、シンボルの情報を絶えず読み取っている。四三ミリ秒のうちに支配側か服従側かを示す顔の目印を検知し、[22]自分に向けられるアイコンタクトの質と量を計算している――多いほどよい――が、それを絶えず無意識に「数値として精密に」行っている。[23]ステータスの高い人はより頻繁に大きな声で話し、表情が豊かとされ、会話を中断させるのがうまく、人のより近くに立ち、あまり自分の体に触れず、リラックスした開放的な姿勢をすることが多く、「ええと」や「ああ」といった「間を埋める言葉」をよく使い、落ち着いた口調をしている傾向がある[24]（ただし、いくつかのシンボルは文化によって異なるかもしれない）[25]。ある研究で、九六組の同僚同士のやりとりをスナップ写真に撮ったあと、それらを切り取って白地に貼りつけ、文脈の情報を排除したところ、被験者はどちらの人のステータスがより高いかを「極めて正確に」推測した。[26]彼らが会話している静止画をちらと見ただけでも、誰の地位がいちばん高いかがわかったのだ。

ステータス検知システムは、わたしたちが意識的に聞くことのできない音のなかのシンボル情報まで も読み取る。人は話すとき、五〇〇ヘルツ前後の低い周波数のハム音を発している。複数の人が会って話すとき、このハム音が変化する。集団内で最もステータスの高い人がそのレベルを設定し、ほかの人がそれに合わせて調整するのだ。こうしたハム音は、人をステータスのヒエラルキーに分類する「無意識の社会楽器」と考えられている。アメリカで放送されていたトーク番組『ラリー・キング・ショー』のインタビューを分析した研究では、女優のエリザベス・テイラーに対しては、司会者のキングのほうがハム音を変化させていた一方で、元アメリカ合衆国副大統領のダン・クエールはキングに合わせていたことがわかった。

ステータス検知システムは、子どもの行動において顕著に見られる。生後一八カ月から三〇カ月の子どものあいだで起きる喧嘩の約四分の三は、持ちものをめぐる争いだ。[28]この数字は、幼児がふたりだけの場合に九〇パーセントにまで上昇する。発達心理学者のブルース・フッド教授によれば、モノの保有は「保育園内の序列において自分の地位を確立する手段」だという。ひとりの子どもがおもちゃを要求した瞬間、ほかの園児たちもそれをほしがる。「モノを所有することは、競争相手間のステータスに関わる問題だ。[29] こうした初期の争いは、のちの実社会での人生の試金石となる」という。将来彼らがなる大人と同じく、この若きステータス追求家たちもまた偽善者だ。子どもは「不公平に敏感である」[30]と、心理学者のポール・ブルーム教授は書いている。「だが、彼らが動揺するのは、自分の取り分がほかの子より少ないときにかぎられるようだ」という。たとえば乳児は、自分のもらった甘いお菓子がほかの子より少なかったときに気分を損ねる。五歳児になると、相対的な優位性を求めるようになり、みなに等しく二等賞のメダルが配られるよりも、たとえそれでほかの子が何ももらえなくとも、自分が一等賞のメダルをもらえるほうがいいと考えることもよくあるそうだ。[31] 子どもにおいても、「相対的優位性に伴う不公平は、公平性や確実な利益への欲をうわまわるほどの魅力を持つ」のだ。

おもちゃの取りあいから始まった争いは、やがて大人の大きな戦いに発展する。わたしたちは、お金や権力を人生のおもな原動力と考えることに慣れている。しかし、それらはわたしたちがステータスを量るために使うシンボルにすぎない。複数の研究で示唆されていることだが、ステータスとは異なり、他者を支配する権力への欲は人間の根幹をなすものではない。[32] ステータスとは異なり、権力は幸福をはっきりと予測するものでもない。さらにステータスとは異なり、権力への欲は鎮めることができる。「ある程度の権力を手に入れると、多くの人はそれ以上の権力を得ることにあまり興味がなくなる」[33]と、社会学者のセシリア・リッジウェイ教授は書いている。「しかし、ステータスはそうではない」という。

同様に、富への欲も根幹的なものではない。[34] ステータスは通貨の原型である。しかも、何にも勝る重要な通貨だ。複数の研究から、大半の従業員は昇給よりもステータスの高い役職を選ぶことがわかっている。イギリスのオフィスワーカー一五〇〇人を対象にしたある調査では、クリエイティブ・アシスタントは〝チーフ・イマジネーション・オフィサー〟、文書係は〝データストレージ・スペシャリスト〟といったように、およそ七〇パーセントが給料よりもステータスを選んだという。彼らは大事なことに気づいていたのだ。生きていくのに充分な富がすでにある場合、わたしたちを幸せにしてくれるのは現金よりも相対的なステータスのようだ。

このことは多くの研究で何度も実証されている。[35] イギリスの社会人一万二〇〇〇人のデータを用いたある研究は、「個人の収入ランクからは生活満足度をおおよそ予測できるが、絶対収入や基準収入からではわからない」と結論づけている。ほかにも、経済学者によると、自分と比べて近所に住む人の収入のほうが高いと、人の幸福度はさがるという。[36] なかでも、近所づきあいに時間を費やすタイプの人は幸福度が最も落ちやすい。その影響は強く、「隣人の収入が増えることと、自分の収入が減ることは、生活の満足度にそれぞれほぼ同じような悪影響を与える」そうだ。

こうしたことは脳の働きに対するわたしたちの理解とも合致する。脳はほかの人との比較によって自分のステータスを判断する必要がある。なぜなら、それが脳の知覚方法だからだ。神経科学者のソフィー・スコット教授は、「知覚に中心点は存在しない。わたしたちがほかのあらゆるものと比較する世界に絶対的真実はなく、すべては相対的である」と述べている。それゆえ、ステータス検知システムは競争モードで動作するのだ。研究者によると、わたしたちの脳の報酬系は絶対的な報酬よりも相対的な報酬を得たときに最も活性化されるという。[37] 人は、より多くを手に入れたときではなく、周囲の人よりも多くのものを手に入れたときに最高の気分になるように設計されているのだ。

これは国家レベルについても言えることだと主張する人もいる。その主張によれば、国の平均所得があがっても、国民の平均幸福度はあがらないという。ゲームの論理からすれば、これは理にかなっている。みなが一度に金持ちになっても、増えた小銭でより優れたステータスを買えるわけではないからだ。とはいえ、この議論には異論もある。ひとつに、国家とはあまりに複雑で、経済成長と幸福量の関係だけをきれいに分離させるのは難しいからという理由がある。国民所得の増加と国民総幸福量の増加とのあいだに相関があることを示すような世界各国のデータもある。[38] しかし、幸福の研究者のクリストファー・ボイス博士によれば、その増加はわずかでしかないという。[39]「そのデータは、経済成長と生活満足度の上昇とのあいだに相関関係がある（ただし、非常にわずかで、因果関係はない）ことを示しているにすぎない。たしかに統計的には、国であれ、同じ国内に住む人々であれ、より多くのお金を持つことが幸福に与える影響はほぼつねに見られるが、その影響は決して大きくない。つまり、お金で幸せは買えるが、そうではない場合も多く、その影響は無視できる程度のものだ」と、彼は述べている。また、オックスフォード大学の〈ウェルビーイング・リサーチセンター〉の研究者らによると、おそらく予想がつくかと思うが、あまり裕福ではない国ほど、一般的な生活水準が向上するにつれて幸福度も高まることがわかっているという。[40] 逆にすでに裕福な国では、長期的に見た場合、富による変化は驚くほど少ない。一九六五年から一九九〇年にかけて、アメリカの経済は年平均一・七パーセントと順調な成長を、一方の日本は四・一パーセントと目覚ましい成長を遂げた。[41] だが、どちらの国においても、幸福度にほとんど変化はなかった。

　富もステータス・シンボル、権力もステータス・シンボル。ハンドバッグのロゴも、グラスに注がれるオレンジジュースの量だってステータス・シンボルだ。これらは、人生というゲームにおける《パックマン》のクッキーのようなものだ。人間は並外れて想像力豊かな生物で、ほとんどのものをステータス・シンボルに変えることができる。人類学者のウィリアム・バスコム教授は、一九四八年、ミクロネシアのポンペイ島におけるヤムイモによるステータス・ゲームの分析結果を発表した。[42]そこでの生活も、ほかのあらゆる場所と同じようにランク分けされていた。頂点に酋長が君臨し、その下は世襲と政治方針によって順位づけられていた。そのなかで上のランクにあがるのは難しいことだったが、ひとつ出世への早道があった。酋長が催す宴にヤムイモを持参すると、大きなステータスを得られたのだ。ただし、持っていくヤムイモは大きくなければならない。「宴に小さなヤムイモをたくさん持っていっても、名声は得られない」と、バスコム教授は書いている。宴にいちばん大きなヤムイモを持ってきた男がライバルから「ナンバーワン」と公言され、酋長からその気前のよさを称えられた。

　バスコム教授の調査によると、ポンペイの男たちはみなナンバーワンをめぐって競いあい、まさしくシンボル戦争の様相を呈していたという。各人が、ただ宴のためだけに、人里離れた生い茂った秘密の畑で年間五〇本ほどのヤムイモを育てていた。彼らはよく午前二時にベッドから抜けだし、夜明けまで土や肥料で畑の穴を埋めてまわった。一本のヤムイモが育つのに十年かかる。長さは四メートル、重さは九〇キロ以上に達し、竿に固定した特別な担架にのせて、一二人もの人手を要して宴まで運ぶのだ。「ポンペイの人々が巨大サイズのヤムイモを生育できることは間違いない」とバスコム教授は書いている。「その評判は、ヤムイモがたいして重要視されていないトラック諸島（現チューク諸島）にまで広がっている」

このヤムイモ戦争の周辺では、繊細な礼儀システムが花開いた。[43]「他人のヤムイモを見るのは無礼とされ、もし見ているところを知られたら、噂話や嘲笑の恥辱を味わうことになる」とバスコム教授は書いている。ポンペイの男たちは、ただの食用として「家の近くに生えているヤムイモすら見て見ぬふりをする」という。宴でナンバーワンに選ばれても、「誇らしげにふるまったり、自分の功績をおおっぴらに自慢してはならない。ほかの人が自分のヤムイモを品評しているときは、聞いていないふりをする」こうした謙虚さのアピールは、ゲームをプレーする上での戦略でもある。「〝ナンバーワン〟と評された男は、二番目に大きなヤムイモを持ってきた男、ましてや、いちばん小さなヤムイモを持ってきた男をあえて嘲ったり笑ったりしない。次の宴では自分より大きなヤムイモを持ってくるかもしれないし、（中略）もし彼らがもっと大きなものを持ってこなければ、自分自身で公に恥をかくだけだからだ」

このポンペイのヤムイモゲームは、くだらなく思えるかもしれない。だが実際のところ、オレンジジュースやら、時計やら、職場での早歩きやらでステータスを象徴するわたしたちのゲームとなんら変わらないのである。バスコム教授が論文を書いた少しあとの一九五〇年代、自動車メーカーはやたらと長い車こそステータス・ゲームのシンボルなのだとアメリカ国民に思わせることに成功した。ダッジの車のラジオコマーシャルで、ある男はこう叫んだ。「こんなでかい車を持てるとは、おまえは金持ちだな！」ライバルのプリムスは、やたらと長い車のそばで一家がにっこりと笑っている印刷広告を制作した。そこにはこう書かれている。「うちは裕福ではない……ただそう見えるだけ！」フォードは、「後続車に自分のほうが上だと知らせてやれ！」と、真っ赤なテールライトを強調させた広告を打ち出した。これらの宣伝はどれも非常に効果があった。アメリカ車はますます長くなり、巨大な鋼鉄のクジラが都市部の交通を圧迫するようになった。パーキングメーターは壊され、さらに長い距離を取って配置し直された。やがて、市長たちが車を短く戻してくれとメーカーに懇願するまでになった。ニューヨーク市長だったロバート・ワグナーは、サイズが縮むまでキャデラックはもう買わないと宣言した。しかし、自身の助役にこんなふうに反対された。「公職の尊厳のためにも、市のトップに立つ者はキャデラックを所有しておくべきです」と。

ステータス検知システムがオフになることはなく、ゲームが一時停止されることは決してない。そのため、とくに公共の場で、自分が超ローカルなステータス・ゲームをプレーしていることに、ふと気づくときがある。たいていそれらは一瞬だったり、ふたりだけで行われたりする。たとえばホテルのエレベータのなかで、気づけば四八秒間の超ローカルゲームをプレーしているかもしれない。どの人が従業員でどの人が宿泊客か？　豪華な最上階でおりるのは誰か？　わたしを押しやって、敬意を払わないあいつは誰だ？　いちばん派手な荷物を持っているのは誰か？　超ローカルゲームは、広く同意されたシンボルを持つ人々が集まる場所なら、どこにでも発生する。オーストラリアのボンダイビーチも、自己啓発クラスも、ナイトクラブも、バス待ちの列も、一緒に食事をする友人グループも、超ローカルなルールを持つステータス・ゲームなのだ。

人が象徴的なステータスを求めるのは、「そもそも人間の社会生活というものが、多くの人がシンボルを知覚し共有できる公の場が存在しているという事実に依存していたことと関係している」と、人類学者のロバート・ポール教授は書いている。つながりある人々は「これらシンボルの知覚を共有し、それを自身の考え、感情、アイデンティティなどに組み込む[44]」という。これにより、人は共有する人々を「身内」として経験するのだ。

　こうしてわたしたちは部族として、文化として、人として存在している。わたしたちは、同じように現実を処理する脳を持ち、同じような人生の夢を見る、同じような考えを持った人とつながったとき、ひとつの集合体となる。そして同じシンボルを認識し、同じゲームをプレーする。そうして、わたしたちは互いのステータスの源となる。つまり、人間はヤムイモと同じだ。わたしたちはヤムイモを見て、その意味を理解し、同じようにこの現実を知覚する人々と深いつながりを感じる。そしてひとつの有機体としてヤムイモゲームをプレーし、それによってステータスが手に入ったと判断したときに、互いにそれを与えあう。人生の何十年をかけて、わたしたちは偉大な王国を築くために共有されたシンボルを用いて、悩み、戦略を練り、苦労を重ねてステータスを追い求める。これらの王国——これらバーチャルにつながりあう、脳によって生成された現実の幻影——こそ、人間が存在する領域なのだ。わたしたちのステータス・ゲームとはひとつの場所である。それは神経領域であり、それこそがわたしたちの世界だ。

第四章　ルールにあふれた想像世界

人生は見かけどおりではない。神経学者のクリス・フリス教授も書いているように、「わたしたちの知覚は、現実と衝突する幻想」[1]だ。わたしたちが存在する夢という状態は、客観的な真実――ある惑星に住み、空の下で呼吸をしているといったような――の上に成り立っているが、こうした基礎の上に、人は無限の想像ゲームを築きあげる。人間同士で集まり、〝ステータス〟を示すのにどんなシンボルを使うかを決め、それを得るために努力する。これらのシンボルは、お金や権力、あるいは幼稚園のおもちゃ箱のなかにあるプラスチックのダンプカーという形を取るかもしれない。ラグジュアリーなブランドロゴや、セクシーな腹筋や、学術賞や、巨大なヤムイモかもしれない。頭のなかの夢は、こうしたシンボルに価値を――そのために戦い死ぬこともあるほどの価値を――投影する。これらシンボルの輝かしい重要性を、夢は物語る。自分たちにとっての神というものが実在し、それを追い求めるのは神聖なことだと。こうした夢は、自分をゲームのプレーヤーではなく、素晴らしい地へ向かう旅の途中のヒーローのような気分にさせる。人はこの物語を信じ込む。それはわたしたちの現実認識に織り込まれ、惑星や空気や空と同じくらい現実だと感じる。だが、実のところ人生は、シンボルを中心に構成された一連の幻覚ゲームなのだ。これらゲームは、想像力を共有する行為である。それらは自分がプレー相手として選んだ人——親族、部族、国民など——の神経領域にも出現する。つまり彼らは自分を真に理解してくれている人たちであり、自分と同じ意義を世界という壁に刻んでいる人たちである。

しかし、人生を説明するには、これだけでは不充分だ。もし、わたしたちの日々が目標を夢中になって追いかける人々の集団だけで成り立っているなら、文明は機能しないだろう。モノポリーの場合、プレーヤーはシンボルであるゲーム内のお金や、ボード上の場所、プラスチックの家やホテルを得るためにプレーする。だが、それらをただ手に入れればよいわけではない。プレーヤーは、細かな行動規定を忠実に守らなければならない。ステータス・ゲームも同じで、プレーヤー間で同意されたルールが必要だ。脳には、ステータス・シンボルを処理する能力だけではなく、ルールを学び従うための極めて優れた能力も備わっている。

わたしたちが人生をプレーするうえで従っているルールは数え切れないほどある。だが多くの場合、人は自分がルールに従っていることにすら気づいていない。ただ正しいと学んだとおりに行動し、そのルールがどれだけ守られているかによって、自分や他人を判断——つまり、ステータスを評価し、それを剝奪したり授与したりしている。これらのルールは、古今を問わない先人たちによって考案されてきた。今日のわたしたちが成功した人生を送る方法を知っているのも、自分たちよりも前の時代を生きていた人々からの教えを受け継いでいるからだ。これらルールは、勝つためにはどのように行動し、どのような人間でいるべきかを教えてくれる。こうしたルールはふたつの異なる場所に格納されている。人類学者のロバート・ポール教授は、「人が生きるうえで、ふたつの異なる継承経路が稼働している」[2]と書いている。それぞれの経路に、独自のルール説明が保管されている。そのうちのひとつは、何百万年ものあいだ部族単位で移動しながら暮らしていた祖先たちによって定められた。その時代に、人間の脳は大きく進化した。現代に生きている人々もみな、いまだ狩猟採集ゲームをプレーするようにプログラミングされている。これらのルールは、わたしたちのDNAのなかに保存されているのだ。

　狩猟採集民のルールは、ある特定の目的のために考えだされた。その目的とはすなわち、部族を滞りなく機能させ、そのメンバーが平和にうまく協力しあえるようにすることだった。こうして集団の利益となる向社会的行動を奨励するゲームがつくられたのだ。大雑把に言えば、自分よりも部族の利益を優先すればするほどステータスがあがり、自身の生活環境もよくなった。人間はときに強欲で不誠実で攻撃的になるため、このようなルールが不可欠だったのだ。六〇に及ぶ前近代社会を対象にしたある調査[3]で、普遍的と思われる七つの共通ルールが発見された。すなわち家族を助けること。自分の属する集団を助けること。恩を返すこと。勇敢であること。目上の人に従うこと。資源を公平に分けること。他人の財産を尊重すること。これらの基本ルールは、人間が自分たちの部族をうまく機能させつづける方法を規定しており、わたしたちがどうプレーすればよいかの大筋を教えてくれる。たとえば目上の人に従うとは、「適切な挨拶や礼儀作法を用いて、ヒエラルキーの自分の上位にいる人に敬意を表し、誠実あるいは従順であること」を意味する。恩を返すには「負債を返済する、人が謝ってきたときは許す」こと、資源を分けるには「進んで交渉し、歩み寄る」ことなどが含まれる。

　DNA内にあるこれらのルールは、人間の行動の大枠になっている。つまりこれらは人が生きていくための基本的な教えなのである。わたしたち全員に共通するルールで、誰もが共有する人間性を表すものだ。したがって、たとえばエリトリア人のスタント女優と、イヌイットのシャーマンと、スロヴァキア人のチェスの名人をニューヨークのホテルの一室に一緒に入れても、基本的なレベルで協力しあうことができるはずだ。しかし、それからしばらくすると、不安定なヒエラルキーがおのずと築かれ、ひとりがトップに、残りのふたりがその下に組み入れられるだろう。これはまさに、人が集団に関わるときに起こることだ。こうしてゲームは自然発生するのだ。

ふたつめのルールは、比較的最近の人類によってつくられた。こちらのルールは文化のなかにプログラミングされている。どの文化にも、そのなかにいる人々に望む生き方の明確なルールがある。そのルールをいかに守っているかで、わたしたちは他人から判断され、また自分自身を判断している。古代からDNAに組み込まれたルールと同じく、こちらも人間の知覚に非常に深く埋め込まれており、誰かが違反でもしないかぎり、そこにルールがあることにもまず気づかない。

パブについて考えてみよう。パブに行くほとんどのイギリス人は、自分が実際には何をしているか考えることなく楽しんでいるものだ。しかし、パブには隠されたルールが無数にある。それについて、人類学者のケイト・フォックス教授がいくつか指摘している。[4]たとえば、「パブのバーカウンターは、まったく面識のない人と会話を始めても社会的に許される、イングランドでも非常に数少ない場所だ」という。さらに、この「社交ルール」はダーツボードやビリヤード台などの「かぎられた範囲」にも適用されるが、「プレーヤーのそばに立っている人にかぎられ、ゲームが行われている近くのテーブル席は依然としてプライベートである」としている。ほかにも、イギリス人には当たり前だが、外国人にはそうではないルールもある。たとえば、「バーに飲みものを注文しに行くのは、グループ全員ではなくひとりかふたり」、バーカウンターに「見えない列ができることがあり、バースタッフも客も順番を心得ている」、「注文待ちの客がバースタッフの注意を引く際にはきびしい礼儀作法がある。声をかけず、音を立てず、わかりやすい大げさな身振りなどという野暮なふるまいに頼ってはいけない」、常連客はこのルールを破っても許されるが、あくまでも冗談っぽいやり方にかぎられる。「飲みものやお釣りを手渡されたら」、バースタッフに〝サンクス（ありがとう）〟や〝チアーズ（乾杯）〟と言わなければならない。パブでの雑談の「第一戒」は、「汝、何ごとも深刻にとらえすぎることなかれ、だ。（中略）同じ話題に数分とどまっただけでも、深刻すぎる証拠として受け取られる場合もある」などなど。

　ステータス・ゲームのプレー方法には、世界各地で大きなずれがある。脳は局所的なルールを中心に形成されるため、こうしたずれは自己に根本的な違いを生みだす場合がある。よく研究されているのは、東洋と西洋の違いである。西洋人の場合、ステータスの追求はまずもって個人の責務と考えられる傾向にある。[5] このことが、彼らのゲーム戦略を形づくっている。心理学者らの見解によると、概して西洋人は目立ちたがりで、自分を個性的だと感じ、うぬぼれが強く、健康習慣、[6] 偏見に対する免疫力、[7] 運転技術[8]など、あらゆる特性において自分を平均より優れていると評価する傾向がある。ある研究では、オーストラリア人の八六パーセント[9]が自分の仕事ぶりを「平均以上」と評価し、また別の研究では、アメリカ人の九六パーセント[10]が自分を「特別」だと表現したという。東アジアのゲームにはより集団的な傾向が見られる。[11] 日本や中国などでは、ステータスの追求はグループの責任と考えられるのがより一般的だ。謙虚で人の考えに従い、自己犠牲的に見えることによって集団に奉仕しながらステータスを勝ち得たときに、自分を高められたと感じるという。東洋では、何よりも集団のステータスを優先することが多い。

個人の人権問題を考えなければ、これは立派で素晴らしいゲーム戦略に聞こえるかもしれない。

こうしたずれはまた、文化的緊張を意味することもある。異なる大陸を旅すると、人はときに「カルチャーショック」を経験する。自分が受け入れられ、ステータスを得られるはずと教わってきた行動が通じなくなるからだ。単刀直入で向上心があり、個性的であることを誇りにしている西洋人が、アジアの人々からは未熟でがさつと思われたりする。その地域では「面目」という概念がステータス・ゲームに不可欠な要素なのだ。社会学者のデイヴィッド・ヤオ・ファイ・ホー教授は、面目を失う可能性のある三つの方法を定義している。[12] すなわち、「自分の社会ステータスに関わる他人の期待に応えられない」とき。「自分の面目にふさわしい敬意を持って他人から扱われない」とき。そして、「自分の内集団のメンバー（家族、親類、直属の部下など）が社会的役割を果たせていない」ときである。アジアの集団中心のゲームは、西洋でプレーされるものとは根本的に異なると言える。アジアでは、もし社員がひとりだけ特別に称賛されたりすると、そのチームは面目を失うことがある。褒められた社員はうれしさではなく恥ずかしさを感じ、調和と集団の面目を回復するために、自分のパフォーマンスをさげてわざとまいちな仕事をしようとする。

ルールは地理的空間だけではなく、時代によってもずれがある。異なる時代の異なる人々は、まったく異なるゲームをプレーして育ったはずだ。その多様さは、時代を通じて書かれてきた一般向けの礼儀作法書で確認できる。一四八六年、ジュリアナ・バーナーズ女史は、タカ狩りの際にさまざまな階級の人がそれぞれどの種類の鳥を使うのが適切かを説いた。[13] 召使いはオオタカ、婦人はコチョウゲンボウ、伯爵はハヤブサ、王子はタカ、王はシロハヤブサ、皇帝はワシといったように。一五五八年、礼儀作法に関する書を出したフィレンツェの作家ジョヴァンニ・デッラ・カーサは、見知らぬ人とベッドをともにする人々に対し、「往々にして起こることだが、シーツのなかで何か不快なものに出くわしたとき、すぐに相手に向き直ってそれを指摘するのは上品な習慣とは言えない。相手が嗅げるようにそのくさいものを差しだしたり、たまにいるが、その悪臭を放つものを相手の鼻まで持ちあげて、『どのくらいにおうか知りたいだろう』と言って相手に催促までするのは、さらによくない[14]」と助言した。『淑女と少女のための礼儀作法に関する中国の書（The Chinese Book of Etiquette and Conduct for Women and Girls）』[15]（未邦訳）は一九〇〇年に西洋で初出版されたが、実際にはもっと古い書で、次のように書かれている。

義父をおおいに敬うこと。
義父の前では、喜びも悲しみも顔に出してはならない。
義父の後ろを歩くことも憚られる。
話すときは、前には立たず、片側か後ろに控えること。
義父のどんな命令にも即座に従うこと。
義母が座っているときは、敬意を払い立っていること。
義母の命令にも素早く従うこと。

これらは人生というゲームの攻略本だった。ページに書かれたルールは、今日のわたしたちと同じように正しく真実に感じられたことだろう。もちろん、義父の後ろを歩いてはいけない。もちろん、召使いがシロハヤブサを飛ばしてはならない。もちろん、イギリスのパブでテーブル席に座っている見知らぬ人と会話してはならない、と。こうしたルールを知ったうえで守っていることが優れた人間であることを示し、逆にそれらを無視すれば自分の価値をさげることになったのだ。

こうしたルールを、脳は幼児期から学びはじめる。二歳児の時点で、わたしたちの脳細胞間には大人の倍のおよそ一〇〇兆個の接合部（シナプス）がある。[16] なぜなら、生まれてくるとき、わたしたちはどこに飛びだそうとしているのかわからないからだ。乳児の脳は、さまざまな環境やゲームに特化している。この時期の子どもは、違う人種の顔を認識する能力が大人より優れており、また大人には聞こえない外国語の音を聞き取れる。しかし、そのあと、人間の脳はその地域の環境に合わせて形づくられはじめる。[17] すると、脳細胞同士の接合が一秒間に一〇万個ものペースで淘汰されていく。こうして人間は、まさにその時代、その場所のプレーヤーという姿を取りはじめるのだ。

幼児期になると、これらの文化的ルールやシンボルが教師や親によって教え込まれる。「いい子だ！いい子ね！」と褒められたり、罰を受けたりが何度も繰り返される。「正しい」ことをすれば気分が高揚し、「悪い」ことをすれば落ち込む。良心というものが生まれ、恥、きまり悪さ、罪悪感、後悔などの感情が勢いよく流れると同時に、誇りという心地よい波にのることもできるようになる。良心はわたしたちに「社会的な鏡[18]」を与えると、人類学者のクリストファー・ボーム教授は書いている。「その鏡に絶えず目をやることで、自分のステータスを脅かす恥ずべき落とし穴を把握したり、進歩する自分の姿を誇らしげに確認したりできる」のだ。

わたしたちは日々ゲームをプレーしながら、あがったりさがったり、あがったりさがったりを繰り返している。自分がいまいる時代と場所のルールやシンボルは、わたしたちの信念や思考や行動を方向づける。いわば、わたしたちを定義づけるのだ。ほかの人が自分たちの身にしみついた一連のルールに従ってうまくプレーしてくれていると判断したとき、わたしたちはその人にステータスを与えはじめる。彼らが失敗すると、それを取り消す。わたしたちは筋肉を使ってゲームを表現し、目でゲームを訴え、声の調子にゲームを含ませる。ステータス・ゲームはわたしたちの内にあるだけではなく、外にもある。わたしたちは自分と似た他人とつながり、ともにプレーする意味ある世界を創造するのだ。

ゲームから身を引くことはできない。それは自分の脳にも、これから出会うすべての人の脳にも書き込まれているからだ。瞑想によってステータスを追い求める自分を癒そうとする人もいる。しかし、瞑想をする人は自己満足度が極めて高くなる場合がある。とくに「自己への執着、および社会的承認や成功といったエゴ欲求を減らすために」練習を積んだ約三七〇〇人を対象にした研究の結果[19]、対象者は、「自分は他人より自己の感覚と対話できている」や、「これまでの経歴や経験のおかげで、自分は他人より自分の体と対話できている」や、「ほかの人にもいまの自分のような洞察力があれば、世界はもっとよい場所になると思う」などの意見にそう思うと答え、「精神的な優位性」の指標で高スコアになったという。対象者に生じたこうした自己イメージは「悟りとは正反対」であると、筆頭研究者のルース・フォンク教授は述べている。

ゲームから逃れる唯一の方法は、空いた部屋を探してそこにとどまることだ。日本では、五〇万人以上の大人が「社会的引きこもり症候群[20]」を患い、どうしてもやむをえなくなるまで自室から出てこようとしない。彼ら「引きこもり」は、「社会のルールに従うことができない」と、社会学者の関水徹平教授は述べている。彼らは「集団に馴染めない」、「他人にどう思われているか不安だ」などの質問に激しく同意しており、他者とのつながりやステータスの獲得を目指しつづけることを非常に難しいと感じているようだ。[21] 結果、多くの人が何年も閉じこもり、なかには孤独死を迎える人もいる。引きこもりか、ゲームをプレーするか。これが、わたしたち各人が直面する究極の選択なのだ。

第五章　三つのゲーム

ステータスはさまざまな形で現れる。それは年齢という単純なものから得られることもあるだろう。たとえば、ホテルのプールでは若者が勝ち、列車では高齢者が勝つといったように。美貌に恵まれた人は、その容姿からステータスを得るかもしれない。心理学の広範な文献レビューからは、外見の美しい人はそうでない人に比べて、「内面を知っている人からも」肯定的に判断され、扱われることがわかっている。[1]人生の残りの大部分は、支配、美徳、成功という三種類のステータスの追求方法と三種類のゲームから成り立っている。支配ゲームでは、ステータスは力や恐怖によって無理やり達成される。美徳ゲームでは、義理、従順、道徳などに秀でたプレーヤーにステータスが与えられる。成功ゲームでは、ただ勝つだけではなく、細かく指定された結果を出したときにステータスが与えられるため、スキルや才能や知識が必要となる。マフィアや軍隊は支配ゲーム、宗教や王室制度は美徳ゲーム、企業やスポーツの競いあいは成功ゲームだ。

これらのゲームが厳密に分類できるわけではないことには留意しておかなければならない。完全に純粋なゲームというのはおそらく存在せず、あるのは支配、美徳、成功の混合ゲームばかりだろう。しかし、たいていの場合は、ちょうどスープがひとつの味になるように、あるひとつのプレー方法がそのゲームを定義するのに充分なほど顕著に現れるものだ。たとえばストリートファイトは支配ゲームと言うのが妥当だろうが、こうした戦いには美徳のルール（髪を引っ張らない、股間を蹴らないなど）がある場合も多く、結果は強さにかぎらず能力にも左右される。同じように、テクノロジー企業のアップル社は、技術革新の際には成功ゲームをプレーしているが、ブランド価値を宣伝する際には美徳ゲームを、特許権侵害でライバル企業を訴える際には支配ゲームもプレーしている。ボクサーやミシュランの星つきレストランのシェフがプレーするゲームは、支配、美徳、成功の比重が比較的均等という点でおもしろい。彼らはときに残忍なほど激しくぶつかり、伝統ときびしい行動規範に縛られ、勝者は極めて秀でた行為を成し遂げることで祝される。

プレーヤーとしてのわたしたちも同じだ。三種のゲームは、大きく三種の人間と結びつく。わたしたちは、イディ・アミンにも、マザー・テレサにも、あるいはアルベルト・アイシュタインにもなりうる。とはいえ、どんな人間も三つの典型すべての要素を持っている。人間は支配、美徳、能力という行為からステータスを手に入れることができ、わたしたちは無我夢中でどんな戦略でも使おうとする。科学者もプリンセスも麻薬組織のボスも、支配、美徳、成功のモードを切り替えながら、人生というゲームをプレーしている。わたしたちはみな、ときにやりにくかったり、ときに矛盾しつつも、大きな目標に向かってこれら三つのルートを混ぜあわせているのだ。

人生がなぜこのような形を取っているかという話は、わたしたちの種の物語と一致する。二五〇万年以上前、わたしたちはチンパンジーほどの大きさの恐ろしく攻撃的で、支配ゲームに特化した人類以前の動物だった。[2]骨は太く、歯は長く、[3]顎は広く、眼窩の上に高密度の眉弓が出っ張り、いまの二倍もの筋力があった。[4]支配は、動物がステータス・ゲームをプレーするときによく用いる方法だ。たとえば鶏が群れをなすときは、つつきの順位が確立するまで互いにつつきあう。ザリガニはまず互いに円を描いたあと、肢を引きちぎるほどの獰猛な攻撃を仕掛ける。勝者はいかにも勝ち誇ったように歩きまわり、一方の敗者はこそこそと逃げ去る。

人類に近いチンパンジーなどの霊長類社会では、仲間との関係を育み、序列下位間の平和を維持することも重要であり、暴力だけがステータスを得る唯一の方法ではなかったが、わたしたちの祖先は間違いなくそれよりはるかに獰猛であった。オスたちはライバルによって簡単に誘発される殺意を持っていたとされる。「多くの社会的霊長類と同じように、反応的攻撃性が社会生活を支配していたと考えられる」[5]と、人類学者のリチャード・ランガム教授は書いている。かつてのわたしたちの「巨大な顔」[6]のような証拠は、「少なくとも更新世中期——およそ七七万年前から一二万六千年前——まで、人類の祖先が一対一での肉体的な戦闘を続けていた」ことを示唆している。

共有する想像のなかでシンボルを使ってゲームをプレーするようになったとき、わたしたちはこぶしや牙を捨てた。これがどのようにして、なぜ起こったのかについては推測の域を出ておらず、激しい議論が交わされている。木からおりたあと、捕食者の脅威から互いの身を守るために集団を形成したという説もある。[7]集団暮らしになるにつれ、オスは撃退すべきライバルが増えたことに気づいた。そこで彼らはつがいを形成する方向に交配の戦略をシフトしていき、望ましい性交と引き換えに肉や保護をメスに与えるようになった。こうして出現した家族は、持続的な関係を築き、子育ての責任を分担する祖父母、おじ、おばなどから形成される拡大家族へと変わっていった。さらにメスが異なる家族のオスとつがいになることで、ゆるやかな部族や氏族ができあがった。集団での生活は、集団で学習すること、そしてルールやシンボルが世代を超えて伝達されうることを意味した。

生物学者のエドワード・O・ウィルソン教授によると、おそらく一〇〇万年ほど前に祖先たちが野営地を使いはじめたことも重要なできごとだったという。[8]ウィルソン教授はそれを人間の「巣」と表現し、助けあいによる生存という強力モードに到達できた動物は、「例外なく」こうした暮らし方をしてきたと述べている。同じように、人も「巣で子を育て、そこから離れたところで食糧を探し、それを持って帰ってほかの人と分けあった」という。こうした巣のある生活とは、すなわち労働を割り振り、資源を分けあい、チームで巣を守り、他者の巣を急襲することを意味した。

集団で巣を形成するこうした世界では、第一位《アルファ》オスによる残忍な蛮行は歓迎されないどころか、用なしとなった。むしろ、まわりとうまくやりつつ秀でることが、ほかの人からの協力を得られる手段となった。部族を支配しようとする極度に暴力的なオスは、[9]追放されたり殺されたりする立場になったことに徐々に気づく。代わりに、より平和を好み、社会的知性を備えたオスがステータスを勝ち取るようになった。やがてゆっくりと、ホルモンのパターンや、行動を制御する脳内化学物質がわずかに異なる新種の人類が誕生した。[10]そしてわたしたちの骨格、脳、生き方も変化したのだ。

はるか昔から、わたしたちには階級に自らを秩序化する傾向が備わっている。わたしたちの祖先には「明確に定められたステータスのヒエラルキー」[11]があり、「トップの人々に資源が多量に流れ、そこから底辺の人々にゆっくりと滴り落ちていた」と、心理学者のデイヴィッド・バス教授は書いている。これらのヒエラルキーは、[12]まず当然として、若者と高齢者、メスを奪いあうオス対オス、オスを奪いあうメス対メスなどに分かれていたと思われる。[13]おそらく第一位オスが支配していた人類以前の時代からの名残で、男性に自動的に高いステータスが与えられることが多かった。[14]このことが女性に恐ろしい影響をもたらしていると考えられ、わたしたちは今日も戦いつづけている。一方で、集団の機能を維持するために必要なタスクに特化することを徐々に学んでいくにつれ、新たな区分も誕生した。

そうして、わたしたちのステータス・ゲームは、共有された想像の領域に移行しはじめた。そこでますます重要になったのは、どれだけ自分が残忍かではなく、自分がほかのプレーヤーからどう思われているかということだった。こうした名声に基づくステータスは、自分が集団にとって有益だと示すことで得られた。それにはふたつの方法がある。ひとつに、結果を出して成功をおさめることだ。ほかの人の役に立つような知識やスキルを示すのだ。たとえば素晴らしい物語を語ったり、未来を正確に予知したり、優れた狩人、魔術師、工具職人であったり、獲物の追跡やハチミツ探しに秀でるなど。[15]パナマのクナ族は、[16]バクをしとめた事実を生涯にわたって記録するという成功ゲームをプレーしているそうで、その数が最も多い人により高いステータスが与えられる。同様に、トレス海峡のメリヤム語を話す人々のあいだでは、最も腕のいい亀捕りが村の長老たちから尊敬を集める。そのため、村民会議や個人同士の争いでは、彼らの意見ばかり偏って支持されるという。

もうひとつに、徳があることでも、名声に基づくステータスを勝ち取れる。集団の利益にかなう信念や行動を示すのだ。この種のステータスは、公共の利益を考え、集団への献身を示し、そのなかのルールに従う人に与えられる。また、勇敢であったり、ほかのプレーヤーに寛大だと評価された場合も、ランクがあがる。しとめた肉を広く分配するタンザニアのハヅァ族の狩人は、「大きな社会的ステータス——つまり、強力な社会的同盟や、ほかの人からの尊敬、繁殖のより大きな成功につながる名声を得る[17]」と、バス教授は書いている。人々は「競争的利他主義[18]」に走り、「集団に多大な貢献をする人と他者から思われる」ために戦うのだ。もちろん、より現代社会においても、利他主義にはステータスが与えられる。たとえば、慈善事業に寄付する人は、「名声を一気にあげたように他人の目に映る[19]」ことが複数の研究から明らかになっている。

この二種類の名声ゲームをプレーできるように、人間の脳は変わった能力を発達させなければならなかった。名声ゲームとは象徴的なものだ。物理的な支配を争うのとは異なり、名声ゲームは生身の自分ではなく、自分の評判でプレーする。自分の評判とは、他人の心のなかに存在する象徴的な自分の姿と考えることができるだろう。人間の脳は、こうした非常に詳細な象徴的自己を蓄積する能力を必要とした。わたしたちの神経世界は、自由自在に呼びだせそうなほど鮮明な他者の幻覚にあふれている。人はみな、自分が知っているあらゆる人を頭のなかにぎゅうぎゅうに詰め込んで歩いているのだ。

加えて、人には話す能力も必要だった。脳のなかに他者の評判を蓄えることはできても、そうした評判が生きるも死ぬも、わたしたちの語る物語にかかっていたからだ。現在の有力な説では、そのために人は発話能力を進化させたと言われている[20]——すなわち、噂話をするために。部族の誰かに自分をよく言ってもらえれば、誉れ高い評判とその輝かしい見返りに与れる。逆に悪く言われれば、ランクを落とし、さらに罰を受ける恐れもある。また、噂話をしてステータスを得ることもできる。誰と噂話をするか、それ自体もステータス・シンボルになりうる。[21]地位の高い人と悪口を言いあうことで、自分も高い地位にいると暗に示すことになるからだ。さらに噂話には、部族のルールと、もしそれを破ればどうなるかを明示するという重要な目的があった。[22] 噂話をすることで、自分にはルールの知識がちゃんとあり、それに忠実であると示すのだ。それによってもまたステータスを稼ぐことができる。噂話とは、「社会的比較を通じて注目を集めようとすること、自己利益と自己イメージをあげること、その一方で他者の評判を落とすこと」[23]と説明されている。それは普遍的であり、ゲームプレーに欠かせないものだ。[24] 幼児すら、話せるようになるやいなや噂話を始めるという。[25]

部族のルールやシンボルは、噂話だけではなく、年長者が語る神話や伝説、儀式や祭式、衣服や他人の行動のなかにもコード化されていたはずだ。成長するにつれ、わたしたちはルールやシンボルを内面化し、良心——自分が誤ったときに判断をくだし警告する、想像上の部族のようなもの——を育む。たとえば、肉を分配しなかったり、儀式で間違いを犯したりしてルールを破ると、「評判を損ない、繁殖の見込みが減り、集団から追放されたり、極端な場合には処刑されることもあった」[26]と、生物学者のジョセフ・ヘンリック教授は書いている。「自然選択によって、わたしたちの心理は規範に従い、規範を犯すことを恥に感じ、社会規範をうまく習得し内面化できるように形づくられてきた」のだ。

ステータス・ゲームのプレー方法が変化するにつれ、人間は徐々に今日のような、奇妙で気取った、気まぐれな、宝石をきらめかせる動物に変わっていった。わたしたちは、絵を描く、楽器を演奏する、精巧な宝石を身につける、欲の塊のようなものをつくり、取引し、見せびらかすといった、ステータスを求める活動にのめり込むようになった。ドイツでは、熟練の職人が四〇〇時間以上かけて制作したと考えられる、四万年前のライオンマンという獅子頭の像が発見された。[27] ウクライナでは、膨大な数のマンモスの骨をつなぎあわせて建てられた四つの巨大建造物の遺跡が見つかっており[28]、建物に含まれる頭蓋骨のうちのいくつかは、少なくとも一〇〇キロを超えていた。二万年以上前のものと思われるこれらの建物には、琥珀の装飾品や貝殻の化石などの財宝がおさめられており、なかには五〇〇キロ以上離れたところから持ち込まれ、取引されたものもあったようだ。

人はますます見栄っ張りになると同時に、より徳を備えるようになっていった。支配ゲームから名声ゲームに移行した結果、わたしたちはほかの霊長類の仲間に比べ、集団のメンバーとの接し方が驚くほど寛容になった。人間同士の肉体的攻撃の頻度は、チンパンジーやボノボのわずか一パーセントにも満たない[29]。チンパンジーの群れは、最も暴力的な人間社会よりも「数百から数千倍[30]」も攻撃的であることがわかっている。わたしたちはチンパンジーとは違い、ステータスのために互いの四肢や性器を引きちぎったり、血を飲んだりする必要はない。ステータスなら、名声を高め、象牙製のライオンや光り輝く貝殻で地位を示すことで得られるのだから。

名声ゲームは、前近代社会のジャングルやサバンナから、きらびやかな都市の大通りや高層ビルまで、いたるところでプレーされている。以前は人間だけが名声を利用していると考えられていたが、年老いた賢い象が群れを水場まで率いていくときなど、ほかの動物にも見られることがわかってきている。とはいえ、人間ほど名声を利用している動物はほかにいない。名声は、わたしたちにとって何よりも勝る渇望だ。それは、わたしたちを部族の利益に役立つように仕向ける賄賂である。それによって、わたしたちは集団生活のすべを身につけることができる。人が協力的集団の一員として目標を追い、問題に取り組むのは、ほかのプレーヤーから自分がどう思われているかを深く気にするようにプログラミングされているからだ。彼らが与えてくれるステータスという報酬がうれしくてたまらないからだ。人はふたつの戦略――徳を備えるか、成功をおさめるか――のどちらかを用いて誉れ高い評判を得ようと努力するときに成長する。これこそ人間が種として成功した秘訣であり、そのおかげでこの惑星を支配してこられたのだ。人類学者のジェローム・バーコウ博士は書いている。「象徴的名声なくして、複雑な社会がいかにして発展してこられたかを理解するのは難しい」[31]

しかしデメリットもある。人間の脳は評判につながるステータスをあまりにも重視しすぎるために、その喪失が耐えがたいものに感じられてしまうことがある。ヒマラヤ山脈に住むレプチャ人などのいくつかの社会では、[32]評判を失うことが自ら命を絶つ最も大きな理由となっている。これはガーナのような近代国家でも同じだ。たとえば、三二歳のある男が羊とセックスしているところを村人に見つかったあとに、自ら殺虫剤を飲んだといった事例が報告されている。また、子どもへの性犯罪を告発された人の自殺率も「劇的に上昇」する。ある調査によると、アメリカ人の五三パーセントが、[33]児童性的虐待者のレッテルを貼られるくらいなら即死するほうがましだと答えたという。さらに、七〇パーセントが顔にナチスの鉤十字のタトゥーを入れられるくらいなら利き手を切断するほうがよいとし、四〇パーセントが犯罪者の評判が立つくらいなら刑務所に一年入るほうがよいと答えたという。

人がプレーするステータス・ゲームのひとつひとつに評判が伴う。その評判の細かい部分は、各プレーヤーの心のなかで異なってくるだろう。わたしたちは、こうした彼ら全員の心のなかに、印象深さや妥当性の度合いをさまざまに変えながら存在している。他者の思考に現れるたび、わたしたちはその人独自のステータス情報をもとに上書きされていく。その人にとって自分は道徳ある人間か？　不道徳か？

専門家か？　役立たずか？　見た目は？　話し方は？　仕事は？　その人にどんな感情が伝わっている？　愛か憎しみか？　好意か不快感か？　同情か憧れか？　評判とは、わたしたちが人生をプレーするうえでのこうした歪んだ部分的なアバターであり、完全な自分自身ではない。わたしたちを真に知っている人などいない。他人には絶対に知りえないのだ。

第六章　名声ゲーム

美徳と成功というふたつの名声ゲームの研究によって、人生の隠されたルールがたくさん明らかになってきている。人類のさらに奇妙な行動についても、こうした研究によって一部解明されつつある。たとえば、ある人はなぜ、まるで磁石のように他人をまわりに引き寄せるのか？　彼らの熱狂的なファンは、なぜ当人の前であれほど軽はずみで呆れるような行動を取るのか？　ファンはなぜ、憧れの人の服装や話し方、読むものまで模倣しだすのか？

ある人がわかりやすく徳を積むなり成功をおさめるなりして、ゲームにとって価値ある存在であることを示した場合、それは必ずほかのプレーヤーの印象に刻まれる。[1] 彼らプレーヤーは、無意識のうちにその人の勝利行動を自分の勝利のチャンスとして見る。自分もランクの上位にあがれるように、その人から学びたいと思う。結果、その人にできるだけ近づこうとする。その人が割いてくれる貴重な時間や知識に対する報酬として、ほかのプレーヤーたちは象徴的ステータスを与える。会話中にやたらと目配せをしたり、相槌を打ったり。平身低頭したままでいたり。[2] 類人猿の「恐怖のしかめっ面[3]」、人間の「笑顔」として知られる、歯を見せる服従表現をしたり。食べものや飲みものなどを差し入れしたり。後ろにつき従って歩いたり、ドアを開けて待ったり、特別な場所に座らせたり、敬称を使ったり。その名声あるプレーヤーは、こうしたステータスのサインをおおいに享受する。彼らは、自分を特別な存在だと思うに違いない。しかし、それは気分がよい半面、罠であり、戦略であり、ゲームの作戦であるかもしれないのだ。

　このようなゲームプレーの本能は、人間の普遍的本質の一部をなしている。[4] 名声あるプレーヤーから学びたいという熱い思いから、人は往々にしてやみくもに彼らを模倣する。同じような服を着て、同じものを食べ、同じ話し方をし、彼らが薦める本を読み、彼らの思想や行動や癖を取り入れる。こうした下位のプレーヤーは、取り憑かれているも同然のように見えることもある。彼らを駆り立てるこの電気回路は、実は何百万年も前から存在しており、猿もステータスの高い仲間を模倣する。とはいえ、わたしたちの進化上のいとこたちの模倣本能は、人間にははるか及ばない。人間の乳児とチンパンジーを比較した研究から、たとえば棒でうまくおやつを取るときなど、どちらの種も名声ある相手の行動を模倣はするものの、すべての行動を模倣するのは人間だけだということが判明している。チンパンジーは、一連の手順の無駄な部分を賢く見極めて省き、おやつを取るのに必要な動作だけを模倣する。それに対し、人間は一から百まですべてを模倣する。

　これは、宗教から企業まで、多くのステータス・ゲームに見られる信仰という概念の根底にあるものだと考えられる。[5] たとえ合理的に説明はつかなくとも、ステータスの高い人の考えや行動を模倣するのはなぜか正しいことに感じられる。インドなどの国では、まさにこの方法で子どもたちが辛いものを食べる痛みを克服しているという。[6] ステータスの高い人の行動をまねしたいという思いが強く働くために、子どもたちの脳は痛みの信号を快感として解釈し直すのだそうだ。子どもたちは、名声に自然と駆り立てられた模倣によって、火を吹くほど辛いものを味わうことを自ら学んでいくと考えられている。彼らは無理強いされているわけではないのだ。

わたしたちの模倣行動の多くは、無意識のうちに行われている。自分がそうしていることも、なぜしているかも気づいていない。それなのに、人は模倣する相手をどうやって選んでいるのだろうか？ 役に立ちそうなプレーヤーをどうやって見分けているのだろうか？ 人間には、そうした相手を探しだす生まれつきの能力が備わっている。わたしたちは無意識のうちにゲーム内をスキャンし、学ぶ価値のある人のさまざまな〝合図《キュー》〟を探しているのだ。しかも、それは早い段階から始まっている。ステータスに関する心理学の世界的専門家であるジョセフ・ヘンリック教授は、「満一歳の時点ですでに、それまでの文化的知識を用いてものごとをよく知っていそうな人を突き止め、その情報をもとに的をしぼって学習、記憶していく」[7]と書いている。

脳はおもに四つの合図を探すようにプログラミングされている。それらが検知されると、注目の引き金が引かれる。人はまず、自己類似性という合図を探す。[8]わたしたちは、自分に似た人から役立つ教訓を学べそうだと憶測を立てる。人には本来、自分と年齢や人種やジェンダーが一致する人を好む性質がある。わたしたちの関心はそうした人々に向かうため、結果、彼らに優先的にステータスを与える。これは、非常に多くのステータス・ゲームを汚染している派閥主義や偏見の根深い原因となっている。悲しいことに、これは自動的に行われてしまうようだ。まだ非常に幼い子どもも、母親と方言が同じ人の言うことには従うという。

次に、わたしたちはスキルの合図を探す。[9] ゲームでとくに有能なのは誰か。研究によると、人は生後一四カ月頃から、タスクに対して能力を発揮する人を模倣しはじめるという。さらに、わたしたちは成功の合図――熟練の狩人がつけている歯のネックレス、部族の長老の大きめな帽子、博士号、マノロ・ブラニクのルラムなどのステータス・シンボル――を探す。このような形で成功を示したいと思うわたしたちの欲求が、世界中の「誇示散財」の原因になっている。世界の高級ブランド市場は年間およそ一兆二〇〇〇億ドルに及び、[10] そのうち二八五〇億ドルがおもにアジアで贅沢品に消費されている。アマゾンのチマネ族で人より多く稼いでいる住民は、その稼ぎのほとんどを時計のような派手な品に注ぎ込む。[11] 西洋だと、お望みとあらばフランク・ミュラーのエテルニタス・メガ4が二七〇万ドルで買える。

最後に、わたしたちは名声の合図[12]を探す。ほかのプレーヤーのボディランゲージや目の動き、声のパターンを分析することで、彼らが誰を尊重しているのか判断する。さらに名声ある当人の行動からも同様の手がかりを検知する。こうして、わたしたちは彼らに注目を向けはじめるのだ。こういった強力なプロセスは古くから小さな集団内で動作するように設計されており、グローバルメディアやインターネットのような現代の広大な環境では事情が異なってくる。現代では、何百万もの人が注目しているというだけの理由でひとりの人がさらに何百万もの人から注目され、それがフィードバックループとなって、さほど取り立てるほどでもない人が世界的ステータスのはるか高みに送られることも珍しくない。このような現象を学者は「パリス・ヒルトン効果[13]」と呼んでいる。

世界を変えたいと思っている人には、人間の行動に影響をもたらすこれら合図の威力について学ぶことをぜひお勧めしたい。こうした合図によって引き起こされる無意識下の模倣－追従－同化という一連の行動は、ときにとてつもない効果を発揮する。イギリスの探検家ジェームズ・クック船長は、一五〇〇年から一八〇〇年のあいだにおよそ二〇〇万人の船乗りを死亡させた、「海の疫病、または船乗り殺し」として知られる壊血病の試薬だったザワークラウトを船員たちに食べさせるために、名声の合図をうまく利用した。[14] 一七六九年、クック船長は南太平洋に向けて出航する船に、つんと刺激臭を放つ発酵キャベツ七八六〇ポンドを積み込み、それを船員たちには与えず、「船長室の食卓」にのみ提供するよう命じた。これこそが名声の合図だった。「上の人間が価値を置いていると知ると、一瞬にしてそれが世界最高のものになる」[15] と、クック船長は日記に書き記している。案の定、地位の低いプレーヤーたちはそれをほしがるようになった。やがて、ザワークラウトは配給制となった。この航海中に壊血病で死亡した船員の数はなんとゼロだった。

名声の合図によって改善されたのは、船乗りの食生活だけではない。何世代にもわたり、イギリスは欧州一、はたまた世界一食事が不味いとのごもっともな評価を受けてきた。事実、一九七〇年代から一九八〇年代にかけて、イギリスで権威あるシェフのほとんどが実のところはフランス人だった（フランス人シェフのアルベール・ルーが一九五〇年代にイングランドにやってきた当初、オリーブオイルは耳垢の治療薬として薬局でしか売られていなかった）。その一方で、デリア・スミス、マドハール・ジャフリー、キース・フロイドなど、テレビの料理番組で活躍するスターたちのステータスはさほど高いわけではなく、むしろ日曜の午後に家で過ごす中年層の日常家庭を体現する存在だった。そんな状況が一変したのは、一九八七年一月のことだった。リーズの労働者階級出身のシェフが、南ロンドンに新しくできた〈ハーヴェイズ〉というレストランで厨房を取り仕切るようになった。彼、マルコ・ピエール・

ホワイトは、一年のうちにミシュランのひとつ星を獲得すると、翌年さらにふたつ星を獲得した。弱冠二五歳のホワイトは、瞬く間に有名になった。

驚くべき才能のみならず、美貌、カリスマ性、そして危険な香りを兼ね備えたホワイトは、厨房でもレストラン店内でも怒りを爆発させ、ときに客すら追いだすという評判が広まった。一九八八年に彼についてのテレビシリーズ『マルコ』が制作されたほか、一九九〇年には『ホワイト・ヒート（White Heat）』（未邦訳）が出版された。〈ハーヴェイズ〉で撮影されたこの豪華な白黒写真集には、上半身裸でポーズを決め、タバコを吸い、華麗な包丁さばきを見せつけ、黒髪のカールを肩で弾ませた、まるでロックスターさながらのホワイトがおさめられている。こうしたことは、シェフ業界内外にセンセーションを巻き起こした。「『ホワイト・ヒート』が、わたし自身にはもちろん、まわりにいるシェフや料理人、のちの世代に与えた影響をうまく伝えきれるかわからない」と、ニューヨークのシェフ兼作家のアンソニー・ボーディンは書いている。「突如として、人生がマルコ以前とマルコ以後に分かれた。（中略）この本はわたしたちに力を与えてくれた。すべてはここから始まったのだ」

ホワイトは、ミシュランの三つ星を獲得した史上最年少シェフとなった。長いあいだ国の恥となっていた料理界に、ついにイギリス人が誇りを持てるときが来たのだ。エリート階級の人々がこのカリスマシェフのテーブルを埋め尽くし、新聞やテレビでも宣伝した。高級レストランがステータスの重要なシンボルになるにつれ、国民の名声への認識も変わりはじめた。またホワイトのおかげで、フード業界自体のステータスも向上した。現に新しい世代のイギリス人は、シェフ・ゲームを大きな名声を得られるものと考えるようになった。そして、そんな彼らを待つ新興市場が誕生したのだ。

ここまでのぼりつめるまで、ホワイトは夢中でステータス・ゲームをプレーした。「マルコはわたしのレシピを盗みたいがために、うちに働きに来たんだ」[16]と、ホワイトが修行していたロンドンのレストラン〈ラ・タント・クレール〉のシェフ、ピエール・コフマンは書いている。「といっても、彼はこれまでわたしが厨房に迎え入れたシェフのなかでも指折りの逸材だ。つねに観察し、耳を傾け、なるべく早くたくさんのことを吸収しようとしていた」と続けている。そんなホワイトだが、名声を得たあとの彼からのお返しはすごかった。〈ハーヴェイズ〉の小さな厨房では、のちに自らもイギリスでミシュランの星を獲得する若きシェフたちがホワイトの下で働いた。そのひとりが、少年らしさの残るゴードン・ラムゼイだった。彼の印象をホワイトは、「それまで出会ったことがないほど競争心みなぎる男だった。(中略)マルコよりも多くの魚を釣りたい、マルコよりもでっかい魚を釣りたいと思っている」[17]と語っている。いろいろな意味でマルコ・ジュニアのようなラムゼイは、のちに複数のレストランで一六の星を獲得し、次の世紀のエリートたちを何人も育てあげることとなった。クレア・スミス、アンジェラ・ハートネット、マーク・サージェント、マーカス・ウェアリング、ジェイソン・アサートンなどなど。

マルコ・ピエール・ホワイトは、ひとりで次から次へとステータスを生みだす製造機のような人物だった。受賞歴、評判、美貌、テレビシリーズ、著書。そのどれもが名声の合図となり、おもに成功に基づくステータスを示した。これらの合図は、新たな世代が生まれ、文化が変わるきっかけとなった。美食がステータス・シンボルとなり、その価値が都市から町、農場、農産物店、専門小売店、スーパーマーケットへと広がっていった。テレビや雑誌や新聞、さらにソーシャルメディアでも取り沙汰された。もちろん、ほかの要因——健全な経済など——も重要であり、この波を起こした強風はホワイトだけではないだろう。とはいえ、イギリス人が食に誇りを見いだすうえで彼が果たした貢献はとてつもなく大きい。往々にして文化とは、こうして発展していくものだ。そのプロセスの根底にあるのは、名声ある人の模倣をすることで、自分も名声を得たいと思うわたしたち人間の特質なのだ。

この特質は逆方向にも働く。自分より明らかに格下だと思う人が自分の模倣をしはじめた場合、人はステータスを得るにいたったその行動を捨てようとする傾向がある。ファッションブランドのバーバリーといえばあのチェック柄だが、そのデザインがサッカーファンや労働者階級の有名人たちに取り入れられ、ビキニや傘やベビーカーに使われだしたことがあった。これに対しバーバリーは、上流階級の顧客離れを食い止めるために、多くのライセンス契約を破棄しなければと考えた。[17]同じように、アフリカ系アメリカ人は、白人に取り入れられるようになったファッションや俗語を使わなくなる傾向にあることが、研究で明らかになっている。[18]

同じ理由で社会全体が慣習を捨て去ることもある。決闘は、ヨーロッパやアメリカの家柄のよい男たちが争いに決着をつける方法として、ルネサンスの時代から長らく親しまれてきた。[19]こうした戦いは、ステータスをほんの少し侮辱されたことがきっかけで勃発する場合が多く、そのせいで何十万もの人々が命を落とした。決闘者たるもの、「自分に関する不快な考えが心に残るくらいなら、銃弾や刺し傷で死ぬほうを選ぶのだ」と、アラン・ド・ボトンは書いている。ボトンの記録には、ライバルの家を「悪趣味」と言って殺されたパリの男や、「ダンテを理解できないとは」といとこを非難したせいで死んだフィレンツェの男や、アンゴラ猫の所有をめぐる決闘などについて書かれている。[20]

決闘は数百年ものあいだ広く行われた。一八世紀には、哲学者デイヴィッド・ヒュームが「キリスト教徒の多くの優れた血が流れた」[21]と嘆いたほどだ。それが一八〇〇年代初頭に流行遅れになったのは、下層階級に模倣され、上流階級がやらなくなったことが理由のひとつだと考えられている。[22]これは、もはや決闘が名誉あるものではなくなった合図であり、その結果、誰もがやらなくなったのだ。そのプロセスについて、同時代のある英国議会委員が次のように述べたそうだ。「ある日曜の朝、亜麻布の織り職人の見習いたちが急に動きだし、(中略)決闘を始めた。見習いたちのあいだで決闘が広まるやいなや、それは上流階級の目汚しになった。(中略)いまや貴族や紳士が侮辱に腹を立て、外に出て決闘しようと思うほどばかばかしいことはない」[23]

より最近では、中国でフカヒレスープの摂取量が激減しているが、[24]これも名声の合図をうまく利用したプログラムが功を奏したことが大きな要因となっている。ほぼ無味で栄養もないこの料理は、もともと中国王朝の上流階級の珍味として知られていた。それが新しい経済社会でも模倣され、結婚式や披露宴でステータスを示す合図として富裕エリート層に利用されてきた。スープのために殺されるサメは、毎年およそ七三〇〇万匹にのぼった。そこで、バスケットボール界のスター、姚明《ヤオ・ミン》選手などの名高い著名人を中心とした広報キャンペーンが展開された。中国の国家主席が、すべての公式晩餐会でフカヒレスープの提供をやめさせたことも大きかった。二〇一一年から二〇一八年の中国におけるフカヒレの消費量は八〇パーセントも減少した。

このようなステータスの力学が働くためには、何より影響力が不可欠だ。誰が名声あるプレーヤーかの見極めがつくと、人は潜在意識下にある模倣‐追従‐同化のプログラムを起動させ、彼らに合わせて自分の考えや行動を変える。ステータス・ゲームは、ヒエラルキー内を上下にぱちぱちと走る、影響力と尊敬という電力線上で行われているのだ。人間の暮らしのなかに存在する無数のステータス・シンボルのなかでも、影響力がおそらく最も信頼できると考えられるのは、そうした理由からだ。わたしたちはしばしば、お金や高価な所有品を個人の地位を示す最もたしかなシンボルだと考える。しかし、世界最高位の修道士よりも、ウォール街で働く新米銀行員のほうが保有する財産もエルメスのネクタイも多かったりするものだ。影響力ではそうしたことは起こらない。

もちろん、影響力もステータスを完璧に示すものではない。地位の低い人が、噂話やごますりや嘘で周囲に影響力を持つことだってある。しかし、その場合の結果は即座に予測できる。小規模な社会でも、個人のステータスは影響力の大きさに現れてくるのが一般的だ。ステータスの高い人は、「集団で議論する際に目立った存在となる。自分の意見を述べ、提案を明確に示し、議論の決着後は総括する傾向にある」[25]という。ステータスの高いプレーヤーが発揮する卓越した影響力は、彼らの話す量からも量れる。前近代社会を対象にしたある研究では、トップランクの人が話す頻度は最下位の人に比べて一五倍、ワンランク下の人に比べても五倍であることが明らかにされている。[26]

影響力は、支配ゲームと名声ゲームにおいてわかりやすい合図となる。支配ゲームでは権力となって現れ、名声ゲームではほかのプレーヤーから積極的に与えられるからだ。影響力の道筋——人々が敬意を払っている、上位の人に合わせて考えや行動を変えているなど——をたどっていけば、必ずやそこでステータス・ゲームが繰り広げられ、誰かが勝利しているのがわかるだろう。わたしたちはよく、自身の影響力の大きさから自分のステータスのレベルを量っている。人間のステータス検知システムは、行動やボディランゲージや口調のわずかなやりとりによって、相手が自分にどれほど敬意を払っているかを監視しているのだ。

　このことは、自分の考えや好みや意見が否定されたときに、人がついムキになってしまう理由でもある。もし人生が完全に合理的なら、反対されても、あるいは最適ではない判断がくだされてしまう心配があっても、何も感じないだろう。反対意見を集団の厳格さと受け取って、ありがたいとすら思うかもしれない。しかし、影響を与えようとする試みが失敗したとき――公共の場や、ステータスの高いプレーヤーの前で失敗したときはとくに――、わたしたちは頭が真っ白になり、憤慨し、苦痛を感じ、復讐心を煮えたぎらせる。こうなると、人はより原始的なプレーモードに陥りやすくなる。このモードでは、自分の有用性を示すことではステータスは得られず、支配行為によって強引につかみ取られるのだ。

第七章　支配ゲーム

二〇一八年イースターの祝日。[1] ニュージャージー州テナフライでいつもの交通違反の取り締まりをしていたときのことだった。警官たちが郊外を走る一台の車を発見した。ナンバープレートの一部が隠され、サイドウィンドウが着色されていた。どちらも州内では禁止されている行為だ。路肩に停止させたその車を警官が確認すると、三人の若者が乗っていた。運転手は、有効な保険証も登録証も提示できなかった。警官たちは車を没収し、正式な書類をそろえてから車を引き取りに来なさいと言った。そこで若者のひとりが母親に電話をかけ、迎えに来るよう頼んだ。

そこから、すべてがおかしな方向に進んでいった。

黒のしゃれたスポーツウェアにワインレッドのベストを着た、細身で堂々とした物腰の六〇歳の女性がずんずんと近づいてきた。彼女はサングラスを額にのせると、手を伸ばし、名刺を差しだしながら、「カレン・ターナーです」と名乗った。

「けっこうです」と、名刺にちらりと目をやりながら、警官のひとりが言った。「必要ありません」

「あらそう。わたしはカレン・ターナーです」と、ふたたび女性は言った。

「彼らを迎えに来ただけですよね？」

「いいえ。わたしは関心の高い一市民として来ました。それと市長の友人として。テナフライには二五年も住んでいるの。あの子たちの責任はすべてわたしが取ります。どうして車を止めたのかしら？」

「運転手がすべて把握しています。彼から「聞いてください」

「ノー、ノー、ノー、ノー、ノー」と女性は言った。ノーという言葉が、まるで弾丸のように警官に飛んでいった。「わたしには知る必要があるんです」

「いいえ、その必要はありません。あなたはこの件に関係ないですから。彼らを迎えに来ただけでしょう」

「ノー、ノー、ノー。関係ありますとも。本当よ。とても深く関わっているの」

このやりとりは警察車両のドライブレコーダーに録画されていたが、そのあいだずっとターナーは車を止めた理由を警官に繰り返し説明させようとした。警官は運転手から聞いてくれと何度も彼女を諭した。ターナーはもう一度名刺を見せたが、「身分証を見る必要はありません」とまたしても拒否された。

すると今度は、金のバッジを取りだした。

「わたしは港湾委員会の理事です。四〇〇〇人以上の警官を指揮しています。おわかりになった？　それで、どこか故障しているなら――」

「違います」と、ふたりめの警官が言った。「車が未登録なんです」

「それなら、そもそもなぜ止めたの？」

「ミス――」

「ミスと呼ばないでちょうだい。わたしは理事よ。そこのところお願いね」

質問の答えを得ようとするターナーの試みはことごとく失敗した。自分は弁護士だと言っても失敗。車に乗っていた子は「イェール大学の大学院に通う博士課程の学生だ」と言っても失敗。「わたしには知る必要がある」と繰り返し要求しても失敗。ふたりめの警官は、彼女の要求を拒む理由についてこう説明した。「あえて言うなら、こっちへ近づいてきたときの歩き方と態度ですね」徐々にいらだちを募らせたターナーは、両腕を体から離し、突き立てた指で大きなジェスチャーを交えながら警官に詰め寄った。どんどん近づき、彼を車の際まで追いつめた。「さがりなさい」と彼女は命じられた。「一歩さがって。これ以上後ろに行けないから」

出会ってから約七分後、ターナーは警官たちをとがめだした。「あなたたちのふるまいにはおおいに失望したわ」ふたりめの警官に若者を家へ連れて帰るよう言われると、ターナーは腰に手を当て彼を叱りつけた。「なんて情けない。もうがっかりよ」それから、もうひとりの警官に向き直り、こう言った。「あなたはこの人にくっついているだけ。あなたにもがっかり」

「さあ、お子さんたちを連れて帰ってください」とふたりめの警官は言った。

「娘を連れて帰るタイミングを。あなたが。わたしに。指図。しないで。ちょうだい」と、スタッカートよろしく短く区切った音節ごとに彼女は頭を左右に振った。「口を慎みなさい。娘と、マサチューセッツ工科大学とイェール大学を出た博士課程のお友だちを連れて帰るタイミングを、あなたが指図しないでちょうだい。いままで何も言わなかったんだから、いまさら口を出さないで。恥を知りなさい。警察署長に話させてもらうわ。市長にも……。あなたたちのことはすべてわかってますからね」そこまで言うと、ようやくターナーは立ち去った。が、そのあと戻ってきた。

ひとりめの警官があなたには「少しがっかりした」と本音を漏らすと、ターナーは「あなたにがっかりされる筋合いはないわ」と言い返した。「警察ならテナフライにあるわが家にも、別邸ふたつにもみんな来ているんですからね」

「それがこの状況とどう関係があるのかわからない」と、ひとりめの警官は言った。

この動画がネットに出まわり、メディアにも取りあげられた一週間後、ターナーはニューヨーク州とニュージャージー州の港湾委員会の職を辞した。[2] ニュージャージーでは、彼女は倫理委員会の委員長も務めていた。のちに出した声明のなかで、「感情に流されてしまった」こと、「品のない言葉遣い」をしてしまったことを悔いていると彼女は述べた。一方で、自分の立場を利用して特別扱いを求めたことは否定し、最後にはこんな興味深い言葉まで残した。「このようなことがまた起こらないように、テナフライ警察には、口調や緊張緩和についての成功事例をぜひ見直していただきたい」

あの晴れた午後に何が起こったのか。それは、あるひとつの質問をめぐる口論だった。カレン・ターナーは、自分の娘とその友人が乗った車がなぜ止められたのかを知りたがった。警官たちは、三メートルほど離れたところに立っている、答えをすべて把握している運転手から聞いてくれと要求した。この表面下（といってもたいして深くはない。〇・五ミリにも満たないだろう）で密かに行われていたのがステータス・ゲームであり、どちらが上かをめぐる争いだった。カレン・ターナーは支配ゲームを仕掛け、負けたのだ。

このように自分のステータス意識が脅かされると、人はいとも簡単に別のモードに陥ってしまう。何百万年も前、人類以前の支配の時代にコード化された原始的な神経プログラムを採用するのだ。美徳と成功の名声ゲームが人間をよりやさしく賢い動物にしたのはたしかだが、これらの秀でたプレーモードはわたしたちの野獣のような能力を完全に上書きしたわけではなかった。心理学者のダン・マカダムス教授は書いている。「社会的ステータスは力ずくと威嚇によって掌握されうるという期待、つまり、最も強く偉大で勇敢な者が大衆を支配するという期待を、人ははるか太古より驚くほど直感的に持っており、わたしたちに深く根づいている。名声という若きライバルでは、人間の心から支配を退陣させることはかなわなかった[3]」

野獣はまだわたしたちのなかにいる。それは第二の自己だ。多くの人はこのふたつの状態を一日に何度も行き来しているが、ひとつの自己から別の自己へ変身している自分にあまり気づいていない。だが、これらはまったく異なるモードなのだ。名声行動と支配行動は、「進化過程の異なる困難に合わせて選択された、異なる心理プロセス、行動、神経化学に基づいている[5]」という。わたしたちは、どちらの自己を宿しているかによって、ふるまいが異なってくる[6]。支配的な第二の自己モードの場合、人は広いスペースを取り、両腕を体から離し、笑顔はあまり見せず、顔をつねに下に傾ける。名声モードの場合は、胸を張る、上体を前に押しだす、頭を上に傾けるなど、よりさりげない方法でステータスを体現する。研究によると、二歳未満の子どもですら、支配戦略と名声戦略を使うプレーヤーのあいだで違いが見られることが明らかになっている[7]。

どちらの戦略も有効である。支配型プレーヤーも名声型プレーヤーもほかのプレーヤーに大きな影響力を持つ[8]。現に、支配的な男性も、名声ある男性に劣らず繁殖の成功率が高い[9]。三〇以上の研究のメタ分析からは、支配は「リーダー出現の最も強固な予測因子であり、良心や知性といった無数のほかの因子を凌駕する」[10]ことがわかっている。このことは、支配型リーダーが集団より自身の利益を優先し[12]、助言を求めず[13]、批判には「自己防衛攻撃」で対応する傾向があるなど、名声型リーダーに有能さでたいてい劣るという事実に反している。[11]また、彼らは威圧的で、集団の成功を公然と自分の手柄にしようとし[14]、部下をからかったり、恥をかかせたり、巧みに操ったりする。一方、名声型リーダーは、自分を卑下したり、冗談を言ったり、成功を公然とチームのものとみなしたりする傾向にある。おもしろいことに、わたしたちは自分のステータスが脅かされるようなことがあると、支配型リーダーを担ぎだそうとする傾向がとくに強まる。戦争時に理想的なリーダーを男女に訊いたところ[15]、どちらも背が高く、目と唇が細く、顎の輪郭がしっかりとした体格のいい人物を選んだという研究結果がある。一方、平時には骨格の細い人のほうが人気だった。

支配と名声の決定的な違いがあるとすれば、それは第二の自己のプレーヤーに人はステータスを手放しでは与えないという点だ。通常、支配型プレーヤーはそれをわたしたちから奪う。支配戦略とは、「地位や影響力を獲得または維持するために、威嚇や強制によって人の恐怖を引き起こすこと」を必然的に伴うものだと、複数の心理学者は述べている。そうしたプレーヤーは、「攻撃、強制、脅迫、軽蔑、中傷、操作などの行為[16]」を用いて「肉体的・心理的危害を加える能力で人の恐怖」を引き起こすことで、ほかのプレーヤーに服従を強いる。ランキングを這いあがるために彼らは暴力やその恐怖に頼るが、ほかにも血やあざだけではなく、涙、恥辱、絶望などのさまざまな苦痛を利用する。

こうした支配モードは、男女間での違いがとても観察されやすい。どちらの性も、自分のステータスを守るために敵意ある行動に出ることは珍しくない。ある研究では、男女のおよそ半分が、直近の攻撃的行為のおもな原因として「ステータスや評判への懸念」[17]を挙げたという。とはいえ、男性にはやはり今日もなお、肉体的なステータス争いをする傾向が心にも筋肉にも骨にも組み込まれている。世界の殺人のおよそ九〇パーセントが男性によるもので、[18]標的の七〇パーセントも男性が占めている。彼らは殺人の圧倒的な加害者であり、また大半の被害者でもあるのだ。ほとんどの場合、殺人犯は無職、未婚、低学歴、三〇歳未満だ。[19]彼らのステータス意識はもろい。紛争研究家のマイク・マーティン博士は、ほとんどの場所で殺人のおもな理由は、「ステータスによるもの」であり、「ささいな揉めごとをめぐる口論の結果」だと書いている。

　刑務所や刑務所病院を「実験室」として用い、暴力犯罪の原因研究に三〇年以上を費やしてきたジェームズ・ギリガン教授は、男たちが暴行や殺人を犯す理由として、「自分を『見くだされた（disrespected）から』や『訪問者（あるいは妻、母、姉妹、ガールフレンド、娘など）を見くだされたから』など、何度も繰り返し同じ答えをする」[20]ことを発見した。「実際、そのフレーズをやたらと頻繁に使うので、彼らはそのうち『ディスられた（dis'ed）』と俗語に略すようになった。人がある言葉を略すほど頻繁に使うとき、それは間違いなくその人の道徳的・感情的語彙の中心となっているのだ」という。かつてギリガン教授は、路上強盗や武装強盗のおもな動機を、欲や必要に駆られてのことだと考えていた。「だが、そうした犯罪を繰り返してきた男たちと実際に腰を据えてじっくり話をしてみると、『人生でこんなにもリスペクトを受けたことはない。そんなの、どっかの男の顔に銃口を向けたとき以来だ』といったようなコメントをよく聞くようになった」という。

　女性の暴力の原因もほとんど変わらない。イギリスの労働者階級の一六歳を対象にしたある調査で、[21]

彼女たちの暴力の多くは、知性、非行、性行動に関連した侮辱がおもな引き金になっていることがわかっている。とはいえ、成人女性や少女のあいだで深刻な暴力沙汰が起こることは比較的稀である。心理学者のジョナサン・ハイト教授によると、「少女も少年も同じように攻撃的だが、[22] その攻撃性は異なる。少年の攻撃性は、『おまえを物理的に傷つけてやる』といったように、暴力の脅威を中心に展開する。(中略) だが、少女の攻撃性は、『おまえの評判や対人関係を壊してやる』といったように、つねに関係性のあるものに向かう」という。研究者のあいだでは、女性の攻撃性は「間接的」になりがちだと言われている。相手の肉体を直接痛めつけるのではなく、アバターを攻撃するのだ。ゲームとのつながりを断ち切ることで敵を確実に排斥し、嘲笑や噂話や侮辱を駆使してステータスを奪おうとする。もちろん、これは平均的な違いだ。相手の評判を攻撃する戦略は男性にも広く用いられている。ただ、その侮辱の性質は異なる。インターネット上の争いに関するある分析から、「女性は男性に比べ、ソーシャルメディア上でほかの女性の乱れた性生活や身体的魅力を軽蔑するが、男性は女性に比べ、能力の面でほかの男性を軽蔑する」[23] ことが判明している。同様に、多くの女性が直接の支配という手段を用いている。まさに、あの第一位《アルファ》メスのカレン・ターナーのように。

支配行動は、主役たちの相対的ステータスが曖昧なときに誘発されやすい。誰が主導権を握っているのか、ヒエラルキーがはっきり見えないと、優位性を確保するために攻撃的手段に出たい衝動が強まるのだ。交通違反の取り締まりの際、ターナーは港湾委員会の理事であり、弁護士であり、市長の友人であり、警察署長とつきあいがあり、イェール大学とマサチューセッツ工科大学の博士課程の学生たちの保護者であり、テナフライに三軒も家を持つ自身の立場が、明らかに自分の優位性を象徴していると信じているようだった。だが、警官たちにとって、彼女は「迎えに来ただけ」の人だった。このことは、ただの言い争いについても、肉体的争いに発展する場合についても同じだ。社会学者のロジャー・グールド教授によると、「誰が誰より上かという関係性が曖昧であればあるほど、暴力が起こりやすくなる」[24]という。

ターナーと警官たちの意見が食い違ったのは、表面的には「なぜ車を止めたのか？」という質問に関してだった。その質問自体は妥当であり、警官たちが返答を拒否したのもささいなことだった。しかし、そうした言い争いは、最終的に殺人にいたるほど攻撃的になる場合も含め、往々にしてこうやって起こるものだ。ささいなこと――質問に答えが返ってこない、わずかな借金、感謝の気持ちが足りない、通りでのちょっとした無礼など――に感情を爆発させるとき、人はしばしば「道理」の問題なのだと言って自分を正当化する。グールド教授によれば、道理の話を持ちだす人は、「互いの関係のあいだにそれまでなかった支配的役割を向こうが押しつけてきた」[25]と言いたいのだという。人生では、人間関係のほんのささいなできごとがシンボルになりうる。それらはどれも、ステータス検知システムからすれば「くそくらえ」と読めてしまうのだ。

そんなとき、わたしたちは攻撃性やその脅威によって無理やりトップに返り咲こうとすることにしばしば罪悪感を覚える。わたしたちの大好きな道徳的ヒーローとしての自己イメージと相反するからだ。そこで人は自分の行動を否定する。状況や悪魔や悪役――挑発するような口調で話し、緊張を緩和できない恐ろしい警官たち――に罪をなすりつけた物語を語るのだ。脳で紡がれたこれらの幻想は、自分自身についての現実全体を見えなくしてしまう。わたしたちは、何百万年も機能してきた戦略を用いてゲームをするプレーヤーとなる。人は誰しも、自分のなかにあの野獣を抱えている。わたしたちはみな、カレン・ターナーなのだ。

第八章　男性、誇大妄想、屈辱
――ゲームオーバーの三大要素

一一歳のとき、サマーキャンプで楽しく遊んでいたエリオットは、かわいくて人気者だった少女に意図せずぶつかってしまった。「その子がすごい剣幕で怒ったんだ」[1]と、のちにエリオットは語った。「口汚い言葉で罵られ、突き飛ばされた」という。ショックのあまり彼は凍りつき、どう反応すればよいか完全に見失ってしまった。みんなが見ていた。「大丈夫?」と、友人のひとりが尋ねた。エリオットは声も出せず、身動きもできずに、屈辱を感じていた。それから、彼はその日一日ほとんど何も話さなかった。「何が起きたのか信じられなかった」そのできごとに、彼は「自分が意味も価値もない小さなネズミになったような」気がした。「自分がとてつもなくちっぽけで弱く感じられた。あの子がぼくにこんなひどいことをするなんて信じられなかった。きっと、彼女にはぼくが負け犬に映っているんだと思った」ティーンエイジャーとなったエリオットは、学校のクールなエリート軍団に仲間外れにされ、いじめられつづけた。そのあいだもずっとこのできごとが心に残りつづけ、「一生の傷になった」という。

テッドはハーヴァード大学に一六歳で入学したほどの天才学者だった。ある日、彼は名高い心理学者のヘンリー・マレー教授率いる実験に参加することを志願した。テッドは一カ月以内に次の内容のレポートを書いてくるように指示された。「自分の人生哲学について説明すること。自分が生きるうえでの、あるいは憧れの生き方における指針を明言すること」、そしてトイレトレーニングや親指しゃぶり、自慰行為などのテーマについて非常に個人的な情報を含む自伝を書くこと。テッドは、マレー教授に極秘の政府機関で働いていた過去があることを知らなかった。これは過酷な尋問技術に関する研究で、とくに「何も知らされていない被験者が受ける感情的・心理的トラウマの影響」[2]が実験の核であった。自分の秘密や哲学について詳しく告白したテッドは、次に明るい部屋に連れていかれると、ワイヤや測定機器を取りつけられ、マジックミラーの前に座らされた。そこから、彼の過去や、彼の実際の生き方または憧れの生き方において大事だと思うルールやシンボルに対して、「激しく見境のない個人的虐待」とマレーが称する一連の攻撃が始まった。「三年のあいだ、毎週誰かしらから罵倒され、屈辱を受けていた」[3]と、テッドの弟は証言している。「実験については何も聞かされていなかったが、兄が変わってしまったことにはみんな気づいていた」という。この屈辱体験を、テッド自身は「人生で最悪の経験」[4]だと表現している。

　エドは母親の虐待を受けて育った。母親はアルコール依存症の偏執症で、「極端に横暴だった」[5]。人前でエドを激しく叱りつけ、ゲイになっては困るからと彼に愛情を注ぐのを拒んだ。エドが一〇歳のとき、母親は年齢のわりに大きかった彼が妹に性的ないたずらをするのではないかという考えに取り憑かれ、彼を地下室に閉じ込めた。エドはそこで何カ月も過ごした。唯一の出口であった仕掛け扉の上には、いつもキッチンのテーブルが置かれていた。母親はしょっちゅう彼をこきおろした。自分が勤める大学の賢くてきれいな若い女の子たちは、誰もおまえになんて近寄らないだろうと。[6] 拒絶と屈辱の子ども時代だった。「母親に対して抱えていた愛憎のコンプレックスは、どうにも処理しがたかった」[7]と、エドは言った。母親とのこの「煩わしい関係」から、彼は自分が「女性のまわりにいてはいけない気がした。自分にとって脅威だったんだ。頭のなかで、彼女たちを勢いよく吹き飛ばした。女性ってちょっとしたゲームをするだろ。自分はプレーできないし、彼女たちの要望につきあってあげられなかった。だから脱落したんだ」

エドは脱落した。本当の意味で。彼は祖母を殺害した。理由は「母親を殺したかったから」だった。それから今度は母親を殺害した。彼女の頭を切り落とし、それとセックスをしてから庭に埋めた。両目を上に向けたのは、母親がいつも人から「尊敬されて見あげられたい」[8]と願っていたから。エドは八人の女性を殺害し、屍姦やカニバリズムに及んだ。エド・ケンパーは、アメリカ史上最悪の連続殺人犯のひとりにいまでも数えられている。一方、エリオット・ロジャーは、二〇一四年にカリフォルニア大学サンタバーバラ校で六人の若者を殺害して大量殺人犯となったあと、自殺した。ではテッドは誰かって？ご存じあのテッド・カジンスキー、連続爆破犯、通称ユナボマー（Unabomber）だ。

人生がステータス・ゲームだとしたら、人はすべてのステータスを奪われたらどうなるだろうか？自分など無価値だと、何度も何度も思わされたらどうなるだろうか？　屈辱は、ステータスの対極と見ることができる。天国に対する地獄だ。ステータスと同じく、屈辱も他者から与えられる。ステータスと同じく、社会的地位において自分がどの位置にいるか、他者から判断される。ステータスと同じく、相手の地位が高ければ高いほど、その地位にいる人が多ければ多いほど、その人たちの判断の影響力が増す。そしてステータスと同じく、大きな役割を持つ。屈辱は、研究者のあいだで「感情の核爆弾」[9]と呼ばれており、大うつ病性障害、自殺願望、精神病、極端な怒り、「心的外傷後ストレス障害（PTSD）の特徴を含む」激しい不安などの症状を引き起こすことがわかっている。[10]暴力犯罪の専門家のジェームズ・ギリガン教授は、屈辱的な経験を「自己の消滅」と呼んでいる。[11]ギリガン教授は、暴力の原因を突き止めるために刑務所や刑務所病院で何十年も研究を重ねてきた。そこで「つきあいの長くなった凶暴きわまりない男たちが、幼少時代に繰り返し屈辱を受けてきた経験を次々と告白してきた事実から、ある心の真理」[12]が導きだされたという。

ステータス・ゲームの論理上、屈辱（および、屈辱の個人的経験——自分の頭のなかで想像上の人々からひどい判断をされたという感覚——と考えることのできる、より軽程度の恥）は、比類なく最悪なものとされている。心理学者のレイモンド・バーグナー教授とウォルター・トーレス博士によると、屈辱とは、ステータスとそれを主張する能力の両方を完全に奪われることだという。[13]両氏は、ある状態が屈辱的とみなされるための四つの前提条件を提示している。第一に、ほとんどの人間がそうだが、自分はステータスを得る資格があると信じていること。第二に、屈辱的なできごとが公に起こること。第三に、屈辱を与える側の人に、ある程度のステータスがあること。そして第四に、「ステータスを主張するためのステータスを拒絶される」こと。つまり、本書の観点で言うと、ステータス・ゲーム全体から拒絶されることだ。

ひどい屈辱状態に陥ると、人はランキングから見事に転落し、もはや有用なプレーヤーとはみなされなくなる。そうなると、わたしたちは退場となる。追放され、抹消されるのだ。自分の親族とのつながりも断ち切られる。「この要素の危険な性質は誇張しようにも難しい」と、両氏は書いている。「ステータスを主張するための個人のステータスを屈辱によって抹消されるとき、それはつまり、失ったステータスを回復する機会を否定されるのと実質的には同じことだ」という。人間がつながりとステータスを求めるようプログラムされたプレーヤーだとするなら、屈辱はその人間の最も根深い欲求の両方を破壊する。それに対して、わたしたちにできることは何もない。「彼らは関連するコミュニティ内で主張する声を失ってしまったも同然であり、とくに、屈辱を取り除くために自分の代わりに反訴してくれる声を失ってしまった」のである。復活するには、新しいゲームを見つけるしかない。たとえそれが人生と自己を一からやり直すことを意味するとしても。「屈辱を受けた多くの人は、ステータスを回復するために、あるいはもっと広く、自分の人生を再建するために、別のコミュニティに移る必要性に迫られる」のだ。

ただし、もうひとつ選択肢がある。アフリカの諺にあるように、「村から歓迎されない子どもは、そのぬくもりを感じるために村を焼き尽くす」のだ。もしゲームから拒絶されても、復讐の神となって支配に返り咲くことができる。恐ろしい暴力を使ってゲームを威圧し、無理やり謙虚に従わせるのだ。生涯にわたる研究の結果、ギリガン教授は多くの暴力の根本原因を「恥や屈辱といった感情を回避あるいは排除し、反対の誇りという感情に置き換えたいという願望」[14]だと結論づけている。

もちろん、エド、テッド、エリオットの三人の凶行がただ屈辱への反応として引き起こされたと主張するのは乱暴だろう。もしステータスの焼灼が大量殺戮の単純なスイッチだとするなら、こうした犯罪はそこらじゅうで起きているはずだ。よって、さらにさまざまな寄与因子が考えられる。まず三人とも男性であった。これにより、失ったステータスを暴力で回復しようとする傾向が劇的に高まる。次にエリオット・ロジャーは自閉症スペクトラムだと言われていた。[15]このことが、友人やガールフレンドをつくる彼の能力に影響を与えていた可能性がある。裁判所の精神科医は、エド・ケンパーが妄想性統合失調症だと主張した[16]（これについては論争に決着がついていない）。テッド・カジンスキーの弟は、テッドが以前に「統合失調症の兆候を示していた」[17]と発言している。しかし、これらの症状はそれ自体ではどれも答えになっていない。なぜなら、同じ症状を持つ大多数の人は村を焼き尽くしたりしないからだ。

だが、起こった結果はご覧のとおりだ。三人とも拒絶されたと感じたステータス・ゲームを攻撃し、自分を貶めた相手に対して支配を行使した。エド・ケンパーの母親は、自分の勤める男女共学大学のハイステータスな女子大生たちがおまえとデートするわけがないと決めつけ、息子を何度も嘲った。エドはそうした少女たちを殺しはじめ、〝Co-Ed Killer（共学女子大生キラー）〟となり、そして最後に「母親の頭を切り落とし、死体を辱めた」[18]。さらに、彼は母親の喉頭をディスポーザーに突っ込んだ。「長年のあいだ文句を言われつづけ、わめき、怒鳴りつけられた仕返しに、それがふさわしいと思った」[19]という。エドを担当したFBI心理分析官のジョン・ダグラスは、「彼は女性に対して屈辱的経験を抱え、できるだけ多くの女性を罰しようという使命に駆られていた」と書いている。それから、「彼は生まれついての連続殺人犯ではなく、そうなるように製造された人物」[20]だったとつけ加えている。

ハーヴァード大学の名高い科学者に屈辱を受けたテッド・カジンスキーは、〝Unabomber（ユナボマー）〟となった。この〝un〟は、彼の標的にされたuniversities（ユニバーシティ）を表している。彼の脳は、その転落と憤りの感情を取り込み、自分がヒーローの物語に魔法のように変換した。彼はテクノロジーの時代とその産物が「人間の種の災難となっており、生活を満たされないものに変え、人々を屈辱にさらし、広く精神的苦痛をもたらしている」[21]と書き、優秀な人々や彼らによってつくりだされた世界を相手に戦争を始めた。彼の爆撃作戦は、「システム」による奴隷状態から大衆を解放することを目指した革命の幕開けだった。彼は爆撃の中止を約束する代わりに、現代の害悪について論じた三万五〇〇〇語に及ぶ論文を『ワシントン・ポスト』紙に掲載しろなどと格別のステータス経験を要求し、受け入れられた。

エリオット・ロジャーは？　以下は、大量殺人に先立ち本人が配布した小説並みに長い自伝に書かれたことである。「人気者の子どもたちがあんな享楽的な生活を送っているなか、ぼくは何年もずっと孤独のなかで腐っていなければならなかった。仲間に入れてもらおうとするたび、みんながぼくをさげすんだ。みんながぼくをネズミのように扱った。（中略）もし人類があいつらのなかにぼくの居場所をつくってくれないなら、全員を滅ぼしてやる。あいつらの誰よりも、ぼくのほうが優秀なんだ。ぼくは神なんだ。報復の実行こそ、ぼくの真価を世界に証明する方法だ」[22]一九九五年から二〇〇三年に起きた学校銃乱射事件の八七パーセントにおいて、急性または慢性の社会的排他がおもな寄与因子であることが判明している。

ここに、この破壊者三人を結びつける最後の因子がある。ロジャー、ケンパー、カジンスキーはひどい屈辱を味わっただけではなく、みな自尊心が恐ろしく高く、そこから転落してしまったのだ。三人とも知能が高く――ケンパーのＩＱは一四五と、ほぼ天才レベルだった[23]――、極めて壮大な思想の持ち主だった。カジンスキーは世界革命の陣頭に立つことを望み、ロジャーの自伝は「美しく立派な紳士」と自身を表現するなど、権利意識とナルシシズムにまみれている。ケンパーは自分の悪名を誇りに思っていた。逮捕後、警官に連れられ長時間かけて護送されているあいだ、彼は途中の休憩所で自らを誇示してまわり、手錠を見せびらかし、メディアにどう報道されるかと夢中で予想した。[24] カニバリズムと屍姦に関するケンパーの告白は、ステータスほしさの虚偽だったとも言われている。[25] 彼ら三人とも、正常ではない、おそらく病的に激しいステータス欲求を持っていた。だからこそ、三人が受けた屈辱はよりいっそう苦痛に感じられたのだろう。精神衛生の専門家のマーリット・スヴィンセス教授は、「同等もしくは自分より高い地位の人からのほんのささいな反対意見や非難でも、ナルシシストには充分な屈辱になりかねない」[26]と書いている。彼らはゲームの頂点こそ自分にふさわしいと感じていたにもかかわらず、どん底まで転落してしまったのだ。

男性、誇大妄想、屈辱というこのパターンは、ゲームに対して非暴力的な破壊行為に出る人々にも見られる。ロバート・ハンセンは幼い頃からスパイになるのが夢だった。[27] ジェームズ・ボンドが大好きで、ワルサーPPK［ドイツのカール・ワルサー社が開発した小型セミオートマチック拳銃］や短波無線を購入し、スイス銀行に口座まで開いた。しかし、ハンセンの父親は息子をさげすみ、奇妙な罰を与えるなど虐待を繰り返した。「彼は父親になんらかの方法で無理やり両脚を広げて座らされた」と、ハンセンの精神科医は報告している。「その姿勢で座らされることは、ハンセンにとって屈辱的だった」[28]という。そのようなひどい仕打ちは家の外でも行われた。ハンセンの親友の母親は、彼の父親に会うたび、「父親はいつもロバートを貶すようなことを言っていた。ロバートが何をしようとだめ。あんな父親は見たことがない。ひとり息子にやさしい言葉ひとつかけてあげなかった」と発言している。彼が大人になって結婚したあとも、屈辱は続いた。両親が夕食に立ち寄ると、ハンセンは恐怖のあまり階下におりてこられなかった。「ロバートは胃が痛くなって、食卓で父親と顔を合わせられなかった。しまいに（彼の妻の）ボニーから、『この屋根の下で夫に敬意を払えないなら、歓迎できません』と告げてもらったそうだ」

それでも、ハンセンのステータスに対する欲求は強かった。彼は「極端に敬虔で信心深い熱狂的な」カトリック教徒になり、教皇の属人区であるエリート組織〈オプス・デイ〉の一員となった。一九七六年にＦＢＩに入り、防諜工作員としてステータスのある刺激的な生活を送ることを望んだが、そのような名誉ある任務はいくら志願しても断られた。彼の伝記作家によると、ハンセンはいつも奥の部屋にいて、「ほかの人たちがもっと刺激的な仕事をしているのを遠くから見ていた」という。ハンセンは技術スキルに優れ、「非常に頭が切れる」と評判だったものの、傲慢で気難しい印象があり、「顔に渋い表情を浮かべていた。彼はとにかくばかな人間を許せなかった。そのレベルになぜ自分が合わせなければならないのかと」一九七九年、ハンセンはソビエト連邦に接触し、スパイ活動をすることを申し出た。二〇〇一年にようやく彼が逮捕されたとき、すでに何千もの最高機密文書がＫＧＢに渡っていたほか、自国のスパイ情報も大量に漏洩し、そのせいで複数の人間が処刑された。ハンセンはアメリカ史上最悪の被害をもたらしたスパイと考えられている。裁判後、彼の精神科医はこう述べた。「ハンセンがスパイになったおもな心理的理由をひとつ挙げるとするなら、父親との関係のなかで経験したことにしぼられるだろう」

また屈辱は、名誉殺人のおもな要因にもなっている。名誉殺人では、たいていは性関連の行動を取る、「西洋的すぎる」ふるまいをするなど、自分たちのゲームのルールやシンボルを蔑ろにすることで家族に屈辱をもたらしたとされる人物を、一族で共謀して殺してしまう。[29] 一部のイスラム教徒、ヒンドゥー教徒、シーク教徒のあいだでは、家族の失われたステータスを回復するには、過ちを犯したとされる人物を殺すしかないと考えられているのだ。被害者は定められた結婚を拒否したり、婚前交渉や不倫に及んだり、離婚を求めたりしたのかもしれない。信仰を完全に捨て去りたいと考えたのかもしれない。レイプの被害者になったり、宝石を身につけたりした結果、殺されてしまうこともある。被害者のほとんどは女性、場合によってはゲイの男性だが、一方の加害者の性別は意外にも多岐にわたる。心理学のフィリス・チェスラー名誉教授が行った、ヨーロッパとアジアで起きた三一件の殺人を対象にした小規模研究では、[30] 三九パーセントの事件で女性が「実際に殺人を実行」し、六一パーセントで共謀していたことがわかった。ただしインドだけは例外で、すべての事件において女性が実行犯だった。殺人を犯したこれらの家族は、コミュニティ内でしばしば「英雄」として見られると、[31] チェスラー教授は書いている。統計はまちまちだが、このような死者を年間およそ五〇〇〇人としている国連の推計[32]は控えめと言ってよいだろう。

こうした極端な例を見ていくと、彼らからの教訓は一般の人には当てはまらないと感じられてしまう恐れがある。しかし、思慮深い読者のみなさまなら、そのおぼろげな影に自分自身のシルエットが見えるのではないだろうか。屈辱的なできごとがごくふつうの人々にどれほど残酷な苦痛をもたらすかを暗に示した調査もあり、人間には悪魔を呼び寄せる力があることが示唆されている。実際、ある研究では、男性の五九パーセント、女性の四五パーセントが復讐で人を殺す妄想をしたことがあると認めたとの結果が出ている。[33] なかには、このような非難されるべき行為を理解しようとすることに真っ向から反対する人もいるだろう。あたかもそうして犯罪者たちを容認しているとでも言わんばかりに。非難と許しという言葉は、法廷や教会、直接の被害者にこそふさわしいだろうが、道徳的な議論によって思考停止に追いやられては、わたしたちは役立たずになってしまう。リスクと予防策を特定できなくなってしまうのだ。

二〇一四年、エリオット・ロジャーが男性四人と女性ふたりを殺害し、一四人を負傷させた事件を受けて、世間は彼の蛮行の原因を探りはじめた。いったいどんな悪魔の力が、ロジャーの人生の旅をこれほどまで狂わせたのか? 右派のグレン・ベックから左派の『ヴァイス・マガジン』誌まで、多くのコメンテーターたちがすぐに《ワールド・オブ・ウォークラフト》というコンピューターゲームに彼が病みつきになっていたことを突き止めた。「よく聞いてくれ。お子さんの手からゲームを取りあげるんだ[34]」と、ベックは言った。「あれは子どもたちの手に負えるようなゲームじゃない。《パックマン》とはわけが違う。そこは彼らの住む仮想世界だ」と。『ヴァイス・マガジン』誌も同様に、プレーヤーが「人とのつながりや愛、社会的野心をますます育めなくなるゲームの中毒サイクル[35]」について指摘した。しかし、こうした論には問題点がある。それは、ロジャーの一〇万八〇〇〇語に及ぶ自伝からも明らかだ。

『ぼくのねじれた世界:エリオット・ロジャー物語(My Twisted World: The Story of Elliot Rodger)』(未邦訳)は、驚くべきドキュメントだ。彼の「至福の」幼少時代から、拒絶、憎悪、そして殺人の狂気に満ちた青年時代への転落が、手に汗握るぞっとするような筆致で詳細に語られている。彼のステータスへの壮大な欲求は冒頭からすでに現れる。読むと、彼の父親は「名声あるロジャー家の出身」であり、母親は「ジョージ・ルーカスやスティーヴン・スピルバーグといった映画界の重鎮たちと友人」だったことがわかる。両親の離婚を除けば、基本的には幸せな生活だったが、やがてロジャーは自分がクラスメートよりも背が低く貧弱になってきていることに気づく。「このことがぼくをつねにいらいらさせた」と彼は書いている。

九歳から一三歳までのロジャーは、「最後の充実期」だった。社会生活のなかで、彼は「ヒエラルキーがあること、ほかの人より優れた人がいること」に気づきはじめた。「学校には〝クールな子どもたち〟がつねに存在し、ほかの誰よりも尊敬されているようだった」という。ロジャーは、自分が「ちっともクールじゃない」ことを悟った。「髪型はダサく、服装は地味でかっこ悪く、内気でモテなかった。（中略）そのうえ、混血だから人とは違うという思いがあった」。そう気づいたあと、何もかもが変わった。「誰もが平等な立場でいられる、平和で無邪気な子ども時代は終わった。フェアプレーの時間は終わったんだ」

少年時代のロジャーは、スケートボードを習うことで「クール」になる練習をした。だが、成長とともにルールは変わっていった。「いまじゃ〝クール〟なのは女子にモテることだった。いったい、どうすりゃいいんだ？」気づけばロジャーは人から避けられ、いじめられるようになっていた。「自分はまったくモテず、いろんな人から嫌われ、誰よりも変わった子どもに見られていた」と書いている。そんな彼は、やがてオンラインのコンピュータゲームに救いを見いだした。一緒にプレーする人に出会い、ときに午前三時までインターネットカフェに入り浸ることもあった。「学校の外で、〈プラネット・サイバー〉にいる友だちといるのがすごく楽しかったから、人気者になるとか、女子の気を引くとかにあまり興味がなくなった」オンライン上でプレーヤー同士がチームを組み、ミッションに挑むゲーム、《ワールド・

オブ・ウォークラフト》を知ったときは、「度肝を抜かれた。初めてプレーしたときは、興奮と冒険の別世界に足を踏み入れたような感じだった。(中略) まるで別の人生を生きているようだった」という。そうして彼はそのゲームに病みつきになった。「ネット上の《ワールド・オブ・ウォークラフト》に身を隠した。安心と安全を感じられる場所だったんだ」

一方で、性欲の芽生えは地獄のようだった。女性におびえながらも、彼女たちの承認を求めたティーンエイジャー時代のロジャーの日々は、拒絶され、呆然とした苦しみのなかで過ぎていった。彼は両親に男女共学校には行かせないでくれと懇願した。同級生からは嘲笑され、食べものを投げつけられ、所持品を盗まれた。彼は可能なかぎりの時間を《ワールド・オブ・ウォークラフト》に費やし、レベル最大という桁外れのステータスを手に入れた。それは「とてつもなく大きな偉業」だった。オンラインで一緒にプレーしていた地元の三人の少年は、彼にとって「いちばん親しい友だちグループ」だった。しかし、のちに悲しい事実が発覚する。その友人たちは、彼抜きで遊ぶためにときどき秘密で会っていたのだ。「《ワールド・オブ・ウォークラフト》のなかですら、ぼくは除け者だった。ひとりぼっちで望まれない存在だったんだ」と彼は書いている。ロジャーは「プレー中も孤独」を感じるようになった。ゲームの最中に泣き崩れることもあった。彼は「プレーすることになんの意味があるのかと自問するようになった」という。そしてゲームをやめた。

そのあと、何かのスイッチが切り替わった。それまでのロジャーは混乱し、みじめに苦しむ存在だった。また憎しみにもあふれていた。女性に対する恐怖は激しい女性憎悪へと凝り固まり、その激しい憎しみは女性たちがデート相手に選ぶ「クール」な男性にまで及んだ。しかし、悲しいかな、怒れる女性嫌いは別に珍しくない。人とのつながりとステータスの源を失われて初めて、彼の思考に完全なる混沌が解き放たれた。「自分にとてつもない力が宿り、すべての人間にセックスをやめさせる妄想を抱くようになった」と、ロジャーは書いている。「これが大きな転機となった」ようだ。《ワールド・オブ・ウォークラフト》をプレーした最後の日、彼はたったひとり残っていた友人に「セックスは廃止されるべきだ」という「新しい見解」を披露した。

ロジャーの脳は、堕落と憎しみの感情を自分がヒーローの物語に魔法のようにつくり変えた。自分の苦しみは「どの男とは（セックスを）し、どの男とはしないかの選択を掌握し、この世の不公平のすべてを象徴する」女性のせいだと、その物語は語った。つねに「愚かで、不道徳で、不愉快な男」ばかり選ぶせいで、「人類の進歩を妨げている」のだと。ロジャーは、「公平で純粋な世界がどうしたら機能するか、究極かつ完璧なイデオロギー」を夢想した。セックスは非合法となり、人工授精で子孫を残す一部以外の女性は滅ぼされる。これらの恐ろしいビジョンを、彼は自分が優れている証拠だと考えた。「自分はほかの誰とも違う角度から世界を見ている。これまで受けてきたあらゆる不当な扱いと、その結果培われた世界観のおかげで、ぼくは偉大な存在になるよう運命づけられているのだ」と。こんなふうに、彼は脳内で紡がれた夢に迷い込んだ。そこでは女性憎悪は正義だった。「ぼくはただ、女性を愛し、愛されたいと願っていただけだ。だけど彼女たちから向けられた態度は、ぼくのなかに憎しみを生んだだけだった。当然じゃないか！　ぼくは何から何まで真の被害者だ。ぼくは善良な人間なんだ」

当時ロジャーは一七歳だった。その後、大量殺人を犯すまでの五年間は、ときおりふらっと復帰する以外に、オンラインゲームをすることもなくなった。それと同時に、彼の悲嘆、憎しみ、狂気は燃えあがった。《ワールド・オブ・ウォークラフト》は、ロジャーが価値を見いだした唯一の場所だった。それは、彼が卓越した力を発揮できるステータス・ゲームだった。狂気の原因であるどころか、むしろ彼が正気を保っていられる最後の手段だったのかもしれない。

第九章　ルール変更はプレーヤーを変える

なぜ人は速く走るのか？　たとえば、オリンピック金メダリストのモハメド・ファラーなどのように。そこになんの意味がある？　そして、なぜ人は彼らのような非常に速いランナーを見るために、多大なお金、時間、不快感を注ぎ込むのか？　コンクリート打ちっぱなしの汚いアリーナのプラスチック席から固唾をのんで見守り、叫び声をあげ、どの人が誰それより何ミリ秒速かったかと気にする。なぜなのか？　ついでに言えば、サッカーになんの意味がある？　チェスは？　コンピュータゲームは？　寝室で何時間もカチカチカチとボタンを押すことになんの意味がある？　それがあなたをどうやってよりよい人間にするというのか？　どうやってあなたを人生の英雄旅に連れていくというのか？　エリオット・ロジャーは、なぜ《ワールド・オブ・ウォークラフト》に夢中になったのか？　殺すことが好きだったからだろうか？　彼がモンスターだったからだろうか？

《ワールド・オブ・ウォークラフト》は、ステータス製造機のようなものだ。それはロジャーのアバターがプレーできる別の現実をつくりだした。彼はそのなかで人生を築いた。支配と成功のゲームをプレーし、目標を達成した。このように、人が楽しみを求めてプレーするあらゆるゲームは、本来のゲームであり、すべてのゲームのなかで最も偉大なステータス・ゲームをプレーするために進化してきた神経回路をうまく利用することで機能している。陸上選手も、ボクサーも、競泳選手も、バスケットボール選手も、チェスのプレーヤーも、サッカー選手も、テレビのオーディション番組の出演者も、ルールとシンボルからなる想像の世界でステータスを競っている。クロスワードなどのひとり遊びも、自分の頭のなかに住む想像上の観客の前でプレーされ、失敗したり成功したりすると、わたしたちの良心がうめいたり歓声をあげたりしているのだ。

人が楽しむためにつくられたゲームは、興奮を増幅させるために、ルールにうまく調整が加えられている。そうしたゲームでは通常、プレー時間、到達すべき目標(ゴールラインや最終マスなど)、完遂すべきミッションやバトルなどによって時間が制限されている。また正式にランクづけもされる。各プレーヤーまたはチームの順位が正確に採点され、全員にわかるように発表される。一方、わたしたちが日常でプレーしているゲームは違う。たいていの場合は終わりに制限がなく、ほかのプレーヤーとの関係がとぎれないかぎり続く。また、日々刻々と変化するわたしたちの順位は、明白に定められたランキングに固定されるわけでも、公に発表されるわけでもない。代わりに感じ取るのである。わたしたちがどっぷり浸かっているシンボルの世界の手がかりから、ステータス検知システムがそれを読み取るのだ。これはつまり、比較的地位の低いチームメンバーとして仕事の会議に出席しても、素晴らしく役立つアイデアを出し、注目、称賛、影響力といった象徴的報酬を受け取り、世界の頂点に立った気分でその場を去ることもできるということだ。自分はいちばんではないかもしれないが、そう感じることはできる。肩書きや給与等級のようなものはあっても、それらは競技場に表示されるスコアボードの順位のように正確で議論の余地のない判断を示しているわけではない。もしビジネス会議がこのような形で、会議中に活躍した個人順位が全員にわかるように明るい照明の下で発表されるとしたら――どうなるかは想像がつくだろう。

自然発生するステータス・ゲームに、そのようなルール調整は必要ない。ほかのプレーヤーからの象徴的報酬によって、わたしたちのモチベーションは高まり、より大きな手柄を立てようと駆り立てられるからだ。高い地位への昇進は、たくさん敵を打ち負かした合図としてというより、自分の価値が認められた合図として価値あるものなのだ。このような集団からの肯定的な感情が鍵となる。団体の綱引きで個人の働きが見えない場合、人はひとりのときの半分ほどの力でしか引っ張らないが、観衆の応援があるとその力は増す。ランナーやサイクリストも同じだ。[1] 観衆の声援を受けると、彼らもまたよりよいパフォーマンスを発揮する。

また、健全なステータス・ゲームは比較的小規模で行われる。石器時代の人々が多くの時間をともにした部族内の小集団に属していた人数は、おそらく二五人から三〇人程度で、[2] そのほとんどが核家族からなっていた。すでに見たように、男性はおもにほかの男性と、女性はほかの女性とステータスを競いあっていたと思われ、そうした小集団においても区分はあったはずだ。そのジェンダー内も、年齢や専門能力――獲物の追跡、治療師、語り部、ハチミツ探しなど――によってさらに分かれていただろう。世界中の人々が、世界中の全員を相手にステータス争いをしていると感じないのはそのためだ。もし明日の朝、人類七〇億人全員がミシェル・オバマやタイの国王と個人的に競争すると決めたら、世界全体がノイローゼになってしまうだろう。研究者によると、幸福はわたしたちの社会経済的ステータス[3]――

階級を含む、社会全体を通した他者との比較によって自分の地位を把握すること——と密接に関係しているわけではないことが明らかになっている。重要なのは、実はもっと小規模なゲームなのだ。「社会経済的ステータスよりも、ローカルグループ内における尊敬と称賛のほうが主観的幸福感を予測しうると、複数の研究で示されている」という。

小さく局地的なゲームをプレーしたがる人間の生来の傾向は、戦時中の戦闘部隊においても見られる。兵士たちは国の指導者が掲げる遠い目標よりも、戦友とのつながりや、彼らからの尊敬を得たいという欲求、あるいは支配ゲームの原始的なスリルに突き動かされる傾向にある。暴力の研究家で元イギリス陸軍将校のマイク・マーティン博士は、アフガニスタンでの戦闘について、それまでの経験のなかでも「桁違いにポジティブな感情がほとばしる」[4]ものだったと述べている。「戦いは、自分のいる小集団と別の小集団が互いに攻撃や謀略を試みているときに、究極のチームスポーツになる」という。兵士たちのおもなモチベーションは国王や女王や国ではなく、親しい仲間によって高められることが、彼らに関する大半の研究からわかっている。ナチスの戦闘員でさえ、「政治的価値は、戦闘に対する彼らのモチベーションを維持するうえで非常に小さな役割しか果たしていなかった」[5]ことが明らかになっている。

彼ら兵士たちは互いに競いあっているわけではなく、共通の敵と戦っているのだ。ステータス・ゲームは、プレーヤー間に最大の競争を生みだしたからといって、最もよく機能するわけではない。「競争」とは、人々の結果が対立したり、同じ賞を求めて争ったりするときに起こるものと定義されている。[6]この問題に関する研究はまちまちだが、適度なレベルの競争は勤勉さと生産性を向上させると考えられている。[7]しかし、過度な内部競争は逆効果になりかねない。きびしい内部競争の雰囲気が悪くなると、プレーヤーたちは互いにステータスで報酬を与えあうことをやめ、ステータスの供給不足になってしまう。そのような状況下での生活には、ストレスと不幸が蔓延するだろう。また、ゲームが腐敗する原因にもなりうる。

二〇〇一年六月、『タイム』誌は「競争の激しい」あるアメリカ企業の「ランク・アンド・ヤンク」制度について報じた。その制度では、社員の業績を同僚がさまざまにランクづけし、上位の五パーセントは「優秀」と発表され、下位の一五パーセントは解雇の危機にさらされる。そのプロセスについて同誌はこう伝えている。「つねに白熱するセッションでは、二五人ものマネジャー陣が窓のない部屋の会議テーブルを囲む。壁一面には社員のランキングで埋め尽くされたコンピュータ画面が映しだされている。会議の参加者たちも、それぞれ職務評価をびっしり書き込んだ手帳を持ってきている。話しあいが進むたび、マネジャーたちは人々をあるランクから別のランクに移動させる。マウスのクリックひとつで、彼らの運命が決まってしまうこともある」記事執筆者は、ランク・アンド・ヤンクのような「競争の激しいシステムは、猜疑心を煽り、チームワークを妨げる」のではないかと懸念を呈した。対してマネジャーのひとりは、「自分の立場を把握するのは大事なことだ。その点でこのシステムは優れた効果を発揮していると思う」と擁護した。たしかに、この企業の成功は否定しがたかった。アメリカで売上第七位を誇る大企業であり、最盛期の企業価値は七〇〇億ドルに達していたからだ。

しかし、『タイム』誌の記事が掲載されてわずか四カ月後に、この企業は倒産した。経営陣数名が起訴され、そのうちのひとり、CEOのジェフ・スキリングは共謀、証券詐欺、インサイダー取引などの罪に問われ、最終的には二四年の禁錮刑が言い渡された。史上最も腐敗した企業に数えられることもあるその会社とは、すなわちエンロン社である。その腐敗の中心にあったのは、非情な競争主義文化だった。

エンロン社のゲームをこれほどまで過酷なものにしたルール調整は、プレーヤー間に激しいライバル意識をもたらしたはずだ。ライバル意識は、競争とは別ものである。それは競争の産物だが、その焦点と熾烈さによって区別される。ライバル意識は競争を繰り返し、緊張の小競りあい、ニヤミス、一触即発状態を経験した者同士のあいだに徐々に生まれてくるものだ。[8]研究によると、プレーヤーはライバルだと思う人と競うとき、[9]「自分のステータスが危機にあると感じる」という。このことは、とくに共通の敵に集中しているときなどは、激しいモチベーションの源になりうる。企業間のライバル意識は、同じ分野でほぼ互角に競っているときに最も高まる。[10]ただ地理的に近いというだけでも、企業同士のライバル意識が高まることがある。これはときに、狩猟採集時代の血まみれの縄張り争いを彷彿とさせる。

世界を変えるほどのライバル意識の力は、シリコンバレーにまつわる次のような逸話からも明らかだ。それはアップル社のCEOスティーヴ・ジョブズが、マイクロソフト社のある幹部と出会うところから始まる。[11]マイクロソフト社といえば、ジョブズが長年テクノロジー・ゲームを競い、一度はアップル社をほぼ壊滅状態にまで追い込んだこともあるライバル企業だ。その幹部はジョブズの妻ローレンの友人と結婚していたため、男たちは定期的に顔を合わせる機会があった。「その男とつきあいがあるたび、スティーヴはいつも憤慨して帰ってきた」と、アップル社の元幹部のスコット・フォーストールは述べている。「あるとき、いつものようにスティーヴが戻ってきた。マイクロソフト社であるコンピュータ端末を開発したと、その男から言われたという。（中略）彼らはペンを使ったタブレット端末をつくろうとしていたんだ。男はその端末をスティーヴの面前に突きつけたそうだ。それで世界を制するつもりだと言わんばかりに。月曜に出社したスティーヴは、ありとあらゆる罵詈雑言を並べたてたあと、『実際のタブレットがどういうものかを見せてやろう』と言った」マイクロソフト社幹部の横柄な態度に触発されたスティーヴは、ペンではなく、指で操作するタブレットの実験チームを立ちあげた。彼らによって設計されたデバイスはiPhoneとなり、のちにiPadとなった。「スティーヴがその男を嫌っていたおかげで始まったんだ。これが本当の誕生秘話さ」とフォーストールは述べると、さらにしたり顔でこうつけ加えた。「スティーヴがあの男と出会ってしまったことが、マイクロソフト社の運の尽きだった」

成功するのに、スティーヴ・ジョブズのようにライバル意識に怒りを煮えたぎらせる必要もなければ、エンロン社の社員のようにかぎられたステータスを嫉妬心に駆られつつ防衛してなお戦いを強いられる必要もない。大半のステータス・ゲームは、すぐ近くにいるほかのプレーヤーと鼻と鼻を突きあわせて行われるものだ。戦時中の兵士のように、わたしたちは通常、頂点に立つことではなく、身近な人――同僚、家族、オフラインの友人など――との日常的なプレーから得られる褒賞にモチベーションを支えられている。わたしたちはゲームのルールを熟知し、そのルールに立派に巧みに従う姿を示すことで、ミッション全体にとって自分が価値ある存在であることを証明する。日々の努力のなかで、人は自分のプレーが認められ称賛されることを望み、またその称賛に応えることを期待される。しかし、こうしたゲームは、わたしたちに対してとてつもない影響力を持っている。ルールが変われば、わたしたち自身も変わってしまうのだ。

第一〇章　ステータスのスロットマシン

そろそろステータス・ゲームの威力を実感しはじめてきた頃ではないだろうか。人間のありようについての神話の下に隠されたこの真実に気づくことで、わたしたちは喜びと混乱を生みだすその計り知れない能力の一端を垣間見られるようになる。人は他者とのつながりやステータスを得れば勢いを増し、それらを失えば病み、悲しみに暮れ、自殺願望や殺意を抱く。人々はステータスの高い男女に魅了され、劇場やらコンベンションホールやら映画館やら競技場やらに吸い寄せられる。模倣―追従―同化のメカニズムが働き、まるで彼らに取り憑かれたかのように感じることもある。しかし、ゲームが当人の意思とは関係なく人を変える方法は、これだけではない。エンロン社の社員たちの事例からもわかるように、人の腐敗を助長するようにルール自体を変えてしまうことも可能なのだ。他者とのつながりやステータスを得るための戦略は、わたしたち自身を形づくる。わたしたちはかなりの確率で、自分がプレーするゲームの操り人形になっているのだ。

近年、世界の三六億人のソーシャルメディアユーザーに起きているのは、そうしたことだ。[1] ソーシャルメディアはステータス・ゲームである。そうでないはずがない。なぜなら、それはオンライン上で繰り広げられる人生だからだ。自撮りする人や謙遜を装い自慢する人たちによる成功ゲーム、健康のカリスマや政治運動家による美徳ゲーム、炎上系やキャンセル・カルチャー［著名人などの言動を告発し、社会的抹殺に追い込む社会現象］を仕掛ける人たちによる支配ゲームなど、すべてがそこにある。ただし、オンライン上で自然発生するはずの日々の争いは、ゲームのルールやシンボルを調整する技術者によって激化されている。彼らはこれらのゲームを非常に競争的で恐ろしく強迫的なものにしているのだ。二〇一九年にアメリカのスマートフォンユーザー約二〇〇〇人を対象に実施された調査では、[2] 人々が一日に平均九六回、およそ一〇分に一回のペースで携帯電話をチェックしていることが判明した。これは、わずか二年前に比べて実に二〇パーセントもの増加率だ。また一二〇〇人のユーザーを対象にした別の調査によると、二三パーセントのユーザーが起床後一分以内に携帯電話をチェックし、さらに三四パーセントが五分から一〇分のあいだに携帯電話に手を伸ばした。二時間以上待てたユーザーは、わずか六パーセントだった。

この結果には、わたし自身の経験も反映されている。わたしはTwitterにはちょこちょこと、Instagramには週一回にも満たない程度でしか投稿していなかった。Facebookにいたってはゼロだ。それにもかかわらず、気づけばスマートフォンが欠かせないお供になっていた。最終的に、わたしはこの端末を使うのをやめた。妻や犬たちと田舎を散歩しているときでさえ、数分おきにポケットから携帯電話を取りだしてSNSアプリを開き、親指で繰り返し上下にスクロールせずにはいられない自分に気づいたからだ。意識したことはいっさいない。ただ気づけば目の前にある。家に置いてきたときですら、あたかも宇宙人に乗っ取られたかのように、わたしの手は何度もポケットに伸びた。

こうしたテクノロジーは、強力な魔法のようなものだ。その魔法使いのボスといえば、シリコンバレーで人気の教育機関、スタンフォード大学を拠点とする行動デザイン研究所の創設者、B・J・フォッグ博士だ。フォッグ博士の伝説が広まったのは、彼が行動デザインの技術を用いてFacebook向けアプリを構築する講座を教えはじめた二〇〇七年のことだった。一〇週間の講座が終わる頃には、受講生たちは一六〇〇万人のユーザーを集め、広告収入で一〇〇万ドルを稼ぎだした。

行動をコントロールすることにフォッグ博士が魅了されたのは、一〇歳のとき、学校でプロパガンダについて学んだことがきっかけだった。[3]「プロパガンダのさまざまなテクニックの名前を習った。それからというもの、雑誌広告やテレビコマーシャルですぐにそれが見分けられるようになった」と、彼は書いている。「力を得たような気がした。（中略）言葉やイメージや歌などが、あんなにも人々に献血させたり、新しい車を購入させたり、軍に入隊させたりできるものかと驚いた。これが、初めて行動デザインというものにちゃんと出会った瞬間だった。それ以降、どこを見ても、目的の良し悪しにかかわらず〝プロパガンダ〟と呼べるものに目が行くようになった」と続けている。ハイテク好きの父親のもとで育ったフォッグ博士は、人の行動を促すのにコンピュータの力を利用できないものかと考えた。スタンフォード大学では、コンピュータとの相互作用によって、いかにして「人々の態度と行動を変える」ことができるかを研究した。二〇〇三年、彼は『実験心理学が教える人を動かすテクノロジ』（日経BP、二〇〇五年）を出版した。スマートフォンが発明される何年も前にもかかわらず、同書には人々がつながりあう未来についての彼の展望が記されている。「未来のとある日、パメラという大学一年生が図書館の席につき、かばんから電子端末を取りだす。トランプより小さく、持ち運びにも便利なその端末は、携帯電話、情報ポータル、エンターテインメント、システム手帳の役割を一気に担う。パメラはどこに行くにもこの端末を持ち歩いているので、いざ忘れると困ってしまう」[4]

このような端末こそ「行動デザインのテクノロジー」になると、フォッグ博士は確信していた。ユーザーの「思考や行動を、歴史上いまだかつてないほどの力で」変えることができるだろうと。「人々の態度や行動を変えることを目的とした従来のメディアとして、車のバンパーステッカーからラジオのスポット広告、印刷チラシからテレビコマーシャルまで、これまでさまざまなものが活用されてきた。コンピュータと行動デザインはそれらと何が違うのか？　答えを一言で述べるなら、双方向性だ[5]」と、彼は書いている。この端末はユーザーやその生活と互いに作用しあい、状況の変化に応じて操作戦術を調整し、あたかも感情があるかのようにコミュニケーションを取る。「モバイル型の行動デザインテクノロジーを持ち歩くということは、影響力の源を持ち歩くということだ。いつでも（理想としては適切なタイミングで）この端末が提案、励まし、報酬を与えてくれる。つまり、ユーザーの行動を追跡し、プロセスを通じてユーザーを導いてくれるのだ[6]」と、彼は述べている。このことは、「ミクロ行動デザイン」要素、つまりステータス通知、バッジ、シンボルなど、ソーシャルメディアでいまやお馴染みとなったあらゆるナッジ［無意識のうちによい選択をするように誘導すること、また、そうした機能を持つもの］によって可能となる。

フォッグ博士は自身の理論を「フォッグ行動モデル」と呼ばれるものに体系化し、それを「行動デザインブートキャンプ」や、『ワイアード』誌が「Facebook や Google を目指す起業家やプロダクトデザイナーの登竜門[7]」と称したスタンフォード大学行動デザイン研究所で教授した。このモデルによると、[8]人は三つの力――すなわち、モチベーション（それをほしいと思う）、トリガー（それをもっとほしいと思う欲求を引き起こす何かが起こる）、アビリティ（それが簡単にできる）――が同時に起こったときに行動せずにはいられなくなるのだという。LinkedInを例に取ってみよう。サービス開始当初のLinkedInでは、ユーザーの仕事上のネットワークの大きさは、ハブ・アンド・スポーク型のアイコンで視覚的に示された。アイコンが大きければ大きいほど、ステータスが高くなるのだ。人がステータスを求め（モチベーション）、アイコンがさらにステータスを高めたいという突発的な欲求を引き起こし（トリガー）、LinkedInがサイトの利用を通してより広いネットワークを生みだすことで簡単なソリューションを提供する（アビリティ）。「当時、LinkedInでたいしたことは何もできなかったが、あのシンプルなアイコンには、負け犬に見られたくないという人々の欲求を刺激する強力な効果があった」[9]と、フォッグ博士は述べている。

しかし彼の天才たる核心部分は、さらに卓越した洞察のなかに秘められていた。フォッグ博士は、ソーシャルメディア上でプレーされるステータス・ゲームに調整を加えることで、おそらくほかのどのゲームよりも常習性のあるものに変えた。彼は、ついやらずにはいられない行動を促すような報酬の与え方について説明している。プログラマーがユーザーにある特定の行動を起こさせたいなら、ユーザーが望ましい「標的行動」をしたあとに、それを強化するシンボルを与える必要がある。ただし、ここに秘訣があった。すなわち、正の強化〔望ましい行動をした行為者に喜ばしい刺激を与えることで、その行動が強められること〕は一貫していないほうがよいということだ。行動の結果、何を得られるかはつねにわからないほうがよい。「既存の行動を増加させるための強化子は、予測できないときに最も効果を発揮する」[10]と、フォッグ博士は二〇〇三年に書いている。「スロットマシンなどがよい例だろう。スロットマシンの場合、金属トレイに流れ込む二五セント硬貨を得ることが強化子となるが、それはランダムにしか起こらない。このような思いがけない報酬が、標的行動

——この場合はギャンブル——を強く、ときに中毒になるほど促す」

フォッグ博士の研究は、ソーシャルメディアの舞台裏に興味がある人には比較的よく知られた話だ。電話をスロットマシンに変えるというアイデアは、スマートフォンが世に誕生する前からすでにできあがっていた。それはたしかに実現されたと言える。しかし、この理論には欠けている部分があるようだ。ユーザーたちが実のところ何を賭けてギャンブルをしているのか、はたして技術者たちは充分に理解しきれているのだろうか。ソーシャルメディアは、ステータスを得るためのスロットマシンだ。ソーシャルメディアがこれほど強迫的なまでに行動を促すのはそのためだ。写真や動画やコメントを投稿するたび、わたしたちは判断される。リプライや〝いいね〟や〝同意〟といった反応を待つが、ギャンブラーがスロットマシンの出方を読めないように、わたしたちも自分の貢献に対してどのような報酬が返ってくるかわからない。ステータスがあがるのか？　それともさがるのか？　一等賞はつねに変化する。このバリエーションが強迫的衝動を生む。何を得られるか知りたくて、わたしたちは何度も何度もプレーを繰り返す。

ソーシャルメディアを利用するという単純な行動が、プレーせずにはいられないフォッグ式トリガーとなりうるのだ。人はみなステータスを欲する。他人がそれを手にしているのを見ることで、自分も得たいという衝動が生まれる。このゲームでうまく成功すれば、より多くのフォロワーを獲得できるなど、ステータスの重要なシンボルを手にできる。しかも有名人を含むエリートたちからもフォローされ、そのうちの誰かと知りあいにだってなれるかもしれない。トップランクのプレーヤーだけに付与される、青いチェックマークの「認証済み」バッジをつけてもらえるかもしれない。稀にだが、プラットフォームを超えてとてつもない成功をおさめ、富豪になる人もいる。二〇二〇年、ユーチューバーのエレオノーラ・〝レレ〟・ポンズがInstagramにアップするスポンサーつき投稿は一件につき一四万二八〇〇ドル[11]、同じくユーチューバーのザック・キングは八万一一〇〇ドルにのぼると報じられた。この写真共有サイトでの彼らのフォロワー数は、それぞれ四一〇〇万人と二三〇〇万人だった。『ワシントン・ポスト』紙によると、トップクラスのユーチューバーたちは、YouTubeというプラットフォームだけで年間二〇〇万ドルから五〇〇万ドルを稼ぐという。[12]

レレやザックの次元には遠く及ばないにしても、ゲームにそれなりの時間と労力を投じることで、人は自分のアバターにオフラインの「実生活」以上に多くのステータスを獲得させることができる。こうした人々にとって、オンラインプラットフォームはステータスの巨大宝庫、つまりは計り知れない貴重な資源となり、手放すなんてできなくなる。いまあるステータスを守り、さらに増やすために、彼らはプレーを続けなければならない。スロットマシンのレバーを何度も何度もさげつづけなければならないのだ。

二〇〇三年の時点で、フォッグ博士本人もこの理論の闇の力には気づいていた。彼は自身の講座や著作や指導のなかに倫理的な懸念を織り込み、ことあるごとに注意を促してきた。[13] たしかにそれは誠実な対応だったかもしれない。しかし振り返ってみれば、こうした注意喚起は、アリクイに蟻を与えて「食べるな」と言っているようなものではないだろうか。フォッグ博士の教えを受けて着想を得た技術者たちは、ときに不注意な発言を残している。Facebookのユーザー獲得担当チームの前副代表であるチャマス・パリハピティヤはかつて、同サイトの目的について、「ユーザーを心理的に操作する方法をなるべく早く解明することだ」[14]と発言した。

ソーシャルメディアの世界的流行は、わたしたちが生きる時代の大きな社会現象のひとつである。従来の視点からこうした人間のありようを見ると、超高速で走るランナーと同じくらい不可解に思える。そこになんの意味があるのか？　日焼けした膝の写真をインターネットにアップする必要がどこにあるか？　自分にまったく関係のない問題について、見知らぬ人とささいな意見の相違で争うなんて、なんて時間の無駄だろう。しかし、もし自分を旅のヒーローではなく、どこへ行ってもステータス・シンボルの獲得ゲームをプレーするように設計された生物マシンなのだと理解していれば、ソーシャルメディアの成功は納得どころか必然に感じられるはずだ。

第一一章　欠陥

ハッピーエンドなど存在しない。残念なお知らせだが、人生とはそういう感じ方をしないものだ。生きて健全な精神であるかぎり、人は意識の物語につい流されてしまう。その物語は、ひとつ勝利を得れば、あの頂上にのぼりさえすれば満足するはずだと語りかけてくる。平穏、幸福、心地よい静けさが手に入ると。悲しいかな、これは妄想だ。人は決してそんな境地にはたどり着けない。なぜなら、わたしたちはステータスを求めてゲームをプレーしているからだ。ステータスが厄介なのは、いくら勝利をおさめても絶対に満足できないという点だ。わたしたちはさらに多くを求める。これがゲームをプレーしつづける人間の欠陥である。

ポール・マッカートニーの例を考えてみよう。元ビートルズのメンバーである彼は、まるで酸素のごとくステータスを吸い込みながら人生を歩んできた。熱狂的ファン、異性からの憧れ、天才という生涯の名声、尽きることのない富。彼は現代史で類を見ないほど多くのものを手にしてきた。それでも、彼はレコードのラベルやジャケットに、自分が共同で制作した楽曲が「レノン＝マッカートニー」とクレジットされている事実を看過できずにいた。

レノンの名前のほうが先。

なぜレノンのほうが先なのか？　どうしてこれが公平と言える？　寝室で練習していたティーンエイジャー時代に、どちらが何を書こうとそのクレジットにしようと一緒に決めたときは、そんなことはどうでもいいように思えた。だがいまは、なぜかそれが重要になっていた。そこでマッカートニーはある計画を立てた。契約に融通がきくかぎり、レノンの名前が二番目になるように名義を替えはじめたのだ。一九七六年のライブ・アルバム《ウイングス・オーヴァー・アメリカ》にはビートルズの楽曲が五曲収録されているが、彼はそれらを「マッカートニー＝レノン」とクレジットした。[1]その後、一九九五年のベストヒット曲集《アンソロジー》のリリースに先立ち、マッカートニーは自分ひとりで制作した《イエスタデイ》のクレジットでレノンの名前を二番目にしてもよいかと、レノンの妻のオノ・ヨーコに尋ねた。答えはノーだった。[2]

二〇〇二年一一月、マッカートニーは新たにライブ・アルバムをリリースした。《バック・イン・ザ・U.S.－ライブ 2002》には、一九曲に及ぶビートルズの楽曲が収録された。[3]そこで彼はクレジットの名前をひとつ残らずひっくり返した。オノはこれに納得がいかなかった。彼女は弁護士を通じて声明を発表した。[4]それによると、マッカートニーの行為は「滑稽でばかばかしく狭量だ」とされた。どうやらオノ自身も滑稽でばかばかしく狭量なことには多少慣れているようで、プラスティック・オノ・バンドの最も有名な曲、《平和を我等に》からマッカートニーの名前を削除したと報じられた。[5]その曲には、ほかの楽曲で手伝ってもらったお礼としてレノンがマッカートニーに贈ったクレジットがついていた。二〇〇三年になってようやく、オノとマッカートニーは休戦にいたった。[6]とはいえ、二〇一五年になってもなお、マッカートニーは不平を言いつづけていた。[7]

マッカートニーといえば、トップミュージシャンとしての生活にも珍しく汚染されることなく、慎み深いと評判の人物だ。それでこのありさまだ。名前の順番がどうのと。彼はいまだに感じているようだ。その渇望、ストレス、血がざわめく感覚を。これこそ、人間の本質と思われる欠陥だ。社会学者のセシリア・リッジウェイ教授は、一度獲得したステータスへの欲求が安定する時点を突き止めようと試みた実験について、「より高いステータスを好む傾向が横ばいになる時点はなかった」[8]と書いている。研究者たちは、ステータスへの欲求が「決して満たされない」理由のひとつについて、「個人がそれを完全に所有することは実際には不可能だからだ。なぜなら、それは他者から与えられる評価であり、少なくとも理論上は、いつでも奪われる可能性のあるものだからだ」との見解を示している。それゆえ、わたしたちはさらに多くを求めつづけるのだ。もっと、もっと、もっと、と。

この欠陥は、お金、つまり人がステータスを量るためにしばしば用いるそのきらきらしたシンボルについてどう感じるかを調べることで、よく見えてくる。どれだけ稼いでいても、この欠陥はさらに多くをほしがる。そして、わたしたちは自分にはその価値があると思い込む。七万人以上を対象にしたある調査によると、市場相場の賃金を得ている人のほぼ三分の二が見合った給料をもらえていないと感じており、[9]予想以上に稼げていると思っている人はわずか六パーセントだったという。心理学者のマイケル・ノートン教授率いるチームは、純資産が百万ドルを超える二万人以上とコンタクトを取り、彼らに自分の幸福度を十段階で評価してもらったうえで、一〇〇パーセント幸せになるためにはいくらの現金が必要かを回答してもらった。[10]「収入と富の範囲がどこまで上昇しても、基本的に全員が二倍あるいは三倍は必要だと回答した」とノートン教授は報告している。

一〇〇パーセントの幸せ。彼らがそれを得ることはないだろう。でもそこが欠陥なのだ。それは人々が現実から織りなす夢の一部であり、わたしたちに目的地があると語りかける。しかし、人は絶えずさらに多くを求めつづける。たとえある状況下で自分の力が及んでいないと感じてインポスター症候群［実際には充分な能力があるにもかかわらず、それを肯定できず、自分が詐欺師（インポスター）のように人を欺いて成功したにすぎないと考える傾向にあること］に陥ることはあっても、結局のところ、わたしたちは自分のほうに流れ込んでくるどんなステータスも受け入れるのが大得意なのだ。このことは、ゲームの頂点に君臨するエリートたちにとっても重要な意味を持つ。彼らはステータスを受け入れ、それに慣れる。お金、権力、影響力、お世辞、衣服、宝石、移動手段やその座席のグレード、休暇先や居住エリア、従業員数、家や職場の広さや豪華さ、冗談に対する笑い方、アイコンタクト、ボディランゲージ、グラスに注がれるオレンジジュースの量など、ステータスを量る無数の方法に慣れ親しむのだ。「彼らはそれを手に入れた！」が、そのあと彼らはさらに多くを求め、さらに多くを手に入れる。するとその状態が当たり前になる。こうして、上司や政治家やセレブたちはステータスに酔いしれ、常軌を逸した行動をますますエスカレートさせていくのだ。

ステータスに酔ったこの異常なはずの状態はしょっちゅう起こる。これは、ステータス・ゲームがいかに人の認知を陶酔させるかを証明している。新聞を見れば、カリスマたちのありえない要求を報じる記事であふれかえっている。トム・クルーズは、静かに食事がしたいからレストランから客を退出させろと要求した。[11]カニエ・ウェストは楽屋のカーペットが「でこぼこだ」と訴え、アイロンがけを要求した。マドンナは殺菌消毒チームに自分のＤＮＡの痕跡を残らず除去しろと要求した。いずれも、極端に高いステータスを象徴する権力行使の例だ。

国家の指導者ともなると、もっとひどい。ロシア帝国のアンナ皇帝は、廷臣たちに自分の目に入るたびに違う服を着ていろと要求した。[12] フィリピンの元大統領夫人、イメルダ・マルコスの成功シンボルへの渇望は伝説に残るほどだった。[13] ケニアでサファリを楽しんだ彼女は、アフリカのさまざまな哺乳類動物をフィリピンのカラウィット島に空輸させると、動物たちの飼育場所を確保するために二五四世帯の家族を立ち退かせた。またマルコスは派手な建造物を建てたり購入したりするのが大好きで、マンハッタンにも数棟所有し、「巨大建築フェチ」と揶揄された。マルコス一家が去ったあとの宮殿からは、ニューヨークのブルガリで一五〇万ドル近くを散財した一九七八年のレシートが発見された。こうした贅沢は美徳であり、「貧しい人への義務」なのだと、マルコスの脳は身勝手な夢を紡いだ。「貧しい人に道標をもたらす光に、星にならなければならないのです」と。しかし、なんといっても、わたしの一推しの国家指導者といえば、トルクメニスタンのサパルムラト・ニヤゾフ元大統領、別名「トルクメン人の父」だ。彼は曜日、月のクレーター、馬の品種、都市、運河、暦月、パンを示す語などを、自分や家族にちなんで改名した。さらに首都には、自分自身の巨大な金メッキの像を建立させたが、これがつねに太陽を向くよう回転するというのである。

ステータスによる酩酊状態は、宮殿、王冠、強制的に敬わせる儀式など、王室の実質的な定義条件とも言える。イギリスのアンドルー王子は、ゴルフ観戦のために何万ポンドもの税金をプライベートジェットに費やしたことで非難されたが、[14] そんな贅沢も彼の祖先のジョージ四世にはかなわない。ライバルのナポレオンがフランス皇帝として豪華な戴冠式を挙げたのを見て、彼は自分の戴冠式をもっとすごいものにしてやろうと決心した。[16]ウェストミンスター・ホールで開かれたその呆れた祝宴でふるまわれたのは、骨つき鹿肉が八〇本、骨つき牛肉が八〇本、仔牛の足が四〇〇本、サーモンが四〇匹、マスが四〇匹、ヒラメが八〇匹、鶏が一六一〇羽、野菜料理が一六〇皿、ガチョウが一六〇羽、ベーコンが四分の三トン、ブルゴーニュ・ワインが二四〇本、シャンパンが一二〇〇本、ボルドー・ワインが二四〇〇本だった。[15]最初のコース料理にいたっては、馬に乗ったウェリントン公爵、ヘンリー・ハワード卿、アングルシー侯爵にエスコートされてダイニングホールに運ばれてきた。

現代の資本主義の巨人たちも、しばしばこの欠陥に心をうずかせている。彼らの光り輝く本社は、まるでステータスに酔いどれた者たちの宿場だ。世界金融危機のあと、産業界や金融界を牽引するリーダーたちのひどく愚かに思いあがった実態が世間に露呈した。フォード社、クライスラー社、ゼネラルモーターズ社のCEOたちは、公的資金による救済を求めにワシントンに赴くというときに、プライベートジェットで乗りつけた。一方イギリスでは、ロイヤルバンク・オブ・スコットランドを二四〇億ポンド以上の負債に追い込み、四五〇億ポンドもの公的資金注入による救済措置を受けるまでにしたCEOのフレッド・グッドウィンが一躍有名になった。

グッドウィンは、その容赦ない経費削減欲から「シュレッダーのフレッド」という異名がついていた。しかし、そうした犠牲に彼自身は無関係だった。二〇〇五年、グッドウィンは三億五〇〇〇万ポンドをかけた新本社のオープンを指揮した。新聞の報道によると、好物のホタテを使ったランチがテーブルに運ばれる途中で冷めてしまわないように、重役専用キッチンを移動させたそうだ。[17]新鮮なフルーツも毎日パリから空輸された。サッカー場並みに広い彼のオフィスを出たところのロビーに小さなしみができていたときは、一ロール一〇〇〇ポンドもする壁紙で改装するように命じた。ある日、誤ってピンク色のビスケットをふるまわれたグッドウィンは、懲戒処分をにおわせるようなメールを送信した。件名に「不良品のビスケット」と書いて。

いずれの例も、ステータスに酔いしれた失態は現にいくらでも起きており、それに腹を立てるのもまた一興であることを示している。しかし、エリートたちの度を越した行為を列挙するぶんにはたしかに楽しいが、それを引き起こす欠陥は、とくに自分の働く会社で顕在化した場合、わたしたち全員に損害を与えかねない。組織心理学者のデニス・トゥーリッシュ教授の研究では、企業内で地位が低い人は「影響力を得る手段として、ステータスの高い人の意見や行動に大げさに賛同することが習慣づいている」[18]が、その一方で批判的な意見はほとんど口にしない傾向にあることがわかった。ここで欠陥が現れる。人間であるリーダーは、ステータスを高めるこうした心地よい知らせをすべて鵜呑みにしてしまう。彼らはしばしば称賛や賛同を無批判に受け入れ、悪い知らせがないことに疑念を抱かない。そうした悪い話を伝えようとする人は、気難しい、ネガティブすぎる、「チームプレーヤー」として失格だといった評判で罰せられる[19]。そして最後には、自分のキャリアが危ういと気づくのだ。

こうした上司たちは、ゲームのなかの自分の立場を理解し、それを納得させる都合のよい夢を紡ぐ。彼らの脳は、自分を英雄物語の主役に仕立ててあげる。その物語のなかでは、自分のステータスが向上するのはしごく当然なことなのだ。こうした妄想にはまり込んでいると、自分にとって気分のよい知らせは真実に感じられるが、反対に悪い知らせは不当な攻撃のように感じられる。理にかなった反対意見を言う人は悪役にされ、罰せられる。するとほかのプレーヤーは恐れをなして口をつぐむ。このような状況はとくに珍しいことではない。ある調査からは、八五パーセントの従業員が「重要な問題だと思いながらも、上司にそれを提起できない」[20]と感じていることが判明している。トゥーリッシュ教授たちの研究チームが複数の企業に赴き、社員の否定的な意見を報告すると、上司たちは「かなりの割合でショックを受ける」[21]という。真摯に受け止める人もなかにはいるが、「大半は調査結果に激しく異議を唱える。これまで誰もそのような問題を気にもしていなかったのだから、データがおかしいと主張する」のだ。

抜け目ないプレーヤーはエリートたちのこうした欠陥を察知し、媚びへつらうことで自分の地位をあげようとする。この媚びへつらいがよく効く。これをトゥーリッシュ教授は「パフューム・トラップ」[22]と呼んでいる。四五一人のCEOを対象にした研究の結果、より頻繁に激しいお世辞や賛同を言われているリーダーほど、自分自身の能力をより高く評価するものの、ものごとがうまくいかなくなったときに方針を変えることができず、業績不振につながってもおかしくないような企業を率いているケースが多いことが判明した。[23]トゥーリッシュ教授がこのような危険性を指摘すると、たいていのリーダーたちはすんなりと納得する。「ワークショップでは、多くのリーダーたちが現状についてのエピソードを活き活きとおもしろおかしく交換しあう」[24]と、トゥーリッシュ教授は書いている。しかし、「結局ほとんどの人が、自分にかぎってそんな罠には引っかかっていないと思い込む。だが実際には、決してそんなことはない」のだ。トゥーリッシュ教授の研究結果によると、最も成功しているリーダーほど、「従順ではない」部下がついていることが多いという。[25]

もちろん、わたしたちの大半は、彼らレベルのステータスを一生味わうことはないだろう。それでも、CEOや王族やセレブたちの経験談から学べる教訓はある。わたしたちはみな、多かれ少なかれ身勝手な物語のなかで生きている。自分が甘やかされたり、お世辞を言われたり、媚びへつらわれたりしているのに気づいても、それを疑問に思わないことはよくある。ただそれを受け入れ、堪能し、もっともてはやされて当然だと思う。手に入れたものでは決して満足しない。だからみなプレーを続けるのだ。次の一手が、あるいはその次の一手が幸せをもたらしてくれると、ひょっとしたら一〇〇パーセントの幸せをくれるかもしれないと信じて。

しかし、ステータスは決して一〇〇パーセントの幸せを与えてはくれない。小規模ながら興味深い研究がある。一流のハリウッド俳優、バスケットボール選手、R&Bのスーパースターなどを含む、非常に名の知られた一五人のアメリカの著名人に、彼らポール・マッカートニー級の地位では実際にどのようなことが起きているのかを自己分析してもらった[26]。彼らは、ステータスが一気にあがりだした頃をどこか異様なできごとのように表現した。ひとりがこう回想している。「うねる人の波、要望、手紙、メールの山。道端で声をかけられ、車のなかからクラクションを鳴らされ、名前を叫ばれる。(中略) それが小さな竜巻のようにわき立ってこっちへ向かってくる」。いつのまにか、「自分が価値ある存在になっている。重要人物になっているんだ」

そのあと、自分はステータスを得た人間なんだと語る脳内物語が始まる。「人から媚びへつらわれる人生に変わった。それは必ずしもいいことではない。なぜなら、自分には媚びへつらわれて当然の価値があると思い込むようになってしまうからだ」と、別の人は語っている。「そうならないようにつねに警戒しておかなければならないが、とても難しい。こっちが逆手に取ることもある。自分に取り入ってくる人々をうまく利用したり、権力を振りかざしたりするんだ」。なんとも圧倒的な力だが、それでも足りない。決して充分ではないのだ。また別の人はこう語った。「自分はいろんなものの中毒を経験したが、そのなかでも何より中毒性が高いのが名声だ」

で、パラノイアに陥る。「有名になると、それまでと同じようには人を信頼できなくなる。（中略）冗談にみんなが笑ってくれているのは、純粋におもしろいからか、それとも自分が言っているからか？」

スターたちは愛する人々を失いはじめる。「自分は友人を失った。（中略）向こうが劣等感を抱いてしまうんだ。（中略）そっちは特別な存在だろうが、こっちは違う、とね。気づくと、関わりたくないと思われるようになっている」。このステータス・ゲームに幻滅したと述べたスーパースターもいた。だが、問題はステータスそのものではなかった。彼らは、正しい種類のステータスを得ていなかったのだ。つまり、彼らは成功のステータスをたくさん手にしたが、今度は自身の美徳に対するステータスを欲するようになっていたのだ。「自分の功績を好きになってくれる何百万もの人がいる。だが、それをしているのがどんな人間かはどうでもいいんだ」

　欠陥は、人間が現実のまわりに夢を紡ぎだすうえで欠かせない要素のひとつだ。それは認知の奇妙な現象であり、わたしたちをゲームにとどまらせ、プレーを続けさせようとする。こうした脳内物語に何かしら救いがあるとすれば、それは逆説的ではあるが、ある意味で平等なところだろう。わたしたちよりはるか高みにいるエリートたちも、自分の探しているものは絶対に見つからない。わたしたちが誰であろうと、スコアボードのどれだけ上位にのぼろうと、人生は決して終わることのないゲームなのだ。

第一二章　人類共通の偏見

人類に共通する普遍の偏見というものがある。わたしたちは、威張り散らす地位の高い人が嫌いだ。これは政治、階級、ジェンダー、文化を超えた憤りだ。そのじゅくじゅくとした壊疽がすべての人間の生活に滴り落ちる。人はセレブやCEO、政治家や王族たちに、まるで高い地位にあがれば痛みなど感じないのだろうと言わんばかりに、極めて残酷なことをしても平気でいられる。少し前だが、「ソフィア・マネー＝クーツ、ハリー・デ・ケットヴィル、ハミシュ・デ・ブルットン＝ゴードン、ブディカ・フォックス＝レナード。みんな実在する『テレグラフ』紙のコラムニストだって」というツイートにくすっとしてしまったことがあった［二〇一九年三月、彼らのいかにも上流階級らしい気取った名前を揶揄したツイートが拡散されて話題になった］。ちょっぴり罪悪感を覚えつつ、うっかりつられて上流階級の人々を指さして笑っている自分に気づいた。このツイートには、最終的に二万七〇〇〇もの「いいね」がついた。

著しくステータスの高いプレーヤーに対して抱くこうした不快感は、ゲームをプレーする人間の認知に組み込まれた一要素として、数千年も昔から存在している。人はつねに救いようもなく地位を求めつづけてきた。石器時代の地位争いでは、ヒエラルキーの階層の厚みがいまよりはるかに薄く、頂点と底辺の不平等がさほど広がらないように管理されていた。最近のある研究からは、タンザニア北部に住む「平等主義」のハヅァ族では、ステータスが低い女性たちのあいだに有意に高いと判断されるストレスの兆候はいっさい見られないことが判明した。[1]狩猟採集民はステータス・ゲームをまったくプレーせず、完璧な平等というある種の無邪気な至福のなかで進化してきたと、しばしば主張されることがある。しかし、こうした薄い層のヒエラルキーを見て、人間がステータスを気にするようにプログラミングされているわけではない証拠だと結論づけるのは誤りだろう。逆に、心理学者のポール・ブルーム教授は書いている。「狩猟採集民の平等主義的な生活様式が成り立つのは、個人がステータスを非常に気にするからである。このような社会では、自分より大きな力を持つ人間がひとりとして現れないように全員が努力しているからこそ、おおかた平等でいられるのだ」[2]

こうした比較的平等なプレー競技場は、人々が「大物ぶった」ふるまいを敏感に察知し、それをきびしく取り締まっていたからこそ可能だった。[3]大物を拒絶するわたしたち人間の本能が、ひとりのプレーヤーに力を持たせすぎないように作用することで、「好戦的平等主義」[4]という風土が維持されていたのだ。現代の狩猟採集集団では、しとめた獲物をやたらと自慢するような狩人は冷笑されるのが常である。人類学者のエリザベス・キャシュダン博士によると、アフリカのカラハリ砂漠に住むクン族の狩人たちは、「自分の手柄を最小限、あるいはさりげなく話すにとどめておけない場合、代わりに友人や親類がためらわずにそうする」[5]という。記録によると、ある狩人はしとめた獲物を「なんだそれは？ ウサギか何かか？」と嘲笑されたそうだ。[6]イヌイットの野営地では、[7]微妙な表情による非難や、公然の批判、愚弄などで大物ぶった行動をやめさせることができないとき、部族の全員でそのうぬぼれ屋を囲み、顔に向かって「愚弄の歌」を歌うという。[8] 狩猟採集民たちは、現代になっても変わらず「ステータスの高い人による規範違反」の噂話に夢中だ。先進国の研究からは、わたしたちもステータスの高い人について――とくにゲームのライバルとなる同性について――陰口を言いたがる傾向があることがわかっている。[9]

ステータスの高いプレーヤーに対する嫌悪感は、実験でも確認されている。神経科学者が、人気者で裕福で賢い人物の話を参加者に読ませたところ、痛覚に関与する脳領域が活性化されることがわかった。またその人物が降格されたという話を読むと、参加者の報酬系が活性化した。心理学者はこの効果を異文化間でも確認している。日本とオーストラリアで行われた研究からは、参加者たちが「成功者」の失墜に喜びを感じることが判明した。[10] その人のステータスが高ければ高いほど、失墜したときの喜びは大きくなった。参加者たちの嫉妬レベルは、その成功者が「たとえば学生の場合は学業成績など、参加者自身にとって重要な領域内で成功しているとき」――つまり、ゲームでライバル同士であるときに最も悪化した。

しかし、すでに見てきたように、わたしたちはステータスの高い人に惹かれもする。有名人、成功者、才能ある人とのつながりを強く求める。そのため、わたしたちとエリート・プレーヤーとの関係性はひどく相反するものとなる。一方では、エリートたちの近くに群がり、彼らから学ぶためにステータスを提供しながら自分もステータスを高めていく。その一方で、彼らに激しい怒りを抱くのだ。これはひょっとすると、人間の神経系のゲーム装置と、現代のゲームの巨大すぎる構造とのずれから生じている結果かもしれない。人間の脳は小さな部族集団向けに特化されているはずなのに、現代のとくに職場やオンラインなどでは、成功者がまるでアカスギのごとくそびえ立つ壮大なゲームをプレーしている。ステータスは相対的なものであり、他者が上にあがれば、自分の地位はさがる。ステータスとはひとつの資源であり、彼らの目に見える成功はわたしたちからステータスを奪う。ただし、わたしたちは自分の集団にとって大使となる人――つまり、わたしたちが自己と強く同一視するアーティスト、思想家、アスリート、リーダーなど――を例外扱いしがちである。というのも、彼らがどこか自分たちを象徴しているように思えるからだ。彼らはわたしたちのアイデンティティの一部を、自分というひとりの人間を背負ってくれているため、彼らの成功は自分たちの成功となる。だから、わたしたちは熱心に応援するのだ。わたしたちの潜在意識にとって、彼ら偶像は素晴らしく成功した自分の姿なのだ。こうして人間の模倣－追従－同化の認知は、彼らへの嫌悪感を凌駕する。

人が本来プレーするようにプログラミングされた小規模なゲームと、わたしたちがいま実際にプレーしている拡大されたゲームとのあいだに存在するこのような不快なずれが、多くの対立と不公平の原因となっている。わたしたちが野営地を捨て、農耕や牧畜を行う定住型社会に移行したとき、人間のゲームは大きく広がった。拡大家族のネットワークを基盤としていた古い氏族は、生涯の家と働く農地を見つけると、さらに大きなコミュニティとつながりを持つようになっていった。それらのコミュニティは、しばしば首長区と呼ばれる村落を中心に広がった。[11] 拡大家族を基盤としたこれらの集団は次第に専門性を高めはじめ、鍛冶工、大工、牧夫など、ある特定のゲームに身を置くようになった。これが身分を生んだ。社会的ステータスと職業は、血筋や血統によってますます定義されるようになった。[12] つまり、生まれた時点ですでにわたしたちは織物職人、牛乳売り、死体処理の身分に決まっているかもしれないのだ。将来のステータスや職業が偶然の出生に強く影響される今日の階級制度は、文明の夜明けまで何千年も遡るこのプロセスの延長線上にあるというわけだ。

このような古代のコミュニティでは、必然的にある氏族がほかの氏族より富を蓄え、力を持ちはじめる。定住生活が発達するにつれ、それ以前の時代とは比べものにならないほど食料が豊富に余るようになった。[15] また、土地の分割も行われた。ここで初めて大きな富が個人の手に蓄積されはじめたのである。その富の大半は、頂点に君臨する氏族まで上へ上へと流れていった。さて、彼らはいったいどのように自分たちの高い地位を説明づけたのだろうか？　わたしたちはそこに立つにふさわしいと、真に特別な存在なのだと、身勝手な物語を紡げばいい。彼らは、自分たちを完全に独立した天与の階級にするために、しばしば下等な氏族との婚姻を禁じた。[13] そうして、長老会議やひとりの統治者を介し、力ある氏族が首長区を統制するようになっていった。[14]

こうしたステータスとシンボルの新たな蓄積によって、ゲームを取り締まる旧来の方法が破綻しはじめた。かつての部族たちは、噂話を利用することでヒエラルキーの格差をうまく縮めていた。大物あるいはそうした態度は、みなから罰せられた。しかし、いまや傲慢な支配者がのしあがれるようになってしまった。すると、大きなステータスを求めるわたしたちの人類以前の渇望もまた、ふたたび意気揚々とうなりをあげた。こうしたエリートたちが経験したステータスは、彼らにとっては当然であり、神から与えられたとすら感じられただろう。そのあいだずっと、脳は予想のつく身勝手な夢を紡ぎつづけているのだ。ここで欠陥が生じる。彼らは自分のステータスレベルに慣れ、より多くを求めた。より重要なステータスの獲得は、より大きな集団を率いることを意味した。そして、より多くのプレーヤーを下に従えることは、より多くの影響力、尊敬、きらきらと輝く物品を手にすることを意味した。人口が増加するにつれ、領土が併合された。エリートたちは侵略行為によって支配地域を拡大しようとした。首長区は王国となり、国家となり、帝国となった。わたしたちのプレー競技場は巨大化し、いまやエリートたちは神のごとき高みでプレーしている。

こうしたゲームの拡大は、頂点の人々には恩恵となったものの、最下層のプレーヤーには苦しみをもたらすこととなった。彼らはどんどん弱っていった。三五〇〇年前のギリシャの墓から出土した骸骨を見ると、[16]ステータスの高い王族は平民よりも二インチから三インチ背が高く、虫歯も平民には平均三本あるところ彼らには平均一本しかなかった。チリでは、装飾品や金の髪飾りとともに埋葬されたエリート層のミイラにおける感染症による骨病変の発生率は四分の一以下であったのに対し、平民の女性は夫と比べても発生率が著しく高かった。人間の定住化と地球侵略は、ステータス・ゲームの恐ろしい拡大を招いた。わたしたちはそこから引き返すことができずにいる。

人間とは、古今変わらず野心と妄想の動物である。また嫉妬と憤りにまみれた動物でもある。富や財産、『テレグラフ』紙の複合姓など、他者の成功を示すわかりやすいシンボルは、人生というゲームのプレー方法を変えてしまいかねない。つまり、わたしたちを意地悪く、きびしく、非協力的な人間に変えてしまうことがあるのだ。ソーシャルネットワーク研究家のニコラス・クリスキタス教授は、被験者たちに異なる三つのオンライン世界でゲームをプレーしてもらうという実験を行った。[17]ひとつめは平等な世界、ふたつめはスカンジナビアほどの中程度に不平等な世界、三つめはアメリカのレベルにまで不平等が拡大した世界。各プレーヤーは富裕層と貧困層にランダムに振り分けられ、実際のお金が与えられる。そのうえで、グループの富に貢献するか、自分の利己的な目的のために利用するか、あるいは離脱するかを決めてもらった。結果、彼らの行動に最も大きな違いをもたらしたのは、意外にもゲーム内の不平等のレベルではなく、その不平等が目に見えてわかるかどうかだった。プレーヤーの富が隠されているときは、エリート層を含むすべての人がより平等主義的になった。しかし、富が表示されると、どのゲームのプレーヤーも友好的ではなくなり、協力しあうのは「およそ半分」となり、金持ちが貧乏人を搾取する傾向が著しく強まった。

人類の拡大はまた、当たり前かつ恐ろしく重要なもうひとつのできごとを人生にもたらした。すでに見てきたように、わたしたちは非公式にステータス・ゲームをプレーするように進化してきた。狩猟採集民の部族では、狩人の骨のネックレス、首長の安全な寝床など、成功の合図という形で人々の地位が外に示されることもあったが、たいていの場合は感じ取るものだった。ボディランゲージや、声の調子や、服従の度合いによって検知するのだ。しかし、定住社会が形成されると、首長、国王、司祭、首相、CEOたちは、自分の高いステータスを役職名、儀式、服従の強制、豪華さなどで明示するようになった。こうして、文化、経済、社会の大きなヒエラルキーで発表される公式なゲームと、プレーヤーの心のなかで絶えず起こりつづける非公式な真のゲームとの並行したふたつのゲームがプレーされだしたのだ。

このことは、ひとりの人においてステータスが高いと同時に低くもあるという、〝チャールズ皇太子のパラドックス〟とでも呼ぶべき現象を導く。チャールズ皇太子は、イギリスの王位継承者という最上級の公式のステータスを享受している。だが同時に、彼の真のステータスはそれに比べて低く、イギリス国民の約半数しか彼を肯定的に評価していない。[18] このような力学は、リーダーたち――被害妄想の強い王族やだめな上司など――が自分の真のステータスに不安を覚え、それまで以上の忠誠、服従、崇拝の証明を求めるようになったとき、プレーヤーたちに不幸の嵐を巻き起こしかねない。

わたしたちは公式ゲームをプレーするように進化したわけでも、これほど急勾配なゲームをプレーするように進化したわけでもない。そうではなく、憤りを感じるように進化してきたのだ。大昔は、この危険な感情が部族を機能させ、ヒエラルキーの層を薄く保つのに役立っていた。この憤りは、威張り散らし、不相応なステータスを要求しようとする人を罰するよう、人々を駆り立てたものだった。今日、わたしたちのまわりはそんな人であふれている。彼らによって引き起こされる憤りは、世界についてわたしたちが語る物語を悪い方向へと導く。ひっきりなしに悪役を並べたて、あらゆる正義と嫉妬から彼らを指さして嘲り、愚弄の歌を歌うのだ。

第一三章　夢を生きる

一四歳のとき、わたしは〈ウールワース〉［イギリスで展開していた小売りチェーン店］のセールワゴンでモトリー・クルーのTシャツを買った（アルバム《シアター・オブ・ペイン》のツアーTシャツで、三・九九ポンドだった）。初めてそれを着て人前に出たときは、ばかばかしいほど誇らしくなったものだ。そのときのわたしは、グラム・メタルのファンを代表して自己陶酔に浸っていた。ボーイ・バンドやレイブが好きな間抜けどもよりも自分たちのほうが優れていると、それが真実なのだと完全に確信していた。まさにいまそのことを世間に見せつけながら、歩行者通路を小走りで行ったり来たりしていると、何か想像上のステータスがわたしのなかに流れ込んできた。もちろん、このようなふるまいはとくに珍しいことではない。むしろ人生の標準仕様だ。集団を代表して得意気になることは、大物ぶった行動として社会的タブーにはならない。それどころか、そのような思いを表現することは当たり前であり、称賛に値するとさえ考えられている。

その理由を理解するために、ニジェール共和国のマラディという都市を旅してみよう。一九七四年、人類学者のジェローム・バーコウ教授はある謎に遭遇した。[1]マラディ市民の多くは、近くのカツィナ王国から逃れてきた王族の子孫たちだった。遡ること一九世紀に、イスラム聖戦士に故郷を侵略され、一族で亡命を余儀なくされたのだ。彼ら王族の子孫たちはいまや貧しく、祖先たちが誇ったエリートの地位を回復できずにいた。バーコウ教授は、ステータスを奪ったイスラム教徒たちに彼らはさぞかし復讐心を抱いていることだろうと考えた。しかし、驚いたことに、真実は逆のようだった。「その地域の歴史を鑑みると、イスラムに抵抗する気配がまったくないことに驚いた。それどころか、自分は非常に敬虔なイスラム学者の家系出身だと名乗る人が次から次へと現れた」と、バーコウ教授は書いている。イスラムは強大な勢力となっただけではなく、それをさらに拡大させていたのだ。

どうにもわからない。そこでバーコウ教授は質問をすることにした。彼はカツィナ王族の直系の子孫ふたりにインタビューを行った。ひとりはイスラム信仰を受け入れ、もうひとりはそうではなかった。ダヤは少年時代からコーラン学者に勉強を教わっていた。一六歳までにコーランを暗記し、それをいくつかの節ごとに暗唱できるようになっていた。この功績により、彼は〝サウカ〟と呼ばれる名誉ある卒業式にも出席できた。その後もダヤは一日に何時間もコーランを研究しつづけた。ふたりの妻と三人の子どもに囲まれ、貧しいながらも誇りを持っていた。当時、マラディはフランスに占領されていた。ダヤは、植民地ゲームをプレーすることを選び、フランス贔屓の教育を受け、彼らの権力システムのなかでステータスを得た同郷の人々に憤りを感じていた。「フランス式教育を受けた官僚たちに対するダヤの意見は辛辣だった。ダヤが尊敬しているのはコーラン学者であり、毎日何時間も彼らと過ごし、収入の多くを彼らと分けあっていた」

お次はシダだ。ダヤと同じく、彼もカツィナ王族の直系の子孫だった。またダヤと同じく、官僚のためのフランス式教育は受けていなかった。ただ、彼はコーランの教育も受けていなかった。代わりにシダはより伝統的な道を選び、初めは仕立屋、次はピーナッツ売りと、商いの見習いになった。しかし、シダにはそれが合わなかった。師匠と喧嘩ばかりして、仕事上の人間関係を壊してしまった。親しい友人は、「貴族の心でいるからだ」とシダの失敗を非難した。王族とつながりがあるせいでプライドがやたら高く、ピーナッツ売りの弟子という地位に自らを落とすことができないのだと。バーコウ教授が出会ったとき、シダは妻と母親から経済的援助を受けていた。「エネルギーと自信に満ちあふれた印象のダヤとは違い、シダは体が弱く、猫背で、情緒不安定そうに見えた」

ダヤもシダも、王族の家系というステータスの高い経歴を享受していた。ふたりとも、野心に胸躍らせて社会人生活を歩みはじめた。しかし、貴族の心にも充分満足のいくステータスを与えてくれるゲームにめぐり会えたのは、ダヤだけだった。ダヤは「善良なイスラム教徒という自己像を自尊心の基盤にしていた」という。ダヤをはじめ、バーコウ教授がインタビューした多数の王族の子孫にとって、「イスラムの学問だけが名声に値するものだった。それ以外の学問については、お金稼ぎの手段にすぎないと軽蔑されていた。ダヤのような人々は、政治権力の大半を独占している、フランス語を話すエリートたちを内心でばかにしていた。（中略）彼はイスラムと関連する名声の基準を用いることで、支配的な官僚よりも自分のほうが上だと自己評価できた」のだ。

ステータス・ゲームが自分にうまく働くために、ダヤはその「名声の基準」を信頼しなければならなかった。そこで彼の脳は、イスラムのゲームは共有された想像上の行為ではなく真実なのだと語る夢を紡いだ。自分は神がつくりたもうた現実における徳高き俳優なのだと。それが彼の神経領域の世界となった。その世界のルールとシンボル――つまり、「名声の基準」――は、疑いなく正当なものに感じられた。コーランを暗記することも、たしかな現実を意味した。ダヤは自分の夢が真実であると考え、それを完全に信じ込んだ。そうせざるをえなかったのだ。ステータス・ゲームの論理では、人は自分の属する集団が高い評価に値すると考えていなければならない。そもそもその集団に高いステータスなどないと思っているなら、どうやってそこからステータスを引きだせるだろう？　夢を信じることがダヤの心の糧となった。彼の貴族の心を「エネルギーと自信」で満たしたのだ。ダヤは自分を操り人形のひもにくくりつけた。それが彼のアイデンティティとなった。ベン・ガンが刑務所でステータスを奪われることから自分を救ったように、エリオット・ロジャーが《ワールド・オブ・ウォークラフト》の世界で一時的にいじめと拒絶から自分を救ったように、ダヤは祖先の没落のまさしく原因であるゲームに参加することで、王族の地位を奪われることから自分を救った。ダヤが成功した一方で、もうひとりの男は萎んでしまった。ピーナッツ売りのステータス・ゲームを信じきれなかったシダは、「弱く、猫背で、情緒不安定」な人物になった。

人はゲームのなかで互いを取り締まっている。ゲームが公正で安定しており、大物ぶる人が管理されていることが、みなの利益になるからだ。しかし、ゲーム間のステータス競争になると、そのような取り締まりは行われない。それどころか、自分たちのゲームのランクをあげ、ライバルのゲームをさげるような行動を取ると、ほかのプレーヤーからさらなるステータスを授与される。たとえば、フランス語を話すエリートはお金のためだけにやっていると嘲笑することもそうだ。ステータスの不安に駆られると、わたしたちはしばしばライバルのゲーム――企業、宗教、サッカークラブ、音楽グループ、学校の派閥、国家など――を見て、こっちのゲームのほうがどこか優れていると自分に言い聞かせる。たとえライバルのほうがゲームのヒエラルキーでは上だとしても、わたしたちはむしろここに属していたいのだという物語を語ろうとする。自分たちのサッカーチーム、自分たちの会社、自分たちの派閥、自分たちの部族、自分たちの宗教、自分たちのゲームがいちばんだと。自分たちのゲームに対するこうした優越感（誇大性）は、スポーツの場合に顕著に見られる。たとえリーグの下位にいるサッカーチームでも、サポーターたちは社交の時間のほとんどを割いて、本当はこのチームのほうがどこか優れているのだと互いに説得しあう。ライバルチームの価値を落とすために抜け目ない根拠を探しまわり、負けを不正のせいやら、あと少しで勝てたやらと解釈し直し、過去の栄光を思い返す。互いに説得しあうほど、彼らの夢は濃くなり、ゲームの代表としてますます自己陶酔に浸る。これがステータス・ゲームのプレーというものだ。不正直で意地が悪く、それでいて人生の大きな喜びなのだ。

こうした集団的誇大性は、ナショナリズムにおいても顕著に見られる。「国家ナルシシズム」[2]に関するある研究で、三五カ国に及ぶ数千人の学生たちに、「あなたの住んでいる国は、世界の歴史にどれほどの貢献をしてきたと思うか?」と尋ねた。彼らの回答を合計すると、一一五六パーセントというとんでもない数字になった。スポーツファンと同じように、多くの国民は、無意識にしろ自国のステータスから個人のステータスを引きだしている。わたしは自分を愛国的な人間だとはみじんも思っていない。だが、オーストラリアに移住したとき、自分が人前で大げさなブリティッシュ・アクセントで話しているのに気づいて啞然としたことがあった。わたしは無理してふつうに話さなければならなかった。なんとも恥ずかしい経験だったし、オーストラリアでステータスを得るための戦略としては最悪だった。それでも、わたしの愚かな脳のどこかでは、自分はイギリス人だという意識が明らかに重要だったのだ（オーストラリア人に「不満たらたらのイギリス人」と言われると、そのとおりなのだが、やはり腹が立った）。

国家のステータスが個人の幸福にもたらす影響を調べた研究からは、こうした心理が何もわたしだけのものではないことがわかる。数百万冊に及ぶ本や新聞記事の言葉の分析を通して、過去二世紀におけるイギリスの幸福を追跡した研究によると[3]、イギリスの国民感情は一八八〇年代にピークを迎えていたという。当時は貧困、病気、児童労働が蔓延していた時代だったが、一方でイギリスは帝国の頂点にのぼりつめようとしており、世界的ステータス・ゲームのトップの座まであと少しというところだった。このことが一般国民にもたらした喜びは、作家のローリー・リーが一九二〇年代の幼少期に過ごした教室を次のように回想した記憶から垣間見ることができる[4]。「植民地すべてに赤印のついた地図が貼ってある壁の近くに、みんなでよく座っていた。当時、わたしたちはとても貧しかった。貧しかったものの、不満はなかった。茹でたり焼いたりしたキャベツで暮らしており、まさしく貧乏のなかの貧乏だった。だが、わたしたちはそこに座って地図を見ながら、自分たちが世界でいちばんなんだと思っていた。この世界地図の赤い部分がすべて自分たちのものなんだと。アフリカ全土、インド全土、太平洋に浮かぶあらゆる島々も。それからわたしたちは、まるで古代ローマの百人隊長にでもなったかのように、互いの顔を見合った」

国家であれ、宗教であれ、サッカーチームのサポーターであれ、ステータス・ゲームは人間でできている。自分たちのゲームが優れていると信じるためには、そのプレーヤーも優れていると信じなければならない。昔から心理学者のあいだでは、人間には自分の仲間のプレーヤーを贔屓して考える原始的な本能が備わっていると言われている。人間は、無意識のうちにほんのちょっとした刺激で引き起こされる普遍のバイアスというものを持っている。人々がひとたび集団とつながると、たとえそれが非常にゆるい絆で結ばれたものだとしても、ステータスの不公平な向上が始まる。ある研究で、五歳児に色つきTシャツを着せてから、おそろいのTシャツを着た子やそうでない子など、さまざまな子どもの写真を見せた。[5] 色はランダムで意味がないとわかっているにもかかわらず、子どもたちはそれでも同じ色を着た子のほうがやさしく親切だと感じ、より肯定的にとらえた。またゲームのおもちゃのコインを多くあげるなど、おそろいのTシャツの子に不当に報酬を与えた。さらに、同じ色のTシャツを着た子のポジティブな行動のほうが、違う色の子の同じようなポジティブな行動よりも思いだされる機会が多く、彼らは記憶のなかでもステータスの高い状態を維持した。

　これが人間の本質の真実だ。わたしたちはゲームの無力なプレーヤーであり、不当にプレーするようにプログラミングされている。人間の脳は自分が持っているものを他人が持っているものと比べ、競争モードで自分のステータスを判断する。自分の属する集団が多くのものを持てば持つほど、またライバルの集団よりも高い地位にあがればあがるほど、わたしたち個人が獲得できるものも増えるのだ。貪欲さや陰険さに向かうこうした性質もさることながら、脳が本人に隠れてこれらの行動をしているという事実のほうが、さらにたちが悪いかもしれない。脳はこう身勝手な物語を語る。自分は計算高いプレーヤーではなく道徳的ヒーローなのだと。騙されやすく、貪欲で腐敗しているのは自分や仲間のプレーヤーではなく、それ以外の全員なのだと。真に優れているのは青Tシャツの子であり、イスラム教徒であり、フランス人であり、大英帝国であり、〈ウールワース〉で四ポンドを使い、いまやタンブリッジウェルズの町の王者にでもなった気で歩道を歩いているばかなやつなのだと。

第一四章　服従、革命、文明化

脳や文化によって紡ぎだされる物語を信じてしまう人間の性質は、多くの不公平を生み、人類の歴史に数々の汚点を残してきた。自分や仲間のプレーヤーに褒賞を何がなんでも与えようとするわたしたちは、真実の都合のよい断片だけを知覚することに長けている。物語は、戦う正当性を確信させてくれたり、さらなる地位を目指してより懸命にプレーするモチベーションになったりと、わたしたちの利益に働くこともある。しかし、ときに不利に働くこともある。物語は、わたしたちを自ら服従状態に向かうよう仕向けてくることもあるのだ。

偉大な宗教が果たしてきた役割が、まさにこれである。宗教の隠された真実とは、それらがステータス・ゲームであるということだ。イスラム教徒も、仏教徒も、ヒンドゥー教徒も、キリスト教徒も、プレーするための一連のルールとシンボルに同意したうえでヒエラルキーを形成し、それに沿って地位をあげたりさげたりしている。ときに、こうした真実のうえに紡がれる夢は、現世ではなく来世で大きなステータスの報酬を得られると語る。指摘するまでもなく、宗教は美徳ゲームだ。つまり、成功するためには――現世、その先の天国、あるいは輪廻転生を経たよりよい人生において、つながりや尊敬を得るためには――、プレーヤーは道徳的で信心深く、従順で礼儀正しくなければならない。神や司祭や聖典の指示どおりに行動しなければならない。

すべてのステータス・ゲームの目的は、結局のところ統制である。それは、強制（支配ゲームの場合）や賄賂（成功と美徳の名声ゲームの場合）によって、人間同士の協力を生みだすように進化のなかで設計されてきた。おもな宗教は、新たに誕生した「巨大社会」で共存しはじめた前例のないほど多くの人々を統制する手段として出現したと考えられている。狩猟採集時代のように、噂話だけでは何十万もの異なる人々を管理できなくなったため、代わりに導いたり罰したりすることで人を行動に促す道徳的な神が創造されたのだ。世界三〇地域の四〇〇を超える社会を一〇〇〇〇年以上にわたって調査した二〇一九年の研究からは、人口が一〇〇万人に達すると、道徳的な神々が「一貫して」出現してくることが判明した。[1] 道徳的な神々に対する信仰は、言語、民族、文化的背景の異なるプレーヤーたちがともにゲームするための標準的なルールとシンボルをつくりだした。そして、人々はそれを信じた。彼らは押し売りされた現実という夢を生きることになったのだ。

当時は、信仰、カースト、君主という美徳ゲームが広く行われていた時代だった。その高度に階層化され、徳に縛られた生活の一端は、ヒンドゥー教のカースト制度に見ることができる。二〇〇〇年以上の歴史を持つこの制度は、おそらく地球上で最も古い文化的ステータス・ゲーム、かつ最も複雑な制度と言えるだろう。おもな五つの階層――最上層が創造神ブラフマーの頭からつくられた司祭と教師、次が腕からつくられた戦士と王、太ももからつくられた農民と商人、足からつくられた労働者、そして最下層が不可触民――に、三〇〇〇のカーストと二万五〇〇〇のサブ・カーストが体系化されている。[2] カーストはプレーヤーの職業のみならず、たとえば所有してよいもの、埋葬方法、ひいては個人の衛生習慣にいたるまでの権利、義務、儀式、行動規範を規定する。[3]

何千年というあいだ、不可触民たちの生活はひどく残酷なものだった。紀元前二世紀から紀元三世紀のあいだに成立した『マヌ法典』には、不可触民の身分について言及した初期の記述が見られる。[4] 不可触民と「なんらかの接触」をした人々は「深刻な不安」と「恐怖」を感じたと、研究者のマレー・ニーラヴ氏は書いている。[5] ステータスの高い人が不可触民に触れてしまったときは、入浴して清めなければならなかった。不可触民の影が教師の食事にかかっただけで、その食べものは不浄とされ、廃棄された。[6] 彼らは別の居留地で暮らし、井戸も共有させてもらえなかった。[7] 恋愛もタブーとされた。ニューデリー近郊のメラーナ村で、ある上位カーストの一六歳の少女が二〇歳の不可触民の恋人とともにとらえられた。[8] 村の長老たちは一晩中集会を開き、罰について話しあった。処刑が言い渡されたとき、「抗議はいっさいなかった」という。村のほぼ全住民にあたる約三〇〇〇人が、ガジュマルの木に吊るされる恋人たちを見守った。一九九一年のことだった。今日、インドには一億六〇〇〇万人を超える不可触民が暮らしている。『ナショナルジオグラフィック』誌によると、[9] 彼らはいまだに「最下層の仕事に追いやられ、自分の立場を守ろうとする上位カーストのヒンドゥー教徒から、なんの罪にも問われることなく公然と辱められ、裸で行進させられ、殴打され、レイプされている。上位カーストの近隣地域を歩くだけでも、命に関わる犯罪なのだ」という。

このような制度がどうして安定を保っているのだろうか？　もし、人間がみな執拗に野心的なプレーヤーなら、何千年ものあいだ、なぜ不可触民たちはこの異様なほど貶められた人生という夢に協力しているのだろうか？　彼らの多くがそうするのは、それを信じているからだ。敬虔な不可触民は、前世で罪を犯したせいで格下げされた自分を受け入れている。現世のルールに従うことによってのみ、来世で高いステータスを得られるのだ。こうして多くの主要な宗教は、人々を自ら服従状態に向かうよう追い込んできた。死後の報酬を期待して、己の立場を知り、そこにとどまることで勝利を手にできるのだと。すべては神がつくりたもうたものだから、人は神の望まれたとおりの立場にいる、という論理である。キリスト教の賛美歌にこうある。「富める者は城のなか、貧しき者は門に立ち、神は高き者と低き者をつくり、地位を定めたもうた」

インドのような徳社会では、下位カーストのプレーヤーが奮起し、より高い地位に挑む夢を抱いたとしても、たいていの場合はほかのプレーヤーたちに束になって引きずりおろされてしまう。小説家のV・S・ナイポールが、ある実業家の話を書いている。[10] ある不可触民の使用人の知性に感銘を受けたその実業家は、彼に教育を受けさせ昇進させた。しかし数年後、実業家がインドに帰国すると、元どおり便所掃除をしている使用人の姿があった。「彼は一族との縁を切ったせいでみなから拒絶され、夜の喫煙の集いからも締めだされていた。ほかに参加できるグループもなく、結婚できる女性もいなかった。孤独に耐えかねた彼は、もとの職務に戻ってしまったのだ」このできごとについて、政治経済学者のティムール・クラン教授は、「よりよい仕事についた仲間を排斥することで、便所掃除人たちは自分個人と集団の両方の評判を傷つけずにすむ。社会的ヒエラルキーの上位にいる人々を含むコミュニティ全体に対して、現行の社会ルールに従って生きる意思を示すことになるからだ」[11] と書いている。野心家を破滅させることで得られるステータスもある。そのせいで、彼はゲームの不幸な論理に引き戻されたのだ。

現代では、インドの不可触民の全員が、自分たちの運命の原因となっている古の物語を信じているわけではない。ある研究によると、前世で罪を犯したために不可触民になったと納得しているのは彼らの約三分の一にとどまり[12]、なかには不公平に声をあげたり、ヒンドゥー教のより身勝手な夢を信じ、「自分たちは決して真にステータスを落とすことはない、自分たちは本当はブラフマンの化身なのだ」と主張したりする人もいるという。興味深いことに、なかには自分よりさらに最下層にいる人々を見くだすことによって、自分の相対的ステータスを回復しようとする不可触民もいる。不可触民の作家のハザリは、自伝のなかで実際のプレーヤーとしての言葉を残している。「パンジャーブ州にいる不可触民を、連合州にいる自分たちよりも下だと思っている。彼らとは結婚もしないし、同じ器から酒を飲むこともない[13]」

社会のヒエラルキーが安定し、絶えず戦乱状態に崩壊せずにいられるもうひとつの大きな要因は、わたしたちが周囲の人々と鼻と鼻を突きあわせて局地的なゲームをするようにプログラミングされていることにある。大多数の民衆は、革命家でもなければ反逆者でもない。多くの人は、完全な主権など求めていない。ある研究では、六五パーセント以上の人が、自分の集団のなかで「最高位のステータス」を得たいとはとくに思っていないことが判明した[14]。むしろ、わたしたちは日々の忙しい仕事と、それによってもたらされるステータスで頭がいっぱいだ。このことは、徳を基盤とした社会や時代において、さらに顕著である。遡ること王国や帝国の時代、人々は理屈のうえでは遠くの指導者に支配されていただろう。しかし、彼らがおもに関心を持っていたのは、結束のかたい一族に対する義務や、そのなかのルールとシンボルを遵守することだった。人生とは、小さな領土と小さな集団にかぎられた、小さなものだった。すぐ周囲にいる人々とうまくプレーすることが、そのゲームを特徴づけることになったのだ。

これらのゲームが正しく機能し、自分の集団が期待どおりの報酬を受け取れているかぎり、現状はおそらく維持されるだろう。強固な社会とは、一般大衆が外部の脅威から守られており、期待どおりにステータスが行き渡っている社会である。たとえエリート層の集団――宗教、法律、軍、官僚、貴族のゲームなど――がほとんどすべての報酬を手にし、底辺のカーストは事実上まったく何も手にしていなくとも、通常は安定性が脅かされることはない。革命的状況は、不平等の差の大きさによってではなく、ゲームがあるべき報酬をちゃんと支払っていないと感じられることによってつくりだされる。[15]

貧困だけでは革命につながりにくいのは、こういう理由からだ。革命――社会正義の名のもとに支配秩序を入れ替える大衆運動と定義される――は、最貧国よりも中所得国で起きやすいことがわかっている。社会学者のジャック・ゴールドストーン教授は、「問題は、必然でも本人の責任でもない理由で、人々が社会における本来の居場所を失いつつあると感じることだ[16]」と書いている。ゲームでのステータスの喪失によって引き起こされる不安は、うつ病や自殺の研究結果にも反映されている。わたしたち自身に当てはまることは、集団にも当てはまる。自分たちの集団のステータスがさがっていると察知すると、わたしたちは危険なまでに苦痛に感じる。

ゲームでのステータスが落ちはじめると、プレーヤーたちは容赦なくなる。とはいえ、革命が成功するためには、ヒエラルキーの底辺のゲームはエリート層のゲームの助けが必要となる。「実際、多くの革命において、現政権を転覆させるために人々を動員するのはエリート層だ」と、ゴールドストーン教授は書いている。革命にいたるまでの数年間を調査すると、「支配者が弱体化するか、不安定になるか、あるいは略奪的になると、エリート層はもはや報酬や後ろ盾を得られるとは感じられず、政権を支持する気になれなくなる」という傾向が見られた。するとエリート層は、自分たちより格下の農民共同体、労働組合、職業ギルド、青年組織など、同じく自分たちの地位が低下し、期待どおりの報酬を得られていないと感じている「民衆に人気の集団」と共謀する。

このような力学が、チュニジアの〝ジャスミン革命〟を引き起こした。[17] 二〇一〇年一二月から二〇一一年一月にかけての二八日間に、この低中所得国は二四年にわたり大統領を務めたザイン・アル＝アービディーン・ベン・アリーを亡命させることに成功した。チュニジアの人口は「ユース・バルジ（若者の人口膨大）」を経験していた。このことが食糧不足をはじめ、教育や燃料や食料への補助金の打ち切り、大卒生のステータスある政府機関への就職の減少などを招いた。とくに高学歴の中産階級のあいだで失業率が急増し、彼らは期待していた名声あるキャリアを奪われた。その一方でベン・アリーは、自身がよく見返りを要求していた財界から得た利益で、自分の側近に多額の報酬を与えていた。

国家のゲームはいまや失敗しかかっていた。大統領は糾弾された。一部の怒りの矛先は、攻撃性を増し、ますます腐敗していく警察組織に向けられた。一二月一七日、露天商のモハメド・ブアジジが、繰り返し賄賂を要求されたことに抗議して焼身自殺した。その日、ブアジジは市検査官のファイダ・ハムディから辱めを受けたとされる。家族の主張によると、ハムディはブアジジの秤を取りあげると、彼に暴行を加え、さらに死んだ父親を侮辱したという。「ブアジジの行動は、ベン・アリーの支配下で機会もなく、絶え間ないいやがらせを受けていると痛切に感じていたチュニジア国民の共感を呼んだ」と、ゴールドストーン教授は書いている。群衆は集結した。それに対し警察は発砲し、抗議者たちを殺害した。その一方で、メディアを検閲しようとした彼らの試みは失敗した。チュニジアの若者たちは、ほかの北アフリカの若者に比べてFacebookの利用率が高く、そのおかげで状況が拡散され、彼らに賛同する抗議運動も広まった。革命が進むなかで、「驚くべき数の組織」に支持されたことが決定打となった。チュニジア労働組合は全国的なストライキを組織し、軍隊は市民への発砲を拒否した。ヒエラルキーの上下両方のゲームが、ベン・アリーに楯突いたのだ。ブアジジの抗議行動からわずか四週間後、大統領は亡命した。

ほかにもゴールドストーン教授は、社会崩壊の予測可能な前兆として、「エリート層の過剰生産」を挙げている。[18] あまりに多くの一流プレーヤーが生まれると、ステータスの高い非常にかぎられた地位をめぐって争わなければならなくなる。ほどよい過剰生産は、健全な競争を生み、政府、メディア、法曹界といった最も名声ある地位につくことになるエリート層の質を向上させるため、有益である。しかし、それも行きすぎると、落ちこぼれ憤慨したエリート集団が、成功者たちに対抗して自らのステータス・ゲームをつくることにつながってしまう。彼らはステータスを求めて戦争を始め、体制側を攻撃する。これにより体制が揺らぐのだ。ゴールドストーン教授は、イングランド内戦やフランス革命、中国やトルコの危機が起こるまでの数年間に、同様の力学を見いだしている。ここからも、ゲームで期待された報酬が支払われなかった結果、混乱が生じ、歴史が動いていることがわかる。

社会が革命やエリートの過剰生産に陥らない場合でも、ステータス・プレーによって支配者が弱体化し、倒れることもある。[19] これは何世紀にもわたって続いてきた文明にも当てはまる。ステータスに飢えたある帝国軍が、ある民族を征服したとする。すると帝国側は自分たちをエリート層に任命する。数世代が過ぎ、先住民たちはステータスを求めて徐々に帝国のゲームをプレーするようになる。帝国の言語を話したり、神を崇拝したり、働いたりと、そのルールやシンボルを取り入れるようになる。やがて、自分たちも偏見のない正式なエリート層の一員になりたいと望むようになった先住民たちは、ときに市民的不服従、法的異議申し立て、あるいは暴力といった形で公平なステータスを要求しはじめる。こうして、帝国の創設者たちの没落が始まるのだ。歴史学者のユヴァル・ノア・ハラリ教授は、これを「帝国のサイクル」と表現している。この循環によって、征服された文化は帝国ゲームにいったん「消化される」けれども、その創設者たちが退場したあともこうしてずっと「繁栄と発展」を続けるのだという。

こうした力学が中国やインドのような地域を統一し、巨大な文明をつくりあげた。インドの場合、イギリス人によって抑圧や殺人、搾取などがもたらされた。だがその一方で、彼らは「王国、公国、部族がいがみあう複雑なモザイク[19]」であったものをひとつにまとめ、司法制度を確立し、経済に不可欠な鉄道や、今日も信頼されつづけている行政組織を築きあげた。イギリス領インド帝国時代、「多くのインド人は、自己決定や人権といった西洋の概念をとても熱心に取り入れた。だが、自分たちが掲げた価値観に従うことをイギリス人から拒否され、イギリス民として平等の権利も独立も認められなかったとき、彼らは失望した」と、ハラリ教授は書いている。このようなステータス争いのパターンが世界を塗り替えてきた。今日に生きている大半の人々は、長い抑圧の末に支配を手にした人々のルールとシンボルに沿ってプレーしている。[20]

ステータス・ゲームの隠されたルールは、つねに人類の歴史を動かす一端を担ってきた。何百年、何千年にもわたる人々の果てないステータス争いは、侵略、服従、革命、抑圧、そして文明をもたらした。

これは驚くことでもないだろう。結局のところ、歴史は人によってつくられ、人はプレーをするように生まれてきているのだから。

第一五章　プレーヤーがつくられるまで

　現代の西洋社会の人々は、強く望めばなんでもできる、と語りかけてくる物語のなかで生きている。ドアを開いて、外に出て、さあがんばれと。この文化的神話は、わたしたちに月のようにはるか高みを目指せと言う。だが、現実に月を目指すとなると、何年もかかる訓練、何百万ドルという資金、大手宇宙企業からの支援、そしてロケットが必要になる。それらなしには、地球に落ちて腰を折ってしまうだろう。月を目指して成功するには、ある種の経歴を持ったある種の人物でなければ無理である。おそらくだが、あなたはそうではないだろう。

　悲しいかな、人間の世界は自由に選べるゲームが所狭しと並ぶ市場のようなものではない。わたしたちがゲームをしている理由はいろいろだが、それはランダムではなく、たいていは自分の意思とは関係ない。そうしたゲームは、個性や性格に共通の面を持つ人々のあいだで形成される傾向にある。教師も、兵士も、政治家も、コメディアンも、コンテストに出る猫トリマーも、宇宙飛行士も、似た考えを持つ人同士の集まりになることが多いということだ。自信家なのか、内気なのか、天才なのか、外向的なのか、ボクシング好きなのか、文学好きなのか、マリファナ好きなのか、政治は右寄りか左寄りかなど、自分の心理を正確に選べる人などいない。[1] これらのことは、脳の発達の仕方や、どのような経験をしてきたかによってほとんど決まってしまうのだ。

遺伝子、生い立ち、仲間集団という三つの大きな力が、わたしたちをひとつの方向に向かわせる。すでに見てきたとおり、とくに幼少期には、脳が周囲の文化から情報を引きだし、その輪郭に沿って人間を形成する。しかし、自分磨きのプロセスは、それよりさらに早くから始まっている。脳のおよそ八六〇億個のニューロンは、人間のホルモン系や神経化学系のおもな構成要素として、子宮のなかでつくられる。このニューロンは、わたしたちが現実を処理するための生物学的装置であり、そのデザインは人間に固有のものである。ニューロンの配線がどうなっているかは、一部にはランダムな生物学的事象によって、また一部には両親から受け継いだ遺伝子にコード化された指示によって決まる。この遺伝情報（ゲノム）が、人生というゲームをわたしたちがどう認識し、どう反応するかに強い影響を与えている。たとえば、人がどれほど不安になるかは、扁桃体と呼ばれる脳の領域や、セロトニンと呼ばれるホルモンなどによって変わってくると考えられている。まったく同じ指紋を持つ人がいないように、まったく同じ扁桃体やセロトニン神経系を持つ人もいない。ある人は、脅威に対する感受性が高く、アラームが簡単に作動するような配線になっている。そのような人は、ほかの人より神経質で、警戒心が強く、批判に敏感になりやすい。また、社交に苦労することもあるだろう。

この性格の違いが、最終的にプレーするゲームに大きな影響を与えうる。不安の強い人は、生まれながらにリスクを負うのが好きな人とは異なるゲームに惹かれるだろう。人格心理学者のダニエル・ネトル教授に話を伺ったところ、作家であるわたしは、神経症的傾向があると同時に進んで経験を受け入れる性格特徴があると予測された。のちに人格テストを受け、彼の言うとおりだったことが判明した。研究者のあいだでは、「人生の大部分を費やす仕事と、その仕事から得られる名声と収入は、多少なりとも両親から受け継いだ遺伝子の影響を受けている」[2]ことがわかっている。遺伝学者のロバート・プロミン教授によると、遺伝子がわたしたちという人間の形成に果たしている寄与は、「統計的に有意というだけではなく、極めて大きい」[3]という。

また遺伝子は、わたしたちがどれだけ成功するかにも影響を与えている。勝ったときに大きなスリルと達成感を覚えるように配線されている人は、裕福になりやすい。多くの億万長者が億万長者になれるのは、彼らの競争心がとてつもなく強いことが一因に挙げられる。外向的な人は「野心家であることが多く」、また「名声や収入を求めて懸命に働く」と、ネトル教授は書いている。[4]さらに大きな成功をおさめるのは、自己管理能力に極めて長けている人たちである。これは誠実性と呼ばれる性格特徴と関連している。誠実性は、「あらゆる職業における成功の最も信頼できる性格予測因子」[5]なのだ。

このように、人間は遺伝的傾向、すなわち一連の好み、あるいは成長へと導く道筋を持って生まれてくる。しかし、遺伝子は運命や破滅を決定づけるものではない。形成期のわたしたちの脳は、その時代と場所のルールとシンボルによって配線されつづけている。幼少期の経験は、さまざまな形で、世界に対するある特定の信念、興味、態度を持ったある特定のタイプの人間へとわたしたちを導く。これらが、ゲームのプレーモードを決めるのに一役買っているのだ。人類学者のエイドリー・カッセロウ教授は、社会階級が子育てに与える影響について興味深い調査を行っている。彼女はニューヨーク市の三つの地域社会に住む白人の親たちを観察した。「割れた小瓶が道に散乱しているせいで、サンダルを履くなんてもってのほか」[6]と彼女が表現した貧困地域のクイーンストン。愛国心あふれる肉体労働者の居住地域で、アイルランド、ドイツ、イタリア系住民が多く、「大きな誇り」を持つ「安全で清潔なコミュニティ」[7]のケリー。そして、マンハッタンの高級地区のパークサイド。

貧困階級や肉体労働者階級の子どもたちは、ゲームとはきびしいもので、成功には適応能力《レジリエンス》が必要だと教わっていた。若者にとって「甘ったれ」、「生意気」、「愚痴が多い」、「気弱」、「神経質」、「やさしい」、「はっきりしない」、「騙されやすい」といった気質は許されない。[8]クイーンストンに住むある母親は、「どんな感情もあまり気にしてはだめ。甘やかしすぎても、褒めすぎてもよくない。弱い子になってほしくないなら」とカッセロウ教授に語ったそうだ。[9]あるインタビュー中に四歳児がグレープジュースをこぼしてしまったとき、母親は「すごいわね、ローラ、すごいすごい。叩かれる前にさっさと掃除しなさい」と叫んだという。[10]また、クイーンストンとケリーに住む子どもたちは、親子間の基本的な上下関係を尊重することも教えられていた。「子どものステータスが低いことは、家の一部の場所や家具（たとえば、両親の寝室、来客用のダイニング、父親の椅子など）に近づいてはいけない、両親と話すときは敬意を込めた口調を使わなければならないなどの例に見いだせる」[11]と、カッセロウ教授は述べている。

これらのどちらのグループでも、最大限にレジリエンスを発揮するとステータスが与えられた。とはいえ、このような重要なルールをつくった理由は、それぞれの親のあいだで大きく異なっていた。クイーンストンでは、ゲームの底辺で完全なゲームオーバーになることから身を守る強い性格を子どもに授けるために、レジリエンスが求められていた。クイーンストンの親たちは、「暴力と堕落した若者たちのジャングルのなかでも、自分たちはなんとか持ちこたえていると考えていた」[12]という。一方ケリーでは、レジリエンスはもっと楽観的なものだった。そこでは、よりよいステータス・ゲームの突破口を開くために、レジリエンスが必要とされていた。親たちは子どもに「試しにやってみる」、「目立つ」、「この世界からより多くのものを得る」、「抜きんでる」、「夢に向かってがんばる」といった気概を持ってもらいたいと思っていた。[13]ある両親は、「子どもには、手に入れられそうなものはなんでも手に入れる努力をしてほしい。ただ手に入れるだけではなく、それを役立ててほしい」と語ったという。

一方、裕福なパークサイドでは、まったく異なるタイプのプレーヤーが育てられていることが判明した。そこの子どもたちは、ゲームの強靱な戦士ではなく、「世界に向かって、成功したキャリアに向かって開く」[14]べき弱い芽と考えられていた。親たちは、「子どもとは繊細なもので、個性あふれる自己が〝花〟を咲かせ、その可能性が最大限に開かれるために細心の注意、資源、広いキャンバス、やさしい助けが必要」[15]であることを強く主張した。ある母親は、とある一二歳の子どもが自分の誕生日会で「ありがとう」と礼を言わなかったことで叱られる話を読み、その考えに身震いしたという。[16]もし自分の娘だったら、「深い罪悪感に打ちのめされてしまうだろうから、叱るなんてできません。わたしたち親というのは、とくに傷つきやすいこの年代の子どもたちには、それほどまでに強い影響力を持っているのです[17]」と、その母親は言ったそうだ。

またパークサイドの若者たちは、親子間の上下関係を大事にするより、むしろ進んで自分を対等な存在だと思いなさいと教えられていた。ある母親は、娘をひとりの大人として扱うことで、「家族内で一定のステータスを与えてあげられ、娘に自分も対等な立場であり、自分の気持ちもほかの家族と同じように大切なのだと感じてもらえる」と語った。[18]カッセロウ教授は、こうした考えをあと押しするさまざまな手法を挙げている。[19] たとえば、子どもが教師をファーストネームで呼ぶ、家族の問題を解決するのに子どもに相談する、子どもが「親を教える」、大人のほうから「何か手伝おうか？」と尋ねるなど。ある父親は「自分には娘をしつける権利はないと基本的には考えている。(中略)力に差があるのはわかっているが、自分のほうが大きく強く、いろいろと知っているからといって、何かで意見がぶつかったときに娘に無理強いする権利が自分にあるとは思わない」と述べた。当時、その娘は三歳だった。

どの地域の親たちも、子どもにはできるかぎりのことをしてやりたいと考えていた点では同じだが、とくにパークサイドの親たちは最上級のことをしてやりたいと思っていた。「わたしはふつうには興味ありません。望むのは最高のものだけです。わたしの娘はチェスとスケートがずば抜けて得意なので、それを伸ばしてあげるために大枚をはたいています[20]」と、ある母親は語った。しかし皮肉なことに、カッセロウ教授の研究からは、やれ繊細だと、やれ大人と対等な大切な存在だと育てられた子どもほど、不安定さを示すことがわかった。「パークサイドの子どもたちは、自分がヒエラルキーの頂点ではないと知ったときに、安全で守られているという感覚、尊敬の気持ち、謙虚さなどが欠如するようだ[21]」と、カッセロウ教授は書いている。こうした子どもたちは、あなたは繊細だからと教えられてきたせいで自分でもそう感じながら、同時にエリートの立場に立って当然だと無意識のうちに思っているのだ。カッセロウ教授の研究は二〇〇四年に発表された。このようにもろさと、自分には権利があって当然と思う気持ちとが激しく混在した状態は、現代のとくに恵まれた若者間でのステータス争いの大きな特徴となっているようだ。

幼少期のステータス争いは、しばしば支配ゲームの形を取る。ほしいものを要求し、それが阻まれると、泣き喚いたり、駄々をこねたり、噛みついたりして意思を押しとおそうとするからだ。それが思春期になると、人は大人のゲームをプレーしはじめる。家族のヒエラルキーを離れ、外の世界の競争に向かう。いわば、つながりを持ちはじめる時期だ。

少なくとも先進国でわたしたちが思春期に参加するゲームは、通常、仲間集団——つまり、自分が心地よくプレーできる人々のグループ——という形を取る。こうしたことが思春期に起こりはじめるのは、脳の領域が変化し、他者の評価により敏感になるためでもある。[22] 人は社会的承認という報酬を望み、拒絶されることを恐れるようになる。このように他者からの評判に突如として敏感になることで、ティーンエイジャーたちは自意識過剰になり、恥ずかしいと思うことが非常に多くなる。心理学者のサラ＝ジェイン・ブレイクモア教授によると、一一歳から一四歳までのティーンエイジャーたちは、「他者に自分を評価する能力があることをますます意識するようになり、その結果、実際にどの程度評価されているかを過大に見積りすぎてしまう場合がある」[23]という。

脳が変化を続けるにつれ、人は絶えず自分を見て判断をくだしてくる他者という「想像上の聴衆[24]」の存在を感じはじめる。その感覚は、「大人になっても非常に強く残りつづける[25]」という。幼い子どもとは違い、ティーンエイジャーは仲間からの評価を、自分の価値を真に示す指標だと考える傾向にある。自己評価の基準が、そのときどきの自分の気持ちから、仲間からの評価を推測することに変化していくにつれ、彼らからの承認を強く求めるようになる。すると、ステータスを追いかけることがとても消耗の激しいものとなる。心理学者のミッチ・プリンスタイン教授は、次のように書いている。「一三歳になる頃には、人はこの種の人気こそ何より重要なものである気がしてくる。わたしたちは、人気を獲得しているのは誰かと話しあう。どうすればそれを手に入れられるか戦略を練る。人気を失えば絶望する。ただステータスを得たいがために、あるいはそれを何がなんでも守るために、間違ったこと、不道徳なこと、違法なこと、危険なことだとわかっていてもやってしまう」[26]

ステータスを貪欲に追求するために、ティーンエイジャーはステータス・ゲームへと参入し、実際にプレーするようになる。人間がこの年齢で部族に加わりだすのは、少なくとも数万年前から同じである。前近代社会では、思春期は「ステータスを得るために必要な窓（機会）」[27]だと考えられている。ちょうどわたしたちが幼児期に言葉を覚える機会を持つようなものだ。大人へのこうした入口では、歯を抜かれたり、小指を切断されたり、薬や毒を飲まされたり、鞭打たれたり、皮膚を裂かれたり焼かれたり、タトゥーを入れられたりと、ときに苦痛を伴う通過儀礼が行われる。[28]パプアニューギニアのビミン＝クスクスミン族の儀式参加者は、ヒクイドリの骨でできた短剣で隔膜を刺されたあと、火傷するほど熱い油を腕に垂らされ、「大きな水膨れができるたびにもがき、悲鳴をあげる」[29]という。若い参加者たちは「たしかに恐怖を感じるかもしれないが、たいていは仲間候補というステータスに到達できたことを誇りに思っており、（中略）進んで儀式を受けるか、受けさせてくれと熱心に懇願するのがふつうである」と、人類学者のアラン・フィスク教授は書いている。このような拷問は、個人の体に同族としての識別マークをつけることを目的としているため、「傷をつけられた人は、人類という一般集団からは離れることになる」[30]という。

通過儀礼は伝統社会でのみ行われているわけではなく、またすべてが暴力的なわけでもない。一部の宗教団体では、思春期になると、自分が育ってきたゲームを正式に受け入れるか、それとも拒否するかの決断を迫られる。カトリックやプロテスタント教徒のあいだでは、アーミッシュ［アメリカやカナダに居住するキリスト教徒の共同体］で一四歳頃に行われるこのような信仰告白の儀は「ラムスプリンガ」と呼ばれている。ユダヤ教では、一二歳あるいは一三歳のときに、自分たちのゲームのルールのもとで責任を全うしていく覚悟を示すために、「ミツワー」と呼ばれる通過儀礼が行われる。

しかし、暴力が残る現代の集団もある。ストリートギャングや軍隊に加入する若者たちは、ときに「打ち据えられる」ことがある（「棍棒で別のイデオロギーを叩き込まれるんだ」と、コンゴ東部で活動する民兵組織マイマイのある兵士は述べたという）[31]。アメリカでは、一流大学の学生社交クラブやスポーツチームに加入するための「ヘイジング（しごき）」という儀式が、取り締まりにもかかわらずいまだ続けられていると言われている。寝ているあいだに蹴られたり、タトゥーを入れられたり、パドルで暴行されたり、小便をかけられたり、セクハラを受けたりする[32]。フィスク教授は、著書のなかである学生の言い分を引用している。「優れた〝エリート〟に属すると主張するからには、なんらかの正当性が必要になる。ヘイジングはその一環だ。それを通過した人は、周囲の大きな集団から切り離される。この切り離しを、儀礼の通過者たちは、ヘイジングを受けていない劣った人たちの上に立たせてくれるものと考えている」

辱めを受けたり、自分を傷つけたりせずとも、わたしたちは服装や、文化的嗜好、信念、態度などでゲームのメンバーであることを気づけば誇らしげに示しているものだ。参加しているゲームにはルールとシンボル――それらはときおり親にとっては恐ろしいものだったりする――があり、わたしたちはそれを自分のものとして採用し、神経領域の世界に閉じこもるのだ。仲間のプレーヤーは自分の民となり、部族となり、親族となる。彼らは自分のステータスの源となり、自分は彼らのステータスの源となる。

このように脳の世界へと向かう大人のゲームへの参入は、通常、中学校に入学する頃に起こる。思春期の生徒たちは、人生からきびしい教訓を学ぶ。すなわち、ステータスのヒエラルキーはゲームのなかだけに存在するわけではなく、ゲーム自体がヒエラルキーを形成し、ある者は上位に、ある者は下位に位置づけられることを学ぶのだ。エリート集団は、もともと友だちづくりに長けたプレーヤーたちによって形成されていく。「社会性哺乳類はステータスを求めるため、権力や魅力や人気がある人と仲よくしたがる。そのような望ましい相手は、ほかの望ましい相手とつながる傾向にある。なぜなら、彼らは友だちを選べる立場にあるからだ。人気のない者同士が友だちになるのは、そのせいでもある」[33]と、ソーシャルネットワーク専門家のニコラス・クリスキタス教授は書いている。このような分類が、「ステータスに基づく社会」を生みだしているのである。

一九九〇年代半ば、人類学者のドン・マーテン教授率いる研究チームは、シカゴ郊外の中学校に通うティーンエイジャーたちが、ステータス・ゲームのきびしい現実に直面する瞬間をまざまざととらえた。[34]ゲームのプレー方法を思い知らされることとなった新入生たちは、「トレンディ（流行に敏感）」、「ジョック（運動が得意）」、「プレッピー（良家の子）」などの頂点から、「オタク」、「バーンアウト（不良）」、「メル（興味や行動が子どもじみている）」などの底辺まで、自分が自動的にステータス・ゲームのヒエラルキーに振り分けられていることを知った。「今年に入っていきなり評価されるようになったのが気に入らない」と、インタビューを受けたひとりが語った。「去年までは評価されることなんて一度もなかったのに。（中略）今年になって急に外見とか服装とか一緒にいる友だちとかで評価される。友だちが不良だと、自分も不良にされてしまう」

　ステータス・ゲームは放課後の課外活動にも形成されていた。そこには、「生徒たちに広く同意された暗黙のヒエラルキー」があった。生徒にとって最も名声あるゲームは、それぞれ男子がバスケットボール、女子がチアリーダーだった（刺繍クラブのランクについては、残念ながら記録に残されていない）。マーテン教授のチームが訪れた年は、およそ五〇人の女子生徒がわずか八席しかないチアリーダーの枠に応募していた。この枠は、「社会的に優れた」女子の一団で埋め尽くされるのが常だった。合格した選りすぐりのエリートたちは、「抑えきれない興奮」を感じつつも、本能的に大物気取りを隠そうとした。研究記録によると、ある女子生徒は、チアリーダーのユニフォームを着て体育館に入ったときに友人から喝采を受けたので、もう二度と学校には着ていかないと言ったという。「とても恥ずかしかったから」と、彼女は主張している。しかしマーテン教授は、「その生徒が一連のすべてを喜んでいたことは誰の目にも明らかだ」と指摘している。

　その年、チアリーダーのあいだに衝撃が走った。彼女たちにとって、それはステータス・ゲームの次なるきびしい教訓となった。その学校では、「メル」の次に低いステータス・ゲームが「バーンアウト」だった。身なりがよく、洗練され、人当たりのよいプレッピーとは違い、バーンアウトは汚らしく、反抗的で、ドラッグやアルコールやセックスを気軽に楽しむという特徴があり、昔のロックバンド風にバンダナを巻くファッションの人もいた。当然ながら、バーンアウトがチアリーダーに選ばれることは絶対にない。しかし、それが起こってしまった。あるチアリーダーは、バーンアウトの「ジャッキー」が自分たちのゲームに加わったことで壮絶な苦悩を味わったと、研究チームに語った。「最初は本当につらかった。廊下を歩いていたとき、スピーカーで（チアリーダーの）名前が発表されたの。全員が、『おいおい、今年はどうしてこんな負け犬ばかり？』という感じになった。（中略）もう泣きそうになったわ。ポーラの話では、バスに乗っているときにロッドが『うちのチアリーダーは負け犬だから、もうどの試合にも行かない』って言っていたそうよ」

彼女たちは、練習中のジャッキーに敵意を向けた。ある友人はこう語った。「ジャッキーが何かひとつでも間違うと、ここぞとばかりにみんなして彼女の背中に飛びかかった。腹を立ててもいい理由ができたからって。そういうのはいやだった。ジャンプのタイミングが合わなかったとか、一秒遅れたとか、そんなささいなことで本気で怒るんだもの」

チアリーダーたちが学んだふたつめのきびしい教訓は、ステータスとは漏出するということだった。名声あるゲームや個人は、低いランクと接近することでその地位を脅かされる恐れがあるのだ。しかし、この物語の結末はどうやらハッピーエンドだったようだ。逆もまた真なりで、ステータスの低い人も、この近接の原理を使って向上することができるのだ。バーンアウトだったジャッキーは、自分のランクがあがるのを感じた。チアリーダーに選ばれたあとのジャッキーに対する人々の見方は変わったと思うかと尋ねたところ、あるチアリーダーはこう答えた。「誰ももうそこまで彼女をバーンアウトだとか、根っからの尻軽だとか思っていないんじゃないかしら。わからないけれど。彼女、いまマーク・ウィリアムズとつきあっているんですって。みんな、『マーク・ウィリアムズですって？　なんでマークが彼女と？』って感じよ」

卒業後には、本格的な大人のゲームが待っている。エンロン社の暗澹たる競争世界でも見たように、わたしたちが参加するゲームには人々を堕落させる力がある。そのプロセスについては、元大手法律事務所の弁護士で、インディアナ州の名門ノートルダム大学ロースクールの准教授、かつ現在は判事も務めるパトリック・J・シルツ氏の素晴らしい論文にまとめられている。法学部の新入生に向けて、彼はこう書いている。「大手法律事務所で働くようになれば、最初の一、二年のうちに少なくともいくつかの点で非倫理的な弁護士業務に携わることになるだろう。これは大手で働く若手弁護士のほとんどが経験することだ。かくいうわたしも経験ずみだ[35]」

大手法律事務所の弁護士になりたいと憧れている人々は、「驚くほど不安定で競争心の強い集団」だと、シルツ氏は書いている。彼らは居場所を得るために、教育制度のなかで競争することにすべての人生を費やしてきた。「それで大手法律事務所に入れたとして、どうなるだろうか？　競争をやめるだろうか？もちろん、そんなことはない。より多くの時間を割き、より多くのクライアントを引きつけ、より多くの案件を勝ち取り、より多くの取引をするために、競争を続ける。彼らはゲームをプレーしている。そのゲームでスコアを維持する方法とは、すなわちお金である」彼らの金儲けへの熱情は、どこそこの大物弁護士がいくら稼いでいるといった業界紙の定期記事によって助長される。年に二回発行される弁護士の収入一覧を、「彼らは熱心に読みふける。まるで幼い子どもが好きな野球選手の成績を夢中になってチェックするのと同じだ」

こうして若者の理想は腐り、カビが生えていく。彼らは大手法律事務所にたどり着き、そこで新たなルールとシンボル、そして新しいゲームに出会うこととなる。今度は、ステータスのシンボルとして富を使って戦うのだ。彼らがかかる洗脳は、繊細ながら強烈だ。「新人たちの価値観をシステムの価値観に置き換えるために、業界文化は多くの狡猾な方法で圧力をかけてくる」という。弁護士になって最初の一カ月のうちに、シニア・パートナーからバーベキューに誘われる。長いドライブの末、高級車がずらりと並ぶ横に自分も車を止めてから、巨大な家に向かって緑豊かなアプローチを歩く。玄関では、黒の蝶ネクタイをした人に出迎えられる。見事な広大な庭で、パテ、シュリンプ、ミニキッシュ、カクテルがふるまわれる。さらにケータリングのスタッフが、メカジキを焼いてくれる。隅のほうで、「シニア・パートナーが白ワインをすすりながら、ジュニア・パートナーやシニア・アソシエイトなどの取り巻きたちと法廷を開いているのが目に入る。シニア・パートナーは、ブランドもののサングラスにブランドものの服といういでたち。その法外な値段を物語るシャツのロゴ。ぱりっとアイロンのかかったショートパンツ。彼の肌はこんがりと焼け――日焼けサロンで焼きすぎて、少々オレンジ色になっているが――、髪型は見たこともないほどばっちりカットされている」

このように「千差万別の方法で」、彼らは弁護士ゲームに吸収されていく。「この文化に日々どっぷり浸かっている若手弁護士が、法学生時代と同じ価値観を保ちつづけるのは非常に難しい。彼らはゆっくり、ほぼ気づかないうちに変化していく。以前は称賛していなかったものを称賛しだし、以前は恥じていなかったものを恥じだし、以前はなくても平気だったものがないと生きていけなくなっていることに気づく。いつのまにか、どういうわけか、カーステレオを初めて買えたことに大喜びしていた人物から、四〇万ドルのボーナスに不満を爆発させる人物に変わっているのだ」

しかし、ここで問題だ。もし彼ら若手弁護士たちが、すでに限界まで努力をしているとしたら――現にそうだ――、そこからさらにどう優位に立てばいいのだろう？　彼らは勝つために、最初は許されそうなやり方で不正を始める。一時間でできた仕事の報酬をクライアントに九〇分として請求し、三〇分は別の機会に補塡すると約束する。これは盗んでいるわけではなく、借りているのだ。実際に約束どおり三〇分を返す。しかし、そのうち彼らは借りを返さなくなる。これだけよい仕事をしたのだから、クライアントが「もう少し多めに払うべき」だと自分に言い聞かせるのだ。また、彼らは優位に立つために嘘もつきはじめる。こっちでは期日に遅れた言い訳をし、あっちでは紛失した書類をクライアントには必要ないものだからとごまかす。

数年そうやっているうちに、彼らは絶えず嘘をつき、騙し、盗んでいることに気づかなくなる。「それでも、一日に何十回と素早く直感的な決断を繰り返さなければならない。だがそれらの決断に反映されるのは、自分が私生活を送るうえでの善悪の概念ではなく、自分が職業生活を送るうえでの価値観――つまり、何が正しく間違っているかではなく、何が利益になり、どこまでなら許されるかといった価値観だ。こうしてシステムは彼らの価値観をシステムの価値観に置き換えていき、その結果システムが利益を得るのだ。

わたしたちが大人になるにつれ、このようなシステム――つまりゲーム――は人々を形成する巨大な力を持つようになる。そのルールとシンボルに合わせて、人は自分を型にはめていく。日々を過ごすなかで、わたしたちのアイデンティティは、たまたまプレーしているゲームによって変化していくのだ。職場では建築家、家では母親、オンライン上では活動家、読書クラブではシャーロット・ブロンテの権威、車庫ではロケットランチャーの復元家。いずれにしても、その役割において自分が有能で、誰それより優れていて、まだまだ伸び代があることで気分よくありたいと思っている。わたしたちの自我の感覚は、それぞれのゲームに付随するものだ。まるで、多くの生命体に自らを埋め込み、必要なものを吸いだすエイリアンだ。わたしたちの個性はゲームと融合してぼやけ、またわたしたちの道徳的行動や現実認識はゲームに従事するにつれ混乱していく。これが大人のアイデンティティの正体だ。人は自分がプレーするゲームの総体なのだ。

第一六章　夢を信じる

わたしたちは人類を進歩の英雄旅として語るのが好きだ。それは一方向性の歴史の矢であり、砂上の足跡であり、全人類の聖なる運命である。科学、技術、生活水準の急速な進歩など、いたるところにその根拠は見いだせる。この五〇〇年のあいだに、人は科学革命と「啓蒙」を経験した。その偉大な知的活動は、近代性の驚異をもたらし、それまでの非合理な信念が誤りであったことを証明した。おかしな考えにしがみつく理由はもうない。それなのに、なぜ何十億という人々がまだしがみついているのだろうか？　なぜわたしたちは迷信深く、騙されやすく、宗教心を持ったままなのか？　この非合理性の持続は謎である。しかし、ステータス・ゲームならば、ひとつ解釈を示せる。人間は素晴らしい進歩の旅のヒーローなどではなく、ゲームのためにプログラミングされたプレーヤーなのだ。ゲームで成功するために、わたしたちはステータスの高い味方を探す。味方が見つかると、模倣‐追従‐同化の回路が作動する。すると、わたしたちは彼らの行動だけではなく、信念も模倣する。信じれば信じるほど、高みにのぼれる。こうして真実ではなく、信仰が人々の意欲を掻き立てるのだ。

このようなプロセスを経て、人は非常に強い信念の多くと出会う。あたかも料理人がレシピを選ぶように、さまざまな選択肢を慎重に吟味したうえで、自分の信念を選んでいるように感じるかもしれない。しかし、たいていの場合、人は自分の集団が信じるものを信じるのだ。自分が属する集団のエリートの認識を素直に模倣し、彼らが定義するとおりの世界を受け入れる。これがステータス・ゲームのプレー方法であり、人の文化のあるべき機能の仕方だ。わたしたちが拠りどころとなる事実のすべてを自分自身で検証できるとは、誰も思っていない。だから代わりに、導きを求めて上を見る。わたしたちは信仰を持ち、信じ込む。そしてときに、とんでもないことを信じてしまうのだ。

マランダ・ディンダはそれを思い知った。[1] 二〇一二年、ペンシルヴェニア州の田舎町に住む一八歳のマランダは、当時妊娠しており、自宅出産を望んでいた。しかし、条件やスケジュールの合う助産師を見つけるのは簡単ではなく、何カ月もかかった。その後マランダがようやく見つけた助産師は、彼女が望んでいたとおりの人だった。初めて会った日、その女性は、かばんやら本やら書類やら聴診器やらを腕いっぱいに抱えて家に入ってきた。気さくだけれどまじめな人だった。彼女は、マランダがガレージセールで買った古い木製のロッキングチェアに腰をおろした。この仕事で一〇年の経験があり、自分自身も八人の子どもを持つその助産師は、出産を控えた妊婦にとって尊敬すべき相手だった。「危険な感じはなく、頭もよさそうだった」と、マランダは回想している。助産師の女性はひととおりの質問をしてきた。妊娠してどのくらいか。気分はどうか。ベビーベッドはどうするか何か考えているか。それから、こう訊いてきた。「ワクチン接種を受けないことを考えたことはある？」

「どういう意味かわからなかった」と、マランダは語った。「ワクチン接種って、ただやるものでしょう。医者に行って打ってもらう。電気料金を払ったり、車にガソリンを入れたりするようなもの。だから彼女の質問は、『車にガソリンを入れなかったことはある？　入れないでおこうと思ったことは？』と言っているようなものだった」

「どういう質問かわからないわ」と、マランダは助産師に言った。

マランダはリビングルームに座ったまま、目の前に現れるまったく新しい現実という夢に耳を傾けた。助産師の話はこんなふうだった。ひとりめの子どもにワクチン接種を受けさせてから、まるきり変わってしまった。その子はワクチンのせいで自閉症になってしまったという。彼の目から光が消えてしまったのだと。それから、ワクチン接種で子どもが糖尿病になることを知っている？　それで殴られたみたいに見えることもあるのよ？　そういう副作用もあるの。まるで虐待のように見える。それが理由で児童相談所に赤ん坊を取りあげられるかもしれない。「まあ、とにかく」と、助産師は締めくくった。「自分で決めたほうがいいわ。全部あなた次第。Google にいろいろ情報もあるから」

助産師が帰ったあと、マランダは検索した。Google を使ったのは、そう言われたから。彼女は「ワクチンを打たない理由」と入力した。するとあらゆることが出てきた。ワクチンの成分ひとつひとつの分析と、それが危険な理由。ワクチン接種後にてんかんを発症し死亡した子どもの詳細を綴ったブログ。「大手製薬会社の陰謀説」についての動画。赤ん坊を毒殺した医師に支払われる保険料。それから彼女は、『ニューヨーク・タイムズ』紙のベストセラー作家で、〝アルティメット・ウェルネス・ゲームチェンジャー・アワード〟の受賞歴もあるジョーゼフ・マーコラ医師のウェブサイトをクリックした。それはとても専門性が高く、大まじめに見えた。本書執筆時点で、彼のサイト「マーコラ：テイク・コントロール・オブ・ユア・ヘルス」の主要記事には、次のように発表されている。「七八五〇人を対象にした調査によると、ワクチン接種を受けた子どもは、耳の感染症が二二倍、副鼻腔炎が三二倍、アレルギーが四倍、喘息が二倍、花粉症が四倍、ＡＤＨＤが三倍、自閉症が一九倍と発症率が高い。それにもかかわらず、九八パーセントの親が子どもにワクチン接種を受けさせている」

次に、マランダはFacebookを見た。「Facebookの存在は大きかった。グループを見つけて参加すると、みるみる吸い込まれてしまうの」と、彼女は言った。そのひとつに「ワクチン接種に疑問を呈する母親たち」というグループがあった。マランダは初めてのコメントで、「ワクチン接種をためらっている」と打ち明けた。そう時間はかからなかった。まるでミミズを襲うナメクジのように、そのグループは彼女に群がった。「一斉砲撃を受けたわ。『元看護師ですが、ワクチン接種が害を及ぼすのを実際に見ました』とか、『五人の子持ちですが、ひとりめの子どもにワクチン接種を受けさせたら、このありさまです』とか、『研究して三五年になります』とか」マランダはグループの話に夢中になり、ワクチン接種の恐ろしさを感じた。しかし、同時に気分よくもあった。友人が大学生ばかりだった一八歳の彼女には、ほかに相談できる母親がいなかったのだ。「あたたかくて居心地のよさを感じていた」と彼女は言った。

とはいえ、マランダがグループに引き込まれたのは、つながりという報酬のせいだけではなかった。「わたしは強くて自信のある女性を尊敬しやすいの」と、彼女は語った。「女ばかりの家庭で育ったけれど、それで思ったわ。ちょっとあの母親たちを、あの経験豊かな女性たちを見てよ！　みんな、わたしよりずっと賢いじゃないって。わたしは自分が何をしているのかもわかっていないけれど、彼女たちはちゃんとわかっている。たとえば、消防士になりたいと思っている幼い子どもが、消防署を訪れたとする。大きくて強い消防士たちがいて、みんな立派に働いている。すると、あんなふうになりたいと思うでしょう。わたしは、突然得たこの知識を自分の利益のために、子どもの利益のために、世界の利益のために活用する、かっこよくて強い母親になりたいと思った」

彼女の洗脳は早かった。マランダはステータスのスロットマシンをプレーし、勝ちつづけた。「グループに参加していると、社会的報酬をもらえる。Facebookの〝いいね〟だったり、『お母さんがんばって、あなたはとても強く賢く最高よ』といったコメントだったり。ひとりの若い母親に、たまに自分の母親よりも年上の女性たちがそうコメントしてくれるの」マランダはこの経験の「虜になった。これは実際問題だから、何かしなければという思いもあった。そこで、わたしたちは力を結集させた。まるで政治活動をしているような気分だった」

まもなくマランダは世間に出て、美徳ゲームをプレーしながら自分の新たな信念を説いてまわった。自分の母親やいとこにも話した。やがて、会話の途中でこのトピックを話題に出す理由をなんでもいいから探すようになった。「この話題に持っていきたくなるのは、わたしのほうがあなたより賢いのよ、わたしのほうがいろいろ知っている、ほらごらん、あなたが知らないことをわたしは知っているの、という思いがあったから。いま思えばとても恥ずかしいわね。わたしはすべてを知っていると思っていた。それを示せば、わたしと議論したことをみんな本気で後悔するだろうと思っていた」

わたしはマランダに、グループに戻って報告することもステータスの報酬になったのではないかと尋ねた。「まさにそのとおりよ」と、彼女は言った。「みんなもそうだった。『今日、医者に息子を診てもらってきた』とか、『今日、いとこの家に行って烈火のごとく言ってやったわ』とか。そうすると報酬をもらえた。騒げば騒ぐほど、信念がかたければかたいほど、社会的地位があがる。ほかの人から、あんなふうになるために努力しようと思われる人になる。彼女たちを見ていると、みんな自分の言っていることにとても自信を持っていて、それを強く信じていて、そのためならどんなこともいとわずやりそう。わたしもそんなふうになりたい、と思う。たぶんこれは無意識ね。人間は尊敬されたいものだから、みんなグループのトップになりたいのよ」

出産後、マランダは娘のワクチン接種を拒否した。「わたしの意見を尊重してください。どうぞよろしく」と医者に言ったそうだ。しかし、それから二年が経つうちに、仲間のプレーヤーが訴える本筋から逸脱したいくつかの信仰に戸惑いを感じるようになった。マランダは、自分が理性的であることにつねに誇りを持ってきた。幼い頃は、よく気晴らしで科学の教科書を読んでいるような子だった。「昔からずっと科学が大好きで、全面的に信頼していた」という。このような対抗同一性「既存社会において多数派が持つ常識に対抗することによって、アイデンティティを確認すること」が、彼女を救うことになった。マランダは、自分の反ワクチン派の立場を証拠に基づくものと信じていた。しかし、ワクチン接種をゲイになる唯一の原因だと考えている母親たちがいることを知った。さらに、ある人はエイズなど存在しないと言った。またある人は、反ワクチン派はみなＦＥＭＡ（アメリカ合衆国連邦緊急事態管理庁）の死の収容所に送られると警告した。「こうしたコメントを見るたび、なんなのこれは、と思った」とマランダは言った。「長い時間がかかったわ。でも、ようやくこう思うようになった。このなかのひとつだけは『絶対に真実』で、ほかは『ちょっとおかしい』とどうして言えるのかしら、って」

マランダはふたたびGoogleで検索した。今度は、自分の偏見に反する情報をあえて探した。加えて、主流派の医療が自分の人生に果たしてきた役割についても考えた。「わたしは喘息持ちだし、父には障害がある。わが家にはたくさんの医療問題があった。もし薬がなければ、わたしは喘息で死んでいたかもしれない。そこで突然、パズルのピースがはまりはじめたの」

マランダは密かにFacebookのグループから抜けた。それから、二歳になっていた娘にワクチン接種を受けさせる手続きをした。ワクチン推進派のウェブサイト「ヴォイス・フォー・ワクチン」に登録すると、サイト側からこれまでの経験談をブログに書いてくれないかと頼まれた。こうしてかつて仲間だったプレーヤーたちは、マランダの裏切りを知ることとなった。「ブログは大炎上したわ。サイトのブログのなかでもとくに閲覧数の多い記事になった。反ワクチン派のグループじゅうでシェアされていたの」こうなると憎悪は避けられない。「わたしを世界一の母親だと言ってくれていた人が、おまえはごみ屑みたいな母親だと言ってきた。難産だったわたしを心強く支えてくれていた人たちも、『おまえは陣痛で死ぬべきだった』と」コミュニケーションを取ったこともないエリートたちまでが、娘は「知恵遅れ」に育ち、母親を憎むようになるだろうとメッセージを送りつけてきた。

彼女たちがFacebookに戻って何を言っているかは想像できた。「わたしみたいな人について投稿して、『うわー、なんてばかなのかしら』と言いあうのはしょっちゅうだったから。お互いを憎んで群がるの」と、マランダは言った。こうした母親たちは、なぜ自分たちのもとを去っていく人がいるのか理解できなかった。脳が生みだした現実という幻想のなかでは、間違いなく彼女たちはほかの誰よりも優れているのに。「彼女たちは、自分たちのほうが賢いと思っている。ほかのみんなはシステムのなかにいるけれど、自分たちはそのシステムを打倒しようとしているのだと。子どものことも、ほかの誰よりも愛していると思っているのよ」と、マランダは言った。ならどうして？　「ワクチン接種に疑問を呈する母親たち」の一員でいたくない人なんているのだろうか？　わが子に害を与えたい人なんているのだろうか？

マランダはステータスの高い母親たちにそそのかされ、非合理な考えに陥ってしまった。彼女たちは、すてきな報酬によって自分たちの人生の夢にマランダを引き込んだ。マランダはゲームに取り憑かれ、そのゲームを知りあい全員に説いてまわり、自分の赤ちゃんの健康を危険にさらした。よい母親になりたいという彼女の願いは、ワクチンが有害であるという信念に託されるようになった。よい母親になることとは、すなわち、自分の利益のために、子どもの利益のために、世界の利益のために、ワクチン有害説を信じ、ゲームをプレーして勝つことを意味した。マランダは素晴らしい母親になり、世界を救う一助になるつもりだったのだ。ステータスは惜しみなく与えられた。やがてマランダは背を向け反抗したが、ただ立ち去るだけではすまされなかった。母親たちは時間をかけてマランダにこう知らしめたのだ。これまで与えられたステータスはすべて取り消された。おまえは何者でもない。いや、それ以下だ。死んだほうがましかもしれない、と。

マランダの経験はとくに珍しいことではない。彼女は愚かではなかった。人間として、設計どおりに人生というゲームをプレーしただけだ。石器時代なら、わたしたちが語る物語が真実でなかろうと問題なかった。自分たちの部族の神話や偏見を信じることで、人々は結束し、行動を合わせ、敵に対してより懸命に戦う意欲を掻き立てられた。しかし、人々が互いに絡みあい重なりあう複数の集団のなかで共存する二一世紀の環境下では、ゲームの荒唐無稽な夢をやみくもに受け入れがちな人は、過ち、不信、分裂、攻撃、思いあがり、大惨事などに頻繁に陥る。しかも、この傾向は強力だ。

心理学者たちによって蓄積された膨大な文献には、わたしたちの非常に身近な信念すら、しばしばゲームによって同化されることが示されている。これはわたしたちの政治信条にも当てはまる。ある研究で、共和党と民主党のあからさまにそれとわかる政策を入れ替えたところ、有権者はそれに応じてきびしい福祉制度と手厚い福祉制度に対する支持を変えた。彼らは自分が操られていることに気づかないばかりか、信念を変えることを肯定する正当な理由を見つけだし、どうしてそう考えるにいたったかを瞬時に回答できた。心理学者のリリアナ・メイソン博士は次のように書いている。「多くの場合、国民は政策意見に基づいて支持政党を選んでいるわけではない。むしろ、支持する政党に合わせて政策意見を変えている。人々は通常このことに気づいていない。事実、その可能性について指摘されると憤慨する」

人間の脳には、自分のゲームの世界物語を受け入れ、そのとおりに信じるようにさりげなく誘導するさまざまなトリックが備わっている。まず脳は、自分の集団のメンバーのほうがほかよりも知的だと語りかけてくる。[2] 自分の集団の信念と矛盾する意見に対して論理的に考えることが難しくなると、[3] すでにわたしたちのあいだで同意されている意見をあたかも事実であるかのように処理する。[4] そして、異なる信念を持つ人々を自分たちより愚かで、偏見が強く、道徳や信頼に欠けると自動的に決めつけ、あまりにも安易に否定する。[5]

知性は予防接種にはならない。むしろその逆だ。優秀な人が自分のグループの誤った信念を裏づける証拠をいざ探そうと思った場合、彼らは見事にやってのける。彼らの優れた知性は、現実の歪んだ物語をただ上手に再確認するだけだ。心理学者らの研究で、人々の宗教的、政治的、社会的アイデンティティが本人の信念にどう影響しているかを調べたところ、[6] 高い教養を備え、数学的思考に強く知的な人ほど、集団の過激な思想を支持する傾向にあることが判明した。このことは、気候変動、ワクチン、進化論などを否定する人にも当てはまり、頭のよいプレーヤーほど、科学的合意を認めない可能性が高くなる。わたしたちはみな、属する集団が自分に信じさせたいと思っていることを信じてしまいがちだ。人類学者のジョン・トゥービー教授はこう述べている。「連合意識は、科学者を含むすべての人々を、個人としてよりも連合的集団のなかにおいてはるかに愚かな存在にする」[7]

もちろん、わたしたちは完全に騙されやすいわけではない。事実がしっかりしており、それを理解しようと誠実に意識して努力すれば、人はちゃんと合理的でいられる。個人の経験が、わたしたちを幻想の泡から弾きだしてくれる。また、苦労なく受け入れられる種類の信念もある。その多くは、たとえばミシシッピ川の長さのように客観的に測定ができ、ステータスを持たないようなものだ。こうした類の事実についてわたしたちが延々と議論しないのは、そこに投じるステータスが何もないからだ。しかし、もしそこにステータスが投じられたら、わたしたちの思考はたちまち混乱する。

ステータスが勝ち取られたり失われたりする場所では、人はほとんどなんでも信じてしまう。何十億という人々が、偉大な宗教によってつくりだされた素晴らしい夢の世界のなかでゲームをプレーしている。キリスト教徒は、ひとりの女性がリンゴを食べてしまったせいで、神からの罰として悪が世界にもたらされたと信じている。イスラム教徒は、水曜日に創造された天使たちが、信者の善行と悪行を記録するために地上を歩いていると信じている。ユダヤ教徒は、自分たちを諸国民の光となるべく神によって選ばれた民と信じている。ヒンドゥー教徒は、永遠の魂が誕生と転生を繰り返し、完全な状態に到達したときに初めてその循環が停止されると信じている。エホバの証人の信徒は、神の意思に反する輸血を受けるくらいなら死んだほうがましだと信じている。仏教徒は、「餓鬼界」などの三一の存在界があり、転生した者はゲームのプレー次第で上の存在界にあがれると信じている。シーク教徒の男性は、性欲を制御するための特別なパンツをはき、神の創造物である髪は決して切ってはならないと信じている。

もちろん、現代のすべての信徒がこのような話を信じているわけではない。なかには、根幹をなす超自然的な主張は受け入れつつ、信じがたい細部は比喩としてとらえている人もいる。とはいえ、世界人口の実に八四パーセントが信仰を持っているというデータは、[8] 人の心を奇妙な考えで満たす力がこのゲームにはあることを示している。つまり人間には、つながりとステータスを築く戦略を追い求め、そのまわりに荒唐無稽な夢を紡ぐ脅迫衝動が備わっているのだ。このことは、不信心者が自分たちは違うと勝ち誇る理由にはならない。無神論者はおもに、自分たち固有の価値観が最高と考えられ、自分たち固有の象徴が崇められるところで生まれ教育を受けている。彼らもまた、みなと同じなのだ。多くの場合、人は何が真実なのかを自分では確認せず、エリートたちに従う。わたしたちは、自分が信じるべきものを信じているのだ。

このことは、人間にとって最も大切な信念、つまり「道徳的」と分類される信念についても同様である。わたしたちが生きる道徳的現実とは、すなわち美徳ゲームのことだ。人はステータスを生みだすために道徳を示す。そうするのはよいことだし、機能的でもある。億万長者が図書館、大学の奨学金、科学的試みなどに資金を提供するのはそのためだ。アメリカで実施された一万一六七二件の臓器提供を調べたところ、匿名がわずか三一件だったのもそのためだ。[9] 個人で道徳的行為や考えを実行し、想像上の聴衆の承認を得ているときも気分よく感じるのはそのためだ。美徳ゲームとは、自分自身よりも他者――おもに仲間のプレーヤー――の利益を優先するようにさりげなく促す賄賂なのだ。

人は道徳的信念を、あたかも普遍的で絶対的なものであるかのように考えている。ある研究によると、神によって宇宙の物理的法則は変えられても、道徳的「事実」は変えられないと信じる人が多いことが判明している。[10] こうした道徳的「事実」は、まるで顕微鏡で観察できたり、数式で証明できたりするような、自然界の物体と同じカテゴリに属しているかのように思えるかもしれない。もし、道徳的真実などというものがどこかに存在するとすれば、それはわたしたちのDNA――狩猟採集民の集団内で協調しあって行動するよう人々を促すために進化した、はるか昔のゲームプレーのためのプログラミング――のなかにある。しかし、徳高き人に見えるよう努力せよ、ほかよりも自分の集団を優先せよなど、これらDNAによる指示は数として少ないうえに曖昧で、解釈に大きな違いが出やすい。残りはすべて、共有された想像の行為である。それは、わたしたちがステータス・ゲームのまわりに紡ぎだす夢だ。

こうした夢は、大陸によって変化する。たとえばマダガスカルの人々にとっては、盲目の雌鶏を食べること、血にまつわる夢を見ること、朝日を蹴ってしまうからという理由で西向きに寝ることはタブーとされている。[11] ニューギニア島南部に住むマリンド族の思春期を迎えた少年[12]は、男性の家に泊まりに行き、肛門性交を通じて年長者の精子を吸収することで強くなるという、「制度としての男色《ソドミー》」の文化[13]を経験させられる。カナダを流れるムース川付近に住む人々のあいだでは、[14] ティーンエイジャーの少女が拉致され、既婚男性と強制的に性交させられる。この行為について、心理学者のデイヴィッド・バス教授は、「少女本人を含むすべての関係者のあいだで、親が自分の娘を差しだすことは高潔で寛大な感謝の行為だと考えられている」と書いている。これらの規範は異質に思えるかもしれないが、それに従っているほとんどの人々には道徳的に正しいことに感じられているのだろう。こうしたことは、彼らが存在している現実という夢の一部なのだ。わたしたちにとってわたしたちの夢が紛れもなく真実に思えるのと同じように、その夢は、彼らにとっては紛れもなく真実に思えるのだ。

こうした「事実」は、時代によっても変化する。現代なら破滅していたであろう道徳観を持っていた道徳的スーパースターを見つけるのに、そう時代を遡る必要はない。『ガーディアン』紙の読者投票で「二〇世紀を代表する女性」のひとりに選ばれ[15]、二〇〇八年にはロイヤルメールの特別切手[16]になるという栄誉を受けた、フェミニストの英雄で避妊運動家だったマリー・ストープスは、実は反ユダヤ主義者で優生学推進論者でもあった。彼女は、「わたしたちの人種は、精神虚弱者と病人の割合が恐ろしいほど高いために弱体化している[17]。子孫に肉体的・精神的汚染を確実にもたらすほどの精神的・肉体的状態の人々を親にさせないようにすることが、社会の急務である[18]」と書いた。

一方、ガンジーはかつて、イギリス人に対する自身の運動について次のように述べた。「わたしたちの運動は[19]、ヨーロッパ人によって押しつけられようとしている堕落に対する絶え間ない戦いなのです。彼らはわたしたちをカフィア（黒人アフリカ人）のレベルにまで堕落させようと望んでいます。（中略）妻を買うために相応な数の牛を集め、（中略）怠惰に裸のままで人生を過ごすことが唯一の野心であるような人々と同じレベルにまで」このような発言には、明らかにぞっとするだろう。しかし、現代の西洋的な人種観を持たないガンジーを非難することは、Netfrix を持たないバイキングたちを非難するのとたいして変わらない。道徳的「真実」とは、想像の行為だ。それは、わたしたちがゲームをプレーするうえでのアイデアなのだ。

この夢はとてもリアルに感じられる。しかし、すべてはゲームをつくる脳によって生みだされたものなのだ。わたしたちの体を取り巻く世界は混沌と入り組んでおり、ほとんどのことがわかっていない。だが、脳はそれを理解しなければならない。望みどおりのものを手に入れるために、そのノイズの吹雪を明確でカラフルできめ細やかな世界に、脳にとって予測可能でうまく相互作用させられる世界にしなければならないのだ。現実として納得できそう、かつ報酬への道を示してくれそうなゲームを見つけると、脳は無我夢中でそのルールとシンボルを受け入れる。ノイズが消えた！　混沌がおさまった！　自分の物語を見つけ、そこで演じるべきヒーローの役が見つかった！　真実を知り、人生の意味を知ったのだ！　それすなわちヤムイモであり、神であり、お金であり、邪悪な大手製薬会社から世界を救うことである。それは宗教体験のようなものではない。それは紛れもない宗教体験なのだ。一九三一年、若かりし作家のアーサー・ケストラーが共産党に入党したときに感じたのも、まさしくこれだ。

「〝光を見た〟などと言うだけでは、改心者（改心した信仰がなんであれ）だけが知る心の歓喜を表現しきれない。新しい光が頭蓋骨の四方八方から降り注ぐようだ。まるで魔法のひと振りで組み立てられたジグソーパズルのように、全宇宙がパターンにはまる。いまではあらゆる疑問に対する答えがある。疑念や葛藤は苦しかった過去のこと――すでにはるか遠く、それを知らない人々の味も色もない世界で、鬱々と無知に生きていたときのことだ。この先、改心者の心の平和と静けさを乱せるものは何もない。ふたたび信仰を失い、つまり、ただそれだけで生きる価値があるものを失い、悲嘆と怒りに歯ぎしりする音が響く外の闇に逆戻りしてしまうのではないかという恐れ以外には[20]」

第一七章　ゴールドラッシュ！

「ワクチン接種に疑問を呈する母親たち」は、ワクチン接種は有害であるという考えを軸に形成された。つながるのは、信じるのと同じくらい簡単だった。だがステータスを稼ぐには、プレーヤーはただ同意するだけではだめだった。信念に取り憑かれ、それを擁護し、伝導し、生活のなかで行動に示さなければならなかった。信念に自分を支配されるほど、彼女たちのステータスはあがった。わたしたちが世界で目にする集団的騒動の多くは、このような力学に焚きつけられている。そしてステータスは、何ものにも勝る燃料だ。石炭、ガソリン、石油などは生産コストが高く、供給量も限られているが、ステータスはただひたすら燃えつづける。しかも、これ以上ないほどに燃えやすい。ステータス・ゲームが非合理的な信念を軸に形成されるとき、その火は恐ろしいほど燃えあがり、意味不明な事件、騒動、苦悩を世界中に波及させることがある。

一九八〇年代、あるプレーヤーたちのためのステータス・ゲームが報酬という金塊採掘を始めた。彼らは、アメリカで託児所を運営する悪魔のような小児性愛者たちのあいだに、秘密の強力なネットワークが存在すると信じ込んだ。当時は、心理療法士やソーシャルワーカーなど、とくに児童虐待を専門とする人々のステータス・ゲームが劇的に地位を向上させた時代だった。それ以前の数十年間は、大人が持つ虐待の記憶を空想にすぎないと一蹴するフロイト理論が支配的だったため、そのひどい現実はしばしば無視されていた。一九八〇年代初めに、それが一変した。人々は児童虐待が現実に起こっており、しかも恐ろしいほど蔓延していることを知った。子どもを虐待するモンスターがごくふつうの母親や父親に見えること、またそのごくふつうの母親や父親がいたるところにいることに、みなが気づいたのだ。

こうして、虐待と戦うゲームの黄金時代が幕を開けた。ゴシップ系マスメディアは怒りへと変わる恐怖にあふれかえった。人気ドラマやテレビ映画は虐待を題材にしたストーリーを放映し、雑誌や新聞は恐慌をきたした記事で熱弁をふるった。インタビューで幼少時代の経験を感情的に告白する著名人が何人も現れ、ステータスを得ていった。『父との日々（Father's Days）』（未邦訳）、『パパの娘（Daddy's Girl）』（未邦訳）、『誰にも話していないこと（I Never Told Anyone）』（未邦訳）、『パパにおやすみのキスを（Kiss Daddy Goodnight）』（未邦訳）といったタイトルの本が次々と出版された。そうした著者のひとり、フェミニスト活動家のルイーズ・アームストロングは、当時、「驚くほど多くの臨床医、セラピスト、研究者、権威、専門家が現れ、児童虐待をあてもないこうでもないと取りあげてキャリアを積んだ」[1]と書いている。

一九八〇年代はまた、保守的なキリスト教のゲームが意気揚々と復活した時期でもあった。彼らはその前の六〇年代から七〇年代にかけて、平等を重んじる第二波フェミニストや性革命などによって伝統的な家庭生活を中心に据えた考え方を非難され、イデオロギーの打撃を受けていた。だがロナルド・レーガンの大統領当選が、彼らの支配的な文化勢力の再発見を促した。さらに一九八〇年代初め頃は、アメリカ人女性の実に四五パーセントが家の外で働いており、その大半が子どもを近所の託児所に預けて赤の他人に面倒を見てもらっているという恐ろしい状態だった。保守的なキリスト教徒にとって、これは悪魔の勝利を意味した。

キリスト教徒による対悪魔戦争と、セラピストによる対児童虐待戦争は、一九八〇年、ベストセラーとなったある本のなかで信じられない形で結びつくこととなった。その本、『ミシェル・リメンバーズ(Michelle Remembers)』(未邦訳)は、幼少期に受けた悪魔的儀式虐待の実録とされ、被害者の精神科医だったローレンス・パズダー医師によって書かれた。被害者のミシェルは、悪魔崇拝者からレイプされたり、血や排泄物を塗りつけられたり、ほかの子どもを十字架で殺す手伝いをさせられたりしたと主張した。また、カルトメンバーの医師たちに手術室に連れていかれ、まだ幼かった体に角と尻尾を移植されたという。虐待は八一日後に悪魔自身が姿を現すことでクライマックスを迎えた。その後、イエス・キリストと聖母マリアと大天使ミカエルがやってきて、虐待による肉体的傷を都合よく消してくれたという。パズダー医師は記者にこう述べた。[2]「初め、彼女は話をでっちあげているのではないかと思った。だが、もしこれがつくり話なら、かつてないほど途方もないつくり話だ」

パズダー医師の著書は前金だけで三四万二〇〇〇ドルを稼ぎだし、新聞の一面広告でも宣伝された。その勢いにのって、三九日間に及ぶ出版プロモーションツアーまで行われた。熱狂的な盛りあがりを見せる虐待撲滅医療の世界でスーパースターとなった彼は、全国の精神科医や警察官に悪魔崇拝者の脅威を啓蒙してまわった。パズダー医師が「儀式虐待」という用語を使いだしたのは、一連のできごとのかなり初期、権威あるアメリカ精神医学会での研究発表のときのことだった。

この悪魔的儀式虐待の恐慌を焚きつけたのはステータス・ゲームだった。学会やセミナーや研修会、〈性的虐待を受けた未就学児のための専門家グループ〉、〈国際児童研究所〉、〈全国児童虐待およびネグレクト研究センター〉といった組織など、話を信じる人々が集うあらゆる場所にステータス・ゲームは形成された。儀式虐待事件に携わる二〇〇〇人以上の心理学者、精神科医、ソーシャルワーカーを対象にした調査から、彼らが「非常に高い確率で儀式犯罪あるいは儀式虐待に関する講演会、セミナー、ワークショップに参加していた[3]」ことが判明した。初めての参加者は、ゲームとつながる素晴らしい感覚を味わうことで、古い部族のプログラミングにスイッチが入ったに違いない。そして悪魔を狩るハンターたちが新たな夢を紡ぎ、そのなかでステータスを得る方法を教えてくれているあいだ、ただ心をつかまれて座っていたに違いない。

たいていのセッションは、おぞましく怒りを掻き立てるような証言から始まる。次に新米プレーヤーたちは、精神科医のローランド・サミット博士が言うところの「わたしたちの時代に直面しなければならない、子どもや社会に対する最も深刻な脅威[4]」と戦う偉大な美徳ゲームが待っているという話に誘い込まれる。彼らは「Pの法則[5]」――保育士、医者、精神科医、学校の校長や教師、警察官、政治家、司祭、官僚、葬儀屋などの職業（procession）に悪魔崇拝者が潜んでいる可能性が高い――ことを教えられる。それからエリート・プレーヤーたちの主導するグループディスカッションで、にわかに信じられずにいる人々への個別対応がなされる。こうして、参加者の総意を邪魔する者は黙らされた。

研修に入ると、悪魔狩りゲームのプレー方法についてさらに学ぶ。ルールその一、「子どもを信じろ」。サミット博士によると、子どもの証言が「非論理的で信じがたいほど[6]」、真実である「可能性が高い」という。もし子どもたちの気が変わり、実は全部つくり話だったと言いだしても、それは「既定路線」であり、まったくもって想定内だ。そのような否定は、むしろ悪魔崇拝者にマインドコントロールの才があることを示す証拠になる。実際、「性的虐待を受けたと誇張したり捏造したりした子どもは、一〇〇〇人に二、三人しかいなかった」という。子どもたちを信じることは悪魔ハンターの神聖な信念となり、すなわちゲームを定義するルールとなった。彼らは襟章をつけ、〈子どもを信じる会〉を結成した。社会学者のメアリー・デ・ヤング教授は、こうした信念が「その一〇年の旗印となった。この旗印のもと行進した人々は、性的虐待のいかなる訴えも信じられないはずはなく、いかなる撤回も否定も許されないという思いでひとつにまとまっていた」[7]と書いている。

さらに彼らは、子どもから証拠を集める特殊方法を教わった。それによると、暗闇を恐れる、死を恐れる、集中力が続かない、攻撃的な動物を恐れる、自己肯定感が低いといった兆候が儀式虐待があったことを示す手がかりになるという。[8]また子どもたちは、「痙攣反応検査」で肛門を調べられる。綿棒を肛門の近くに当て、自然に開いたら虐待の証拠となるのだ。幼い女児はコルポスコープという拡大鏡を膣に挿入され、処女膜のサイズや形態の微小な変化に加え、ごく小さな傷痕、擦過傷、血管の乱れまで調べられる。これらを悪魔ハンターたちは「微視的損傷」と呼んだ。[9]肉眼では見えないにもかかわらず、これも虐待を示す証拠となった。

ほかにも証拠は、子どもへの聞き取り面談によっても得られた。その方法は〈国際児童研究所〉の専門家らによって、一回につき四五五ドルという講習料で何百回と伝授された。[10]これにより、アストリッド・ヘーガーやキー・マクファーレンといった同研究所の職員が、その仕事によって大きな名声を得た。彼女たちは国内外の学会での講演に招かれたり、報道記者のインタビューを受けたり、全国放送のテレビ番組にゲスト出演したり、虐待の事例について広く相談を受けたりするようになった。ビデオテープにおさめられた聞き取り面談は、ときに非常に挑発的かつ誘導的であるだけにとどまらず、いじめにつながりかねない無理強いに頼ることもあった。あるビデオで、ヘーガーは幼い少女に「もう〝ノー〟という言葉は聞き飽きたわ。学校じゅうの男子も女子もみんな同じように触られていたんですからね」[11]と言った記録が残されている。マクファーレンも同様に、キースという少年の再三にわたる明確な否定を受け入れなかった。[12] 指人形を介して行われたふたりの会話で、マクファーレンは「ばかでいたいの？ それとも賢くなって、わたしたちの助けになりたい？ なんて役に立たないの。ばかな子ね」と言い放っている。また別のビデオでは、告発された保育士が「悪いこと」をしているところを一度も見たことがないと、五歳の少年が繰り返しマクファーレンに訴えている。

「あなたは怖いのね」と、マクファーレン。

「ううん、違うよ」

「あなたはただの臆病者よ。どうして話してくれないの？」

以上からわかるように、面接官たちはステータスを求める子どもたちの自然欲求を利用して、「正しい」回答をするよう促していたのだ。ある子どもは、「あなたは本物の勇者ね。[13] もう一人前の男と言ってもいいと思う」とけしかけられた。別の面談で、マクファーレンはクリスティという少女に、「あなたの保育園で裸ゲームがあったことは知っているのよ」と探りを入れた。それから少女の指人形を見て、「クマさん、覚えているかしら？」と尋ねた。クリスティがクマの頭を振って「ノー」と答えると、マクファーレンは「まあ、クマさん！　あなたは記憶力があまりよくないのかしら。お友だちに比べて記憶力がいまいちなのね[14]」と言った。かつて面談を受けたある人は、父親に虐待されていると嘘をついたら褒めてもらえたと回想している。「ものごとを進展させているような、何かを肯定するようなものを自分が提示できたとき、たしかに何かが達成されたような気がした。何も覚えていないばかな子にはなりたくなかった。それで『よくできたわね』と言ってもらえる」

学会やセミナー、ワークショップなどでゲームを学んだ何百人という精神衛生の専門家たちは、自分たちのコミュニティに戻ると、さっそく儀式虐待の独自の証拠を探すプレーを始めた。子どもを信じろという神聖なルールに従えば、どんな訴えもたいしておかしくはなかった。両目をホッチキスで閉じられた[15]。息のできない棺に埋められた。弁護士が何百匹もの動物を虐殺するのを見た。年配の尼僧集団から性的虐待を受けた。ボートからサメの群れに投げ込まれた。トイレから地下の虐待部屋へ流された。虎の赤ちゃんを殺すために墓地に連れていかれた。たくさんのライオンがうなりをあげる地下室に閉じ込められた。掘り返された棺から遺体を出してめった刺しにしているところを見た。気づいたら秘密のトンネル、飛行機、体育館、屋敷、洗車機、熱気球のなかにいた。これらの虐待はどういうわけか子どもが託児所にいるときに起こり、一日の終わりには、恐怖を耐え忍んだ形跡もまったくなく親のもとに元気に戻ってくるのである。

プロの悪魔ハンターたちの常軌を逸した夢は、心配した親たちが本や記事でこの新手の恐ろしい児童虐待について読んだり、そうしたものをセラピストから紹介されたりすることで、どんどん伝染していった。「臨床用語や概念は豊富なものの、実験データに乏しく、理論に欠けている[16]」とデ・ヤング教授は書いているが、これらの情報は親たちには子どもの行動を「理解する」助けとなった。ある母親は裁判で、こうした考え方のおかげで、わが子が悪いことなんて何も起こっていないと何度も否定するのは、実際にはそれが起こったというメッセージなのだと気づけるようになったと証言した。

これらのゲームには、さまざまなルートによってステータスが流れ込んだ。とりわけ、権威ある政府機関や、輝く現金の川が流れる近辺のルートは活発だった。一九八四年、司法省は、エリートの悪魔ハンターたち八五名が集まる四日間の学会に資金提供を行った。[17] 同年、アメリカ議会は、公聴会で得た児童面談の第一人者キー・マクファーレンなどの証言を踏まえ、児童保護プログラムへの予算を四年間で一億五八〇〇万ドルと二倍に増額した。さらに、保育スタッフが虐待をより効果的に発見防止できるようにするための研修費として、二五〇〇万ドルがすぐさま追加された。同じく、〈全国児童虐待およびネグレクト研究センター〉の一九八四年の予算は四倍以上に増えた。そのなかには、キー・マクファーレンが児童面談を実施するための支援金一四万六〇〇〇ドルも含まれていた。一九八五年には、同センターの研究助成金の年間予算は一四〇〇万ドル近くにまでふくれあがった。ミシガン州ナイルズのある保育園に通う子どもたちを調査するためとして、州の精神衛生課の職員にもこの助成金の一部が交付された。子どもたちが教会やトンネルで虐待を受けており、地中に埋められたり、血の儀式をやらされたり、性器にものを挿入されたり、サメを使って脅されたりしたということだった。同センターはこの子どもたちの「追跡調査」のために、研究者に四四万九〇〇〇ドルをさらに支払ったという。

法執行機関もまた、この夢を信じるに足る真実だと思い込まされた。そうしたなかには、児童保護を最優先させるとの公約のもと選出された野心家の保守的キリスト教徒の地方検事や、セラピストやソーシャルワーカーたちと同じイベントでゲームに誘い込まれた熱血警察官などがいた。彼ら警察官は、「カルトのセミナーに何度か参加して署に戻ってくると、自ら教師や親や執行官にセミナーを提供できるように悪魔界についての資料をまとめる。そしてほかのカルト警官たちと非公式なネットワークでつながりあい、自分たちで意識向上セミナーをあちこちで開催するのだ」と、元警察官のロバート・ヒックスは書いている。[18]こうした疑惑に対する積極的な信念でステータスを荒稼ぎした警察官や検察もまた、精神衛生の従事者たちに劣らず騙されやすいことが露呈した。その結果、ワシントン州ワナッチーで起きたたったひとつの事件で、四三人の大人が二万九〇〇〇件以上の虐待容疑で逮捕されるという事態まで起きた。[19]

こうしたゲームは国民的有名人によっても加速された。サリー・ジェシー・ラファエルやオプラ・ウィンフリーといったテレビ司会者のスーパースターたちが儀式虐待の特集を組み、ゲームのエリートたちにインタビューを行った。ウィンフリーは自身の冠番組で「悪魔崇拝に利用され、人間の生贄の儀式やカニバリズムに参加させられた」というゲストを一〇〇〇万人の視聴者に紹介した。[20]ジェラルド・リベラの特別番組『悪魔崇拝：悪魔の地下世界を暴く（Devil Worship: Exposing Satan's Underground）』（日本未放映）は、当時テレビで放映されたドキュメンタリーのなかで最高視聴率を記録した。[21]『ロサンゼルス・タイムズ』紙記者のデイヴィッド・ショーは、自身が働く新聞社も含め、この時代に起こったジャーナリズムの広範な失敗を暴露し、のちにピューリッツァー賞を獲得することとなる。[22]

影響を強く受けた地域は、噂話に熱狂した。虐待の噂を立てられたカリフォルニア州マンハッタンビーチのとある保育園は、卵を投げつけられ、窓ガラスを割られ、火をつけられ、外壁に「これはまだ序の口だ」、「死ね」などと落書きされた。[23] 親たちは地下トンネルの秘密迷宮を捜索しようと、保育園の敷地内を掘りはじめた。[24] が、なかなか見つからず、地方検事が考古学の会社に協力を依頼した。それでもうまくいかなかったので、親たちは自分たちで複数の考古学者を雇った。結局、誰もトンネルを見つけられなかった。それにもかかわらず、その地域で行われた世論調査では、実に九八パーセントが被告人のひとりであるレイ・バッキーを「間違いなく、あるいはおそらく有罪[25]」、九三パーセントが別の被告人のペギー・マクマーティン＝バッキーを同様に有罪と考え、うち八〇パーセントは彼らの有罪を「疑いの余地なし」と見ていることがわかった。ペギーは二二カ月の公判前勾留後に保釈されたが、[26] まわりから敬遠され、深夜に殺害予告電話を受けたり、言葉や身体による暴力を受けたりした。

彼らの裁判費用は一五〇〇万ドルにのぼり、[27] 当時のアメリカ史上最も長く、最も高額な刑事裁判となった。最終的に、彼らには無罪判決が言い渡された。一方、告訴に深く関わった人々は、「全国の学会、講演、コンサルタントや専門家として証言をしてまわる活動に専念」し、行く先々で「自分のコミュニティで代わりに儀式虐待の事例を引きつづき見つけてくれる人々を勧誘し、さらに行った先のコミュニティで同様の活動をする人々向けの研修を行った[28]」と、デ・ヤング教授は書いている。こうしてゲームは自己増殖しつづけ、そのありえない夢はますます多くの人を魅了していった。悪魔狩りゲームに新たに参戦した人々は、「自身の利益を追ううちに（中略）この小さな道徳事業家集団に行き着くのだ[29]」と、デ・ヤング教授は続けている。

この時期、一九〇人が儀式虐待事件で正式に起訴され、少なくとも八三人が有罪判決を受けた。[30] なかには、ほぼ三歳の証言のみで有罪となった被告もいた。[31] 結果、大勢の人が何年も刑務所で過ごすことになった。テキサス州オースティンに住むフランシスとダン・ケラー夫妻は、子どもたちに血をまぜた粉ジュースを無理やり飲ませたり、たまたま通りがかった人をチェーンソーで切断し墓地に埋めるのを見張らせたりした罪で起訴された。その子どもたちは、メキシコまで飛行機で連れていかれて兵士に性的暴行を受けたが、そのあと何ごともなかったかのように親が迎えに来る時間までに戻ってきたとも主張していた。ケラー夫妻は、二二年間も刑務所に収容された。

これらの容疑や起訴の最も驚くべきところは、それを裏づける物的証拠がなかったことだろう。血液なり、傷痕なり、DNAなり、目撃者なり、飛行記録なり、トンネルなり、衣服なり、遺体なり、サメなり、死んだ仔虎なり、いくらでもあったはずだ。しかし警察や検察は、肛門の痙攣やら微視的損傷やらといったでたらめの検査や、子どもたちの強制された、文字どおり信じられない証言を当てにしたのだ。これら一連のできごとは、「科学に対するイデオロギーの勝利[32]」であったと、デ・ヤング教授は書いている。そして、学会やセミナーや研修会などのステータス・ゲームがそのなかで果たした役割は、「過大評価しようにも難しい[33]」と述べている。

もし初期の小さな悪魔ハンター集団が儀式虐待の問題解決に突き動かされていたなら、彼らはおそらく成功ゲームをプレーしていたはずだ。成功ゲームでは、おもに能力を示すことでステータスが与えられる。そのため、分析、実験、実践、研究、検査、補正、データ、公開討論などの文化が生まれる。成功ゲームのアプローチが取られていたなら、隠れた性的悪魔崇拝者を撲滅するために、彼らは問題に対する有用な評価から始めていただろう。そうであれば、そもそも問題など存在しないと気づいたはずだ。その結果は？　悪魔ハンターたちにたいしたステータスは入ってこない。

代わりに、彼らは美徳ゲームをプレーした。美徳ゲームは、しばしばそのステータス争いのまわりに、自分たちはある重大な問題——ステータスの高い邪悪な敵という形で現れることがほとんどだ——の解決に突き動かされているという物語を紡ぎだす。しかし、そのプレーモードに真実は裏切られる。美徳ゲームでは、ゲーム自体の推進に主眼が置かれることが多く、調和、正しい信念、正しい行動を維持することがより重要視される。悪魔ハンターたちの信念は、ときに面談する子どもたちによって否定されるが、こうした否定を自分たちの病的な現実認識が正しいことを示すさらなる証拠に仕立てあげるところに、美徳ゲームたる所以が現れる。彼らは喜んで子どもたちを信じたが、それは子どもたちが自分たちの信念をたしかなものにしてくれたときだけだ。その結果は？　途方もないステータスだ。

もちろん、これらの事件のいくつかには、その根本に虐待があった可能性もなくはない。政治学者のロス・チェイト博士は、被告の大半がおそらくは有罪だったとまで主張した。[34] しかし、彼の主張には見落としや歪曲があるとして、学者やジャーナリストからきびしい批判が寄せられた。[35] たとえば、チェイト博士はケラー夫妻に対して「充分な証拠」があると確信していた。ある三歳の少女に虐待の物的証拠が見られたと法廷で述べた、マイケル・モウ医師の証言もそのひとつだった。しかし、どうやらこの証拠は微視的損傷という怪しげなカテゴリのものだったようだ。二〇一三年、モウ医師はその後さらに女性の性器について学び、いまでは少女の処女膜が正常だったことに「疑いの余地はない」と証言した。[36]「知らないことを理解するのには、しばしば時間がかかるものだ。わたしは間違っていた」[37] とモウ医師は述べた。チェイト博士はまた、ほかの子どもの目撃証言も証拠に挙げていたが、それもきびしく、ときに非常に挑発的な質問によって得られたものだった。

仮にいくつかの事件については虐待があった可能性を認めるにしても、儀式虐待の訴えが荒唐無稽なものだったことは間違いない。子どもたちがホッチキスで両目を閉じられたり、サメの群れに投げ込まれたりしていなかったのは紛れもない真実だろう。悪魔ハンターが紡いだ壮大でおかしな夢のせいでこれほど多くの人が人生を狂わされたなど、まるで嘘のように思える。だが、漠然と興味を持ち、おもにメディアのヘッドラインやトークショーを介して事件を追っていた傍観者としては、多少信じてしまうのも納得できる。結局のところ、主張しているのは学会で講演したり、新聞に記事を書いたり、学術論文を執筆したり、オプラ・ウィンフリーにインタビューされたりするようなステータスの高い人々だったのだから。彼らは自分たちが何について話しているか重々承知していた。彼らの主張は、警察官や検察官といったまた別のステータスの高い人々に支持され、多くの有罪判決がくだされた。児童虐待はアメリカが直面している最も差し迫った道徳的危機であり、かわいそうに苦しんでいる子どもたちが長いあいだ無視されてきたことは、もはや誰もが知っていた。子どもを信じることに、誰が反対などできるだろうか？　虐待と戦うことに、誰が反対などできるだろうか？

さらに謎なのは、この事件を煽り、その真実性に自らのステータスを大きく賭けた戦士伝道者たちの存在だ。このようにこの話を簡潔にまとめると、これらの事件のいくつかが何年も続き、数え切れないほどの専門家たちが熱心に取り組んでいたことをつい見逃しがちになる。警察は秘密のトンネル、生贄にされた赤ん坊、切断された動物をひたむきに捜索しつづけた。だが組織としても、また関係者の思考においても、抑制と均衡は何度となく破綻した。無実の保育士たちを地に陥れようと共謀した多くのプレーヤーたち――精神科医、セラピスト、医師、ソーシャルワーカー、警察官、ジャーナリスト――は、事実解明に突き動かされてしかるべきだった。しかし、彼らはしばしば完全に信じきっているだけではなく、自分たちの真実をかたくなに主張し、監房のドアが閉められるまでそれを説いてまわったのだ。

人生に対するありきたりな説明では、このことは理解に苦しむ。こうした戦士たちは、世界をよりよい場所にしようと奮闘する勇敢なヒーローだったのか。それとも、罪なき人々を喜んで犠牲にする嘘つきで狡猾な悪役だったのか。どちらも妥当とは言えない。悪魔ハンターたちは、人間の本質によってプログラムされたことを実行したにすぎない。彼らの脳は、素晴らしい報酬――似た考えを持つ他者とのつながりと、影響力、称賛、現金、名声、法律やメディアや政府といった権威あるゲームへの接近、アメリカの子どもたちの命を守る復讐の天使という評判などのステータス――を与えてくれるゲームを検知し、プレーしたのだ。彼らは夢を心から信じた。それもそのはず。彼らもただの人間なのだ。

このような事象は、しばしばモラル・パニックと呼ばれる。何件かのケースはたしかにそれに当てはまるが、本書の考察は別の可能性を提示する。つまり、彼ら悪魔ハンターたちの爆発的なエネルギーの多くは、パニックからではなく称賛に対する欲求から生まれたのかもしれないということだ。これは、突如としてゲームがプレーヤーのためにステータスを大量に生成する方法を見いだしたときに起こる。ステータスの金脈が発見されると、より多くの人がゲームに魅了され、プレーの前提条件としてどんなにありえない信念だろうと受け入れる。ステータスは積極的な信念によって獲得されるのだ。ゲームが成長し、まわりに付随するゲームを吸収していくにつれ、その信念がますます主流に見えてくる。プレーヤーの数が増えれば増えるほど、生成されるステータスも増え、ゲームの吸引力はなおいっそう強まる。そうして暴走を続けるにつれ、すべてが自立し、自己拡張し、やがてまるで文化全体に思えるほど巨大化する。このようなシナリオでは、提供されるステータスは豊富に、かつ抗えないほど魅力的なものになりうる。そうして個々のプレーヤーは、ふつうの生活を送るふつうの人々から、偉大で高貴な世界の変革者へと変貌を遂げるのだ。

ここから学ぶことがあるとしたら、「子どもを信じろ」や「ワクチンは有害だ」といった、ゲームにつながる考えは疑ってかかるべきということだ。そのゲーム内でのステータスが積極的な信念によって得られる場合は、さらに疑ってかかるべきだろう。これこそが悪魔的儀式虐待のパニックで起こったことであり、ワクチン否定論者の世界でマランダ・ディンダが経験したことであり、ポンペイ島の男たちが巨大なヤムイモ栽培に人生を捧げるよう駆り立てられたものである。つながりとステータスを得る代償として核となる信念を受け入れ、それに基づき行動するとき、人はそれに取り憑かれることを許してしまう。その信念はいまやステータス・シンボルとなる。彼らの現実という幻想がおのずと歪曲するにつれ、信念がその宿主となり、十字軍となり、混乱し論理的に考えられなくなる。要するに、彼らの信念は神聖化されるのだ。

「神聖」の意味にはさまざまな定義があるが、本書の観点では、ステータス・ゲームのシンボルとなるとき、それは神聖なものとなる。すでに見てきたように、わたしたちが脳内で経験する世界全体はシンボルからつくられている。これは、わたしたちが人生というゲームをプレーするうえでの仮想インターフェースだ。カシオの時計もカルティエの時計も、それぞれ異なるステータス量を示すシンボルだ。しかし、ある種の現象は、単にステータスの量を示すだけではなく、ステータス・ゲームそのものを象徴するものになりうる。それは旗、建物、戦場、制服、ギャングのシンボルカラー、式典、本、歌、フレーズ、あるいはエリート・プレーヤーの写真や遺骨や生家かもしれない。リーダーが神聖な存在となる場合もある。おそらく究極の神聖なシンボルといえるのは、全能の創造者であり、自身がつくりだすステータス・ゲームの審判である一神教の神かもしれない。

信念もまた神聖なものになりうる。しかも日常的にそうなる。だからこそ、神聖な信念に対するわたしたちの論理的思考はこうも損なわれてしまうのだ。「人々の集団が何かを神聖視するようになると、それについて明晰に考える能力が失われる」[38]と、心理学者のジョナサン・ハイト教授は書いている。信念とは、わたしのモトリー・クルーのTシャツのようなものだが、それよりはるかに危険だ。

神聖なシンボルは、ステータスの物理的運び手と考えることができる。それを誰かが攻撃するとき、彼らはわたしたちのゲームや仲間のプレーヤーを攻撃し、わたしたちがこれまで得てきたもの、大切にしているものすべてを貶めることになる。わたしたちは、自分たちの現実という夢や、生きてきた経験や、優越感を得るためにやってきた考え方や行動のあり方をさげすまれるのだ。信念がわたしたちを非合理的で暴力的な人間にしうるのは、そのためである。わたしたちを戦争に向かわせることができるのも、こうした理由なのだ。

第一八章　戦争ゲーム

カリフォルニア州ラホヤの海岸沿いでのランチから、すべては始まった。一九八四年秋のある午後、ラリー・ブリリアントというカウンターカルチャー系のビジネスマンが、編集者のスチュアート・ブランドに自身のオンライン会議技術を使ってみないかと持ちかけた[1]。ブランドは、共同生活を送るヒッピー向けの雑誌かつ製品カタログである『ホール・アース・カタログ』を発刊したことで名の知られた人物だった。このカタログをアップル社の共同創業者のスティーヴ・ジョブズは「わたしの世代のバイブル」[2]と呼び、「Googleが登場する三五年前のペーパーバック版Googleと言うべきもの」と表現している。その日ブリリアントはブランドに、オンラインでも存在感を示していくべきだと説得を試みた。オリジナルのカタログと後継雑誌『ホール・アース・レヴュー』の読者がモデムや電話回線を介してコンピュータでつながり、会話することができる。どうだ？　仮想のヒッピー・コミューンのようなものができるかもしれない。何が起こるかは誰もわからない。見てみたいと思わないか、と。この話にブランドはのった。彼はこの実験的コミュニティをThe Whole Earth 'Lectronic Link――略してThe Wellと名づけた。それは一九八五年のエイプリルフールの日に公開された[3]。

The Well以前にも、オンライン掲示板など、学者や技術マニアがコミュニケーションを取れる比較的閉鎖的な仮想空間のようなものはあった。しかし、これは一線を画していた。今日のソーシャルメディアのプラットフォームは、すべてThe Wellを基礎に構築されている。現代のモデルとして最もよく似ているのはRedditだろう。The Wellのユーザーは、さまざまな主題分野に分けられた「カンファレンス」――Redditの「サブレディット」に相当するもの――に参加し、オンラインで公に、あるいは「センド」と呼ばれるダイレクトメッセージを介して会話する。「アイデアはこれ以上ないほどシンプルだった。子どもの年齢、ワインの好み、音楽の趣味など、思い思いのもので結びついた集団のなかから真剣に交友を考えている人々を見つけだし、互いに継続的にコミュニケーションを取れる手段を提供する。それで一歩さがって、さあ何が起こるか見てみようというわけだった」[4]と、The Wellの歴史家のケイティ・ハフナー氏は書いている。

それで何が起こったかというと、その「思い思いの結びつき」のまわりに人々が集まり、ステータス・ゲームを形成しだしたのである。プレーヤーはある特定のタイプばかりだった。「三〇代後半から四〇代前半のベビーブーム世代で、頭がよく、照れからポリティカル・コレクトネスを避けた左寄りで、ほとんどが男性、多くは大学院の学位を持っている」[5]と、ハフナー氏は述べている。こうした人たちは、オンライン上のフォーラムで「サークルのようなものを見つけた」のだ。彼らは自分の生活や専門知識について語りあい、自分の知っていることをアピールしあった。しかし、開設から一年後、ユーザー数が五〇〇人に近づいた頃、異質な人物がやってきた。[6]ログイン名は〝グランマ[7]（おばあちゃん）〟、彼の名前はマーク・イーサン・スミスといった。比較的恵まれたほかのプレーヤーたちとは違い、スミスは二〇年ほど前からホームレスで[8]、バークリーで貧困に近い生活を送っていた。[9] 彼は怒りを抱えていた。そして男性を憎んでいた。彼は The Well を特徴づけているのは「白人男性[10]」だと決めつけ、彼らを激しく軽蔑するようになった。

スミスはダイレクトメッセージ、数百行に及ぶメール、さらには電話で（「スミスには人の自宅の電話番号を突き止める才覚があった[11]」と、ハフナー氏は書いている）、フォーラムに集う人々に怒りの主張をぶつけて攻撃し、猛烈な「炎上合戦[12]」を仕掛けた。男性ユーザーたちを「脳なしを産むペニス[13]」、プラットフォーム設計者を「核兵器開発の合間に子どもに手を出し、女にいやがらせをするが、まともな人づきあいはほとんどできないような連中と一緒だ」と罵った。反論した人々には、「誰かが強姦魔、近親相姦する父親、育児放棄者、虐待加害者、養育費を払わない親、差別する雇用主、いやがらせをする同僚、そのほかのクズどもを擁護しなきゃならない。おまえがすればいい」と言い返した。[14] そして、敵対してくる者は突き止めて損害賠償の訴えを起こすと脅した。「サディストや偏見に満ちた人間は、強制的にやめさせないかぎり人々を拷問し、その権利を侵害しつづけるだろうから[15]」と。また、ゲイの男性に対しては、「エイズにかかって死ね！[16]」と書き込んだとされている。次から次へとユーザーが挑発され、人々が反論し返すたびに壮大なスレッドができた。ある人は、スミスは「他人の血圧をあげて楽しむためだけに露骨に攻撃的になっていた[17]」と述べている。

マーク・イーサン・スミスは、世界初のネット荒らしだった。

また、彼は生物学的には女性だった。トランスジェンダーではなく、ジェンダー・ノンコーフォーミングだった。「男になったこともなければ、男として知られたいとも、女として知られたいとも思わない。

五〇〇〇年の家父長制の歴史のなかで、性別に関係なく人として存在したのは自分が初めてかもしれない」[18]と、彼は書いている。彼は男性と「対等な権利」を主張し、女性名や愛称に感じられる代名詞を拒否した。[19]「彼」と呼ばれたいというスミスの要求——当時としては珍しかった——は、The Well の多くの女性とごくわずかの男性からは尊重された。[20]しかし、それ以上に多くの人からばかばかしいと思われた。ある人はこう書いた。[21]「自分が選んだ名前や代名詞で呼べだとさ。今後はどうか〝グランド・プーバとか、目に見えるすべてのものの主とか、大きいほうの全宇宙とか〟と呼んでくれってか」

人々がスミスに対抗して動きだすのにそう時間はかからなかった。「The Well がコミュニティとしてはっきり定義されればされるほど、自分たちでもそれをますます意識すると同時に、そこに当てはまらない人をますます意識するようになり、彼らにますます敵意を抱くようになった」[22]と、かつての利用者だったひとりは回想している。やがて理性が機能しなくなると、スミスは罵倒され、侮辱された。「おまえは病気だから、精神病院に一生閉じ込められればいい」[23]とある人は書き込んだ。「もう勘弁。ゴールデン・ゲート・ブリッジから飛びおりろ」とも。スミスの投稿をフィルタリングする特別なコードを導入しようとする者もいた[24](が、うまくいかなかった)。管理者に彼の利用禁止を訴える声もあがったが、当時のサイト責任者のダグ・マクルーアは、「(スミスが)反抗的で変わった考えをしているからといって、利用すべきではないということにはならない」と訴えをしりぞけた。[25]しかし、その後マクルーアは去った。一九八六年一〇月、スミスは新しいマネジャーよりアカウントの無期限停止を通達された。[26]スミスによると、その後彼が書き込んだ何十万という言葉が消えたという。[27]

オンラインで時間を使ったことがある人なら、これらはもうお馴染みではないだろうか。ステータス争い、グループ派閥、荒らし、アカウント禁止と、一九八〇年代、ソーシャルメディア誕生の一八カ月のあいだに、すべてがそこにあった。おまけに代名詞をめぐる議論まであった。The Well の開設当初の利用者でスミス擁護派だったある人は、彼の敵を「暴徒」と表現し[28]、「The Well の住人たちが仮想の汚名に怒りを煮えたぎらせ、仮想の同志をかき集めているのを見て、その器量の狭さに哀れみを覚えた」[29]と書いている。自身の経験を回想した日付不明のエッセイを見るかぎり、スミスは自分のそれまでの投稿を消されたことに最も怒りを覚えたようだ。「別に言論弾圧などしなくても、こっちの意見に反対はできたはずだ」

いったいなぜこのようなことが起きたのか？　スミスが自分たちの信念とは違う考えを提示したとき、なぜ彼らはただ無視しなかったのか？　スミスが罵倒してきたときも、なぜ無視できなかったのか？　そして彼のアカウントが停止されたあと、なぜ彼の投稿まで消去しなければならなかったのか？　なぜそのまま無視しておけなかったのか？　ただ忘れてしまえばいい。どうしてそうしなかったのだろう？　無視するほうが簡単だし、それがデフォルトであるはずなのに。何もしなくてよいのだから。しかし、このような状況でわたしたちが無視を選択することはほぼない。なぜなら、それは実は簡単なことではないからだ。自分とは相容れない信念を持った人に遭遇したとき、人間はそれを強く不快に感じる。それればかり気になり、憎悪に囚われ、支配モードに陥る。こうして人は自分の信念によって戦争に駆り立てられてしまうこともあるのだ。

このような行動は理解に苦しむかもしれない。見ず知らずの他人が間違っているからと、そこまで感情的になることになんの意味があるのか？　しかも、よくあることだが、自分や知りあいの生活に現実的にはなんの影響も及ぼさない問題に激怒してしまうのだから、なおさら意味がわからない。わたしたちがエネルギーを費やしてできることのなかで、インターネットに腹を立てることほど無意味な選択はないと思う。なら、なぜこのように反射的に反応してしまうのか？　その答えは、人間のありようについての考え方を改めることでようやく見えてくる。つまり、人生とはシンボルを使ってプレーするゲームであり、信念は侵略者の戦闘旗にも劣らないシンボルになりうるということだ。

ステータス・ゲームは、人間の知覚に深く組み込まれている。わたしたちはステータス・ゲームを通じて現実を経験している。そのため、敵対関係にあるゲームをプレーする誰かに出会うと、不安を掻き立てられる。自分とは相反するルールやシンボルに従って生きる彼らは、わたしたちのルールやシンボル――つまり、ステータスを主張するわたしたちの基準が無効であり、わたしたちの現実という夢が間違っていると暗に示すことになる。彼らは、わたしたちが人生をかけて獲得してきた価値観を感覚的に否定する存在なのだ。ただありのままでいるだけで、彼らはわたしたちを侮辱するのだ。こう考えれば、相反する信念を持った人に遭遇したとき、まるで攻撃を受けたかのように感じられるのも不思議ではないはずだ。ステータスはひとつの資源であり、それを彼らはわたしたちから奪っていくのだから。神経科学者のサラ・ギンベル教授が四〇人の被験者に対し、それぞれが強く信じている政治理念が誤りである証拠を提示したところ、[30] 被験者たちの脳内で観察された反応は、「森でクマに遭遇したときなどの反応と非常によく似ていた[31]」という。

このような事態になると、人は同じ考えを持つ仲間の存在に慰めを求めざるをえなくなる。自分たちの世界の幻覚を非難された心の傷を、なりふりかまわぬ会話で癒そうとする。敵は無知だ、頭がおかしい、ナチスだ、フェミナチだ、白人至上主義者だ、TERF［トランスジェンダー排除的ラディカル・フェミニスト］だ、保守的人間だ、ウォーク［ソーシャル・アウェアネスに対する意識が高すぎる人］、ブレグジット支持者だ、典型的な自己中心的白人女性だ、SJW［社会正義を振りかざす戦士］だ、arseholes, cunts, dicks, tits, crisp packets blowing in the wind［いずれも相手を汚く侮蔑する罵り言葉］だと、ステータスに関する悪口を薬にする。こうやって敵の夢のなかに見つけたあらゆる亀裂に爪を立てる。ひとつ亀裂を見つけるたび、ステータスを主張する敵の脅威は弱まり、自分たちのステータスが再確認されるのだ。そうして、自分たちのゲームのなかの信念だったりステータスを獲得する基準だったりが回復され、自己満足という濃い夕陽がふたたび姿を現し、わたしたちの人生やその機能に対する傷ついた理解は癒やされるのである。

　しかし、その夢はいまや危険になりつつある。夢はわたしたちと敵のあいだに違いを見いだすと、それを土台に彼らはただ間違っているのではなく、悪だと語る道徳的物語を紡ぎだす。これにより、さらなる誹謗中傷を生みだすことになる。敵の行動を執念深く調べ、自分たちの優位を正当化する証拠をなんでもいいから探しているうちに、わたしたちの知覚は歪んでいく。このことは安全な状況下での研究でも確認されている。ある神経科学の実験で、被験者に赤よりも青を識別するためのポイントを多く与えたところ、[32]みな数分以内に青がより目にとまるようになった。これは、人が敵を判断するときにもよく起こることのようだ。ある実験で参加者たちにビデオを見せ、[33]そこに出てくる抗議者たちが法を犯しているかどうかを判断してもらった。ある場合は中絶クリニックに対する抗議だと説明され、別の場合は軍隊募集に対する抗議だと説明された。被験者の合法かどうかの判断は、抗議者たちが自分と同じ道徳的信念を持っているように見えるかどうかに著しく左右された。「被験者が観たビデオは全員同じ内容だった。しかし、ビデオの見え方は、抗議者の立場が被験者自身の文化的価値観と一致しているかどうかに左右された」と、研究者は書いている。

このような悪意あるものの見方の一例として、中国の共産主義者で紅衛兵の一員だった戴《ダイ》小艾《シァオアイ》が、元資本家階級の親を持つ子どもが学校で受けたいじめについて回想した記述が挙げられる。「何かミスをすると、政治に関係あるかどうかにかかわらず、社会階級の立場によって解釈された。たとえば、バスケットボールの試合でファウルをした場合、『富農心理がまた出てきた』などと言われることになる」[34]と、彼は述べている。現実という病んだ夢が憎悪を憎悪として想像しつづけるとき、わたしたちはそれを正当化する新たな理由をいくらでも見いだせるのだ。

さらに人々の憎悪は、ステータス・ゲームが自分の同類のあいだだけで共有された想像の行為ではなく現実のものだとする信念によって、さらに正当化される。ステータスを主張する基準が現実のものなら、すべての人がそれに従ってしかるべきというわけだ。人間には、相手が自分とプレーしていようがいまいが関係なく、すべての人を自分たちのルールで判断する悪しき俗物的な習慣がある。アメリカ人が道に唾を吐く中国人を見くだし、日本人が洟をかむアメリカ人を見くだすのも、この論理による。もし相手が、重要で真実だとわたしたちが決めた想像上のルールに従ってプレーしていない場合、わたしたちはその人を貶める。心理学者のサム・ゴスリング教授は、自分の学生たちが性格別のグループに分かれて群れるのを見て、このことに気づいたという。「外向的な人たちは、議論を続けることを身勝手に拒否する無口な内向的な人を憚りなく軽蔑する。こうした無言の同級生たちが、なぜ会話の負担を少しでも背負おうとしないのか理解できないのだ。同様に、内向的な人たちはおしゃべりな同級生をただただ軽蔑する。彼らは不思議に思う。「言うに値することができるまで、なぜ口を開くのを待てないのかと」[35]

わたしたちは、敵の自分たちのゲームに対する執着を、不名誉の証拠として考える。敵が自己弁護するとき、わたしたちの脳は相手が絶対に勝てないように、自分の夢をさらに歪めることで敵の夢を撃退する。もし敵が反論してきたら、わたしたちはしばしば彼らの主張に対して不当にレベルの高い証拠を要求し、その一方で自分たちの主張には不当にレベルの低い証拠しか求めない。[36] わたしたちは相手の最も強力な言い分を却下し、最も不愉快な主張を忘れ去るための言い訳をなんでもいいから見つけたいのだ。こうしてきびしいダブルスタンダードを設け、自分の仲間内には惜しみなく与える忍耐や理解や共感を、相手にはまったく与えない。非難と怒りが高まるにつれ、仲間のプレーヤーたちからわたしたちこそ正しい理由をさらに提供してもらい、徳高くありたい一方で相手を苦しめたいと思うことから生じる不協和を鎮めてもらう。やがて、わたしたちはゲームを構成する個々のプレーヤーを区別不可能なひとつの汚点とみなし、彼らをみな同一で、同じように軽蔑すべき存在と判断するようになる。ほらごらん。彼らはそう見られることがふさわしく、当人もそれを望んでいるのだ、と。わたしたちは、まるで残酷な怪物ゴリアテと戦う罪なき英雄ダビデさながらに相手を攻撃する。すると仲間のプレーヤーたちは、勝利の手応えを感じるたびに声援を送り、めまいがするほど高いステータスをわたしたちにたくさん与えることで役割を果たす。

人は道徳を疑う余地なくよいものだと考える。でなければ、なんだというのだ？　しかし、わたしたちが従っている道徳的ルールは、わたしたちのステータス・ゲーム――すなわち、わたしたちが存在する夢の世界の一部なのだ。この夢はいとも簡単に悪夢に変わり、わたしたちを騙して残酷な行為を神聖なものと信じ込ませる。「人が大きな過ちを犯すのは、自分がそれをしていることに気づいていないからではなく、それを正しいことだと考えているからだ。このようなことが起こりうるのは、他者への抑圧や破壊を正当化し容認するイデオロギーを持つ集団と自分を同一視しているからだ[37]」と、心理学者のスティーヴ・ライヒャー教授とアレックス・ハスラム教授は書いている。また、人類学者のアラン・ペイジ・フィスク教授とテイジ・シャクティ・ライ教授は、「人が誰かを傷つけたり殺したりするとき、通常、彼らはそうすべきと感じているからそうする。暴力的手段に出ることを道徳的に正しい、あるいは義務とさえ感じているのだ[38]」と述べている。被害者が「内集団にとって脅威や汚染要因になりうると認識された[39]」とき、このような行為は「道徳的に称賛に値するもの」とみなされるのだ。

たいていの場合、人は暴力を行使して戦うことはない。その代わり、わたしたちは信念の戦いに没頭する。人間にとって、イデオロギーは縄張りである。人間という種には、他者の心のなかをめぐって戦争するという驚くべき能力が備わっている。このことは、生物学的生殖の抑制につながる伝統を持つ珍しい前近代社会において顕著に見られる。ニューギニア島南部に住むマリンド族のあいだでは、精液は力と豊穣の魔法の源と信じられていた[40]。人々はそれを体や髪の塗り薬として用い、食べものにまぜた。また、槍や弓や釣り針に塗っておくと、獲物まで武器を導いてくれると考えていた。通常、この魔法の精液は自慰行為によっては採取できず、儀式的性交後に膣液とまざりあわなければならなかった。マリンド族の女性はこの目的にかぎらず、極めて頻繁に性交渉を行った[41]。結婚式の夜、女性は夫との前に、新しい配偶者の親族の男性全員――しばしば十数人にも及ぶ――とセックスをした。出産したあとも同じような性交渉が続けられる。こうした慣習は生殖能力を高めることを目的としていた。しかし、人類学者のロバート・ポール教授は、これらはおそらく「逆効果だった」と指摘している。男性の頻繁な精子採取と、女性の「過剰な性交」による子宮頸部の炎症が重なったことで、受精率が落ち込んでしまったのだ。

それにもかかわらず、マリンド族の人口は増え、領土も拡大していった。彼らは近隣地域に奇襲部隊を仕向け、子どもをさらって自分たちの子として育てたのだ。こうしてマリンド族の人々はゲームを続行した。遺伝子学的な繁殖はたしかにしていないが、「後継者や相続人、養父母から受け継がれた文化的象徴体系の担い手を生みだすことで確実に自己繁殖していた」と、ポール教授は書いている。マリンド族の人々にとって、盗んできた子どもは「あたかも生物学上の実子と同じように、正真正銘の子孫だった」のだ。

マリンド族のような社会が繁栄するのは、人間のアイデンティティが流動的で創造的だからだ。わたしたちは、性別や人種や国籍といった基本指標ではなく、想像上のゲームによって最終的には定義される。もちろん、人はこうした基本指標によるゲームもできるし、実際によくプレーしているが、これらは絶対ではない。生まれながらのアイデンティティに反してステータス・ゲームをプレーすることも可能なのだ。近年アメリカでは、少数派民族のアイデンティティ・ゲームをプレーし、黒人に「なりすまし」てステータスを得ている白人をよく目にする。二〇二〇年、アフリカ史の准教授だったジェシカ・クリュッグは、自身の社会人生活を「よりよく」するために、「主張する権利のない黒人のアイデンティティ」を装ったことを認め、職を辞した。[42] クリュッグのゲームプレーには、反白人思想が内包されていた。その一連のスキャンダルの際、彼女と以前つきあっていたことのあるアフリカ系ラティーノ男性が記者団に次のように語った。「彼女ほどの人種差別主義者には会ったことがない。F＊＊＊白人野郎、F＊＊＊警察、F＊＊＊資本主義と、そんなことばかり言っていた。自分にはいろんな人種の友人がいると伝えたときの彼女の顔は、この世のものとは思えなかった。もしこっちが向こうの考えに反論しようものなら、殴りあいの喧嘩もする覚悟なんじゃないかと思った」[43]

クリュッグは、自分がどんな人間か、どのゲームをプレーしているか、どんな基準でステータスを主張しているかを交際相手に示そうとした。このように自分の神聖な信念を守ろうとするとき、人は自分の社会経験やそのなかで感じた価値観を守ろうとしているのだ。しかし、わたしたちは自分の立場を攻撃から守るだけではなく、攻勢にも出る。新しい人と出会ったとき、最初の会話で政治家や物議をかもすニュースについて曖昧なことばかり言われた経験がみなさんにもあるかもしれない。このとき、あなたはたいてい試されている。相手はこう問いかけているのだ。この人はどのゲームをプレーしているのだろうか？　同類だろうか？　互いにステータスの源になれるだろうか？　それとも、ライバルのゲームをプレーしている敵なのだろうか？　このようなさりげない探りで、彼らはあなたの神経領域の端を偵察し、あなたが仲間か敵かがわかる手がかりを見逃すまいと警戒心を張りめぐらせているのだ。

人間の戦争を好む気質がどの程度のものかについては、論争の的になっている。人間には生物学的なスイッチがあり、それが作動すると、ゲームは自動的に暴力によって敵を攻撃するという主張がある。これについては、現在、ほとんどの学者が真実ではないと考えている。また、石器時代の生活には戦争がほとんどなかったとする説もある。これは、数ある理由から正しくないと思われる。狩猟採集民の集団間紛争に関する初期の大規模な異文化研究のひとつからは[44]、平和的な集団もなかにはあったが、九〇パーセントが「ほとんどない、あるいはまったくない」よりも多い頻度で戦争をしており、その大半が定期的に戦争していたことが判明している。このように、ほとんどの体系的研究は、戦争行為が一般的であったとする主張を支持している。集団間の暴力は自動的にスイッチが入るわけではないにしても、それが人間の特質であることは否定できない。現代では、ギャング闘争から、宗教の宗派主義、国家テロ、内戦、国際紛争まで、あらゆる規模の社会で暴力は見受けられる。悲しいことに、人間は自分の同類に対しては驚くほど非暴力的だが、ゲーム対ゲームとなると、人類学者のリチャード・ランガム教授いわく、「異常なほど」暴力的になるという。[45]

しかし、人間がいかに恐ろしい攻撃的な動物かが真にわかるのは、わたしたちが戦争の概念をイデオロギーの領域争いにまで拡大したときである。人は、神聖な信念のためにあらゆるところで聖戦を行っている。このように攻勢に出たとき、わたしたちは他人の心に入り込み、わたしたちのゲームをプレーし、わたしたちの夢を見るように、相手をつくり変えようとする。そうして改心者の盗品は、すべて贈りものに変わる。つまり、彼らはわたしたちからステータスを奪う存在から、差しだす存在になるのだ。これでようやく気分が晴れる。わたしたちはみな神経内帝国主義者であり、他人の心のなかに侵攻することで自分たちの領土を拡大しようと戦っているのだ。

このような心理的征服への人間の渇望は、先住民たちが己の言語を話し、己の宗教を実践するのを妨げた、カナダやオーストラリアの白人植民地主義者の歴史を見れば明らかだ。それは、中国が何十万というウイグル民族のイスラム教徒を収容している、およそ四〇〇もの再教育収容所を見ても明らかだ。[46]西洋風のフレアパンツは履いていた、あるいは「帝国主義者っぽい」髪型をしていたという理由でアルバニア国民が次々と投獄されたエンヴェル・ホッジャの共産主義政権を見ても明らかだ。東ドイツのシュタージによって二〇万人以上の人々が、おもに共産主義の東側から資本主義の西側へ亡命することを望んだとされる罪に問われ、大半が心理的拷問を受け、また一部の人は肉体的残虐行為まで受けたあげく、刑務所の地下室で銃殺されたことからも明らかだ。[47] 一三世紀のフランスでは、改宗を拒んだカタリ派の人々がカトリック教徒たちによって生きたまま焼かれた。[48] その後カトリック教徒たちは、神と悪魔についてわずかに異なるだけのカタリ派の信念がなんらかの形で生き返り、自分たちの心理的領土を征服しに来るのではないかと非常に恐れ、彼らの骨を掘り返してもう一度焼き直した。

政治心理学者のリリアナ・メイソン博士によると、[49] わたしたちが勝利を求めて絶えず戦争しようとするのは、「ほかの集団よりも自分たちの集団のほうが優れていると、人は考えないわけにはいかない」からだという。「そう考えないと、自分に劣等感を抱いてしまう」のだ。プレーヤーは「自分の集団の優位性に重きを置き、競争というレンズを通して世界を見る」ように「非常に原始的なレベルで」動機づけられているという。人間は優位に立つことが、つまり勝つことが大好きなのだ。研究者によれば、集団はほかの集団に勝つという単純な事実を好む傾向にあるという。たとえ、それでプレーヤーの利益が減ろうが関係ないそうだ。社会学者のニコラス・クリスキタス教授は、このことは「外国人嫌悪の存在以上にわたしを憂鬱にさせる」と書いている。[50] 人は当然ながら自分の集団に多くを望む。しかし、それ以上にはるかに重要なのは、自分たちとライバルのあいだに大きな勝利の隔たりをつくることだ。「人々にとって重要なのは、ほかの集団のメンバーに比べて自分たちの集団のより多くのメンバーがどれだけのものを手に入れるかであって、集団がいまどれだけ持っているかはあまり重要ではないようだ」

とクリスキタス教授は書いている。「自分の集団がただ多くを手にしていればよいのではなく、ほかの集団よりも多くを手にしなければならない」のだ。

これは、信念をめぐる戦争にも言えることだ。わたしたちはイデオロギー上の敵に単に議論で勝つだけではなく、支配を求める。ちょうどThe Wellの住人がマーク・イーサン・スミスへの対応で示したように。彼らはスミスを無視できなかった。なぜなら、彼が自分たちのステータスを奪おうとしてきたからだ。同様の理由で、スミスも彼らを無視できなかった。彼らはスミスの望む代名詞を使う気にもなれなかった。それはスミス側のルールとシンボルに従うことを意味し、すなわち敗北を意味する行為だからだ。だから、スミスは脅迫と相手を貶めるような暴言で対抗し、彼らは侮辱と追放と言論弾圧で対抗した。どちらも、ただ互いにステータスを主張しあってやっていくことはできなかった。どちらかが勝たなければならなかったのだ。

これは、わたしたちが人生というゲームをプレーするうえで避けることのできない恐ろしい結果だ。ステータスを得るということは、誰かの上に立つということだ。わたしたちは自分たちのゲームが頂点になるように世界を絶えずつくり変えようとし、そのあいだずっと、自分たちの行動の汚れない高潔さについて身勝手な物語を語りつづける。ここで多くの人にとって受け入れがたい教訓を伝えよう。ライバルと「同等」を望んでいるだけだと主張する集団を決して信じてはならない。何を言おうと、何を信じていようと、彼らはそんなことは望んでいない。すべての人に公平であるという素晴らしい夢を彼らは紡ぐが、そんな夢は嘘っぱちだ。

第一九章　いとこたちの専制

ステータス・ゲームは強力な生命体だ。ときにプレーヤーたちの意思を圧倒するほどの知能を自らが持っているように見えることもある。悪魔ハンターたちはゲームの操り人形と化し、その荒唐無稽な夢にのめり込んでゲームのために世界に出て戦った。その忠実な奉仕によって、ゲームの力は増大していった。同じように、「ワクチン接種に疑問を呈する母親たち」がマランダ・ディンダに牙をむいたのも、あるいはThe Wellの住人たちがマーク・イーサン・スミスに牙をむいたのも、ゲームという生命体への服従のためだった。こうした暴徒化へのスイッチのオン・オフを切り替えられるプレーヤーはひとりとしていなかった。それはまるで、ゲームの免疫システムがプレーヤーの心のなかで活性化しているかのようだった。この奇妙な支配者のもと、集団は異物を拒絶するために一丸となって動いたのだ。

ゲームが戦争モードに移行すると、プレーヤーに対するその支配力はさらに強まる。そしてプレーヤー同士のつながりも引き締まる。このような効果は、数多くの研究でも明らかにされている。第二次世界大戦の退役軍人同士の社会的つながりを分析した研究では、ともに戦闘を経験した者同士は四〇年後もなお強い個人的つながりを維持していたことが判明した。[1] また戦死者が出た部隊の場合、互いの絆はさらに強まり、「社会的脅威が増すほど、社会的絆も強まる」ことが示唆された。ほかにも、中国人の被験者に、日本人によってもたらされる脅威について書かれた架空の記事を読んでもらい、そのあいだの彼らの脳をスキャンしたところ、互いの「神経活動の同期性」が観察された。[2] このような引き締め——つまり、互いのつながりが密になること——は、集団のタスクにおいてより迅速に協調しあうことを可能にしていた。より緊張したゲームほど、一丸となってうまく機能する。個人の支配力が弱まる一方で集団の支配力が強まることで、攻撃からよりよく身を守れるようになるのだ。

このような団結力が極めて強力な戦争モードは、勝ち取るべきステータスがあるときにも引き起こされる。このことは、一連の悪魔的儀式虐待のようなゴールドラッシュの動きを見ればわかるだろう。その狂気のエネルギーは、おもに提供される褒賞から生じていたように思われる。このような方法により攻撃と防御の両面で集団の結束が高まることは、いくつもの研究で確認されている。ある研究で、ひとつの集団にトランジスタラジオを賞品として与えたところ、団結力が強まり、内集団を優先する傾向が増加した。ここから、「資源を獲得できる機会」[3]は「集団の結束を生む強力な背景になる」ことが判明した。それはまた、人間の集団がさまざまな形でつねに戦争をしてきたこととも矛盾しない。わたしたちは襲撃から自分たちの身を守ると同時に他者を襲撃するが、どちらもこの超団結プレーモードによる高度に協力的な努力活動なのである。

ゲームのつながりが密になると、個々のプレーヤーは互いに融合しはじめ、その夢はさらに強力なものとなる。その夢にわたしたちはますます没頭し、奉仕に身を捧げる。しかし、このような緊張化をコントロールしているプレーヤーはいない。不思議なことにそれはただ起こり、わたしたちは互いを抑制しはじめるのだ。これは、ステータス・ゲームとそれが発展してきた前近代的集団に対する信じがたい事実――すなわち、ゲームを監督している人など実はいないという事実――の結果として起きている。大統領、女王、教皇、セレブ、カリスマ活動家、CEOなどが存在する現代にあって、リーダーシップは人が生きるうえでの自然な特質だと思いがちだ。だが、本当はそうではない。狩猟採集民のコミュニティもたしかにヒエラルキーを中心に組織されていたが、彼らがひとりの「大物」に支配されることはあまりなかった。[4] 人類学者のクリストファー・ボーム教授は次のように書いている。「ときとして賢い者に、一時的あるいは恒久的に集団指導者のステータスが与えられた。しかし、その人間は謙虚にふるまうことが期待される。一般的に認められているリーダーシップでは、ほかの人の意見を注意深く聞き、合意が自然と形成されるのであれば、それをやさしく手助けする以上の積極性は許されない。そのような決定には、集団の次の移動や、重大な逸脱行為に対する対処なども含まれるが、いずれも指導者だけで決めることはできない。それはあくまでも集団全体の決定なのだ」。このように、最終的な権限を持っていたのは個人ではなく集団だった。

人間がこのような進化の遂げ方をしたのは、支配的なプレーヤーに対処するためでもあったと考えられている。何十万年というあいだ、個人(通常は男性)が何度となく攻撃や脅しで無理やり地位をあげようとしてきたが、そのたびにわたしたちは彼らを殺してきた。[5] だが、望まれないプレーヤーの処刑は新たな問題を生みだす。わたしたちは、あるプレーヤーの支配的行動をほかのプレーヤーが簡単に非難し処刑することが許されるようなゲームをするわけにはいかない。それでは迷惑な支配プレーを取り除くどころか、助長することになる。なぜなら、不正行為をしたとライバルを訴えるだけで、プレーヤーは相手を排除できてしまうからだ。そこで、代わりにゲーム自体が決定をくだすようになった。プレーヤーはひとつの思考生命体として集まり、合意が得られて初めて処刑が許されたのだ。こうして部族や親族をベースにしたゲームでは、望まれないプレーヤーの生死は部族の人々のあいだで集合的に決定されるようになった。

よって、人類は地球に出現してからほとんどのあいだ、指導者たちの専制には支配されずにやってきた。その代わり、わたしたちは人類学者が「いとこたちの専制」と呼ぶもの[6]におびえて暮らしてきた。この「いとこ」は必ずしも実際のいとこではなく、たいていは当時の層の薄いヒエラルキーではエリートに属する氏族の長老たちを意味した。長老のほとんどは男性だったと考えられているが、重大な合意形成には男女ともに参加できた。「集団で結束して暴君を打倒する際は、女性も男性と同じくらい活発に政治に参加していたと考えられる」[7]と、ボーム教授は書いている。処刑の責任を男女で象徴的に分担していたという記述もある。ある事例では、ひとりの男が男性集団から打ち据えられたあと、「まるでヤマアラシのように見える」まで身体に毒矢を打ち込まれた。[8]その男が死ぬと、今度は女性たちが前に進みでて、彼の遺体を槍で刺したという。

手きびしくはあるものの、これは充分に公平に聞こえるだろう。恐怖でゲームを支配しようとするプレーヤーは排除される。処刑は究極の屈辱だ。肉体的にも精神的にもゲームから拒絶されるのだから。しかも、言うまでもなく、もうそれ以上ない最後の拒絶なのだから。しかし、人類の歴史にとっては残念なことだが、この話はそう単純ではない。問題は、プレーヤーとは暴君とそうではない人という簡単に識別できるふたつのタイプから成り立っているわけではないということだ。わたしたちはみな、暴君になる力を秘めている。誰が暴君で誰が被害者か、ときおり見分けるのが難しいこともある。いとこたる長老自身が残忍きわまりない可能性もあるのだ。

実際、暴君を粛清するために一丸となっていた同じ狩猟採集民集団が、ゲームのルールを破ったほかの多くの人々も死に追いやっていた。プレーヤーたちは、肉の窃盗や独り占め、邪悪な魔術、見てはいけない魔法のトランペットを盗み見た、「女人禁制の秘密の道を歩いた」などの理由で処刑されていった。[9] 人類が進化させてきたゲームは、このように抑圧的で恐ろしくもなりうるのだ。人類学者のリチャード・ランガム教授は、人間は「伝統という社会の檻[10]」のなかで暮らしてきたと述べており、そのなかでプレーヤーは「同調する意思次第で生きるか死ぬかしていた[11]」という。いとこたちの力は「絶対だった。彼らの命令に従わなければ、身に危険が迫った」のだ。

このような力学については、インドのメラーナ村の例ですでに見た。上位カーストの少女が不可触民の少年とともにとらえられたとき、村の長老たちは夜通しの集会を開き、ふたりをガジュマルの木に吊るすことを提案した。三〇〇〇人の村人から抗議の声はいっさいあがらなかったという。ランガム教授はまた、ニューギニア島に住むゲブシ族のあいだで起きた似たような死の合意形成の話を紹介している。[11] 部族のあるひとりが重病にかかったが、その原因は邪悪な魔術のせいだとされた。ある集会で、霊媒師が魔法の葉を使って儀式を行ったところ、犯人として患者の親類のひとりが示された。窮地に立たされた被告人は、戦略を立てなければならなかった。全面否定をして、反省していないと思われるリスクは避けたい。そこで彼は、自白するとともに必死に媚を売った。「わたしは何も知らない。彼はわたしの親類だ。病気にさせるはずがない。自分でもわからないんだ。(中略)ここのところ魚を満足に食べられていなかったから、少し気が立っていたかもしれない。でも、自分の親類をこんなふうに病気にさせるつもりは断じてなかった」。それから数日、一方の告発者は密かにコミュニティをまわって死刑の支持を集めた。夜間に開かれた集会で、いとこたちは「魔術使いと思われる人物に死をもって責任を取らせるべきという考えにますます夢中になった」と、ランガム教授は書いている。「こうして合意が達成され、全員が被告人に有罪の判決をくだす。彼らは夜明けに待ち伏せをし、棍棒や弓矢で死刑を実行する。先に拷問にかけられることもある。それから遺体を解体して、料理する」

わたしたち人間の集団では、合意が得られているという印象が極めて重要なのであって、必ずしも厳密なものである必要はなかった。ひとつの生命体としてその行為を支持していると集団全体で感じられることが肝心だったのだ。そうした感覚は、噂話や暴かれた過去の罪によって相手に道徳的怒りを抱き、その怒りがわき立つ雰囲気のなかで築かれることが多かった。処刑以外にも、恥辱の罰を与えられることもあった。それはまず、相手に挨拶をしないなどの単純な「社会的疎外」から始まる。そして無視され、嘲笑され、屈辱を与えられる。あるとき、コンゴのムブーティ族のひとりが狩りの最中に手柄を騙し取っていたことが発覚した。[12] 人々は彼の噂話を始め、陰で侮辱し、過去の不品行をこと細かに掘り起こした。彼の評判は貶され、あの人は汚い性格だという意見が広まった。野営地に戻ると、彼は無視された。誰ひとり、子どもたちすら彼に席を勧めなかった。力ずくで席に座ろうとすると、「獣は地面にいろ」と命じられた。そして不正を公に非難されると、初めこそ嘘をつこうとしたものの、やがて涙ながらに謝罪し、尊敬されなくなったから死ぬんだと腹を抱えながら言った。

このようにいとこの存在は恐ろしく偉大で、わたしたちはいまでも心のなかに彼らへの恐怖を抱きつづけている。このことは、人間がいかに自然に集団の認識に合わせてしまうかを明らかにした数多くの文献からもわかる。一九五一年、心理学者のソロモン・アッシュ教授が有名な実験を行った。[13] 被験者に三本の直線を見せ、もう一本別に用意した直線に最も長さが近いものはどれかという単純明快な評価をさせた。七人の偽の被験者が多数派となり間違った意見を述べたところ、三二パーセントが彼らの判断に同調した。このとき、被験者にあからさまな圧力は加えられていなかった。このように集団の力が非常に弱く、利害関係もほぼない状態にもかかわらず、三割近くの人が自分の目で見た明らかな証拠を否定した。ここから、たとえば一九三八年のモスクワやベルリンに住んでいた場合など、人々が集団の夢にどれほど同調してしまうかがわかるだろう。わたしたちはいとこを恐れ、彼らのルールの社会的檻のなかで従順にプレーせざるをえないのだ。

とはいえ、いとこはわたしたち自身のなかにもいる。人はみな暴君になる能力を秘めているのだ。生後八カ月の子どもは、人形劇で見た悪人を懲らしめる役の人形と遊びたがる。[14] 三歳頃には自然とルールを施行しはじめる。[15] 五歳から七歳までの小学生が遊び仲間を拒絶するようになる理由を調べた研究では、[16] 相手の行動が自分や仲よしグループのステータスを脅かすようになったときにそうする傾向が見られたという。「拒絶する側から相手の行動を見て、自分個人や属する社会集団に悪影響を及ぼすと考えるかどうかが、実際に拒絶する決め手となる」と、心理学者のフランシスコ・フアン・ガルシア・バセテ教授は述べている。[17] ほかにも、ルールを破った者が罰せられると予期するだけで快感を覚えることが、脳のスキャン写真から明らかになっている。

人は自分をそんな人間だとは思いたがらない。わたしたちが好む物語は、ゲームプレーに従事する人間の本質から抑圧と憎しみを取り除き、それをすべて腐敗した指導者や、彼らが立てる悪巧みのせいにする。こうしたおめでたい純粋モードは、インターネットやソーシャルメディアの先駆者たちに例を見いだせる。彼らは、何百万もの人がオンラインでつながることである種のユートピアが生まれると予想していた。一九九六年、The Wellの元利用者のジョン・ペリー・バーロウは「サイバースペース独立宣言」を発表し、権力による古いヒエラルキーが歓迎されない新たな「心の文明社会」が創造されると宣言した。[18]「われわれがいま構築中のグローバルな社会空間は、あなたがたが課そうとする専制政治から生まれながらに独立していることをここに宣言する。（中略）沈黙や同調を強要される心配なく、誰もがどこでも、どんな特異なものであろうと、自分の信念を表現できる世界を創造する」

結局、そうはならなかった。今日では、一見差し障りなさそうなソーシャルメディア上のコメントすら、ヒステリックな集団的怒りを引き起こしかねない。彼らネット上の暴徒たちは美徳と支配のゲームをプレーしているのであり、自分たちのルールを集団内外の人々に強制することでステータスを得る。ゲームの締めつけはきびしく、参加するプレーヤーたちは同調性が極めて高い。彼ら暴徒たちは、いとこの恐ろしい権力に身を震わせながら戦う。こうした人々による攻撃は出現後に削除されるか、袋叩きにされるかがほとんどだが、ときおり生き延びるものもある。カレン・テンプラーがまさにその一例だ。[19]彼女の炎上はYouTubeやInstagramなど複数のプラットフォームにまたがり、さらにブログのコメント欄も大荒れしたが、「歴史的記録を編集することは考えられない」として、彼女はコメントの削除を拒否した。

ニットデザイナーのテンプラーは、「フリンジ・アソシエーション（キャッチコピーは「編もう、編みものを広げよう」)」というニット関連のウェブサイトを運営している。二〇一九年一月、彼女は「カラーの年」と題したブログをアップし、インド旅行を何よりも楽しみにしていることを紹介した。昔は海外旅行なんて考えるだけで「大変そう」と感じていたが、いまでは「もっと何ごとにも肯定的な人になりたい」と思っていた。彼女は、インドの文学や歴史に「生まれたときからずっと夢中」だった。幼馴染のインド人の家族に、一度連れていってあげると言われたことがあった。「重度の不安障害を抱える中西部の田舎育ちのティーンエイジャーにとって、まるで火星行きのチケットをもらうようなものだった。考えるぶんには楽しいけれど、冗談でしょうって思っていた」とテンプラーは書いた。それから新たなチャンスが訪れ、彼女は勇気を出して今度こそイエスと答えた。「頭が吹っ飛びそうなくらい興奮したわ」

最初のうちは、応援するコメントが多かった。「やったじゃない！　これがあのオレンジのサンダルが示していた方向なのよ」とクリスティン・リンドップは書き込んだ。すぐに同様のコメントが殺到した。

イーストロンドンニット：インドなんて最高じゃない！

ティナ・M・バリー：すごくうれしい。心が和んだ！　よかったわね！

シェリル・オルトワイン：やったーーーー

ミス・アグネス：いってらっしゃい！

ディーパ：いまではあらゆる意味でアメリカがわたしの故郷だし（暮らしてもう二〇年！）、心もここにあるけれど、魂はいつもインドにある。インドは地球上のどの場所とも本当に違うと、いろんな人に言っているの。もうすでにいろいろと知っているだろうけれど、それでもあらゆる面できっと驚かされるわ。
ダイアン：最高の投稿。過去いちばん！
マーラ・スリカント：インドのヒマラヤ山脈に住んでます。（中略）素晴らしい時間を過ごせますように。
ナランカー：おお、楽しみですね！　インドで育ったので、わたしにとってあの国はいつも特別な場所です。
マリー・カーター：思っていた以上にあなたはすごく勇気をくれる人❤
ドゥニ：マジでおめでとう！

しかし、そこに不吉なコメントが投稿された。「Instagram でこの記事に関する興味深いレビューを見ました。わたし自身は恵まれた環境で育ち、（白？）人ですが、その批判に同意です。カラーの伝え方には気をつけるべきです。あなたの言葉はとてもきつく、いくつかの発言はどうかと思うし、配慮に欠けています」

テンプラーは不安になった。「あなたが引きあいに出している、あるいは賛同している批判をわたしは見たことがありません。この投稿のどの部分が配慮に欠けていると思うのですか？」

すると、今度はアレックス・J・クラインが書き込んだ。「カレン、書いたものをもう一度読み返して、自分の言葉がインドやほかの非西洋諸国に対する植民地主義／帝国主義思想にどれほど傾倒しているか考えてみてほしい。あなたは幾度となく、インドに行くことを別の惑星に行くことになぞらえている。インドの人がこれを聞いたらどう感じるか」

ご覧のとおり、インド出身と思われる少なくとも三人がテンプラーの投稿にうれしそうに激励の言葉を返している。「わたしが言ったのは、ティーンエイジャーの頃の自分にはインドが火星と同じくらい遠く、手の届かないところに感じられたということ」とテンプラーは反論した。「どちらの場所も実際に行けるとは考えられなかったということです。それがどうして帝国主義になるのかわかりませんが、少し考えてみます」そして、インドの友人やブログ読者から好意的な意見もあったことを指摘した。「わたしの言ったことで彼らが不快な思いをしたかどうか確認してみます」

「インド人の友人にさらに感情労働をさせて白人女性の涙を慰めさせるより、インドを地球外世界と同等とみなすことが帝国主義や植民地主義の核である〝他者〟意識をどれだけ強めているか、少し考えてみたらどうか」と、クラインは返信した。

まもなく、ほかの攻撃者も飛んできて参戦した。キャロラインはクラインが指摘してくれたことに感謝し、「あなたのコメントに心から賛同します」と述べた。サラは、「ほかの国や文化を理想化するのは危険なことです」とつけ加えた。テンプラーは謝罪しつつ、もう一度釈明を試みた。「上でアレックスにも言ったように、わたしがインドと火星を同一視したのは、一〇代の自分には同じくらい遠く、手の届かないものに思えたというだけのことです」

「自己弁護するより、ここやInstagramで人々が言っていることに真摯に耳を傾けてほしい。あと、もしインド人の友人をこの件に巻き込むことを感情労働だと思っていないなら、有色人種の感情労働についで読んで勉強するべきです。ついでに白人の脆弱性や、意図に対する印象についても読んだほうがいい。この投稿であなたが何を意図したかったかはともかく、多くの人はそれとはまったく違う印象を抱いてしまっています。自分の教育をし直したらどうです」と、キャロラインは返信した。

「ここにわたしが書いたことで不快な思いをされたすべての人に、わたしはみなさんの言葉をちゃんと聞いているし、申し訳なく思っていると伝えたい」と、テンプラーは書き込んだ。

「みんなに不快な思いをさせて申し訳ない?」とレイチェル。「それはあなたが根深い人種差別的で還元主義的な発言をしたことに対する謝罪になっていません。ぜひ旅行は考え直してください。あなたやその植民地主義的考えに、どうかインドの人々を無理やり巻き込まないで」

ブログ読者のなかにはテンプラーを支持する声もあったが、背を向ける人も出てきた。先ほど「思っていた以上にあなたはすごく勇気をくれる人❤」と書いていたマリー・カーターは、今度はこう書き込んだ。「この投稿がわたしたち非白人に与える影響を考えられていなかったことが恥ずかしい。(中略)わたしの心はいま傷ついています。わたしや同じような境遇の人が書かれた言葉に傷ついたとちゃんと声をあげないまま良心に恥じずに生きていくことはできない。もうこれ以上書き込みはやめます」「わたしも」と、リズNは返信した。彼女はInstagramでテンプラーの投稿に関する「何千件ものコメント」を読んだという。

テンプラーは心折れた。「言葉の大切さ」と題した続きの投稿で[20]、インドを「白人の背景」のように扱い、「インド人(と有色人種全般)は〝他者〟であり恐怖の存在ですらあるという最低な考え」をずっと持っていたことに対し、自分は「無神経」で「残酷」で「軽率」だったと認めた。最後に、「わたしが傷つけたすべての人に、この件でわたしを非難したことで逆に非難を浴びてしまったすべての人に、深くお詫びします。わたしは間違っていました。リスクを冒して声をあげてくれたみなさんの言うとおりでした」と、ふたたび謝罪した。

人類学者が前近代社会で発見したことと、二一世紀のソーシャルメディアという部族間の戦場で起こっていることとのあいだの類似性がまざまざと浮かびあがる。非難してきた人に対するテンプラーの最初の反応は、釈明と自白をおどおどと行き来するゲブシ族の被告人を思い起こさせる。「彼はわたしの親類だ。病気にさせるはずがない。自分でもわからないんだ。（中略）ここのところ魚を満足に食べられていなかったから、少し気が立っていたかもしれない」この反応は、現実かどうかは別として、違反者に対する人々の合意が猛烈に高まっている感覚から生まれる。それは噂話、社会的疎外、恥辱のなかに生まれる反応であり、極めて限定的で腑に落ちない非難のなかに生まれる反応である。非難する側の夢のなかに住む人々にとっては、標的がどんなルール違反を犯したかは明白だったのだろう。しかし、その外にいる人々にとっては、テンプラーの罪は曖昧だった。彼女は魔法のトランペットを見てしまったのだ。その罪のために、いとこたちは結束して攻撃を仕掛け、正義と渇望のかぎりを尽くして彼女への合意を築きあげていった。

結局、テンプラーは命拾いした。本書執筆時点で、彼女の会社もブログも健在だ。横暴ないとこたちと、ソーシャルメディアのゴシップネットワークに広がる熱狂に同調することで、「キャンセル」されることを避けたのだ。ネット上で嘲笑や糾弾や恥辱の刑に処するだけでは飽きたらないネット暴徒たちが、物理的な世界でもできるかぎり標的の立場を転落させようとすることをそう呼ぶ。キャンセルの影響は、かぎられた仕事を失う程度の軽いものから、生活や評判が破滅するほど、あるいはそれ以上に深刻なものまで多岐にわたる。その事例は数多く、簡単に見つけられる。近年、糾弾された学者たちが論文を撤回させられ、博士号を剝奪されている。著名な知識人がSNS等で発言の機会を奪われたり、記者や編集者、エージェント、ビジネスリーダーたちが解雇されたり辞職を余儀なくされたり、スポーツ選手や作家が契約を失ったり、キッチンカー[21]やヨガスタジオ[22]などのビジネスが廃業に追い込まれたりしている。イギリス人ジャーナリストのヘレン・ルイスは[23]、コンピュータ・ゲーム内の政治ポッドキャストに音声ファイルを使用されていたが、トランスジェンダー嫌悪の疑いでソフトウェア更新時に削除された。ドラァグクイーンのヴァニティ・フォン・グロウは[24]、言論の自由のための集会に参加したあと、ロンドンの複数の会場でパフォーマンスを禁止された。ケンタッキー州の病院職員だったタビサ・ムーア＝モリスは[25]、人種差別的発言をしたとして二〇年間勤めていた職を失った。シリコンバレーの優れた技術者だったオースティン・ハインツは[26]、評判を失ったことを苦にして自殺した。

こうした暴徒たちは被害者を味方に取り込もうとはせず、彼らのステータスとそのシンボルとなるものを最大限に剝ぎ取ろうとする。理想は、風評による死だ。これが名声ゲームに支配された世界における処刑方法なのだ。キャンセルの最終標的は人間ではなく、その信念である。ネット暴徒たちは行為遂行的だ。彼らは多くの傍観者に、「あなたも意見を表明すれば、いとこたちから連絡が来るかもよ」と言う。彼ら暴徒たちを監督する者はひとりとしておらず、誰も彼らを止めることはできない。それは通常、誰かがゲームの神聖な象徴的信念に反する見解を示したときに自然発生する。専制的な集団は、ステータスを主張するための彼ら独自の基準に対する異議をいっさい受けつけない。こうした暴徒集団がステータスを求めるゴールドラッシュに発展したとき、爆発的な報復のエネルギーが被害者に向けられる。褒賞に魅せられた野心的なプレーヤーが参入すればするほど、ゲームは支配の快楽に酔いしれる攻撃動物と化す。

このようなステータス・ゲームが社会にどのような影響をもたらしているかを理解するために、イラク北部に目を向けてみよう。二〇一四年夏、おもにミレニアル世代を中心とするセルフィー活動家たちの集団が、イラク北部の都市モースルに向かっていた。[27] 彼らＩＳＩＳ（イラクとシリアのイスラム国）は、支配と美徳のゲームをプレーしていた。彼らのソーシャルメディアには、黒装束で重武装した自分たちの姿のほか、捕虜に悪夢のような拷問や処刑を課している動画もアップされ、そのすべてに #AllEyesOnISIS（ＩＳＩＳに刮目せよ）というハッシュタグがつけられた。このハッシュタグは、アラビア語圏の Twitter でトレンド一位を獲得した。ＩＳＩＳはさまざまな地域に五〇近いデジタル・ハブを持ち、それぞれが異なる層に向けコンテンツを発信していた。彼らは「ヨルダン人操縦士の豚野郎を殺す方法を募集」などと、捕虜の処刑方法について質問を投げかけることでユーザーの参加を促した。また、ほかのトレンドトピックに便乗することもあった。サッカーのワールドカップ開催中には、ある戦闘員が「これがわれわれのサッカーボールだ。皮膚でできている。#WorldCup」というコメントとともに身の毛もよだつような写真を投稿した。

一万人のイラク兵がモースルの防衛に立ちあがっていた。しかし、ＩＳＩＳのソーシャルメディア戦略はあらゆる人を「恐怖で蝕んだ」と、研究者のＰ・Ｗ・シンガー氏とエマーソン・ブルッキング氏は書いている。彼らのハッシュタグは「目には見えない砲撃さながらの威力を持ち、その大量のメッセージが前進する部隊の前に渦巻いた。このＳＮＳ爆撃は、恐怖、内部分裂、逃亡の種を植えることとなった」ISISがモースルに近づくにつれ、何千というイラク兵が武器や車両を置き去りにして逃げだした。ついに彼らが都市郊外に到着したときには、「ほんのひと握りの勇敢な（あるいは混乱した）兵士と警察だけが残っていた。そこで起きたのは戦闘にはほど遠い大虐殺であり、その様子は次のネット拡散用に律儀に撮影され、編集された」ISISは「インターネットそのものを武器として利用するなど、さまざまな電撃戦」を仕掛けた。この方法によって、彼らの「思いも寄らない推進力」が続いたのだ。

ネットの暴徒たちも、ISISとさほど変わらない。テロリスト集団と同じ手法でソーシャルメディアを利用する。西洋文化には、偏見を禁ずる神聖なルールがある。企業、政府機関、メディア、教育機関のリーダーたちは、女性蔑視、人種差別主義、同性愛嫌悪、トランスジェンダー嫌悪を疑われたら最後、風評による死に直面するとわかっている。ここを暴徒たちは突いてくる。エリートたちは違反を直接非難されなくとも、暴徒たちの動きを見るだけで充分に恐怖を感じるのだ。こうして、まさにISISのように、活動家たちはソーシャルメディアという恐ろしい道具を使い、自分たちの数を大幅に上まわるレベルのステータス――と、それに伴う影響力と権力――を手に入れる。

このことは世論調査の結果にも現れている。テンプラー炎上事件の翌年、イギリスの社会心理学研究のなかでも最大規模の調査結果が発表された。[28]回答者のデータは実に一万人以上に及んだ。この調査から七つの異なる意見グループが見いだされ、そのうちのひとつ「進歩的活動家」は「社会正義の追及に動機づけられた」グループと説明されている。彼らは「政治がアイデンティティの中心をなし、力強く声高なグループ」を形成する。ゲームとは本質的に固定されたものであり、プレーヤーの人生の結果は「個人の努力よりも、育った社会構造によって決まる」と考えている。すべてのグループのなかで高学歴かつ裕福な人が最も多く集まっており、五万ポンド以上の世帯収入を得ている人がほかのどのグループよりも多かった。またソーシャルメディアで「支配的な発言力」を有し、その領域で「司令塔的な役割」を担っている。実際、Twitterをはじめとするプラットフォームでほかのグループより六倍も多く政治に関する投稿をしていた。彼らのソーシャルメディアへの合計投稿数は、ほかの国民全体の合計数よりも多かった。それにもかかわらず、二〇二〇年の調査時点で彼らが全人口に占める割合はわずか一三パーセントにすぎなかった。アメリカの同様の研究では、八パーセントという結果だった。[29]

こうした全国調査は、彼ら進歩的活動家の信念と行動が限界に近づいていることを明らかにしている。イギリスとアメリカでは一般的考えが比較的進歩しているようで、一九五八年にはアメリカ人のわずか四パーセントしか異人種間の結婚に賛成していなかったのに対し、[30]二〇一三年には賛成の割合が八七パーセントに増加した。「真のイギリス人」は白人であるべきと考えているイギリス人はわずか三パーセント、[31]ヘイトスピーチを問題であると考えている人は七三パーセント、[32]トランスジェンダー嫌悪を「多少」あるいは「おおいに」問題であると考えている人は半数以上にのぼる。[33]その一方で、進歩的活動家やその集団に特徴的な多くの行動はあまり支持されていない。ポリティカル・コレクトネスによる言論の取り締まりは、どちらの国においても概ね歓迎されていない。アメリカのすべての人種グループにまたがる八〇パーセントが「ポリティカル・コレクトネスはこの国の問題である」と考えており、[34]スペイン系アメリカ人の八七パーセント、アフリカ系アメリカ人の四分の三がそれを支持している。イギリスでも、ポリティカル・コレクトネスが問題になってきていると考えている人は七二パーセントに[35]及ぶ。少数派としてはかなり多い二九パーセントが、[36]イギリスは「体系的あるいは制度的に人種差別主義国家」だとの意見に賛成している。世論調査会社 YouGov によると、進歩的活動に関連するそのほかの立場に対する支持率もかなり低いという。[37] ティーンエイジャーの頃にネットで発信した問題発言を大人になってから罰せられることを妥当だと考える人は一二パーセント、日本人以外が着物を着ることを「よくない」と考える人は一〇パーセント、イングランド銀行の次期総裁は女性がなるべきと考えている人はわずか五パーセント（男性がなるべきと考えている人は三パーセント、性別は関係ないと回答した人は八七パーセント）だった。

もちろん、進歩的活動家は暴徒化することによってのみ並外れたステータスを獲得しているわけではない。その比類なき富と教育を活かして、社会の最も有力なゲームにエリートを送り込むこともできる。ここで注意すべきは、すべての進歩的活動家によって暴徒行動が容認されていると考えるのは極めて偏ったものの見方だということだ。しかし、ここが重要なポイントだ。暴徒の群れのなかでプレーしている人はマイノリティ中のマイノリティである。それにもかかわらず、ソーシャルメディアにおける彼らの威勢のいい声が、わたしたち民主社会を指揮する声になってしまう例があまりにも多い。ＩＳＩＳと同じように恐怖を広めることによって、彼らがこの並外れたステータスを手にしているのもまた事実なのだ。彼らの噂話、糾弾、情け容赦ない怒りは、合意という幻想を紡ぐことで古きいとこたちの恐怖を呼び覚まし、わたしたちを社会的檻に閉じ込める。

これが暴徒たちの必勝法なのだ。

第二〇章　被害者、戦士、魔女

戦争モードに移行したゲームは緊張する。個々のプレーヤーに対する支配力が強まり、その奉仕に身を捧げるなかで人々はますます結束する。その夢は、より狂気と悪意に満ちていく。ヒーローはさらにヒーローらしく、悪役はさらに悪役らしく見え、道徳的戒めはますます純度を増していく。その身勝手な物語を強く肯定するような話を語るプレーヤーに、ステータスが与えられる。彼らの話は被害者意識が強く、しばしば敵を強大で無情で危険な存在として描く。現実にそのような話が乏しいなら、単純につくりだせばよい。二〇一三年、ワイオミング大学の学生たちが「恋愛」について投稿しあっていたFacebookのページに、著名なフェミニストで受賞歴のあるブロガーに宛てた匿名のエントリが投稿された。[1]「メグ・ランカー＝サイモンズを激しくヘイト・ファックしたい。リベラル思想を延々としゃべりつづけ、自分のことしか頭にない女。アツく怒りに燃えそう。一晩おれと過ごせば、こいつも立派な共和党ビッチになるだろう」これに対し、ランカー＝サイモンズは「不快。女性蔑視。ページの管理者は、これをまったく問題ない感情だと思っているのかしら」とコメントした。この投稿は「レイプ文化」に反対する学生デモを引き起こし、ランカー＝サイモンズもそこで演説を行った。その後の調べで、警察は匿名の投稿がメグ・ランカー＝サイモンズ本人によるものだったと結論づけた。

こうした事件はとくに珍しくない。近年、以下のようなつくり話が次々と話題になっている。アメリカの俳優ジャシー・スモレットが、トランプ支持者から人種差別かつ同性愛嫌悪による暴行を受けたと嘘の話をでっちあげたとして、警察に告訴された。理由は「キャリアアップしたかった」からだという。[2]ヴァッサー大学で、侮辱的な落書きが相次ぐという事件が起きた。[3]報道によると、「おい性転換野郎。おまえの居場所はわかっているぞ」などと書かれていたとされるが、それを書いたふたりの学生のうち、ジェネシス・ヘルナンデスはトランスジェンダー活動家で、大学の「偏見事件対応チーム」の一員だったことがのちに判明した。心理学者のケリー・ダン教授は、「抑圧された人々のために声をあげたことで、（中略）多くの学生にとってヒーローのような存在だ」と『ロサンゼルス・タイムズ』紙に紹介される[4]ほどの人物だった。あるとき、ヘイトスピーチに関する講演を終えた彼女は、[5]自分の車が殴打されたうえに切りつけられ、「ユダヤの淫売女」、「ニガー贔屓」、「ビッチ」、「黙れ」などと落書きされ、[6]さらにナチスの鉤十字が途中まで書かれているのを発見した。その後、この器物損壊が彼女自身の犯行だったことが判明した。このような自作自演モードは、左派のプレーヤーの専売特許というわけではない。二〇〇八年、共和党の選挙ボランティアをしていたアシュリー・トッドは、[7]アフリカ系アメリカ人に地面に叩きつけられ、顔にバラク・オバマを示す〃B〃という傷をつけられたと嘘の襲撃をでっちあげた。同様に、二〇〇七年、プリンストン大学の学生だったフランシスコ・ナヴァは、[8]自分が保守的なアンスコム・ソサエティ［伝統的な貞操観念・性倫理を重んじる学生団体］の会員であることを理由に脅され、意識がなくなるまで殴られたと虚偽の主張をした。

これらデマの発信者たちは、ゲームが語る安易な道徳物語を強く肯定し、ステータスを主張する自分たちの基準が正しいことを再確認しようとした。彼らはテレビ、新聞、講堂に姿を現し、大学デモの先頭に立った。人は戦争時に被害者を称えるものだ。彼らの物語は、苦難と勇気と生存の物語であり、その被害者意識から自分がヒーローになったように感じる。また、ともにモンスターに気高く立ち向かうことで、仲間のプレーヤーにもヒーロー気分を味わわせる。

　こうした連合から、ときに敵と積極的に戦う勇気と野心にあふれた者が現れる。たいていの場合、彼ら戦士たちはほかのプレーヤーより地位への渇望が強い。前近代社会における戦士性の分析から、[9]戦闘の強さと戦士に与えられるステータスとのあいだに正の相関があることがわかった。「戦士は、報酬を得られる可能性に動機づけられて戦争に参加する」と、その研究は指摘している。報酬とはつまり、「ステータスの向上、敬称または称号、特別な記章」などである。また、彼らは集団的ナルシシストである場合が多く、自分たちのゲームがほかより明らかに優れており、それゆえ敬われて当然と信じている。研究によると、自分たちの集団に対する単純な満足感や誇りは、それがしっかり感じられてさえいれば必ずしも悪影響を及ぼすものではなく、むしろ寛容さを促進することもあるという。このような違いが生まれるのは、そのナルシシズムな夢、つまり、自分たちのゲームは特別であり、そう扱われるに値するという確信にある。「集団的ナルシシストは、内集団の優位と他者からそう承認されることに固執しすぎるために、内集団が充分に認められていない兆候に極めて敏感になり、それらを大げさに侮辱としてとらえる」[10]と、ある論文に書かれている。集団的ナルシシズムは「内集団への侮辱に対する過敏性と、敵への過剰反応傾向を予測できる特異な体系的因子」なのだ。

また、戦士は自分たちのゲームに強く共感し、[11] それを徹底的に信じて自分個人のより多くのステータスをそこに投資する傾向がある。「集団のステータスが脅かされると、集団に対する自己同一視が強いメンバーがそのステータスを維持するために戦う」と、政治心理学者のリリアナ・メイソン博士は書いている。こうしたゲームと自己との同一視が、「集団の肯定的なステータスを維持するために行動を起こすよう、ほかのメンバーを駆り立てる」のだという。ある研究で、[12] 被験者に映画《ロッキー4》を観てもらった。ただし、そのうちの何人かには、アメリカのヒーローのロッキーがロシアの格闘家イワン・ドラゴに負けるよう再編集したものを観せた。すると自分をアメリカ人だと強く認識している被験者ほど、自分のステータス意識に「深刻な打撃」を受け、「ロッキーが負けるのを見て、自分自身に非常に否定的な感情を抱いた」という。次に、心理学者たちは被験者にライバルであるロシア人について敵対的な意見を口にする機会を与えた。するとロシア人に対して「侮辱的な意見」を述べた人は、傷ついたプライドが回復したと感じた。

ときにナルシシスティックなまでに強くゲームに自己を投影する戦士たちは、戦争で得られるステータスに酔いしれ、いたるところで戦いを繰り広げようとする。彼らは防御するだけではなく、勝ち目のあるときを狙って攻撃に出る。このような美徳と支配のゲームはソーシャルメディアに顕著に見られ、戦士たちはそこで攻撃、防御、勝利のゲームをプレーし、自身と集団のためのステータスを獲得する。彼らの戦略は、ツイートを分析することによって見えてくる。[13] その分析によると、道徳的ワード、むきだしの感情、道徳的怒りをより多く含むツイートほどリツイートされる傾向にあるという。中国のSNSプラットフォームのWeiboに投稿された七〇〇〇万件のメッセージを分析した研究からは、[14]「ソーシャルネットワークを通じて最も速く遠くまで伝達される」感情は怒りであることが判明した。また、Twitterで起こった炎上騒動を調査した研究では、他人を貶めるような人ほど速くフォロワーを増やすことがわかっている。[15]

かつては、「いとこ」がゲームの規範を律する役割を担った一方で、戦士は外の世界へ出て集団のために戦い、敵の資源を奪ったり、逆に侵略者から守ったりしていた。しかし、現代ではしばしばこのふたつの原型が融合する。「ワクチン接種に疑問を呈する母親たち」も、理論上ではFacebookのグループ内で自分たちの信念を遂行するいとこたちと、外に出て、ステータスを主張するための自分たち独自の基準を守り伝道する戦士たちがいた。しかし、実際のところは、どちらも同じ人物であることが多かった。ネットで暴徒化する人々は、自分の内なるいとこの命令に従う戦士なのだ。このような一連の行動に出る能力は、わたしたちの誰しもに備わっている。それは、はるか何十万年も昔からわたしたちのなかにプログラミングされたものなのだ。人がこのような緊張状態に陥っているかどうかは、ゲームの神聖な信念とその遂行に完全に取り憑かれているように見えるかどうかで判断できる。たいてい彼らは、それ以外のことをほとんど考えられず、話もできなくなる。当人たちはこの状態に快感を覚える。なぜなら、彼らはステータスのシンボルゲームをプレーしているのであり、そのすべての思考、発言、積極的な信念の表明によって褒賞を得ているからだ。

イギリスのテレビスターのジャミーラ・ジャミルは、その司会や演技の実力というより、むしろネット戦争によって大きなステータスを獲得したと言っても過言ではない。メンタルヘルスと身体イメージに関する問題に熱心な彼女は、自分の写真を無修正だと言い張る人々を「最低の犯罪者」だと非難した。[16]彼女は、カーダシアン家の人々、カーディ・B[17]、リアーナ[18]、マイリー・サイラス、ニッキー・ミナージュ、イギー・アゼリア[19]、キャロライン・キャロウェイ[20]、ビヨンセ[21]、Ｊ・Ｋ・ローリング[22]といったエリート女性たちを公然と攻撃した。二〇一九年、ジャミルは整形手術に焦点を当てたテレビ番組を批判し、Twitter上でその司会者のキャロライン・フラックとバトルを繰り広げた。[23]その後フラックは、「こんな有害で搾取的な番組を擁護してよく司会なんかできるな」などと、ジャミルのフォロワーたちから「一斉攻撃」を受けた。四カ月後、私生活のスキャンダルを大々的に報じられたあとにフラックが自殺すると、ジャミルは「報道機関やソーシャルメディアの長きにわたる集中攻撃――彼女の場合は数カ月も続いていた――が誰かしらを完全に追いつめるのは時間の問題だった」とコメントした。その後、あるジャーナリストがフラックから送られてきたという個人的メッセージを公開した。[24]そこには、「ジャミーラに悩んでいる。彼女がわたしに向ける憎悪がつらい」とあった。この戦争により、ジャミルは大きなステータスを勝ち取った。二〇一九年、ジャミルはサセックス公爵夫人メーガン妃に選ばれ、「世界を変える」一五人の女性のうちのひとりとして『ヴォーグ』誌の表紙に登場した。現在、Twitterのフォロワー数は一〇〇万人、Instagramのフォロワー数は三〇〇万人を超えている。

当然、反対側にも戦士はいる。二〇二〇年一月、ＢＢＣの討論番組『クエスチョン・タイム』に出演したイギリス人俳優のローレンス・フォックスが、「恵まれた白人男性」は「人種差別主義者」だとの言いがかりに反論して話題になった。[25]それからしばらくして、彼は第一次世界大戦を題材にした映画《１９１７》にシーク教徒の兵士が登場することを「多様性の押しつけ」だと訴えたが、その後、一三万人のシーク教徒が実際に戦争で戦っていたことを知って謝罪した。さらに、スーパーマーケット・

チェーンの〈セインズベリーズ〉が黒人歴史月間を後援していることを「人種の分離および差別」につながると訴え、ボイコットを扇動しようとした。[26]『クエスチョン・タイム』に出演する前、[27]フォックスのTwitterのフォロワー数は五万人弱だったが、同年末には二五万人を突破した。

ジャミルやフォックスのような戦士たちは、失敗したり逆転されたり恥辱にさらされたりしたにもかかわらず、大きなステータスを獲得している。彼らのような存在はゲームのエリートメンバーになりやすい。プレーヤーとして非常に知名度が高いうえ、ゲームに強く自己を投影し、美徳による大きなステータスを生みだそうとするからだ。彼らの攻撃は、噂話や暴徒行動で結束する、怒りと野心に満ちたステータスの低いプレーヤーたちの存在があってこそ可能になることがほとんどだ。ある調査によると、陰謀論や「フェイクニュース」などの「敵対的な政治ゴシップ」を広める傾向が最も強いのは、[28]「ステータスに執着しているものの社会的に疎外されている」人々であり、彼らの行動は「高いステータスに対する届かぬ願望」によって駆り立てられ、「嫌われ者のエリートを寄ってたかって見物する客を動員する」ことを目的としているという。

このような状況下で人々が紡ぎだす夢は、残忍でヒステリックなものになりかねない。カレン・テンプラーの炎上でも見たように、ゲームの道徳的立場は変化し、ますます極端になっていく。テンプラーが標的となったのは、彼女がインドへの招待を「まるで火星行きのチケットをもらうようなもの」と書いたことがきっかけだった。彼女を非難する人々の病的なまでに緊張した妄想世界では、この発言こそ彼女が人種差別主義者で、植民地主義者で、白人至上主義者である証拠になった。研究者のジャスティン・トシ博士とブランドン・ワームキ博士は、[29]ステータスを求める人々が互いを出し抜こうとしてゲームの道徳的立場をますます窮屈な場所に押し込む「つりあげ」のプロセスについて、「他者のものの見方について聞くとき（あるいは、少なくとも彼らが言っていることを聞くとき）、わたしたちにはふたつの選択肢がある。自分が道徳的に秀でているわけでもなんでもないことを受け入れ、そのまま自分のものの見方を維持するか。それとも、わずかに自分のものの見方を変えて（あるいは、少なくともその提示の仕方を変えて）、集団内の道徳的見本となってステータスを保持しようとするかだ。多くの人が、後者の選択肢のほうを好ましく思う」と述べている。戦士がこのようにつりあげを行うとき、彼らは「正しい道徳的主張を目指すわけではない。（中略）彼らを駆り立てるのは、道徳的に最も強い印象を与えたいという願望」なのだという。

ゲームが緊張するにつれ、その夢はますます奇妙になっていく。純度を増して厳格になり、より極端な信念によって紡がれるようになる。そうなったとき、わたしたち一般のプレーヤーはどうするか？疑問の声をあげ、いとこや戦士たちの怒りを買うリスクを冒すのか？　それとも頭を低くしてやり過ごすのか？　すでに見たとおり、ソロモン・アッシュ教授の同調に関する有名な「直線の研究」では、比較的引き締めのゆるい実験グループだったにもかかわらず、三分の一が自分の目で見た明らかな証拠を否定し、多数派の信念に同調した。心理学者のロブ・ウィラー教授が率いた研究でも、[30] 同様の力学が観察された。被験者はワインのサンプルを試飲し、段階評価をしたうえでいちばん好きなものを選ぶよう求められた。これらのサンプルが、実際には同じボトルから注がれた同一のものということは伏せられた。被験者はそれぞれ、六人いるうちの五番目にレビューすることになった。自分より前の四人がひとつのサンプルを非常に優れていると評価したところ、被験者の半数以上がそれに同意した。この結果からは、アッシュ教授の実験よりさらに高い割合での同調性が示された。この実験には、さらにもうひとひねりある。その後六番目のレビュアーが入ってきて、真実を告げた。どれもまったく同じ味だと言ったのだ。そこで被験者は、今度はレビュアーの評価をするように求められた。よりよい味覚を持っているのは誰か？　嘘をついた最初の四人か、それとも真実を述べた六番目の人か？　そのように内々に質問された被験者は、六番目の人を評価した。しかし、みなのいる前で同じ質問をされた被験者は、偽の多数派の意見を支持しただけではなく、真実を述べた唯一の人物を貶めた。

ゲームが危険なほど緊張したときにこのような行動が引き起こされるのは、研究者にとっては予測できる結果である。なかには真の信者となり、その夢に完全にのみ込まれるプレーヤーもいるかもしれない。しかし、ほかは違う。彼らはその高まる狂気を感じ取る。だが、いとこの力におびえ、信じているふりをする。こうした偽りの信者たちは、ゲームのルールやシンボルや信念を守り、あたかも忠実なプレーヤーであるかのようにふるまいつづける。しかし、頭蓋骨のなかの秘めたる心理領域では、夢物語への信頼はすでに失われてしまっているのだ。緊張した集団は、非合理的な考えと攻撃的な同調圧力へと向かう傾向にあるため、人は本気で信じる信者と偽の信者に分かれることが多い。偽の信者はしばしばルールを強く主張するなど、積極的な信念を示すことで自分の忠誠心を証明しようとする。「自分の誠実さを示すために」彼らはそうするのだと、研究者は書いている。「つまり、ただ社会的承認を維持したいがために同調したわけではないと示そうとする。なぜなら、集団内の真の信者にとって、ただ同調するだけでは不充分だからだ。ただ同調している人は、集団に認めてもらうためのポーズを取っているだけだろう、となってしまうのだ」

では、真の信者は誰なのか？　そして、自分たちの夢を内側から裏切る隠れた危険分子は誰なのか？　プレーヤー同士が「自分の疑念を隠すために互いにプレッシャーをかけあう」ことで、ゲームはさらに緊張する。これによって疑いはさらに増していく。するとゲームは、社会学者のブラッドリー・キャンベル博士とジェイソン・マニング博士が「純化スパイラル」と呼ぶ状態に突入する。[31]このスパイラルでは、プレーヤーは「熱心さをより示すことで互いを出し抜こうとし、その結果、自分たちの運動の核となる道徳からほんのわずかでも外れたことをしたメンバーを非難し排斥しようとする」という。こうして彼らは、われ先にと他者を糾弾することで自分の誠実さを証明しようとする。みな、自分はゲームから受け入れられていると示すために必死なのだ。違反者として目をつけられた人は、恥をかかされ、追放され、ときに殺されてしまうこともある。ゲームがこのプレーモードに突入すると、魔女狩りが始まる。

一五世紀から一七世紀にかけて最も盛んになったヨーロッパの魔女狩りは、たいていの場合、きびしい気候条件によって農作物の不作や食料不足が起こり、集団に大きな困難がのしかかったときに発生した。[32]こうした重圧は「社会の純化と統一の必要性を強く感じさせ、最も異端な逸脱者に対する行動という形で現れた[33]」と、歴史学者のピーター・マーシャル教授は書いている。このような気象に陥ったのも、超自然的な力を持つ偽りの信者が自分たちのなかに紛れ込んでいるせいだ語る恐ろしい夢が紡がれたのだ。とはいえ、魔女の証明は簡単ではなかった。ゲームがこのモードに陥ると、たいていの法執行者が、法的保護の例外的緩和を必要とするような例外的な問題に対処しているのだと主張しだす。ウィッチハンターのアンリ・ボゲは、「魔術は通常の犯罪ではない。（中略）それゆえ魔女裁判は特別な方法で実施されなければならず、通常の合法性や一般的な手続きが厳格に遵守されないこともありうる[34]」と述べた。

同じくジャン・ボダンは、「このような悪の証明は非常に不明瞭で困難なため、通常の法的手続きに則っていたら、一〇〇万といる魔女のひとりも起訴して罰することはできないだろう」と述べた。魔女狩りが最も盛んに行われた一世紀半のあいだに、少なくとも八万人が裁判にかけられ、[35]そのうちの約半数が処刑された。大半は未亡人などの哀れな女性だった。[36]ドイツのある町では、一日におよそ四〇〇人も殺害されることがあったという。

同様の動きは、スペインの異端審問の時代にも起こった。一四七八年、スペインの君主たちは、弾圧を経てキリスト教に改宗したかつてのユダヤ人たちの心の内を解明するために、特別法廷の導入を承認した。[37]こうして異端審問所ができ、コルベルソ［ユダヤ教からキリスト教への改宗者］たちのあいだで密かにユダヤ教がまだ信仰・実践されているという訴えを調査することになった。彼らは、自分たちの餌食となるコルベルソの法的保護を撤廃した。教会法では匿名での告発は禁止されていたが、それが許可されただけではなく、むしろ奨励されるようになった。[38]「異端審問の記録には、隣人が隣人を、友人が友人を、家族が家族を訴えた事例がたくさんある」と、歴史学者のヘンリー・ケイメン教授は書いている。その動機がただの強欲から来ていることも少なくなかった。告発されたコルベルソはしばしば職を追われ、財産を没収された。「神父に逮捕され焼かれた実に多くの人々が、財産のためだけに逮捕され焼かれていった」と、あるコルベルソは書き残している。別のコルベルソの記述によると、カスティーリャ地方で「一五〇〇人が偽証によって焼かれた」という。しかし審問員たちは、自分たちの手続きにおいて「偽証」は極めて稀だと断言した。実際、一一七二件の一連の裁判公式記録のうち、偽証とされたのはわずか八件だった。ヨーロッパのいたるところに現れた魔女ハンターのように、一九八〇年代のアメリカに現れた悪魔ハンターのように、ソーシャルメディアの時代に現れたネット暴徒のように、彼らは異端者を発見することで褒賞を得るゲームをプレーした。そして彼らは、あらゆるところから異端者を見つけだしたのだ。

異端審問という支配と美徳のプレーが報酬を勝ち得ていくにつれ、彼らのゲームは力を増し、その夢は闇に染まり、敵に対する認識は社会病質的に執念深くなった。コルベルソたちは、カトリックのゲームに対する侮辱とみなされた取るに足りない罪で次々と起訴された。ある女性は、聖母マリアの話をしているときに笑顔を見せたという理由で起訴された。また別の女性は、豚肉を食べず、ユダヤ教の安息日である土曜日にリネンを交換しなかったために起訴された（彼女はひどい拷問を受けたという）。ある八〇代の男性は、伝統的に肉を食べない日である金曜日にベーコンを食べた罪で異端審問にかけられた。教義を知らないといった単なる無知も、異端の証拠とされた。疑いをかけられた人々は、その雰囲気に息の詰まる思いだったのだろう。恐怖に駆られたコルベルソたちは、自らを糾弾しはじめた。ゴンザレス・ルイスという男性は、カードゲームをしているときに「たとえ神がパートナーでも、おまえはこのゲームに勝てないだろうよ」と言ってしまったことを、自ら異端審問所に報告した。多くの人々が、社会的檻の恐怖を感じていた。一五三八年、あるコルベルソはこう書いた。「説教者は余計な説教はせず、説教するにしても議論になりそうなことには触れない。なぜなら、この生活では警官のように取り締まる自己を持たない人などいないからだ」

　人生が緊張すると、このようなことが起こる。専制的ないとこの力が解き放たれ、戦士は戦い、魔女は焼かれ、ゲームの神経領域は支配と美徳のプレーという超現実的な息の詰まる悪夢に侵される。そこでは同調と純化が求められ、噂話、恐怖、パラノイア、糾弾合戦が蔓延る。法的保護の緩和が叫ばれ、敵に対するダブルスタンダードが生まれ、不当な手段で訴えられる架空の罪がつくられる。そこにあるのは絶望、屈辱、苦悩であり、めちゃくちゃにされ、ときに終止符を打たれる人生だ。その一方で、勝者がいる。誇り高き戦士たちはみな、道徳的規範としての自分のステータスを恍惚と噛みしめ、はるか高みから勝利に笑みを輝かせるのである。

第二一章　夢で道迷う

あるゲームが大きな脅威に一定期間さらされると、その結果として生じる緊張状態が何世紀にもわたって痕跡を残すことがある。心理学者のミシェル・ゲルファント教授は、このような影響を世界規模で研究している。これまでの研究から、病気、飢饉、自然災害、紛争などの事象に苦しんだ経験を持つ国は、社会規範がきびしく、逸脱への許容度が低くなり、より窮屈な文化が育まれることがわかっている。[1]「多くの生態学的・歴史的脅威に対処する集団は、混沌のなかで秩序をつくりだすためにできるかぎりのことをする必要がある」[2]「脅威が大きければ大きいほど、コミュニティは緊張する」[3]と、ゲルファント教授は書いている。

パキスタン、ドイツ、マレーシア、スイス、インド、シンガポール、ノルウェー、トルコ、日本、中国などの窮屈な文化圏[4]のプレーヤーたちは、似たような服装をし、似たようなものを買うことが多い。また、犯罪率やアルコール依存症、肥満の割合が低く、優れた自制心を持つ傾向にある。時間に正確な国民性のため、公共交通機関も正確な時間で運行する。[5]スイスの列車の定時運行率は平均九七パーセントを誇り、シンガポールで二〇一四年に三〇分以上遅延した列車はわずか一四本、二〇一三年の日本の新幹線の遅延時間は平均五四秒だった。これらの国では、公共の時計が示す時刻も正確に合わせられていることが多い。[6]

また、窮屈な文化圏で育った人々は、ヒエラルキーや権威を非常に重んじる。[7] こうしたプレーヤーは、ときに滑稽なほど厳密に道徳的に正しい行動を取ることでステータスを得る。[8] 週のある一定時間を「静かに過ごす」ことが規則で定められているドイツで、ある住民が吠える犬について苦情を訴えたところ、裁判の判決でその犬は一日に三〇分まで一〇分置きに吠えることが許可された。[9] 彼らは道徳の純正性により関心があり、[10] 死刑制度を有する場合が多く、[11] 外部の人をあまり歓迎せず、[12] 支配的なリーダーを好む。[13] また、彼らは自分たちのゲームの荒唐無稽で神聖な夢を信じやすい。アメリカ各州の文化の〝窮屈さ〟[14]と〝ゆるさ〟を分析した研究からは、より窮屈な州ほど「宗教を信じる人の割合が著しく高く」、カンザス州、ミシシッピ州、サウスカロライナ州では成人の約八〇パーセントという割合だったことがわかった。

もちろん、これらは一般論だ。シンガポールやスイスに住むすべての人が、イギリスやブラジルのすべての国民より同調性が高いということはもちろんない。また、窮屈／ゆるいの定義はどちらかに分けられるような二元的なものではなく、その度合いは多岐にわたる。とはいえ、ゲームが不快なほど緊張したときにどうなるかは、誰もが知っている。社会的檻がおりてきて、各々の現実という夢が完全に合体し、プレーヤーが互いに溶けあう。彼らは「心ひとつ」となり、ゲームとその神聖な信念にますますのめり込む。そうして内なるいとこが蔓延るようになった状態の人々を、わたしたちは「洗脳されている」と言い、その集団を「宗教」や「カルト」みたいだと表現する。

カルトとは、すべてのなかで最も緊張したゲームである。それは、プレーヤーにとって唯一の重要なつながりとステータスの源となることによって力を維持する。カルト内で地位を得るということは、その信念体系に積極的に従い、ゲームの思想や行動を固守し、自分の神経領域内が完全に植民地化された状態を許すことを意味する。真のカルトメンバーは揺るぎないひとつの活動的なアイデンティティを持つ。そうした彼らに魅了されるのは、しばしば従来の人生ゲームで失敗した人々だ。疎外され、傷つき、困窮した彼らの脳は、たしかなものを与えてくれるように見えるゲームを求める。そこなら、明瞭な絶対的ルールに従うことでつながりとステータスを勝ち取れる、と彼らは思うのだ。

おもに〈ヒューマン・インディヴィデュアル・メタモルフォシス〉という名で知られるアメリカのカルト教団の多くのメンバーが、まさにそうであった。教祖のボニー・ネトルスと副教祖のマーシャル・アップルホワイトは、揺るぎなく正確にルールに従うことで、存在の「ネクスト・レベル」、すなわち「人間よりも進化したレベル」に進むことができるなどと、プレーヤーたちに信じられないような夢を紡いだ。訓練期間を終えると、UFOがプレーヤーたちを迎えにやってきて、「そこまで成し遂げた人だけが到達できる本物の」場所である天国に連れていってくれると。

ネトルスとアップルホワイトは、「ティー（Ti）」と「ドー（Do）」などのさまざまな通名を使いわけ、自分たちをまさしく神とイエスの化身と称し、信者たちからもそうみなされていた。ふたりは神聖な存在であり、ゲームの生きるシンボルであり、絶対的支配者だった。しかし、一九七二年に出会ったとき、彼らはふたりとも一般的な人生ゲームから疎外されていた。「ドー」ことアップルホワイトの一六年に及ぶ結婚生活と音楽教授としてのキャリアは、男子学生との性的関係を告発されたことで終わりを迎えていた。一方、「ティー」ことネトルスの娘は、当時母親が空をじっと見つめ、空飛ぶ円盤が自分を連れ去ってくれることを夢見ていたと回想している。「わたしたちのどちらも、自分がこの世界の一部だとは感じていなかった。[15] わたしたちはいつも外からなかを見ていた。ふたりとも、何か違うものを求めていた」

ふたりはニューエイジを教えはじめ、次第に自分たちを『ヨハネの黙示録』に書かれている「ふたりの証人」――神が「荒布を着て一二六〇日のあいだ預言することを許そう」と告げたとされる――にも劣らない高位の人物であると信じるようになった。それからふたりで布教活動を始めると、まわりに信者の小さなコミュニティが集まりだした。彼らの多くは、ティーとドーと同じように、従来の世界でゲームとのつながりを失った人々だったと思われる。ある人はそのときの感情を、「この世界では何をやっても疎外され、望みなどなく、中途半端で、すべてが不満だった[16]」と回想した。

ティーとドーにとって、ほかの人間がプレーしているルールは何ひとつ重要ではなかった。彼らは「ふたりの証人としてのステータスと精神的使命の重大さによって、自分たちは人間の法を犯しても許されると信じていた[17]」と、宗教学者のベンジャミン・ツェラー教授は書いている。彼らにとって唯一有効なルールは、自分たちがつくりだしたものだけだった。信者が「ネクスト・レベル」に行くにふさわしくなるためには、「人間のすべての甘えと欲を克服」しなければならなかった。この変身《メタモルフォシス》は、「この世で最も難しい課題で、(中略)何もかもを失う必要があった。自分が持っているこの世とのつながりをいっさい断ち切ることになる」のだ。プレーヤーたちはゲーム内に完全に入り込み、そのステータスを主張する基準を用いてほかのあらゆるものを排除することが求められた。これはつまり、仕事、配偶者、子ども、財産、さらには自分の名前を含む過去のアイデンティティを捨て去るということだった。そして各々、「ody」で終わる六文字の呼称を再命名された。

一九七六年、八八人の男女がワイオミング州の人里離れたメディスン・ボウ国有林にやってきて、ともに暮らしながら、別世界のステータスへのたしかな道が約束されたゲームをプレーしはじめた。ルールを守らない者をティーとドーは決して許さず、その年だけで一九人が追放された。それから二〇年かけ、ゲームは独自の秘密の言語を発展させた。本拠地のコミュニティは「クラフト」、寝室は「レスト・チェンバー」、キッチンは「ニュートリラボ」、洗濯室は「ファイバーラボ」、浴室は「バス・チェンバー」、身体は「ヴィエクル」、ブラジャーは「スリングショット」、おならは「プーフーファス」など。何百というルールが「手順書」に明記されていた。観てもよいテレビ番組に始まり、風呂に入れる時間(六分)、使ってよい歯磨き粉の量(歯ブラシの毛の四分の一が隠れる程度)、髭の剃り方(下向きに)、スクランブルエッグのつくり方(「完全に水分を飛ばすが、焼き色はつけない」など)、プーフーファスをしてもよい場所(バス・チェンバーまで我慢し、解放する)など、「ネクスト・レベル」の正しい行動が指示された。同様に、ビタミン剤は毎日一九時二二分に飲まなければならないなど、スケジュールもきっちり決められていた。噂話や「おしゃべり」、またひそひそ話は禁じられた。故意に手順を破ることは「重大な違反」とみなされ、プレーヤーは追放の危機にさらされた。

こうしてプレーヤーの神経領域は、〈ヒューマン・インディヴィデュアル・メタモルフォシス〉という架空のゲームに完全に支配されなければならなかった。違反には以下のものが含まれた。「好き嫌いを持つこと」、「不適切な好奇心を持つこと」、「私的な考えを持つこと」、「自分の判断を信じること——

つまり、自分の頭で考えること」など。もし間違った考えが形成されそうになったら、「白紙のカードを出し」、心を正しい場所に移動させなければならなかった。元メンバーのSwyodyは[18]、「思考が思考になる前に、それがどんな思考かを特定できた。思考の芽生えに耳を傾けて、脳のなかで実際に言葉にならないように途中で止めるんだ」と回想している。彼はまた、ティーとドーから「ふたりがテントの柄を水玉模様として見たなら、たとえそうは思っていなくても、それは水玉模様なんだと信じなければならない。彼らに見えているように自分も見るために、フィーリングをあげるのだ」と教わったという。それから、〝監視課題〟というのがあった。「各自クリップボードを持たされ、班の仲間を監視する任務が課せられた。これは問題だと思うようなことや、ティーとドーが知りたいと思うようなことを誰かがしたり言ったり、手順を破ったりしたら、それを記録する。その報告を毎日ティーとドーが確認していた」と、Swyodyは述べている。手順の違反は定期的な「過失会議」で発表された。メンバーが輪になって座り、自身の「過失」をみなの前で告白するのだ。ほかのメンバーからどうすればよかったか提案が出た場合「ありがとう」と礼を言わなければならなかった。告白をまとめた報告書は、ティーとドーに送られた。

Swyodyが何よりつらかったのは、性的行為や思考が禁じられていたことだった。正しい手順では、プレーヤーは両手を腰より上に置いて寝ることになっていた。官能的な夢を見て「夢精」してしまった場合は、それ専用の特別なハンドタオルで体を拭くことが正しい手順とされた。そのタオルは、ティーとドーが把握できるように、必ず署名して借りなければならなかった。Swyodyはこれが恥ずかしくて、ときおり手順を無視したという。彼は性的思考が芽生えそうになったら「白紙のカード」を掲げ、思考を持つ前に止めることを何度も繰り返したが、やがてそれは不可能だと気づいた。「何年も心身ともに禁欲を続けていると、人は非常に敏感な時限爆弾になり、ひとつ考えが浮かんだだけですぐに性的興奮を覚えてしまう」

一九八七年、解決策が提案された。ドーは男性メンバーたちを会議に招集し、Lvvodyという女性メンバーが、睾丸摘出手術を行う外科医のもとでかつて看護師として働いていたことを伝えた。自分も処置の仕方ならわかると思うと、彼女は言ったそうだ。ドーは去勢を命じたわけではなく、ただ可能性を考えていただけだった。その頃、Swyodyは Srrodyという別のプレーヤーとライバル関係になっていた。「Srrodyのヴィエクル（身体）はアイルランド系で髪が赤く、まさに狐のように何をするにも素早かった」と、Swyodyは書いている。Srrodyは、どうにかティーとドーを喜ばせようとつねに「機会を狙っていた」という。「Srrodyに対抗するにはこれだと思った。そこで、自分がいかに去勢してもらいたいかをドーに示すことにした」ドーに不安はないかと尋ねられたときも、Swyodyはこう応えた。「ヴィエクルは望んでいませんが、わたしがヴィエクルを停止させます」

しかし、問題が起きた。Srrodyもまた去勢を望んだのだ。彼らはコイントスで決めることにした。残念なことに、勝ったのはSrrodyだった。Lvvodyは、「もし何かあったら、メキシコに行って手術してもらったと嘘偽りなく言えるように」と、即席の手術室のドアに「メキシコ」と書いたボードを取りつけた。こうしてSrrodyは手術台の上によじのぼった。Lvvodyは彼の陰茎を持ちあげて陰嚢の毛を剃ると、そこに局所麻酔を注射した。それからメスを手に取り、陰嚢を切開した。Swyodyは、「膝の力が抜け、危うく失神しそうになった」という。彼を支えながら、ドーは「これで互いの絆ができなければ、ほかでは無理だろう」と言ったそうだ。Lvvody は陰嚢を大きく開くと、なかに外科用ハサミを入れて数カ所を切断し、両方の睾丸を摘出した。ところが、縫合したとたんに患部が腫れはじめた。「Srrody の袋は野球ボール並みに大きくなっていた」という。そこで Swyody は彼を病院に連れていき、この患者はメキシコで手術を受けてきた修道士だと医者に説明した。Srrody は見事に完治した。あまりの快復ぶりに、Swyody は嫉妬に駆られた。「自分が手術してもらえなかったことに失望した」という。

それからの数カ月、Swyody の性衝動はかつてないほど爆発した。「コンセントにつながれているのかと思うほどだった。自分に触れてもいないのにオーガズムに達し、数分後にはまた別のオーガズムがやってきた」と、彼は書いている。最終的に Swyody は諦め、気づけば自慰が習慣になっていた。「こんな自分を変えたいとももう思わなかった。もはや別人になってしまったみたいだった」一九九四年九月、一九年間にわたり忠実にプレーしてきた Swyody は、その頃〈ヘヴンズ・ゲート〉と名乗るようになっていたカルト教団から脱退した。彼が去ったあと、ドーは自分を含む七人の男性に去勢手術を受けさせる手筈を整えた。今度は本物のメキシコで、本物の外科医に。

Swyody が去った月、ドーはある倉庫に集団を集めて会議を行った。遡ること一九八五年、教祖だったティーががんで死去した。このことは、そこで暮らしプレーする信者のためにふたりで紡いできた夢にとってきびしい試練となった。ティーとドーは、「ネクストレベル」に連れていってくれるUFOに信者を自ら物理的にエスコートするはずだったのだ。ティーの死により、ドーは物語を修正することとなった。肉体を離れたあとも、人間を超えたレベルにあがることは実際に可能だとしたのだ。死して次の段階に進めると。そこでドーは集まった人々に尋ねた。「自らの選択で自分のヴィエクルから脱しなければならないとしたらどうする？　問題があるだろうか？」

問題ありと答えたのは、ひとりかふたりだけだった。一九九七年三月、ドーを含む三九人の残っていたメンバーが、「プディング」で甘くしたバルビツール酸系とウォッカを飲んだあと、頭から袋をかぶって自殺した。彼らはその行程を三回に分けて実行した。全員がグレーのシャツ、黒のトレーニングウェアのパンツ、白黒のナイキのディケイド（スニーカー）というそろいの格好に身を包み、各班が合意した手順に正確に則って命を絶った。肩には、「ヘヴンズ・ゲート上陸隊」と書かれたワッペンがつけられていた。この集団自殺は国際ニュースになった。彼らの最期の日々を明らかにしようと、記者たちが続々と現地にやってきた。「ネクストレベル」に旅立つ前の週、彼らはカリフォルニア州カールスバッドにある〈マリー・カレンダー〉というレストランチェーンで最後の晩餐をしていたことが判明した。ウェイターは戸惑いながらレポーターにこう語った。「彼らの全員がまったく同じものを注文していました」[19]

従来の人生の説明では、〈ヘヴンズ・ゲート〉は解釈できない。それでも解釈を求められると、人は道徳漫画に手を伸ばす。カルトのメンバーは「洗脳」され、セックスとお金のためだけに活動する邪悪な首謀者の支配下に囚われているのだ。メンバーが充分に同調しなかったり、脱会を試みたりして自分たちの神聖な信念を侮辱した場合、カルトは間違いなく攻撃的手段に出るだろう。教祖の動機なんて、大概が股間と財布だろうと。しかし、プレーヤーに何か重要なものを与えなければ、どんなカルトも生き残れない。〈ヘヴンズ・ゲート〉のメンバーたちは、洗脳されたからそこにいたわけではなかった。彼らの脳は、脳というものが自然とやりたいと欲することをやっていたのだ。

人はステータス・ゲームをプレーするためのルールやシンボルを求める。自分にしっくりくるものが見つかると、たとえそれがどんなに凶暴であろうと、わたしたちはその物語にのめり込んでしまう。これは悪魔ハンターにも、反ワクチン派の母親にも、ポンペイのヤムイモ栽培者にも、ＩＳＩＳにも、ネット暴徒にも、世界中の宗教信者にも言えることだ。〈ヘヴンズ・ゲート〉に一三年もいたあるベテランメンバーは、「自分たちは守られていた。わたしたちは世界のルールがいやだったから、独自のルールをつくったんだ。あれはユートピアだった」と研究者に語った。脳は知りたがる。つながりやステータスを得るために、自分は何者になるべきか。ティーとドーは、どう変われればよいかを具体的に語ることで、的確な指示を提供する素晴らしい夢を紡いだ。それが彼らのしたことだ。

外部のいとこが同調性を取り締まる必要はほぼなかった。なぜなら、いとこは彼ら自身のなかにいたからだ。Swyody は回顧録のなかで、大文字を用いてこの点を強調している。「自分はティーとドーの計画のなかにいたかったんだ。そして彼らのルールのすべてを守りたかった。（同調しないのは）ＮＡＳＡの宇宙飛行士になりたいのに、あの手順もこの手順も守らなくてよいと決めてかかっているのと同じだ」プレーヤーの熱意はすさまじく、彼らは「過失会議」なる告白の会を自ら開いた。「おれたちはカルト中のカルトだなんて、メンバーとよく冗談を言っていた。自分たちは、そこにいたからプログラミングされたり洗脳されたりしたわけではない。洗脳してくださいとお願いするために、みんなそこにいたんだ」。と、ある人は書いている。三九人は自らの選択で命を絶った。社会学者のロバート・バルチ博士とデイヴィッド・テイラー教授は、彼らの死は「意図的な判断から生じたものであり、外部の脅威によって促されたわけでも、強制によって実行されたわけでもなかった。メンバーたちは進んで、むしろ熱狂的に自ら死に向かっていった。なぜなら、自殺は（彼らの）信念体系においては意味あるものだったからだ」[20]と述べている。これは死ではなく勝利だった。人間を超えたレベルにたどり着くための、ステータスの輝かしい主張だったのだ。

彼らの死から二カ月後、元メンバーのひとりがあとを追った。Gbbody はすでに教団を去っていたが、「ネクストレベル」への旅立ちを逃したことを悔やんで自殺した。教団を抜けた直後の一九九五年、彼は〈ヘヴンズ・ゲート〉で過ごした日々についておだやかにこう綴った。「何よりも彼らはわたしの家族だった。心から愛していた。わたしたちはかたく結ばれた集団だった」[21]

第二二章　ステータス製造機

成功している集団は、いわばステータスを生みだす機械だ。プレーヤーにもゲームそのものにもステータスをもたらすことで繁栄する。これは戦時だろうと平時だろうと、緊張モードだろうと緩和モードだろうと言えることだ。政治ゲーム、カルトゲーム、ギャングゲーム、ゴールドラッシュゲーム、企業ゲーム、宗教ゲーム、スポーツチームゲーム、異端審問ゲーム、暴徒ゲーム、そのほかありとあらゆるゲームに当てはまる。すでに見てきたように、人間にはステータスが必要だ。それを得るために、みなゲームに臨んでいる。一流のゲームを率いるステータスに満ちあふれた人々が、まばゆいばかりのスポットライトの下でヒステリックな観衆の声援を受けたり、世界中のメディアで報じられたり、取り巻きに囲まれたりしている姿は、まさしく全権を掌握しているかのように見える。しかし、それは見せかけにすぎない。最終的にすべてを握っているのは、その下にいる人々だ。

リーダーは、彼ら部下たちから王座を借りているにすぎない。彼らがその形式的な高い立場をたしかなものにし、巨大なデスクの後ろで快適に過ごしつづけるためには、プレーヤーたちの心中の真のステータスを獲得しなければならない。たいていの場合、それは集団のためにうまくステータスをつくりだし、それをルールに沿ってヒエラルキー全体に分配することを意味する。そのステータスは、称号、お金、メダル、秘密情報、天国への階段――つまりは人間を超えたレベル――、あるいは単に感謝という形でもたらされるかもしれない。たとえ独裁者でも、その支配地域を維持するために報酬をもらってしかるべき軍のエリートたちを筆頭に、喜ばせなければならないプレーヤーがいるものだ。自分以外のプレーヤー全員がゲームに失望し無意味だと感じたら、どんなゲームも――カルトであっても――生き残ることはできない。

伝説の戦術家、ニッコロ・マキャヴェッリはこのことをよく心得ていた。成功する君主たるもの、「有能な人物を積極的に奨励し、専門職業で秀でた者を称えるなど、才能を評価する」べきだとマキャヴェッリは助言した。当然ながら、この恩恵は君主の精鋭プレーヤーたちひとりひとりにも及ぶ。君主たるもの、「その者に思いやりを向け、敬意を表し、富ませ、恩を着せ、名誉と責任の両方を与えなければならない。これにより、(その者は) 自分がいかに君主に依存しているかを知ることになる」さらにマキャヴェッリは、そのような褒賞は自分の管理下でしか保証されないという考えを広めなさいと、指導者たちに内々に説いている。「聡明な君主たるもの、市民がいつなんどき、どんな状況においても、君主とその権威に依存するような方法をあみだすべきである。さすれば、みなつねに君主に誠実であるだろう」

それから数世紀が過ぎ、マキャヴェッリの考えがある程度正しかったことがわかってきている。ある分析では、成功している組織は「優秀な従業員を辞めさせないために、彼らに高いステータスを与えている」との結果が出た。ステータスを与えられると、労働者は属する集団と自己をより同一視し、より献身的になり、集団をより肯定的にとらえるようになる。社会学者のセシリア・リッジウェイ教授は、「集団努力に対する受け手の知覚価値と引き換えに」評価と影響力を与えることで、ステータスのヒエラルキーがこのように機能していることを示す「数々の証拠が出ている」[2]と書いている。わたしたちは、自分たちのゲームの勝利に貢献したプレーヤーに報酬を与える。より高い地位を与える。彼らが充分に役立つと証明されれば、しばらくのあいだ彼らにリーダーをまかせることもある。

成功するリーダーは、「われわれはもっと多くのステータスを得てしかるべきだ。わたしが率いれば、それを実現できる」と、みな同じ抗しがたい物語をプレーヤーに語って聞かせる。第四五代アメリカ合衆国大統領ドナルド・トランプは、「Make America Great Again（アメリカをふたたび偉大な国に）」と約束することで、こうした物語を語った。前任のバラク・オバマは、「Hope（希望）」の実現を求めるなかで同じ物語を語った。テロリスト集団のＩＳＩＳは、ソーシャルメディアという恐ろしい道具を用いて敵を恐怖に陥れる一方で、自分たちにはまったく異なる幻想を紡いだ。彼らが発行していたプロパガンダ雑誌『ダービク』を分析した研究によると、[3]そこに掲載された暴力的な画像はわずか五パーセントにすぎず、むしろ「理想のカリフ政治」における輝かしい未来を描いた画像のほうが圧倒的に多かったという。

ハッピーエンドの物語は、ライバルの脅威にさらされると、さらに魅力を増すことがある。ゲームのステータスが敵によって脅かされていると感じられると、プレーヤーはゲームを擁護して自ら戦いに参加すると同時に、その戦いに熱意を示すリーダーを支持する傾向が強まる。複数の研究によると、ライバル心による怒りと勝利に対する楽観的な熱意とを結びつけることによって、[4]プレーヤーのモチベーションを非常に効果的にあげることができるという。たとえば、強い怒りや熱意を感じさせる政治的メッセージを読むと、「人はリングに飛び込みたくなる。参加したくなるのだ」と、政治心理学者のリリアナ・メイソン教授は書いている。ライバルゲームからの脅威は、偏見という毒ある物語を増加させることによってやる気を促す。「社会集団への脅威がなければ、外集団を貶める傾向も減り、自分の集団のステータスを向上させるモチベーションもさがる」[6]という。

アドルフ・ヒトラーは、人がどれだけ彼を憎もうと、一時期は近代史で最も成功をおさめた指導者のひとりだった。歴史学者のイアン・カーショー教授も書いているとおり、「二〇世紀の政治指導者のなかで、政権掌握から約一〇年にわたり、ヒトラー以上に国民の人気を得た人物はまずいない」[7]だろう。第二次世界大戦終結以来、ドイツのような先進国で、なぜ非合理と悪の力があれほど獰猛なまでに高まってしまったのかと、多くの人が困惑しつづけている。ここでもまた、人間の本質についての基本的な考えと矛盾する。なぜあれほど文化的で聡明な国民が、凶暴な反ユダヤ主義者を指導者に選んでしまったのだろうか？　そして、何千人と詰めかけた広場で、彼をまるで神のようにヒステリックに応援したのだろうか？　しかし、ステータス・ゲームの観点から見れば、ナチスの台頭は容易に理解できる。

すでに、わたしたちの奇妙な旅は、エリオット・ロジャー、エド・ケンパー、テッド・カジンスキーという三人の大量殺人犯をめぐってきた。いずれも誇大妄想家で、ステータスの高い人間として扱われる資格が自分にはあると確信していた一方で、慢性的で深刻な屈辱経験に苦しんでいた。すでに見てきたように、屈辱は心理的に人を貶める究極の手段である。「自己破壊」の要因となり、大うつ病、自殺願望、精神病、強烈な怒り、重度の不安などを引き起こす「感情の核爆弾」である。また、同様に暴力によって失われたステータスを回復しようとする名誉殺人犯の推進力にもなっていると考えられている。これこそが、戦前のドイツに見られたものだ。壮大な屈辱。ただし、このときは国家レベルにまで及んでしまった。

第一次世界大戦前のドイツは、ヨーロッパで最も豊かで高度に発達した社会を有していた。[8]「数々の資本主義企業が前例のない規模と水準の組織に成長を遂げた」国だったと、歴史学者のリチャード・エヴァンズ教授は書いている。ドイツの鉄鋼の生産量はヨーロッパ大陸全体の三分の二、また石炭は半分を占め、イタリア、フランス、イギリスの合計を二〇パーセントもうわまわる電力を生産していた。[9]化学、医薬品、電力などの主要産業の多くが世界を牽引し、シーメンス、AEG、BASF、ヘキスト、クルップ、ティッセンといった企業がその品質で輝かしい評判を得ていた。農家もまた大成功をおさめており、世界のジャガイモの三分の一はドイツで生産されていた。二〇世紀に入ってから、ドイツの生活水準は劇的に向上した。戦争が始まったとき、東部前線での見事な勝利と迅速なポーランド占領にあと押しされ、優勢なドイツがすぐに勝利するだろうとの予想が広まった。ドイツが突然、衝撃的な敗北宣言をしたときですら、ヴェルサイユ条約では講和条件が公正に考量されるだろうと思われていた。

しかし、そうはならなかった。「ドイツが承認を強いられた講和条件に、誰も心の準備ができていなかった」[10]と、エヴァンズ教授は書いている。ドイツは、この戦争の「唯一の犯罪国」[11]であることを認め、その結果に対する責任を受け入れることを余儀なくされた。それすなわち、ヨーロッパにある広大な領土の明け渡し、[12]そのほかの植民地の放棄、保有する潜水艦すべてを含む膨大な軍備の譲渡、六〇〇万丁のライフル、一万五〇〇〇機以上の飛行機、一三万丁以上の機関銃の廃棄、保有できるのは戦艦六隻だけで空軍はいっさい認められないなど、今後の軍事活動に対するきびしい制限の遵守、現代の三〇〇〇億ポンド相当の賠償金の支払い、二四〇〇万トンの石炭を含む大量の略奪品の補償などが課されたのである。ドイツを破綻させるほどの経済封鎖は継続されることとなった。「こうした条項は、ドイツ国民の大半にとって不当な国家的屈辱に感じられた」

しかし、それだけではなかった。ドイツは他国の戦費を負担するだけではなく、自国の戦費も支払わなければならなかった。政府は戦争に勝ち、その賠償金と新たに併合した工業地帯からの富が国外ではなく国内に循環されることを期待し、[13]それに応じて現金を刷っては使っていた。この失策がハイパーインフレーションを引き起こし、まるで漫画のような悪夢の状態に陥った。物価があまりに急速に上昇したため、店主たちは黒板に書いて対応しなければならなかった。ある新聞によると、午前一〇時に五〇〇万マルクだった蓄音機[14]が、五時間後には一二〇〇万マルクになっていたという。カフェで注文時に五〇〇〇マルクだったコーヒー[15]が、飲み終わったときには八〇〇〇マルクに値あがりしていた、なんていうこともあった。一九二二年八月の一ドルの為替はおよそ一〇〇〇マルクだったが、一九二三年一二月には四兆二〇〇〇億マルク[17]になっていた。人々は手押し車で集金した。このような屈辱が、さらに屈辱を生んだ。ドイツが金と石炭の賠償支払いを滞納すると、[18]国の主要工業地帯だったルール地方をフランスとベルギーが占領し、未払い分を差し押さえたのだ。

なぜこのようなことが起こりえたのか？　「ドイツの上中流階級に衝撃波のごとく押し寄せた怒りと不信感は、あたかも普遍的な概念のように広まった。[19]ドイツは列強国から容赦なく追放され、不当と思われる恥辱で埋められたのだ」と、エヴァンズ教授は書いている。ドイツは優秀なはず。そのことをドイツ国民はよく知っていた。彼らは崩壊したヒエラルキーを見て、自分たちの敗北は強力で邪悪な力によって仕組まれたものだという身勝手な物語を紡ぎだした。とくに軍事指導者にいたっては、われわれは異端者によって「秘密裏に計画された扇動的キャンペーン」[20]の餌食になったのだと主張しはじめた。まさに噂話や非難、道徳的怒りが渦巻く時代だった。第一次世界大戦に向けて引き締まった国の文化は、危険と恥辱にさらされ、そのままゆるむことはなかった。ドイツは「戦時体制がずっと続いている状態だった。[21]それは自国との戦いであり、それ以外の世界中の国との戦いだった。ヴェルサイユ条約の衝撃は、実質的にほぼすべての政治的党派を統合し、条約の中心的条項を覆し、それによって失われた領土を回復し、賠償金の支払いを終わらせて、ドイツをふたたび中央ヨーロッパの支配国に返り咲かせるという断固たる決意に導いたのだ」

ハイパーインフレーションが収束すると、今度は世界恐慌に見舞われた。一九三二年までに、およそ一三〇〇万人が失業したと報告されている。[22]資本主義体制に対する幻滅は、かつてないほど多くの人々を共産主義へと駆り立てた。ロシア革命以降、とくに東側諸国で自分と同じような人々が強奪に遭い、拷問にかけられ、殺され、行方知れずになっているのを目の当たりにしていた実業家や中産階級にとって、共産主義者は警戒すべき真の脅威になりつつあった。またこの頃は、反ユダヤ主義がヨーロッパにおいて比較的一般的な時代であった。ドイツ人たちは異端者を追い求めるなかで、不況も共産主義の脅威も、第一次世界対戦の不当な敗北もそれに付随するあらゆる屈辱も、すべてユダヤ人のせいだと語る都合のよい幻想を受け入れるようになった。

当時、ドイツ帝国には約六〇万人のユダヤ人がいた。[23]概して彼らはステータスの高い集団だった。[24]将来性が高く、金融や小売業界を牽引する名家があり、芸術、医学、法律、科学、ジャーナリズムといった一流ゲームのいたるところにユダヤ人の名前があふれるなど、経済的にも文化的にも成功していた。ふつふつと煮えたぎる強い憤りと、ドイツは「ユダヤ－ボリシェヴィキによる陰謀」[25]の被害者だという物語は、遺伝に関する新たな科学思想を生んだ。[26]その理論とは、ドイツが這いあがるために、国民の遺伝子プールからいかにして望まれない形質を排除するかというものだった。かつてドイツはコレラや結核などの病気の原因を解明したことにより、大きなステータスを獲得していた。このことは、国民の衛生問題に対する関心の急激な高まりを促した。これらの考えが組みあわさり、ドイツの「民族衛生」に対する有害な先入観が――極右勢力にかぎらず――形成されていったのだ。

とはいえ、多くのドイツ人が自分たちの屈辱の責任をユダヤ人になすりつける一方で、[27]彼らに対する残忍な行為を支持する人は比較的少なかった。国民たちはむしろ、国家の秩序、統一、ステータスの回復に向けた輝かしい旅路のほうに、ずっと関心があったのだ。エヴァンズ教授いわく、「一九二〇年代から一九三〇年代初めの一般的な党活動家たちにとって、[28]ナチスのイデオロギーの最も重要な側面は、社会の団結――すなわち、全ドイツ人の有機的な人種共同体という概念――を力説していた点であり、それからやや差があって、極端なナショナリズムやヒトラー崇拝が支持されていた。一方の反ユダヤ主義は少数の人々にしか重要視されておらず、大半の人々にとっては付随的なものでしかなかった」という。このことに気づいたヒトラーは、公には反ユダヤ主義から距離を置いた。一九二二年以前、彼はユダヤ人について執拗にわめき散らしていた。[29]だが、その後一九三〇年代の大半の時期において、彼が「ユダヤ人問題」[30]を演説で取りあげることはほとんどなかった。当時、反ユダヤ的暴行事件は、過激派による熱狂が過度に燃えあがった、ヒトラーとは無関係の不運な突発的犯行と理解されていた。[31]

人種憎悪よりはるかに効果的だったのは、将来のステータスを約束することだった。ナチ党は、自らを若く前向きで、ドイツの正当な地位を回復するために必要な力、組織、熱意を備えた政党と位置づけた。ヒトラーは、何百万人もの有権者にとって抗しがたい素晴らしい夢を紡いだ。[32] 自分たちはアーリア人支配民族というエリート、つまり「人類のプロメテウスであり、その輝かしい額からはつねに天才の神聖な閃光がわきでている」[33] と。彼がステータス・ゲームについて語る物語では、重要なのは階級ではなく人種だった。現に、「階級のようなものは存在しない。[34] いや、存在しえない。なぜなら階級とはすなわちカーストであり、カーストとはすなわち人種だからだ」と発言している。ヒトラーいわく、ドイツ人は「今世紀最大の悪行」の犠牲者だった。戦争で敗北したと聞いたとき、彼は「目の前が真っ暗になり」[35]、涙を流した。しかし、その屈辱の時代は、人々がひとつの民族として結束したときに終わりを迎えることになった。ヒトラー指導のもと、彼らは一〇〇〇年のアーリア人王国、すなわち第三帝国という形で、さらなる高みにのぼることになったのだ。

「ようやく国民再生の現実的な提案が出された！」[36] と、一九二九年、ある一八歳の支持者は言った。「政党を滅ぼせ！　階級を取っ払え！　真の国民共同体を！　これこそ自分が無条件に目指せる目標だった」。一九三三年三月五日、ヒトラーの政党は五〇パーセントに満たない票しか得られなかったにもかかわらず、選挙に勝利した。すぐさまナチスは、自分たちのゲームのルールとシンボルを国民全体に押しつけはじめた。宣伝大臣のヨーゼフ・ゲッベルスは、国民は「ひとつになって考え、ひとつになって対抗し、心から政府に仕えなければならない」[37] と宣言した。三月二一日、背任行為防止法が導入された。[38] これにより、「国民意識のあるすべての人々」は、「帝国政府を侮辱する、あるいは国家革命を貶めるようないかなる人物も」当局に報告することが義務づけられた。
選挙からわずか三週間後、ゲッベルスはラジオ放送局に対し、体制に従わない人間を局から「追放せよ」と通達した。[39] 放送局は自ら不要なスタッフを排除するか、進んで退職してもらうかを迫られた。以降、イデオロギー上の敵やユダヤ人をステータスのある立場から排除する動きが続いた。誤った考えを持つ大学教授、芸術家、作家、ジャーナリスト、科学者たちが次々と解雇された。[40] そのなかには、アルベルト・アインシュタインやエルヴィン・シュレーディンガーなど、過去または将来のノーベル賞受賞者二〇人も含まれた。ゲームは〈ヘヴンズ・ゲート〉さながらの極限状態まで緊張し、プレーヤーたちはナチスのステータスを稼ぐか、あるいはまったく何も得られないかのどちらかを強いられた。いとこや戦士たちがそこらじゅうに蔓延った。スペイン異端審問の張り詰めた時代と同じように、おもに個人的な恨みが引き金となって相次ぐ糾弾合戦が巻き起こり、その結果、「詮索好きな耳が飛びつきそうな不注意な発言に対する脅しと警戒の風潮」[41] が生みだされた。選挙の翌日、共産党は正式に禁止された。その年の終わりまでに、少なくとも数万人の共産党員が投獄されるか殺されるかした。[42] これは、彼らが革命を始める気だとの思い込みに基づく「大規模な残虐行為」[43] であった。まもなく、ほかのすべての政党も禁止された。[44] 国家の役人には、「ハイル・ヒトラー」の敬礼を義務づける法令が出された。そこには、「意図して否定的な行動を取っていると疑われたくない者は、いかなる人物であれナチス式敬礼をすること」と追記されていた。[45]
しかし、国民の半数以上にあたる数百万ものドイツ人が、ヒトラーや彼の政党に投票しなかったという事実は残りつづけた。専制政治のいつの世とも同じく、国民は真の信者、偽の信者（当時一〇代だったある人の報告によると、「教師が昇進したい場合、本心かどうかにかかわらず、自分がいかに立派なナチスであるかを示さなければならなかった」という)[46]、関心のない者、反政府派に分かれていた。ナチス政権の中枢にいる明晰な頭脳たちは、支配戦略だけでは道迷う者たちを引き込むことはできないと重々承知していた。[47] 宣伝大臣のゲッベルスは、大臣就任後初の演説で記者たちにこう語った。「革命を起こすにはふたつの方法がある。[48] 敵が機関銃のあるこちら側の有利を認めるまで、機関銃で攻撃しつづけることもできる。これがひとつの方法だ。あるいは精神革命によって国を変革し、敵を打ち負かす代わりに味方につけるという方法もある」。こうしてナチスは両方の戦略でプレーした。

あるゲームを社会全体に広めるということは、それを構成する小さなゲーム――官僚組織、コミュニティ、メディア拠点、クラブなど、ステータスを得るために人々がルールに沿ってプレーしているあらゆる場所――をコントロールするということだ。大学はすでに彼らの手中にあり、「教授の大半」は「揺るぎない国家主義者」かつ反ユダヤ主義者で占められていた。[49] ナチスに同調しない優秀な大学職員は、「しばしば凡庸な人物に取って代わられた。[50] 彼らは、自分がナチ党員であり、ナチスの学生組織から支持されているという理由だけで、その新しい地位の資格を得たのだ[51]」と、エヴァンズ教授は書いている。そうして彼らは、「人種差別主義、反ユダヤ主義、ドイツ優位主義をほぼ当たり前とするエリート」学生たちを指導した。こうした野心あふれる戦士たちは、「地元新聞で不要な教授に対するキャンペーンを組織したり、講義を大々的に妨害したり、突撃隊の分隊を率いて家宅捜索や襲撃などを行ったりした[52]」という。一九三三年五月、彼らは多くの大学で「非ドイツ精神への対抗措置」を実行した。これにより政治的に不適当とみなされた本が図書館から没収され、山高く積まれて焼き払われた。

しかし、大学だけではまだまだ足りなかった。ナチスのルールとシンボルは、可能なかぎりのあらゆるゲームに入植し、ステータスを主張する古い基準を新しいものに置き換える必要があった。一九三三年末までに、二〇〇万人以上の青少年がヒトラーユーゲントに加入した。[53]一九三五年までにその数はほぼ倍に増え、一九三九年には一〇歳以上の子どもの加入が法的に義務づけられた。またナチスはその巨大な社会福祉行政に、民族純化の概念を信じる専門家たちを配属した。[54]こうしてその信念は、医療、法執行、刑務所制度などの強力な官僚組織を通じて広められた。各市町村の有志団体も、ナチス化のプロセスを踏んだ。[55]党自ら「忠実で熱意があり、おもに高学歴で管理能力に長けた役人を配した」[56]管区、地区、地方レベルの団体を組織化し、ローカルゲームを確立した。ナチスの女性組織も創設された。それは公務員、農民、戦争負傷者、「そのほか多くの支持者」に奉仕する特別団体で、「それぞれがターゲットをしぼった特定のプロパガンダ活動に取り組んでいた」という。党はゲームそれぞれの価値観に合うようにメッセージを調整した。[57]すなわち、地方労働者のためのヒトラー、思想家のためのヒトラー、退役軍人のためのヒトラー、実業家のためのヒトラー、女性のためのヒトラーが存在した。「ナチスはすべての人に何かしらを提供した」[58]と、歴史学者でマーケティング・リサーチャーのニコラス・オショーネシー氏は書いている。悪魔的儀式虐待のゴールドラッシュと同じように、これらの集団のステータス・ゲームは、ナチスのルールとシンボルの促進剤のような役割を果たしたのだ。

多くのドイツ人にとって、重要なステータスを与えてくれるのはナチスのゲームだけになっていた。ヒトラーが総統に就任して数カ月のうちに、党員数は三倍の二五〇万人に達した。[59]あまりの増加ぶりに、入党申し込みの一時停止を発表しなければならないほどだった。一九三九年までに、「全ドイツ国民の少なくとも三分の一、おそらくはもっと多い三分の二」が、何かしらのナチス組織に属していた。「党員になることが、キャリアアップや社会移動の鍵だった。その緻密な組織ネットワークによって、ナチ党は多くの高給役人職やおよそ二〇〇万もの名誉ある有志枠をつくりだした」という。ひとたび人がプレーを始め、ゲームの報酬を味わいはじめると、それはその人のアイデンティティの一部になる。彼らはゲームに依存し、ゲームを守り、ゲームを伝導するようになる。そうしてゲームは自立し、自己強化する。個々のプレーヤーは、自分のステータスが本物で真実であるために、ゲームが本物で真実であることを求めるようになる。すると専制的ないとこたちが彼らの行動の前線でうなりをあげる。ゴールドラッシュが広がるにつれ、ゲームはますます豪華になる報酬で新たなプレーヤーを魅了する。ゲームが強大になればなるほど、得られるステータスも大きくなる。そうしてゲームはより強大になるのだ。

この一連の流れのなかに重大な教訓がある。暴君たちはしばしば、あなたがすでに信念にしていることを語るところから始める。彼らはやってくると、抗しがたい都合のよい夢を紡ぐ。あなたにはもっと多くのステータスを得る資格があるはずだと、あなた自身が日頃うすうす思っていたことを断言し、あなたがすでに敵だと考えていた人々――児童虐待者、コルベルソ、大企業、共産主義者、ユダヤ人など――を非難がましく指さすのだ。彼らは非難と噂話を巻き起こす。するとあなたはいらだちを覚え、熱狂し、道徳的怒りを煮えたぎらせる。そうしてプレーを始める。人々を取り込んだゲームは引き締まる。その信念はより極端に具体的になり、よりきびしく取り締まりが行われるようになる。ここでは同志という支配戦術が広く用いられる。最も専制的なゲーム――カルトや、原理主義的な政治・宗教運動など――は、思想と行動の完璧な同調を求め、その現実という夢はあなたの神経領域を完全に植民地化する。

こうしたゲームはプレーヤーの唯一のステータス源になろうとするため、ライバルとなるいかなるゲームも容易に容認されない。国家規模のゲームでは、大学、メディア、官僚といったほかのゲームが必要になるが、それらはすべて従属的でなければならない。どこでゲームが行われようと、部族に貢献するプレーにはステータスが与えられ、その一方で背信を疑われた者には恐ろしい結末が待ち受けている。

もしヒトラーがプレーヤーたちにステータスをつくりだしていなかったら、以上のどの過程も成功していなかっただろう。このようにナチス政権の「成功」に見えるものに注目することをとがめるべき行為に感じるとするなら、それはわたしたちが彼らのモンスター性についての神聖な物語を語っているからだ。ほんのわずかでもナチスを肯定しているかのように聞こえるものは、タブーの警鐘を鳴らされる。しかし、わたしたちは勇気を持たなければならない。モンスターは想像のなかにしか存在しないのだ。なぜドイツ国民がヒトラーを神として崇めるようになったのか、そして一九三三年の選挙演説で、懐疑的な人々に「われわれの虜になるまで」[60]働きかけて味方に引き込むと述べたゲッベルスの目標がいかにして達成されたかを受け入れずして、ナチスの惨事は理解できない。

ヒトラー政権が成し遂げたと思われるおもな勝利をリストにすると、長くてめまいがしてくる（要点がつかめたら、どうぞ読み飛ばしてもらってかまわない）。政権掌握の数カ月後、政府は真新しい超近代的な道路[61]、すなわちアウトバーン建設を認可し、ヒトラー自ら橋やサービスエリアの設計案に署名をした。一九三五年までに一二万五〇〇〇人がその建設作業に従事し、一九三八年夏までに三五〇〇キロが完成した。同年末までに、雇用創出計画のために五〇億マルク[62]が費やされた。また住宅の購入、改築、維持費の補助金を出し、貧困地域にはかなりの額を投入した。若い婚約者たちには、結婚生活を始める手助けとして無利子の融資が提供された（最初の年だけで二五万マルク近いローンが組まれた）[63]。さらに余暇活動推進組織の〈歓喜力行団〉を通じて、党は数千枚もの劇場チケットを購入し補助金を出した（一九三八年にベルリンで販売されたチケット総数の半分以上を占めた）。工場での音楽コンサートの開催、劇場の建設、展覧会、オペラ、演劇の企画[64]（一九三八年には、演劇に七五〇万人近く、オペラとオペレッタに六五〇万人が足を運んだ）などが実施された。リビア、フィンランド、ブルガリア、イスタンブールなどへの、鉄道チケット代が七五パーセント割引、ホテル代が五〇パーセント割引という大幅値引きパッケージ旅行が提供された[65]（一九三七年だけで、一七〇万人のドイツ国民が〈歓喜力行団〉の長期旅行を利用したほか、約七〇〇万人が週末のプチ旅行に出かけた。これにより、ドイツ国内の全ホテルの宿泊利用数の一一パーセントが埋められた）[66]。クルーズ旅行も企画された（一年で一四万人が利用した）[67]。毎年恒例の「冬の支援活動[68]」では、貧しい人々に食料、衣類、燃料などを提供するためとして、数百万マルクの寄付金が集められた。ヒトラーはフェルディナント・ポルシェを雇い、手頃な価格の「国民車（現在のフォルクスワーゲン・ビートル）」をつくらせた。結果、そのデザインは大人気を博した（ただし、戦争のために一台も売れなかった）。対外債務も安定した[69]。アスベスト、放射線、農薬、食用色素に対する先見の明のある規制や、「他国より数十年も進んだ」職業安全衛生基準など、幅広い先進的な公衆衛生対策が導入された[70]。世界のどこよりも速く喫煙と肺がんの決定的な因果関係を発見したのは、ナチスの科学者だった。これを受け、党は喫煙習慣に反対するキャンペーンを積極的に展開した。党が政権を取ったとき、人口の三分の一にあたる六一〇万人が失業していたが[71]、一九三五年までにその数は二二〇万人まで減少し、一九三七年には一〇〇万人を切り[72]、一九三九年には完全雇用が宣言された。[73]一九三三年から一九三七年のあいだに農業経済は七一パーセント成長し、[74]一九三二年から一九三九年のあいだに国民総生産は八一パーセントという急激な伸びを見せた。[75]

もちろん、人生は完璧とはいかなかった。これらのなかには、公式な数字ではあるものの、運やタイミング、統計操作などの働きが隠されているものもある。わたしたちは、これらのなかの悪意にも目を向けるべきだろう。彼らは人種的に排他的であった。党によって「創出された」多くの仕事は、戦争に備えて強制的に辞めさせられたり、新たにつくりだされたりする不安定なものだった。資源が軍に流用されていたことも影響し、物資不足は解消されなかった。ジャーナリストのウィリアム・シャイラーは自身の日記のなかで、木材パルプ製の衣類が増えていることや、[77]「食料品店の前に不機嫌な人々の長い行列ができていた」ことなどを書き残している。また、ステータスの役割を過剰に主張しすぎないことも重要だ。貧困にあえぐ人々が援助を受けたときに感じる安堵はステータスではない。格安旅行の喜びはステータスではない。アウトバーンの利便性とスリルはステータスではない。失業や共産主義者の脅威による不安からの解放はステータスではないのだ。とはいえ、これらのできごとにステータスがないわけではない。そこには、影響を受けた各個人と国そのものが本質的に向上しつつあるという感覚、名誉が回復されつつあるという感覚がたしかにあった。約束の地へと向かう旅路が動きだしたことを知り、これでまた堂々と顔をあげられるという感覚が、ドイツの国民と国家そのものに芽生えたのだ。

その旅の途中でヒトラーが勝利したものを見れば、わたしたちの疑問はさらに明らかになる。カーショー教授によると、「圧倒的大多数の国民が、〝国家の成功〟——つまり、ヨーロッパにおけるドイツの権力と栄光の回復を明らかに望んでいた[77]」という。人々がヒトラーに熱狂した場面として、わたしたちはよく、憎むべきヴェルサイユ条約の屈辱が彼によって癒されたときのことを思い浮かべる。一九三六年、連合国からの大きな抵抗もなくラインラントを奪還したヒトラーへの称賛は「一気に沸点まで舞いあがり」、そこから「熱狂的歓声[78]」の場面が引き起こされた。同時代のある人は、「ヴェルサイユ条約の精神はすべてのドイツ人から憎まれている[79]。ヒトラーはいま、この呪われた条約を破り、フランスの足元に投げつけたのだ」と述べた。同じように、一九三八年にオーストリアをいとも簡単に併合したことで、ヒトラーの人気は「前例のないほど最高潮[80]」に達した。何十万ものドイツ人があちこちの都市の通りに群がって狂喜乱舞した。懐疑的だった人までもが、「ヒトラーは偉大で頭の切れる政治家だ。彼ならきっと、一九一八年の敗北からドイツをふたたび地位ある偉大な国に引きあげてくれる[81]」と認めるようになったと、同時代のある人は語っている。民意に反して戦争を始めたときですら、ドイツにとって憎きフランスを制圧し降伏させるなど、彼は迅速に驚くべき成功を次々とおさめた。「一九一八年の休戦協定と同じ場所で、ドイツ降伏という屈辱を象徴的に払拭したのである[82]」と、カーショー教授は書いている。

プロパガンダの効果も相まって、ヒトラー自身が復活したドイツのいと高き象徴のような存在になった。ステータス・ゲームの論理に沿って言うなら、彼はプレーヤーたちが重きを置くすべてのものを象徴する神聖な——文字どおり神に等しい——存在になった。そして事実上、彼自身がプレーヤーたちのステータスそのものになったのだ。当時を知るひとり、ナチ党幹部のオットー・ディートリヒは、「われわれは（中略）彼のなかに、アドルフ・ヒトラーという生きた形を取ったドイツ国民の不滅の魂を見る[83]」と書いた。また、バイエルン州で大臣をしていたハンス・シェムは、「ヒトラーという人格のなかで、何百万というドイツ国民の憧れが現実のものとなった」[84]と述べた。プロパガンダのスローガンにもあるように、「ドイツはヒトラーであり、ヒトラーはドイツ」[85]になったのだ。

こうしたすべてにかかわらず、ヒトラーもまた国民から単に王座を借りているにすぎないという事実は変わらなかった。彼が指揮する国家の浮き沈みによって、称賛は頂点に達しもしたが、谷底に落ちもした。とはいえ、わたしたち人間がプレーするこのゲームの力と、そこから紡ぎだされる夢の狂気が、ヒトラーの成功期ほどわかりやすく現れることはめったにないだろう。何百という町や村に「ヒトラーのオーク」、「ヒトラーのシナノキ」[86]が植えられた。広場は「アドルフ・ヒトラー広場」と改名された。[87]新しく生まれた女の子の赤ん坊にはヒトレリーン、アドルフィーネ、ヒトレリケ、ヒレリーンなどの名がつけられた。[88]旗や横断幕が掲げられた。店のショーウィンドウには花で飾られたヒトラーの肖像画や胸像が並んだ。[89]晴天は「ヒトラー日和」と呼ばれるようになった。[90]ヒトラーの誕生日には何千という手紙、贈りもの、詩が送られてきた。[91]「心より尊敬する総統殿！　あなたさまの誕生日に、わたしたちの切なる願いはふたつだけ。わが祖国のあらゆるものが、いまも未来もあなたさまの思いどおりになりますように。そして、神が永遠にあなたさまをわたしたちからお奪いになりませんように」。結核患者は「力を得るため」に何時間もヒトラーの写真を眺めつづけた。[92]ヒトラーの肖像画が飾ってある家の壁は爆撃されても倒壊しないという信仰が広まった。[93]鉤十字の形のソーセージが販売された。[93]女子学生たちはマニキュアを鉤十字模様にした。[94]肉屋はラードでヒトラーを彫った。[95]若い女性たちは「オーガズムの瞬間にハイル・ヒトラーと言ってナチス式敬礼をする」[96]と誓った。何十万、「おそらくは何百万」[97]という人が通りでパレードをした。ジャーナリストのウィリアム・シャイラーはこう書いている。「ヒトラーが泊まるホテルの前の塀に押しかけ、『総統に会いたい』と叫ぶ何万ものヒステリックな群衆に巻き込まれた。ようやくヒトラーがバルコニーから一瞬だけ姿を見せたときの人々の顔に、とくに女性たちの顔にショックを受けた。かつてルイジアナ州の僻地で見た、いままさに旅立たんとするホーリー・ローラーたち［狂気じみた礼拝を行うキリスト教一派］の顔に浮かんだ狂気の表情を思い起こさせた。人々はヒトラーをまるで救世主かのごとく見あげていた。その顔はまさに人間ではない何かに変容していた[98]」

それは宗教だったのだろうか？　カルトだったのだろうか？　それはどちらでもあり、どちらでもなかった。それは、非道なまでに緊張したステータス・ゲームがうまく機能していたということだ。

第二三章　破滅へ――ステータス製造機　第二部――

ゲームが緊張すると、それが語る世界の物語も緊張する。ゲームはヒエラルキー――ライバルに対する自分の位置――に注目し、そのヒエラルキーがいかにしてできたかを説明する単純で、身勝手で、道徳的な物語を紡ぎだす。この物語はいつも同じだ。わたしたちは徳の高いプレーヤーであり、もっと多くのものを得るにふさわしく、自分たちの行く手を阻む者は悪であると語る。そんな魅惑的な物語を、プレーヤーは信じたくなる。それはステータスの源となり、さらなるステータスを望む源となり、敵に対する怒り――圧倒的な怒り、神々の怒り――の源となる。それは神聖な物語である。みなが隅々まで信じなければならない。いとこたちの専制が蔓延り、脅され無理強いされているうちに、まるで激流のなかの一枚の葉のように、わたしたちは流されてしまう。物語はますます極端に、ますます狂気じみていく。それでも、わたしたちは信じつづける。それがとてもリアルに感じられるから。わたしたちは夢想家だ。そんなわたしたちが見る夢とは、ゲームの夢である。わたしたちはその夢のなかに住み、その夢を実行する。その夢が闇に染まったとき、わたしたちはその夢にとって悪夢のような存在となる。

こうしてステータス・ゲームの旅は地獄にたどり着く。ここまでに、わたしたちは殺人犯それぞれの混乱した内面世界に遭遇し、誇大妄想と屈辱という強力な流れを学んだ。さらにわたしたちは、史上最悪レベルの被害をもたらしたゲームの集団的な夢のなかにも、同じ流れを発見した。ナチスは、エリオット・ロジャーであり、エド・ケンパーであり、テッド・カジンスキーであった。彼らはみな、自身のステータスの壊滅的欠如を説明づけ、残忍な攻撃によってそれを回復することを正当化する身勝手な物語を語った。とはいえ、このような取り憑かれ方をした国はドイツだけではない。一六四八年以降に起きた九四の戦争を調べた研究では、動機の六七パーセントが国家の地位問題や報復であった。[1] 次に大きな要因である安全保障が一八パーセントと、大きく開きがあった。人類学者のアラン・ペイジ・フィスク教授とテイジ・シャクティ・ライ教授は、往々にして「政策決定者や世論というものは、とくに他国のあいだで自分たちが不当に低い地位に押しさげられていると感じるときに、他国に対して自国の地位を維持または向上させるために宣戦布告する気持ちを奮い立たされる」[2] と述べている。戦争当事者は有害な道徳の夢のなかで、それが高潔な目的であると確信して攻撃に出る。「道徳的侵害によって自国が屈辱を受けたと感じれば感じるほど、その行為を道徳的に許せないものとして見れば見るほど、国家は復讐を求めるようになる」[3] のだ。

誇大妄想と屈辱は、中国の文化大革命を戦った若き紅衛兵たちの夢の動力源となった。この時期に殺された犠牲者は五〇万から二〇〇〇万人に及ぶ。[4] 指導者の毛沢東は悪名高いナルシシストで、[5] われこそが「地球を共産主義に導く男」[6] であると信じていた。しかし、一九五九年から一九六〇年にかけての大飢饉のあと、彼に対する反乱の兆しが見えはじめた。毛沢東率いる中国共産党は、「ブルジョワジーの独裁国家」[7] をつくろうと目論む隠れ資本主義者たちによって国家の輝かしい発展が損なわれているとする物語を語った。民衆たちは、「党内に潜り込んだブルジョワジーの代表」である「牛鬼蛇神」を根絶やしにし、「古い社会の悪しき習慣を一掃する」よう駆り立てられた。学生たちは自分の教師たちを「大字報」——いまのツイートのようなものだが、紙に描かれて公衆の場に貼りだされた——で糾弾しはじめた。かつての紅衛兵の戴小艾《ダイ・シャオアイ》は、好きだった教師たちが糾弾されはじめたときの驚きを回想している。[8]「その先生を批判するのも、戦うのも気が進まなかった。だが、級友たちに感傷的になっていると非難され、わたしも彼女のような目に遭うぞと警告された。このままでは大変なことになるとまで言われた。彼らの言うとおりだということが、わたしにもだんだんとわかってきた。党が間違っているはずがなく、闘争に参加するのがわたしの義務だったのだ。わたしは闘争に参加した。そして結局は夢中になった」

疑いをかけられた教師は「闘争会」に出ることを強いられた。そこで紅衛兵たちは、ときに数日から数週間かけて罵倒を浴びせ、彼らの自白を要求した。こうした闘争会は「つねにとてつもなく激しかった」[9]と、戴小艾は述べている。そこは、自分より年長者たちの骨からステータスとそれを主張する能力を剝ぎ取ることを目的とした、屈辱の屠畜場だった。「教師たちに『わたしは牛鬼です』などと書かれた帽子や首輪を無理やり身につけさせた。各班が順番に彼らの前に立ちはだかり、スローガンを言い聞かせたり、非難したり、強制命令を出したりして罵倒し、やり方を改めるよう迫った。便所掃除をさせたり、体に墨を塗ったりもした。そうしたことが抜かりなく行われているかを監督するための〝牛鬼管理隊〟も組織された。（中略）会話中に『毛沢東は間違っている』と言ったことを（ひとりの教師に）認めさせるのに、休みなく闘争を続けても一週間近くはかかった。（中略）二週間ほど経つと、文学担任の女教師が自殺するのではないかと心配になってきた。わたしたちはつねに彼女を監視した。あげくには、大字報を書いて彼女の寝床の蚊帳に貼りつけ、自分が監視されている身であること、自殺などできないことを思い知らしめた」戴小艾の伝記作家はこう記している。彼は「学校の実権派、とくに校長に屈辱を与えるという残酷な遊びを純粋に楽しんでいたと認めている。たとえば、丸一日かけて、段ボールで巨大な牛の頭をみんなでつくった。牛鬼たる陳校長にふさわしい象徴的な冠にしようという魂胆だった[10]」教師たちは暴徒化した学生たちに屈し、大字報に大文字でこう書いた。「われわれは学生諸君からの批判も拒絶も歓迎します」

革命が街なかにも広がると、紅衛兵たちは「古いもの」――彼らの悪意に満ちた夢のなかで、共産主義以前のゲームへの密かな傾倒を象徴するもの――を求めて家々を捜索した。掛け軸、宝石、本、タイトジーンズ、先の尖った靴、香港製のキルトなど。「壁を壊して漆喰の裏を見る者もいれば、シャベルやつるはしを握りしめて地下室を破壊し、隠された品を探しまわる者もいた。さらには同じ班の二、三人が、歯磨き粉のチューブまでしぼりだして宝石を探していたのを覚えている[11]」と戴小艾は語った。紅衛兵たちが捜索しているあいだ、住人は外で待たされ、反革命の罪を自白させられた。「髪の長い女がいれば、短く切った。男の頭の髪の毛を半分だけ剃り、残り半分は自分で剃れと挑発することもあった。わたしたちの目的は、人々にできるだけ屈辱を与えることだった。(中略)自分たちは重要なことをやっているのだと思っていたから、わたしは存分に楽しんだ。それはそれは大きな楽しみだった」

彼はそれを楽しいと感じた。人間の本質についてのお決まりの説明で、これをどう理解したらよいだろうか? 理解などとうてい無理だから、漫画に頼る。戴小艾は悪い人間だった、以上。だが、彼は物語に出てくる悪魔などではなく、ふつうの脳を持ったふつうの人間であり、設計されたとおりにステータス・ゲームをプレーしていただけだ。ステータスは、単なる信念ではなく、積極的な信念を持って同調できるかどうかにかかっていた。疑念を払拭しろと警告された戴小艾は、ゲームの悪夢のような知覚に自ら流されることを許してしまった。彼らの言うとおりだということが、わたしにもだんだんとわかってきた。党が間違っているはずがなく、闘争に参加するのがわたしの義務だったのだ。わたしは闘争に参加した。そして結局は夢中になった。彼は、自分が重要なことをやっているのだと信じた。彼が参加したこの革命もまた、ステータスを求めるゴールドラッシュだったのだ。その報酬は計り知れなかった。楽しいのも当然だ。スタートラインに立つ意欲あるプレーヤーにとって、専制とはいつもそういうものなのだ。

多くのテロ行為の根底にも屈辱がある。アメリカ同時多発テロ後初の公式声明で、ウサマ・ビン・ラディンはこう述べた。「アメリカがいま味わっているものは、われわれが味わってきたものの複製にすぎない。[12] われらイスラム国家は、八〇年以上ものあいだ同じ屈辱と不名誉を味わってきたのだ[13]」。研究者たちによると、自爆テロ犯のおもな動機は「外国軍が自国にもたらす恥と屈辱」だという。精神科医で、〈市民の権利のためのパレスチナ独立委員会〉の創設者であるエヤド・アル＝サラージ博士[14]は、パレスチナの自爆テロ犯は「屈辱の長い歴史と復讐願望」によって動機づけられていると書いている。このような感情は、名誉が非常に重要視される中東文化でとくに激しくなると考えられている。この考え方は、同じく暴力によってひどい屈辱を回復しようとした、誇大妄想家のアメリカ大量殺人犯たちを思い起こさせる。彼らは、〈ヘヴンズ・ゲート〉教団のように、プレーヤーを自ら進んで死へと向かわせるほどの魅惑的な力を持ったゲームをプレーしているのだ。ある学者がインドネシアのイスラム過激派にインタビューをしたところ、次のようなやりとりがあった。[15]

「もしあなたが殉教行為をやめるか、とりあえず延期するかする代わりに、金持ちの親戚がその大義に大金を支払うとしたらどうしますか？」

「冗談だろう？　そいつの顔に金を投げつけてやる」

「なぜです？」

「大義のために戦って死ぬことにのみ、人生の気高さがあるからだ」

テロリストは自分たちの道徳的美徳を信じているが、人種差別的な植民地主義者もそれは同じだ。大英帝国の帝国主義者たちは、文明という約束の地へ向かう旅の途中で下等な生物を導いているのだという、身勝手な物語を語った。詩人ラドヤード・キップリングは、《白人の責務》という詩のなかでこの感情を表現した。「白人の責務を果たせ／そして、白人の古き報酬を得よ／生活をよくしてやった者たちの非難／守ってきた者たちの憎悪／（ああ、少しずつ！）光のほうへ／導いてやった者たちが泣き叫ぶ」アメリカの白人入植者たちもまた、自分たちは文明化の使命を背負っていると信じていた。第二六代大統領セオドア・ルーズベルトはこう述べた。[16]「入植者と開拓者は、根本の部分で正義の味方だった。この偉大な大陸を、卑しい野蛮人のための狩猟保護区だけにしておくわけにはいかなかったのだ」

屈辱から来る誇大妄想は、大規模な殺人を引き起こす可能性がある。なぜなら、加害者は被害者よりも確実に優れている――つまり、実質的には異なる種であるという英雄物語のなかに住んでいるからだ。通常、標的はステータスの低い生き物で表現される。共産主義者にとって中産階級は「ヒル」、ナチスにとってユダヤ人は「シラミ」、アルジェリアに住むフランス人にとってイスラム教徒は「ネズミ」、アフリカーナー［南アフリカに植民地を形成したオランダ系白人の子孫］にとってアフリカ人は「ヒヒ」といったように。防衛や報復を試みられることは、自分たちの夢が幻想であり、したがってステータスを主張する自分たちの基準が誤りであることを暗に意味する。彼らにとって、これは実に不愉快なことだ。それはしばしば、圧倒的に不釣りあいな支配反応を引き起こす。彼らは人間以下とみなす標的からの反抗に道徳的に激怒し、倍返し——あるいは二〇〇倍返し、あるいは二〇〇〇倍返し、あるいは自分たちの貴重な一に対し道徳的に同等と考える何倍だろうと反撃するのだ。アルジェリア人が暴動の末に一〇三人のフランス人を殺害したとき、彼らの植民地支配者は四四の村を破壊するための航空機を、沿岸の町を砲撃するための巡洋艦を、陸の上で虐殺を行うための特殊部隊を送り込んだ。[17]フランスは一五〇〇人の死亡を認めたが、アルジェリア側は五万人に及んだと主張した。このような理由から、心理学者のエヴェリン・リンドナー博士は、「最も強力な大量破壊兵器は〝屈辱を受けた心〟である」[18]と結論づけている。

　社会学者のブラッドリー・キャンベル教授は、このような人間の最も野蛮なプレーモードについて広範な研究を行っている。そこで判明したことによると、大量虐殺《ジェノサイド》はステータスの高い集団が「そのステータスの低下や脅威を経験」したり、ステータスの低い集団が「ステータスを向上させたり、あるいは向上させようと試みたり」した場合に起こりうるという。[19]両者のあいだで地位の低下が生じることによって、多くの恐ろしい狂気が生みだされるのだ。ジェノサイドの発生には、有害な道徳が深く関わってくる。「ジェノサイドは極めて道徳的である」[20]とキャンベル教授は述べている。それは、正義と公正と正しい秩序の回復という名のもとに行われる、支配と美徳のゲームである。ジェノサイドとは単に敵を殺したり「浄化」したりするものではなく、支配と屈辱のグロテスクかつ治癒的な働きによって加害者の傷ついた誇大妄想を癒すものなのだ。

こうしたジェノサイドでよく目につくのは、加害者が被害者に「非常に熱心に屈辱を与える」[21]姿だ。アルメニア人ジェノサイドの際には、トルコ人憲兵たちが地面から突きでた剣めがけて、人々を馬の上から投げ落とすというゲームが行われた。インドのグジャラート州で起きたジェノサイドでは、[22]ヒンドゥー教徒がイスラム教徒の髭をむしり、コーランの上で排便し、イスラム教徒の指を切断したうえで裸で行進させ、「ラーマ王子を称えよ」とヒンドゥー信仰を無理やり叫ばせ、切り落とした彼らの頭でクリケットをした。ルワンダ人ジェノサイドの際には、ステータスの高いツチ族のアキレス腱を切ることで象徴的に「身の丈にサイズダウン」させ、殺す前に地面を這いつくばらせた。[23]フツ族の強姦犯は被害者たちにこう言った。「おまえたちツチの女は、自分をおれたちには上等すぎると思ってやがる」、「ツチの女はプライドが高すぎる」、「お高くとまって、おれたちのことを自分より下だと思って見向きもしなかったこの数カ月を覚えているか？　もう二度とそうはならないぞ」

ホロコーストとそれにいたるまでの期間にも、同じことが起こった。ユダヤ人に対する大規模大量殺戮が始まったのは、ヒトラーにとって戦況が悪転しはじめたあとのことだった。いまや彼の国家とその壮大な夢が失敗に向かおうとしていた。ホロコーストを生き延びたマリアン・タースキーにとって、[24]アウシュヴィッツ強制収容所で最も過酷だったのは寒さでも、飢えでも、殴打されることでもなく、「屈辱だった。ユダヤ人だからというだけで人間扱いされず、シラミやらナンキンムシやらゴキブリのように扱われた」という。ナチスは共産主義者、ロマ族、同性愛者、障がい者など、あらゆる異端とされる人々をゲームから「浄化した」が、最もあからさまにこのような扱いを強いられたのは、嫉妬と嫌悪を向けられたユダヤ人だった。それは何度も何度も繰り返された。ユダヤ人たちは公衆の面前で髪を切られ、髭を剃られた。[25]ズボンを短く切られ、首にサインボードをかけられた状態で行進させられた。危険な量のヒマシ油を飲まされた。[26]マットを何往復も持ち運ぶ、[27]壁を延々とつくり直す、重い丸太を持ってスクワットするなど、無意味な作業をさせられた。

中国の文化大革命のときと同じように、ナチスも標的に掃除させるのが好きだった。ジャーナリストのウィリアム・シャイラーは、ウィーンで次のような光景を目撃した。[28]「ユダヤ人の一団が、そばに立つ突撃隊員たちに嘲られながら、四つん這いになって歩道のクルト・シュシュニック［反ナチスの政治家］のポスターを剝がしていた。多くのユダヤ人が自殺している。ナチスのサディズムに関するありとあらゆる報告があがってきているが、オーストリア人もとは驚きだった。ユダヤ人の男女ともに便所掃除をさせられていた。ナチスの若者たちの便所を掃除するために、何百人ものユダヤ人が街なかで手当たり次第に連行された」占領下の東ヨーロッパでは、ユダヤ人の集団がガレージの床の馬糞を掃除させられ、ライフル銃やバールで死ぬ寸前まで殴打され、高圧ホースを腹が破裂するまで口に押し込まれるのを、群衆が歌い、笑い、アコーディオンを奏でながら鑑賞した。[29]全員が殺されると、次に控えるユダヤ人集団が血や遺体の始末をさせられた。また別の郊外では、著名なラビが「血まみれの本の上にうずくまり、それを切断された彼の頭が別の部屋から眺めて」いるのが発見された。[30]

以上のいずれも、ただ人を便利に使役する行為、単に敵を排除して物質的な利益を得るだけの行為ではない。これらの悪夢にはメッセージが込められている。人間とは何か、ステータス・ゲームをどうプレーするのか、そのリアルな部分が見えてくる。

第二四章　地獄から脱する道

人間が歴史を通じてつくってきた〝いとこが蔓延るゲーム〟は、非常にしぶとかった。美徳と支配のゲームプレーは、何千年ものあいだ生活の方向性を決定づけてきた。[1] 人はいとこ、おじ、おば、義理の両親、縁でつながった家族からなる親族を基盤としたネットワークに生まれ、遠い過去に遡って集団のアイデンティティへとつながった独自の生活様式と働き方によって結ばれてきた。まわりとうまくやりつつ成功するとは、すなわち、そのルールとシンボルを守り、ほかの人が過ちを犯したら取り締まり、目上の人を敬い、責務を果たし、忠誠心と務めによって評判を築き、ゲーム全体の成功に価値を提供することを意味した。このような美徳ゲームは、自己複製しやすいという事実もあって、驚くほど持続する。何世紀ものあいだ、結婚はおもに親族のネットワーク内で行われていた。[2] フランスの騎士ラ・トゥール・ランドリーは、必ず「自分の領地に嫁ぎなさい」と息女たちに助言した。[3] いまでも世界の結婚の一〇件に一件は、[4] いとこを含む親類間で行われている。

しかし、人間がステータスを得るために進化させた方法は美徳と支配だけではない。ほかに成功という戦略も使うことができる。部族の時代には、優れた狩人、魔術師、ハチミツ探しなど、能力を発揮して他人の役に立つことで地位を獲得できた。今日では、科学者、技術者、研究者、企業、クリエーターといった数々の成功ゲームが現代社会を彩っている。これらのステータスは道徳的な正しさを示したり強制したりするのではなく、より賢く、より富み、より革新的で、より優れることによって獲得できる。

近代は西洋で生まれた。なぜそうなのかという疑問に対する答えはたくさんあるが、言うまでもなく、そこに生まれた人々に何か本質的に秀でたところがあったわけではない。理由は複雑だ。ひとつに、地理的に恵まれていたことが関係している。[5] つまり、昔の作物農家や家畜飼育者にとって有利な気候条件だったのだ。小麦や大麦の生産、羊や牛の飼育は、定住化のプロセスを加速させた。その結果、富が蓄えられ、労働力を専門によって階級に分ける動きが進んだ。西洋の個人主義のルーツを追う研究者たちは、古代ギリシャにも目を向けている。[6] 彼らもまた、地理的条件について指摘している。古代ギリシャは、さまざまな海岸や岩だらけの島々に点在する約一〇〇〇の都市国家からなる点描画さながらの文明であったため、大規模な農業がほとんど不可能だった。そのため、人々は農業共同体の従順な一員としてではなく、漁師、陶器職人、皮革職人など、起業家として生計を立てていかなければならなかった。古代ギリシャ人は個人起業家として、ほかのコミュニティから――なかには遠く離れた大陸から――やってきた新しい視点を持つ商人たちと定期的に接触していった。このことが、個人の能力や議論で戦う成功ゲームを促進した。こうしたゲームから、絶大な力を持つ個人を基盤とした自己の理想像が出現し、西洋文化の特徴としていまに受け継がれているのだ。

しかし、こうした説明は答えの一部にすぎない。もうひとつの要因は、一神教と富によるステータス・ゲームの歴史を駆け抜けることで見えてくる。富と偉大な宗教は、世界各地で王や女王や皇帝の支配的権力を脅かす大きな存在となった。聖なる指導者や裕福な商人たちの台頭により、ライバルゲームを率いる新たなエリートが出現したのだ。そのなかで、成功ゲームが初めて旧来の美徳ゲームを凌駕し、文化に花を咲かせたのが西洋だった。

これは戦略や策略によるものではなく、偶然と意図せぬ結果によって起こったことだった。このプロセスは、ステータスを求めて人がプレーするゲームが、自己、文化、歴史を形成するうえでいかに強い影響力を持つかを示す。人は知りたがる。まわりとうまくやりつつ成功するために、自分はどうあるべきか？　支配、美徳、カーストや親族への服従といったものに囲まれた環境で生まれた人々は、それに沿った人物になろうとし、それに沿ったゲームをプレーしようとする。彼らは紡がれた夢を生きる。しかし、近代がまず西洋で始まると、わたしたちは自分の親族集団の外につながりとステータスを求めだした。そして、自分たち以外の氏族や外の大陸から入ってくる斬新でアイデアに興味を持つようになった。こうしてわたしたちは現実を研究し、革新し、正確に予測することで大きなステータスを生みはじめた。真実を発見し、それを活用することに対して互いに報酬を与えあったのだ。こうした成功ゲームはゴールドラッシュの様相を呈し、西ヨーロッパ、アメリカ、そして残りの世界へと広がった。成功ゲームはすべてを変えた。これが地獄から抜けだす道となった。

また、もしカトリック教会の近親相姦に対する奇妙なこだわりがなければ[7]、成功ゲームは生まれていなかったかもしれない。西暦三〇五年から一〇〇〇年以上かけて、教会は一連のルールを変更した。[8]これにより、親族や拡大家族に基づく古い内向きの美徳ゲームが無効とされ、人々は新しい方法でゲームをプレーすることを余儀なくされた。多妻婚、六親等までの血縁者との結婚、姻族との結婚（おじと姪、一族の男性と義理の母親や娘など）が禁じられた。また強制的な結婚をよしとせず、新婚夫婦には拡大家族のもとから離れて自分たちだけの家庭を始めることを奨励し、財産を自動的に一族に譲り渡すのではなく、遺言による個人の相続を促進した。実現には何世紀もかかったが、この神聖でもなんでもない執着がゲームを永遠に変えることになったのである。

これらのルール変更とその歴史的影響を発見したのは、人類進化生物学者のジョセフ・ヘンリック教授だった。彼率いる研究チームは、このことを裏づける数々の素晴らしい証拠を提示している。ヘンリック教授によると、こうした変化は「ヨーロッパの氏族や親族を、一夫一婦による核家族へと体系的に分解させた」[9]という。人々は親族のネットワーク外にステータスを求め、見ず知らずの人とプレーせざるをえなくなった。「遺伝的つながりがほとんどない世界の航海術」を学ぶことは、新しい心理の発展を意味した[10]。そうしてゲームプレーマシンのコードが書き換えられたのだ。人々は自分たち用のゲームをつくりあげていった。それは、「成功と尊敬」が「自分の特性をいかに磨くか、その特性によっていかに友人や恋人、ビジネスパートナーを惹きつけられるか、そして彼らとの関係をいかに持続させられるか」に左右されるゲームだった。ヘンリック教授の研究の重要なポイントは、カトリック教会の新たなルールがわたしたち人間のあり方を変える要因になったことを示している点にある。そのルールによって生活する期間が長くなればなるほど、親族集団はばらけ、人々は外向的で同調性に欠け、外部の者を信頼しやすく、自己中心的で個人主義的になっていった[11]。

このような大規模な心理の再プログラミングは、そもそも主要な宗教が何百万もの人々の心にゲームの夢を植えつけていたからこそ可能だった。とくに成功したふたつの宗教——まずはキリスト教、そしてイスラム教――が普及したのは、その理論体系にひと工夫加えられていたからでもある。[12] つまり、神々の神殿を数え切れないほど持つ多神教や精霊信仰《アニミズム》の伝統とは異なり、彼らは一神教だった。彼らの神は大勢のうちのひとり（god）ではなく、唯一の神（God）だった。唯一無二の存在。その神の道徳的ルールは普遍であり、すべての人に当てはまる。ほかの神の真理を受け入れたり、唯一神のルールを破ることはいまや異端であり、ステータスを主張するための一神教徒の基準を著しく否定する行為となった。このことは、信者たちがまわりの人々を改宗させ、その人たちの精神領域を征服するモチベーションにつながった。複数の研究によると、宗教的信仰というのは、カリスマ性のある聖人がポニーの背にまたがって町にやってきて、人々をいっせいに改宗させることで広まるものではないという。[13] むしろそれは、友人や家族が近しい人を説得するなど、個人のつながりを通じて広まるのだ。改宗の効果を調べたある研究では、入信後に「多くの改宗者の心理状態や気分が改善される」ことがわかっている。

一神教徒が人生というゲームのうえに紡ぐ夢は、絶対的な信仰を求めた。唯一神は多神教の神々のように生贄によって崇拝されるのではなく、「正しい信念」によって崇拝されるものだと、新約聖書研究家のバート・アーマン教授は書いている。[14]「正しいことを信じない者は、神の前に罪人とみなされる」という。間違った信念に対する罰は、想像しうるかぎりにきびしかった。地獄のような拷問のなかで永遠に貶められるのだ。身体を「果てなく焼かれる」[15] といったよくある拷問は、たとえば聖レオンハルトの説教で次のように警告された。「火、火、それが汝の強情さに対する報いだ、頑固な罪人よ。火、火、地獄の業火。汝の目に火を、口に火を、腹に火を、喉に火を、鼻腔に火を、内にも外にも火を、上にも下にも火を、あらゆるところに火を。ああ、悪党よ。汝、火のなかの燃えさしのようになるのだ」。また不信仰は現行のステータスをさげられることを意味する場合もあり、ときにあまりに現実的すぎる結果がもたらされることもあった。たとえば信仰心を持たない者は、あからさまな迫害を受けないまでも、しばしば法的・社会的特権を否定された。イスラムのコミュニティのなかには、税金を高く払わされるところもあった。[16]このゲームプレーにより、現世ではつながりとステータスを、来世では永遠の楽園という報酬が得られた。「かつて宗教がこのような考えを推進したことはなかった。[17]キリスト教徒は、実際にあるのか誰も知らない救済への欲求をつくりだした。そして、自分たちだけがその欲求を満たすことができると主張した。こうして彼らはとてつもない成功をおさめたのだ」と、アーマン教授は書いている。

中世になる頃には、カトリック教会は地球上で最も力のある組織になっていた。[18]そのリーダーもまた、この世で最も力のある人間となった。このゲームの頂点に立つ教皇、司教、司祭は、キリストの一二使徒に直接連なる「使徒継承」の一環として任命された。司祭を侮辱することは神に対する犯罪だった。教会は富み、フランス国土の四四パーセント、ドイツ国土の半分を所有するヨーロッパ最大の地主になった。[19]必然的に、彼ら管理階級はステータスに酔いしれた。身のまわりを財宝で囲み、大きな帽子をかぶり、自分たちの前では絶対的な敬意——膝を曲げる、脱帽するなど——を払い、聖下、閣下、猊下などの敬称で呼ぶことを人々に要求した。その富の大半は、ゲームのルールの一部を巧みに変更したことによってもたらされた。「富める者が神の国に入るよりも、ラクダが針の穴を通るほうが簡単だ」と、かつてイエス・キリストが言ったことは本当だったのかもしれない。だが、ここでごまかしが生まれた。富める者は生前にその富を楽しむだけ楽しんだあと、死ぬ間際に教会にそれを献金する。[20]心臓が止まる一秒でも前に富から解放されていれば、厳密には天国の門にたどり着くときには貧しい者になっているというわけだ。

中世の人々がどの程度までキリスト教の夢を信じていたかについては、学者たちのあいだでも意見が分かれている。なかにはやはり疑念を持つ人もおり、多くは古い多神教の伝統を尊重しながら二重生活を送っていた（聖人を祝うブッフェ式パーティーや、多神教の祝祭日に行われるホップスコッチ［けんけんぱのような遊び］など、その大半はキリスト教に考えなしに引き継がれた）。とはいえ、天国への希望と地獄への恐怖は、たしかに現実のものとして広まっていたようだ。事実、裕福な人々は、よりよい死後の生活を買うために教会に多額の献金をした。そのため、世俗の指導者たちは彼らの支出を制限するための法律を制定したほどだった。

カトリックは、プレーヤーをどん底から引きあげてくださる神のご慈悲を求める美徳と支配のゲームだった。「神の恩寵なき人とは？　それすなわち、悪魔よりも邪悪なる存在[21]」と、ジェノヴァの聖カタリナは書いた。人生は、おもに死後の世界で得られるステータスのためのゲームだった。最終的にどこに行き着くかは、自分がどれだけうまくプレーしたかに関わる問題だった。ルールはやや複雑だった。永遠の愛である神は、すべての信者に慈悲をお与えになる。だが、プレーヤーは地上で善行を積むことによって、その寛大な申し出を受け入れたことを示さなければならない。「厄介なのは、神からの招待に無条件に〝イエス〟と言えるだけの行いをしたかどうかがわからないことだった[22]」と、歴史学者のピーター・マーシャル教授は書いている。恐怖に慄く多くの人々にとって、この問いは強迫観念となった。中世後期になると、「救済への不安」という「広く病的な」感覚がキリスト教世界の大部分を支配するようになったと言われている。

救済への不安のなかに、教会は絶好のチャンスを嗅ぎ取った。教皇は、聖人たちの「余った」善行を貨幣で引きだすことで、天国での地位が保証されると言った。さらに、罪を赦して死後の旅を楽にする免罪符と呼ばれる証書を発行した。もともとこれは、ライバルのイスラム教徒と戦う十字軍に人々を参加させるための買収目的としてつくられたが、すぐに教会や大聖堂などのわかりやすいステータス・シンボルを建築するための集金手段となった。免罪符の市場は発展し、いとこ婚などの罪の赦しを買うことができるようになった。[23] あげくの果てには、将来の罪に対する赦しまで売られるようになった。[24] ルーアン大聖堂の壮麗な一部分は「バターの塔」と呼ばれている。断食をする四旬節のあいだにバターを食べることを許可する免罪符によって、その建設資金が賄われたからだ。

しかし、問題があった。数世紀前、プレーヤーたちの脳の配線をつなぎ直しはじめたのは、まさしく彼ら教会だった。彼らの近親相姦に対する強迫観念が、カーストと拡大家族に基づく古い生活様式をばらばらにするようなルール変更を招いたのだ。多くのキリスト教徒にとって、完全に内を向いて生きるなどもはや不可能だった。徐々に人々は、自分たちの家で、ふたりから四人の子どもを持つ核家族で暮らすようになった。[25] ある者は荘園領主の土地で働き、ある者は町や都市に移り住んだ。そのほか戦争や疫病に追われて田舎を離れた人々は、通りや市場や広場に行き着き、見知らぬ人と交流した。そこで彼らは、有益で信頼に足る職業上の関係をうまく維持していかなければならなかった。

まわりとうまくやりつつ成功するビジネス形態が変わってきていた。一五〇〇年までに五〇以上の大学が創設され、弁護士、作家、数学者、論理学者、天文学者などが次々と輩出された。[26] 職人たちはいまや偶然の出生ではなく、個人の好みに基づいてより自由に職業を選べるようになり、職業ギルドを形成した。ギルドは成功ゲームだった。鍛冶職人、醸造職人、織物職人、ガラス職人、染色職人、靴職人、錠前職人、パン職人、皮革職人など、あらゆる商売のまわりにギルドが生まれた。それぞれが独自のルールとシンボルを持ち、「名匠」の称号を授かるなど、成功に基づくステータスが与えられた。野心みなぎる若いプレーヤーたちは親方に弟子入りして商売を覚え、ゲームに参加した[27]。そして別の親方のところに移動し、さらに学びを深めた。専門技術が発展するにつれ、質の高い商品への需要が高まった。「労働倫理[28]」が生まれ、労苦そのものが名誉あるものになった。「このような変化は、労働中心社会の始まりと理解できるだろう」と、歴史学者のアンドレア・コムロジー教授は書いている。「そのなかでは、すべての会員の多様な活動が、活発な生産と大変な努力という特徴をますます持たなければならなかった」

人々は新しいゲームからステータスを得るようになっていった。ゆっくりと、ときに歩みを止めつつ、人々の焦点は氏族に対する義務から個人の能力と成功へと移っていった。このことは人間の心理を変え、ゲームをプレーする脳の文化的プログラムを書き換え、わたしたちを新しいタイプの人間に変えた。人は独立心が強くなり、より自己中心的で外向的で、個人として優れることにより興味を持つようになった[29]。その一方で、同調性が減り、伝統や先祖や義務や権威といったものをあまり敬わなくなった。要するに、わたしたちはもはやステータスに酔いしれて腐敗した教会にいじめられ、脅かされ、買収され、侮辱されるような人間ではなくなったのだ。一六世紀になる頃には、カトリック教会とその信者の心理的性質は乖離してしまっていた。誰かが何かを与えなければならなかった。

それは一五一七年一〇月のことだった。教皇はローマのサン・ピエトロ大聖堂という、また別の豪華絢爛なステータス・シンボル建設のための資金集めに免罪符を売っていた。ドイツでの免罪符販売の中心人物だった修道士、説得の達人ヨハン・テッツェルは、次のような謳い文句で売り込んだ。[30]「棺のなかで硬貨がちりんと鳴れば、魂は煉獄から天国へとぴょんと跳ねあがる」彼の登場は、ヴィッテンベルク大学の倫理神学教授だったマルティン・ルターを激怒させた。「なぜ教皇は、いまや最も裕福な者よりもはるかに大きな富を手にしているというのに、貧しい信者の金ではなく、自分の金でサン・ピエトロ大聖堂ひとつ建てないのか」[31]と彼は思った。ルターはその抗議を「九五カ条の論題」という文書に記し、大司教に送付したうえで市の教会の門に釘を打って貼りだした。もし、ヨーロッパの大衆の心理が何世紀にもわたって変化していなかったら、このような小さな地域反乱など誰もが無視していただろう。しかし、ルターは革命の口火を切ったのである。

ルターの運動は、王や王子、公爵といった地方の支配エリート層の承認と支持を得た。彼はまた、最新技術も活用した。彼の著作は、印刷機の力を借りて遠くまで瞬く間に広まった。一五一七年から一五二〇年のあいだに、実に三〇万部以上もの書物、冊子、一枚広告が配布された。[32]ルターとそのほかの思想家たち――ジャン・カルヴァンが最も有名だろう――のあいだで多くの意見対立があったものの、最終的に「プロテスタント」という新たな形のキリスト教ゲームが生まれた。そのゲームでは、町、大学、ギルド、市場などで成功を目指すプレーヤーに合わせて、一連のルールとシンボルが改定された。

プロテスタント教徒にとって、人生はもはや天国や地獄のための過酷な試練ではなかった。神は人々がどこに行き着くかをすでに知っているのだ。信者たちは、自分が救済されるのか地獄に落とされるのか、「確信」の手がかりを探すことになった。[33]「選ばれたステータス」のしるしは、徳の高いまじめな暮らしといった個人の行動だけではなく、地上での富や地位の獲得のなかにも見いだされた。人はそれぞれ「天職」を持っていると、信者は告げられた。神が特別な才能を授けてくださったのだから、正しい職業を選び、それに熱心に励むことで才能を最大限に発揮しなければならないと。自由に選択したゲームのなかで努力と自己鍛錬を重ねる者は、神の賜物を花開かせることができた。個人の成功のためにプレーすることが神聖な崇拝の行為となったのだ。数百年後に振り返ってみると、これらの文化革新が近代性への長い一歩であったことが見えてくる。

しかし、変化はそれだけにとどまらなかった。もはやキリスト教徒と神との関係は、聖職者というエリート階級によって媒介されるものではなくなった。「われわれはみな等しく司祭である」[34]と、ルターは書いている。プレーヤーはラテン語から翻訳された聖書を自分で読めるようになっていった。神聖な美徳は教育によってつくられたのである。読書は単に奨励されるものではなく、個人の道徳行動を高め、神との個人的関係を築くためのゲームの基本ルールとなった。[35]このたったひとつのルール変更が、わたしたちの心理にさらなる大きな変化を促したようだ。この変化が作用したことも、すでに研究で示唆されている。ヘンリック教授の分析から、識字率は「プロテスタントが最も深く根づいた国で最も急速に」[36]伸びたことがわかっている。ルターの死後何世紀にもわたり、どの国においてもプロテスタントが多いほど、識字率が上昇したのだ。

プロテスタントがつくり直した宗教は、救済への不安に疲弊し、エリートたちからの騙しや侮辱に耐えられなくなったやや自己中心的なプレーヤーを通じて、西ヨーロッパに瞬く間に広まった。当時の民衆の怒りは、修道院で暮らす修道士をオオカミ、托鉢修道士を悪魔、教皇をドラゴンに見立てた反教権プロパガンダに色濃く現れている。[37] 一五二〇年代、ケンブリッジシャーのある村で、ひとりの男が頭を剃りあげたばかりの司祭に出くわした。男は「鋤で牛糞をすくいあげ、それを司祭の頭に叩きつけてこう言った。『近々おまえのような者は、剃った頭を堂々と見せびらかすより、喜んで隠すようになるだろう』」[38] 教会は分裂した。カトリックとプロテスタントは戦争に突入した。一部の場所では、いまだに戦いが続いている。

とはいえ、美徳ゲームの支配力はまだ続いていた。プロテスタントのゲームは急進的なようでありながら、信仰の厚い人々にとって「成功」は「美徳」から完全に切り離されたものではなく、その延長線上にあるものだった。彼らは優れた能力に対してステータスを与えていたが、それも依然としてキリスト教の強力な美徳ゲームの文脈のなかで、ほとんどがそれを介して行われていた。結局のところ、支配するのが司祭や司教や教皇であれ、王子や公爵や王であれ、これらはまだ服従と義務のゲームだったのだ。新たな成功志向タイプのプレーヤーがすでに確立されている権威を圧倒するためには、彼ら自身の強力なエリート層を形成する必要があった。そうして彼らは金持ちになった。

ルターの宗教改革にいたるまでの数世紀のあいだ、聖職者や王族階級出身ではないプレーヤーにとって、富は高い社会的地位への道を与えてくれるものだった。こうした新しいエリートたちは、ステータス争いから生じる利益によって成長してきた。前千年紀の中頃、アジア、アフリカ、インドネシア、アメリカ大陸への交易路は、香辛料、絹、砂糖、アヘン、大麻、ベルベット、黒檀、象牙、白檀、チューリップ、ココナッツ、色とりどりの染料、バナナ、パパイヤ、ルバーブ、ジャガイモ、パイナップル、性具、ムスクの香水、ジャコウネコといった贅沢な高級品を流行らせた。[39] 奴隷も取引された。一方、ヨーロッパからは、織物、木材、ガラス製品、紙など、熟練の職人がつくる商品が輸出された。これらの事業を営む商人たちは、しばしば信じられないほど裕福になった。なかには、冒険家たちに利子つきの返済をさせる信用貸しを行うことで、探検の資金提供を始める商家もあった。こうした「投資銀行家」も、しばしば信じられないほど裕福になった。社会移動もあった。大きな財源のない野心あふれる起業家は、まずこのような探検で貨物とともに旅するところからキャリアを始め、資本を増やしたあとに貿易ゲームにステップアップした。やがて商社は私兵を募り、遠くの大陸で植民地を築くようになった。

貿易から生まれた富。中産階級の職人の台頭。黒死病によって人口が減り、資源が行き渡ったこと。能力と成功のためにプレーするゲーム。これらすべての要因が、より多くのお金がゲームに流れ込む結果につながった。この新しい富は、旧勢力を脅かしつつあった。成功ゲームの勝者は、美徳ゲームの勝者と同じステータス・シンボルを享受しはじめた。このことは、旧来のエリートたちを激怒させた。彼らは奢侈禁止令なる特別法令を制定し、各社会階級の人々がステータスとなる物品や行動でそれぞれどのように自己を示すべきかを規制しようとした。人々は、何を着てよいか、何を食べてよいか、どのように葬式や結婚式を執り行うべきか、どんな馬車を所有してよいか、その内装にどんな布張りをしてよいかなどを規定された。[40] 一三六三年、イングランドでは、「さまざまな身分の者が、国全体の破滅と貧困につながるような、自身の所有地や地位に見合わない過度な服装をすること」を抑えるための法律が導入された。[41] この法律では、御者、牛飼い、農民から騎士まで、さまざまな地位の人々が衣服に費やしてもよい金額が定められた。別の法律では、一部の人による「肉や高級料理の暴食」[42] が禁じられ、「領主、郷士、紳士、そのほかいかなる者の地位以下の騎士は、二インチを超えるスパイクまたは先端のある靴またはブーツを履いてはならず、四〇ペンスの罰金を受ける」との命令が定められた。一五七四年、あるロンドン市民が「条例に反し、タフタの裏地がついた半ズボンに、銀で縁取りされたシャツ」を身につけた罪で投獄された。[43]富裕層の台頭とそのステータス・シンボルが旧来のエリートたちに不安を与えていたのは、西洋だけではなかった。一五九一年、中国のある作家はこう不平を述べた。「古いほうき一本も持たないような一家が馬車に乗り、（中略）帽子をかぶって金持ちや高貴な人のように着飾っている」[44]

ジェノヴァ、フィレンツェ、ヴェネツィアといった現在のイタリアにある交易都市は、世界でも指折りの裕福な地域になっていた。これらの都市は、それ以前に見られたように、エリートたちが大衆の過酷な労働とはかけ離れた高みでプレーするような格差の激しい社会ではなかった。彼らの成功ゲームは、職人や商店経営者などの健全な中産階級を生みだした。その格差は、現代のアメリカとおおよそ同等であったと考えられている。[44]この比較的平等な社会は、新たな文化を生みだした。というのも、エリートのプレーヤーたちはこうした社会で自分を他者と差別化することが難しく、そのため自分のステータスを示す新たな方法を絶えず探さなければならなかったのだ。彼らは、庭園、広場、家、彫刻、調度品、身だしなみなどのなかに、嗜好や美を表現するようになった。[45]その結果、画家、彫刻家、建築家、陶芸家、つけ毛や義歯の製作者など、さらなる成功ゲームの市場が生まれた。当時の詩人ジョヴァンニ・ポンターノは、個人の楽しみを追求するために浪費することの美徳について論文を書いたほどだった。[46]

贅沢と優美へのこの近代的憧れは、食にまつわるイタリアのステータス・プレーにとりわけ顕著に現れた。当時、ヨーロッパのほかの地域の食習慣はあいかわらずお粗末なものだった。ロッテルダムのエラスムスが一五三〇年に発表した礼儀作法の書には、席についてゴブレットを傾け、毎日持ち歩いているナイフで大皿の肉を切って食べる人々の様子が描かれている。皿は白目製が多く、比較的希少なものだった。そのため、たいていは厚いパン切れを使って食べた。どんな人も――王も女王も――手で食べた。エラスムスは、健康の理由から腸のガスだまりを我慢すべきではないと説き、また必要なら吐くべきと助言している。「不潔なのは吐くことではなく、喉に吐瀉物をとどめておくことだ」[47]

イタリアは違った。その豊かな交易都市の貴族や中産階級は、フォークとナイフとスプーンを使って磁器製の皿から食べた。一四七五年、フィレンツェの銀行家はガラス製の広口カップ四〇〇個セットを注文した。[48] 一五六五年に催されたある晩餐会では、「すべて磁器製」の一五〇枚の皿と五〇個のボウルが使用された。[49] 裕福な商人や貴族の一家は、何百種類もからなる食器セットをいくつも収集した。「食事の準備とマナーは、ヒエラルキーの意識がますます高まる社会でステータスを争うゲームとなった」と、歴史学者のリチャード・ゴールドウェイト教授は書いている。訪れた外国人は、イタリアの食文化の豪華さとばかばかしさを目の当たりにした。フランスの知識人モンテーニュは、食事をする各人にナプキンと銀食器一式が用意されることに驚いた。彼が出会ったあるイタリア人シェフは、「まるで神学の重要点について話すかのように、いかめしく尊大な顔つきで食事の科学について講義を行った。（中略）彼はわたしのためにさまざまな食欲の違いを紐解いてくれた。（中略）そのあと、細やかに考え抜かれたコース料理に着手した。（中略）そのすべてに、あたかも帝国の統治について説明するときに使われるような壮大な言葉による解説が伴った」

しかし、職人や商人の成功ゲームがいくら強力でも、彼らの文化はやはり宗教と貴族の美徳ゲームに支配されていた。彼らは本質的には後ろ向きのままだった。イタリアのエリートたちは、聖書や古典をモラルの向上や雇用の可能性の助けと考えていた。どちらにしても、彼らにとって問題を解決するとはすなわち過去の知恵に相談することだったのだ。

ところが、そのあと西洋で変化が起こった。何世紀も前、キリスト教のエリートたちはプレーヤーの脳の配線をつなぎ直しはじめた。人々はより自由になる一方で、自分の属する集団をあまり敬わなくなった。その結果、西洋人は斬新なアイデアにより寛容になった。内向きの東洋が西洋の技術や概念をそこまで取り入れなかったのに対し、西洋は貪欲だった。[50] イタリア人が「陶磁器《チャイナ》」で食事をするのが大好きなことからも、それは見て取れるだろう。わたしたち西洋人は、東洋から美しいもの、美味しいもの、うっとりするようなものばかりではなく、ゼロから九までのインド・アラビア記数法[51]と、小数点、足し算、引き算、掛け算、割り算、利息の原理、為替手形といったその計算や会計への応用など、彼らの天才的頭脳も取り入れた。

こうした斬新なアイデアに対する寛容さは、ステータス獲得の追求を生んだ。一五〇〇年代のイタリアを皮切りに、その後西ヨーロッパ全体で、「有用な知識」を持つことが流行した。[52] 当初は、「学問と芸術に対する上流階級の興味として、学者と紳士を組みあわせた、やや素人じみてはいるものの真剣な知識人」という形で現れた、[53] と経済歴史学者のジョエル・モキイア教授は書いている。「ヴィルトゥオーゾ」として知られるこうした紳士思想家は、林業、数学、奢侈禁止令など、さまざまな主題の本を著した。彼らの成功プレーは、知識愛そのものに基づいていた。ヴィルトゥオーゾたちは、「かつては悪徳とされた好奇心を美徳に変えた」[54]のだ。知識を示すことはステータス・シンボルとなった。「廷臣は学者となった。社会装飾のためだった文化は、名声と称賛のための学問に移行した」

ヴィルトゥオーゾたちの夢が貴族からより広範な知識人へと行き渡るにつれ、有用な新しい知識のまわりに大きなステータス・ゲームが形成されていった。ヴェネツィアの政治家で思想家のフランチェスコ・バルバロによって「学術共和国（Respublica Literaria）」と名づけられたこのゲームは、西ヨーロッパの大部分で確立していた郵便制度があったからこそ可能だった。優秀な人々は、いまや小冊子、定期刊行物、書籍、個人書簡などで自身の考えを伝えられるようになった。彼らの専門分野は、医学、科学、哲学、神学、天文学、文献学など多岐にわたった。彼らは素晴らしい能力を発揮することで大きなステータスを得るという、国際的な成功ゲームをつくりだしたのだ。

このゲームでは、過去の知識を習得するだけではほとんど評価されなかった。ステータスを得るには、進歩、革新、洞察、独創性など、新しいものが必要だった。莫大な金銭的報酬が得られる場合もあった。とりわけ優秀なプレーヤーは、最高の頭脳を雇っていることを自慢し、自分の国家建設にその専門知識を活用したいと考える公爵や王子や王からの庇護を受けた。[55]同様に、商人たちも優位に立たんと数学者や技術者を雇い入れた。とはいえ、学術共和国の原動力となっていたのは金銭ではなかった。モキイア教授も書いているとおり、[56]「重要なのは、仲間からの評価に基づく評判だった。（中略）みな、仲間に巨匠として認められることを強く望んだ。これこそ、近世ヨーロッパの多くの学術的努力の原動力となっていた」[57]ものなのだ。プレーヤーたちは国際的スーパースターになることで大きなステータスを勝ち取った。[58]その名声は大陸じゅうに広がり、法律、方式、プロセス、天体、脳や身体の部位といった発見には、彼らの名前がつけられた。

学術共和国のゲームのルールは、科学技術の未来へのマニフェストのように読める。プレーヤーは自分のアイデアを独り占めすることなく、[59]広く公開した。知識は公益とみなされたが、新しいアイデアの生みの親はそこから当然の利益を得ることができた。知的負債［プロセス解明のアプローチはあとまわしで、発見だけが先にあること］が認められ、アイデアの盗用は不名誉なこととされた。書いたものには反応があるべきで、新たなアイデアには異論を唱えることができ、また異論が出るべきだった。親族、氏族、国、宗教の垣根はあるべきではないとされた。理論を試験する「科学的方法」が考案された。それは、「人々に謙虚さを教え、[60]己の誤りを認識させ、そうすることで心のあらゆる傲慢さを取り除く」と、ある学者は書いた。こうした実験には、データの偏りない分析、正確な記録保存、再現性があること、結果が公表されることなど、きびしい基準が適用された。

学術共和国の成立は、人間の歴史において重大なできごとだった。火と野営地、噂話と評判、帝国の台頭、宗教の勝利などと並んで、年表に刻まれるべきものだ。その成立には二本の電線を要した。その二本を一緒くたにして爆発を起こすことで、わたしたちを新しい時代へと吹き飛ばしたのだ。その一本目の電線とは、人間の文化的能力だった。人間がこの惑星を征服できたのも、ひとつにわたしたちが蓄積された情報の網の目のなかにいるからだ。生まれてきた個人ひとりひとりが自分で新たにすべてを学ぶ必要はなかった。知識は年長者によって伝えられ、世代を通じて受け継がれてきた。しかし、古い親族を基盤とした美徳ゲームでは、この知識はたいてい集団内を飛び交うだけで、ほかの集団の考えに興味が向けられることはほぼなかった。先祖への崇拝と過去の知恵がプレーヤーの思考を支配する美徳ゲームでは、革新は決してうまくいかなかった。生じた問題が解決されるなかで、もちろん自然と革新は起こっていたが、革新自体が目的とされることはなかった。美徳ゲームの時代には、ところどころで稀に爆発が起こる以外、たいていの進化は歩みが遅かった。

二本目の電線は、成功によるステータスだった。人間の脳は知りたがる。地位を勝ち取るために、どんな人間になるべきか？　ポンペイ島では、巨大なヤムイモ栽培を中心に成功ゲームが進化した。その結果、巨大なヤムイモができた。学術共和国では、知識を蓄積する人間の能力を中心に成功ゲームが進化した。その結果、膨大な知識が蓄積された。人は現実を正しく観察して予測し、学んだことを文書や小冊子や書籍に保存し、それが発展してさらに有用性を増し、ほかのプレーヤーに取り入れられ改善されることで、勝利をおさめた。共和国のルールとは、そのように発見を自由に共有し、仲間に評価されることであった。勝者は必ず祝福され、地位をあげた。それは見事に構築された成功ゲームだった。プレーヤーは気づいていなかったかもしれないが、実のところ学術共和国が利用していた電気回路は、はるか昔に協力的な狩猟採集民族が生き残れるように進化を遂げてきたまさにそれだったのだ。

しかし、未来は彼らを受け入れる準備がまだできていなかった。学術共和国はとても小さく、知識人と貴族の狭い範囲のエリート層だけがプレーするゲームだった。王国、帝国、偉大な宗教のように何百万もの人々の心に入り込み、文化を定義するほどの力は持っていなかったのだ。王族と宗教による親族を基盤とした美徳ゲームは抜かりなくその支配を維持し、帝国は反撃した。結局イタリアでは、古いエリートが新しいエリートに対する支配をふたたび確立した。ヴェネツィアでは、新興の商人や銀行家たちが、政治権力の中枢だった大評議会から締めだされた。結果、議会は世襲貴族で占められた。[61]彼らは富を生みだす商人たちの能力を食いつぶし、市の衰退を招いた。

しかし、世界に唯一、古い秩序が新しい秩序を抑え込めなかった場所があった。イギリスだ。遡ること一二一五年、エリート階級の貴族たちは、ジョン王にマグナ・カルタ（大憲章）への署名を強いた。これは、王による増税を制限するなど、さまざまな形で王権に異議を突きつけるものだった。貴族たちは、王に取り決めを遵守させるための議会を発足させた。一二六五年に初の選出議会が開かれた。やがてそれは貴族、騎士、支配階級のみならず、[62] 裕福な農民や産業界や商業界のリーダーたち——すなわち、成功ゲームの勝者たち——によって構成されるようになった。一六八八年の「名誉革命」ののち、「権利の章典」が話しあわれ、国家の統治勢力としての議会が確立された。もはや王に完全な支配力はなくなった。その後、成功ゲームに有利なルールや制度が次々と誕生した。イングランド銀行が設立され、[63] 多くの人が信用取引を行えるようになった。財産権や特許権の保護や、法はすべての人に平等に適用されるべきとする原則が確立されるなど法整備も進み、起業家がより安全に起業しやすくなり、そうした人々による成功ゲームが生まれては繁栄した。独占事業は禁止され、自由貿易の原則が確立された。商人は国から全面的に支援され、保護された。経済学者のダロン・アセモグル教授とジェームズ・A・ロビンソン教授は、このようなユニークな環境のなかで、革新者たちは「自らのアイデアが生みだした経済的機会をつかみ取り、財産権が尊重される安心感のもと、己の革新が有効に販売活用される市場に参入することができた」と書いている。

イギリスには、建築家のクリストファー・レン、哲学者のロバート・ボイル、経済学者のウィリアム・ペティ、博学者のロバート・フックなど、学術共和国で活躍する多くの人々がいた。彼らのいるイギリスは、未来がつくられる場所として、徐々にイタリアに取って代わるようになった。一六七五年に、ロンドンで磁器の食器を所有していた家庭は一世帯もなかったと考えられているが、[64]一七二五年には三五パーセントが所有するようになっていた。王族と教会という古い美徳ゲームから権力がますます離れていくなか、唯一イギリスは学術共和国という知識に基づく小さな成功ゲームを選び、それを大衆に広めることができたのだ。成功した革新者たちは、仲間内のあいだで名を馳せただけではなく、イギリスの制度によって巨額の富や国民的名声まで手にし、そのステータスの蓄積は驚くほどふくれあがった。やがて、それは知識人エリートだけではなく、何千という機械工、起業家、技術者、修理工、職人にも開かれたゲームになっていった。

この「産業革命」は、ステータスのゴールドラッシュだった。それは国の雰囲気と文化を決定づけるようになった。イギリス人が「革新者になったのは、向上心を受け入れたからだ」[65]と、歴史学者のアントン・ハウズ博士は書いている。この向上心はまるで「病気」のように広がり、（中略）「金持ちにも貧乏人にも、都会に住む人にも田舎に住む人にも、国教徒にも非国教徒にも、ホイッグ党にもトーリー党にも、熟練の技術者にもまったくの素人にも伝染しえた」という。ますます多くの人が「技術革新について発表し、講義や展示を行い、資金提供を行う」ようになった。彼らは自分たちの関心に基づいたコミュニティをつくり、その向上心をさらに広めるための協会を設立した。こうした組織は、新しい有用な知識を生みだすばかりではなく、成功した革新者のための大きなステータスをも生みだす製造機となった。

産業革命は、ステータス・ゲームの爆発的増加に乗じて始まった。歴史学者のピーター・クラーク教授の言葉を借りれば、イギリスは「連合世界」になった。[66]プレーヤーたちは自分の専門分野のまわりにゲームを築いた。彼らはクラブや意見交換会で出会い、コーヒーハウスに集まった。こうして一七〇〇年までに、ロンドンだけで約二〇〇〇店舗ものコーヒーハウスが乱立した。[67] また、彼らは新しい有用な知識を生みだし普及させるための学術組織を設立した。経済学者のジェイムズ・ダーウィー氏によると、一七五〇年に五〇団体にも満たなかったその数は、[68] 一八五〇年までに約一五〇〇団体にまで増加したという。そのうちのひとつ、〈技芸推進協会〉はロンドンのコーヒーハウスから始まった。[69] 彼らは、救命艇、クレーンの安全な空気ブレーキのメカニズム、煙突の機械式清掃方法――これにより、四歳以下の少年を使って掃除させることが法律で禁じられた――といった、問題解決や独創的な発明をもたらした会員数千名に賞金やメダルを授与した。この協会は、〈王立技芸協会(ロイヤル・ソサエティ・オブ・アーツ)〉という名でいまも活動している。

これらの協会は、優れた能力を発揮することに対してステータスを与える成功ゲームだった。ダーウィー氏によると、設立から二〇年のあいだに〈王立技芸協会〉が発明者たちに授与したメダルにかかった費用は、賞金よりも多額であったという。[70] 同協会の賞は、野心あふれる観衆を通じて社会に大きな影響を及ぼしたと、ダーウィー氏は指摘している。「ロンドンの社会的、知的、商業的エリートたちが賛助する全国的に名の知られた組織」として、同団体の革新に対する最も重要な貢献は「発明一般を促進し、名声を与えること」だった。こうした力学が、〈王立技芸協会〉のようなステータス・ゲームを革新の製造工場たらしめたのだ。プレーヤーたちは名声と尊敬を得ようと努力するなかで、彼ら自身が新しい有用な知識の製造機となっていった。ダーウィー氏の分析からは、ある特定の地域における協会の数が多いほど、そこでの特許取得率があがることが明らかにされている。一八五一年に開催されたロンドン万国博覧会の出展者の分析においても同様のパターンが見いだされ、どの地域においても協会の数が多いほど博覧会への出展数が増え、受賞も多くなることが予測された。その数、七四六人の会員ごとに、展示数は四二パーセント、受賞数は四八パーセントという増加率だった。産業革命期の学術協会と革新とのあいだには、「因果関係があると解釈すべきである」と、ダーウィー氏は結論づけている。

こうして、このステータスのゴールドラッシュから、人類史上かつてないほどの知識の蓄積がもたらされた。数学者のオリンサス・グレゴリー博士は、一八二六年に行った演説のなかで、当時の雰囲気を次のように表現した。[71]「農業、製造業、商業、航海術、学術、実用品、装飾品。尽きることない多種多様なものが、それでなくとも幸せなこの場所の利便性と装飾性を高めている。都市には住人がごった返し、倉庫は備蓄にあふれ、田舎の市場は忙しない人で賑わう。畑、村、道路、港、すべてがわが国の富と栄光に貢献している。(中略)改良のための新たな社会、(中略)われわれの芸術を発展させ、労働を容易にする新たな機械。荒れ地が塞がれ、道路が改良され、橋が架けられ、用水路がつくられ、トンネルが掘られ、沼地が排水されて耕され、波止場が建設され、港が拡大された。これらをはじめ、まだまだ自然と心に思い浮かぶ何千という同種の事業は、われわれがまだ全盛には達しておらず、安定した偉大な未来への展望が開かれていることを証明する」

産業革命は、すぐに世界のほかの地域にも波及した。その改良熱が伝播したアメリカは、まずは西ヨーロッパと肩を並べ、いまではゆうに凌駕するほどの革新の天才となった。アメリカのいまだ褪せることのない名声の多くは、シリコンバレーのテクノロジー企業によって得られた。こうした革新者たちがプレーするゲームは、学術共和国の学者たちによって考案され、イギリスの過ぎ去りし革命と制度によって世界を変える力を与えられたのだ。

一七世紀から一八世紀にかけて、理性、自由、寛容、政教分離などの思想で西ヨーロッパ、そして世界をさらに大きく変えた啓蒙主義の思想家たちも、彼ら以前に形成されたゲームの継承者だった。そのなかでもとりわけ有名なひとり、スコットランドの経済学者アダム・スミスは、「近代経済学の父」として知られる。おそらく、今日わたしたちが暮らす超個人主義的で利己的で金儲け主義的な世界は、誰よりもスミスという人と、自由市場と競争がいかに繁栄を生みだすかを説いた彼の理論に結びついている。とはいえ、スミスは富への強欲さが経済を動かす究極の原動力であるとは思っていなかった。彼は人間の心理のもっと深い部分で、何か別のことが起こっていると考えていた。「人間は偉大になることを望むのではなく、愛されることを望む[72]」と、スミスは一七五九年に書いている。「金持ちが自身の富を誇るのは、その富が自然と世界からの注目を集めると感じるからだ。（中略）富がもたらすほかのあらゆる利点よりも、この点でより人は富を愛するのだ」。スミスにとって、注目と承認へのこの欲求こそが人間の基本条件だった。わたしたちは「見られたい、注目されたい、気づかれたい」と願うからこそ、自分の運命をよりよくしようと努力する。それは、富のようなステータス・シンボルがあれば一〇〇パーセント幸せになれると語りかけてくる夢だ。そうしたステータス・シンボルを求めて、人々は「大地を耕し、家を建て、都市や民主国家を築き、あらゆる科学芸術を発明し改良して、生活を気高く彩りたい」という気持ちを駆り立てられる。こうして、「この地球はすっかり様変わりした」のだ。

わたしたちは、卓越したものを目指す近代的な努力によって、計り知れないほど豊かになった。一九世紀の終わりには、人々の平均寿命と生活水準は向上し、反対に極度の貧困と乳児死亡率は低下した。[73]

大衆をつねに悩ませてきた飢饉や飢餓は減少しはじめた。有用な知識の絶え間ない蓄積は、技術、医学、科学に驚くべき革新をもたらした。地獄から脱する道は、人間の健康と繁栄のデータを見れば明らかだ。産業革命以前の歴史では、世界の平均寿命は三〇歳前後を推移していた。それがいまや七〇歳以上に、先進国にいたっては八〇歳以上にまで伸びている。科学の進歩は何十億人もの命を救ってきた。水の塩素処理で一億七七〇〇万人、天然痘の根絶で一億三一〇〇万人、麻疹ワクチンで一億二〇〇〇万人が救われた。感染症対策により、一九九〇年以来一億人以上の子どもたちが救われている。二〇二一年には、複数のコロナウィルスワクチンが全世界を救いつつある。わたしたちはまた、かつてないほどよい食生活を送っている。一九四七年には地球人口の約半数が栄養不足だったが、いまではその数は発展途上国で一三パーセント、先進国では五パーセント以下になっている。また、わたしたちはより裕福になっている。一八〇〇年の時点では、人々の九五パーセント近くが極度の貧困のなかで暮らしていた。一九九〇年から二〇一八年のあいだに、その数は一九億人近くからおよそ六億五〇〇〇万人にまで減少した。

　歴史は個人によってつくられるのではなく、集団につながった個人によってつくられる。これらの集団とは、すなわちステータス・ゲームである。データからも歴史からも、それは明らかだ。他者を助け、世界をよりよくしたいと本気で願うのなら、わたしたちは成功ゲームをすべきなのだ。

第二五章　新自由主義の自己像

本書の旅もようやく現代にたどり着いた。二一世紀のわたしたちもまた、あいかわらず共有された幻覚のなかでつながりとステータスを追い求める大型類人猿でありつづけている。現代の西洋人は奇妙な自己を抱え、不安と飢えに苛まれている。それは、成功に重点を置きすぎる市場経済から生まれた。人間が支配と美徳のゲームを決してやめられない一方で、社会は個人の能力と達成を重視する。学校、大学、仕事という高度に形式化され、ときに正確に格付けされるゲームのなかで、わたしたちは生涯を通じて個人の成功ポイントを稼ぐ。街なかで、職場で、ソーシャルメディアで、自身の外見や持ちものやライフスタイルなどを通してそれまでの達成を示す。このように人が自己に執着するのは、それがわたしたちがプレーするように育ってきたゲームだからだ。

個人主義者であるわたしたちは、いつの時代もそれなりに自己中心的ではあった。しかし、二〇世紀後半になると、人は自己執着モードをより強めていった。恐慌と世界大戦を経て、アメリカとイギリスの経済はよりルールに縛られ、美徳と集団を重視するようになった。この時期は、銀行や事業に対する規制の強化、高い課税（一九四〇年代から一九五〇年代のアメリカで、最高九〇パーセントにまで達した)[1]、広範な労働組合の形成、そしてニューディール政策、社会保障法、最低賃金、福祉国家といった「大きな政府」による革新が次々とあった時代だった。これに沿うように、アメリカとイギリスのプレーヤーたちは集団的になった。一九五〇年代に、郊外で制服を着て働く「会社人間」たちから、反物質主義の価値観を持ったさらに集団精神の強いヒッピーたちが誕生した。いつの世も変わらず、偉大なゲームはすでにわたしたちのなかにあった。そのルールとシンボルは、わたしたちがプレーするゲーム装置に書き込まれている。人はその夢を夢見て、その夢のなかの自己を繰り返すのだ。

しかし、一九八〇年代になると、ふたたびゲームの流れが変わった。その前の一九七〇年代に、欧米の経済が傾きはじめたのだ。そのため、新たなプレー方法が模索された。イギリスとアメリカの各指導者、マーガレット・サッチャーとロナルド・レーガンは、ゲームの競争をさらに著しく激化させることにした。一九八一年、サッチャーは記者に対し、「過去三〇年間の政治の全体的な方向性を見ていらだたしく思うのは、つねに集団主義社会に向かっていたということです[2]」と語った。サッチャーおよびレーガン政権は、このような旧来の徳に縛られたプレー方法に対し一連の容赦ない攻撃を開始した。彼らは国家の保護の縮小、減税、銀行と企業への規制の撤廃、国有資産の民営化、労働組合の無力化、従業員の権利の抑制などを行った。この新たな時代では、可能なかぎり、政治家ではなく市場が主導権を握ることとなった。こうして生まれた「新自由主義」のゲームは、より自由でルールに縛られず、したがってより個人主義的になった。勝つためには、人々のゲーム装置をさらにもう一度再プログラミングする必要があった。まわりとうまくやりつつ成功するために、わたしたちはさらに競争心を持ち、より実利を求め、より自己中心的にならなければならなかった。

実際、人々はそうした。一九六五年の人々と一九八五年の人々を比べてみると驚くばかりだ。たったの二〇年間で、わたしたちは権威なんてくそくらえから、欲は善であるに変わったのである。新自由主義の時代に深く移行すればするほど、わたしたちはその夢にのみ込まれていった。変化はあっという間だった。三億人以上の出生を調査した研究から、一九八三年以降、多くのアメリカ人が自分の子どもに珍しい名前やふつうではない綴りの名前をつけるようになったことが判明している。[3] 両親は自分の子どもが「目立ち、スターになること」を望んだと、共著者のジーン・トウェンギ教授は書いている。

一九八〇年代が進むにつれ、フィットネスビデオがミリオンセラーに、ヤッピー〔都市に住む若手エリートサラリーマン〕がコカインを楽しみ、「自分を愛することを知る」ことが「何よりの愛」だと歌うホイットニー・ヒューストンの賛歌が大ヒットするなどの文化が生まれた。こうしたナルシシスティックな考え方が文化的価値観となっていった。一九九二年に『ニューズウィーク』誌向けに実施されたギャラップ社の世論調査か[4]らは、回答者の八九パーセントが「努力して成功するためのモチベーションを高める」にあたって「最も重要な」要素を「自尊心」だと考えていることが明らかになった（最も重要ではないとされたのは、「他人から見たステータス」だった）。一九八七年のゴールドマスターカードの広告[5]では、「必要なのは成功だけ」と新自由主義の精神が高らかに謳われた。ゲームのプレーヤーたちはこぞってこの意見に賛同した。事実、「多くのお金を持っていること」が「とても重要だ」と考える高校生の割合[6]は、一九七〇年代から一九九〇年代でおよそ二倍に増えた。

新世紀に入り、新自由主義の価値観がさらに定着するにつれ、名声への関心がますます高まった。二〇〇六年にイギリスの一〇歳未満の子ども二五〇〇人を対象に行われた調査では、子どもたちにとって「世界一すごいこと」[7]は「有名人になること」だった（二番目は「容姿がいいこと」、三番目は「金持ちになること」だった）。二〇〇三年、ソニー社から前面カメラを搭載した初の携帯電話が発表された。ビジネス会議での使用を目的につくられたものだったが[8]、人々はそれとは異なる使い方でこのテクノロジーを受け入れるようになった。グーグル社が明らかにしたところによると、二〇一九年までに、アンドロイド端末のユーザーだけで毎日九三〇〇万枚ものセルフィーが撮影されるようになったという。[9]

新自由主義が台頭するにつれ、かつて友人や隣人のあいだで広くプレーされていた、つながりとステータスによる古いゲームは衰退していった。その崩壊を、政治学者のロバート・パットナム教授が図式化している。[10]「二〇世紀の最初の三分の二のあいだ、アメリカ人は教会や組合会館、ボウリング場やクラブ室、委員会のテーブル、カードゲームの席、食卓など、自分たちのコミュニティの社会的・政治的生活においてますます積極的な役割を担うようになっていた」と彼は書いている。こうした集団は「関与拡大の新たな時代の入口に立っているように思われた」が、その後、「およそ同時期に、人々はこれらの活動をあまり行わなくなった」

アーサー・ミラーは、自身の戯曲《セールスマンの死》について語った際に、悲劇の主人公ウィリー・ローマンの世界観について次のように表現した。[11]「失敗したら死ぬ。それが成功の法則だ。人はその成功という秤にかけられる。かつて神が人々を秤にかけたように」新自由主義の時代、人はみな、ちっぽけなローマンになった。今日、わたしたちは歴史上のどの時代よりも、職業上の成功とそのシンボルによって自分たちのステータスを量っている。わたしたちの日々の探求は、教育や芸術に関わるものですら、ますます経済的な結果に向けられ、その勝利は富によって量られる。調査によると、いまや忙しさそのものがステータス・シンボルとみなされるようになったという。ある一連の研究では、忙しい人は「優秀で野心に満ちているように見え、また希少で需要があると認識されるために、より多くのステータスがある」とみなされることがわかった。[12]

新自由主義の夢の世界は、こうしたシンボルできらきらと輝く。初めは狩人の首にかけられた歯の首飾りだったかもしれない。しかし、二一世紀の西洋文化では、成功の合図はいたるところにある。それらに無我夢中になった人々は、汗水を流し、資金を投じ、遅れを取るまいと焦る。向上しようと必死で努力し、自分の性格をある特定の形にねじ曲げ、よりよい別の人間になろうとする。しかし、こうした現代の理想の自己像はどこから来ているのだろうか？　広告、映画、テレビ、メディア、インターネットを通じ、わたしたちは真っ白な歯を輝かせる理想の人間をいたるところで目にする。若く、感じがよく、見るからに健康そうで、自発的で、生産的で、人気者で、グローバルな精神を持ち、スタイリッシュで、自信に満ち、外向的で、忙しい。こうなるために自分に鞭打たなければならないと、人々に強いプレッシャーを感じさせるこの人間はいったい誰なのか？　その人物とはすなわち、わたしたちがプレーするゲームのなかで、ステータスを勝ち取るための最高の装備を備えたプレーヤーだ。それは新自由主義のヒーローであり、経済の幻想である。自分がそのレベルに達しないとき、人はこれらの成功のシンボルを自分の失敗の合図として読み取る。わたしたちは個人主義者だ。勝つのを自分の実力だと思う。つまり、勝てないとき、それは自分だけのせいだと考える。よって、自分は敗者だ。それが自分という人間なのだ。神の秤にかけられ、能力不足と判断されたのだ。

心理学者のあいだでは、失敗の合図に敏感な人は完璧主義者と呼ばれている。完璧主義者にはさまざまなタイプがある。[13]「自己中心的な完璧主義者」は、過度に高い水準を持ち、勝つためにますます自分を追い込むことが多い。「ナルシシスト的な完璧主義者」は、すでに自分がいちばんだと思い込んでおり、世間からそれより低い扱いを受けると不安を覚える。「神経症的な完璧主義者」は、自己肯定感が低く、次の勝利で今度こそ満足できると期待することが多い。なかでも、新自由主義のゲームでとくに過敏になってしまうタイプの完璧主義者がいる。それは「社会的な完璧主義者」だ。彼らが感じる勝たなければならないというプレッシャーは、一緒にプレーする人々から生じる。彼らは、「人は自分に完璧しか求めていない」とか、「成功とは、他人を喜ばせるためにもっと努力しなければならないということだ」といった意見に共感する傾向にある。社会的完璧主義者は評判とアイデンティティにひどく敏感で、自分が社員として、活動家として、女性として出来が悪いせいで仲間を失望させてしまっているとすぐに思い込む。彼らのとくに危険なところは、そうした考えが、他人からそう思われているという自分の思い込みに基づいていることだ。悪魔がやってくるのは、想像と現実のこうした不吉な隙間なのだ。

失敗の合図にあふれる新自由主義の夢を生きることが、わたしたちをより完璧主義者にしているように思われる。アメリカ、イギリス、カナダの四万人以上の学生を対象にした研究から、[14]ステータス・ゲームのルール変更によって人間のあり方が変わることを裏づけるさらなる強力な証拠が見いだされた。心理学者のトーマス・カラン博士を筆頭とした研究では、一九八九年から二〇〇六年のあいだに、調査対象とした全タイプの完璧主義者において増加傾向が見られた。なかでも、社会的完璧主義者の増加率が最も高かった。「認めてもらうためには完璧さを示す」必要があると感じている人の割合は、三二パーセントも上昇していた。「若者たちは、自分を取り巻く社会状況がますます過酷になっていること、他者からの評価がさらにきびしくなっていること、認めてもらう手段として完璧さを示す傾向がますます強くなっていることを認識している」と、カラン博士らは結論づけている。その理由として、博士らは新自由主義を挙げている。調査対象となった欧米諸国では、「このあいだに個人主義、物質主義、社会対立の傾向が強まり、いまの若者たちはそれまでの世代よりも競争的な環境にさらされ、非現実的な期待をかけられ、過保護な両親と向きあわなければならなくなっている」という。社会的完璧主義と物質主義的な目標追求は、うつ病、不安神経症、摂食障害、自傷行為といったさまざまな精神疾患に関連しており、その疾病割合は近年、とくに若者のあいだで上昇している。

人間の脳の設計と、新自由主義的な生活を構成する巨大で著しく不公平なゲームとのあいだに、有害な齟齬が生じている。ステータスとは相対的なものだ。自分が持っていると感じるステータスの量は、他人が持っている量をどのくらいと認識するかによって変わってくる。今日のステータス・プレーの多くは、巨大企業によって再編成された部族内において行われている。現在、大規模な経済的実体の世界ランキングトップ一〇〇のうち、六九を占めているのは国家ではなく企業だ[15]。テクノロジー企業のアップル社は、二〇二一年の第一四半期[16]だけで一三五カ国の年間GDPをうわまわる利益をあげ、その市場価値はイタリア、ブラジル、カナダ、韓国、ロシアのGDPを凌いだ。このような現代の巨大ヒエラルキーのなかでは、たとえ家族に食料や住居や安全を充分に与えられていたとしても、自分が失敗しているようにいとも簡単に感じられてしまうものだ。新自由主義の夢の世界で生きるとは、すなわちステータスに対するなんらかの不安を抱えるということだ。それが標準なのだ。それがわたしたちという存在であり、わたしたちのプレー方法なのだ。

しかも、ゲームはますます過酷さを増している。新自由主義の時代、報酬の配分はさらに不公平になりつつある。インフレ調整後のアメリカのCEOの報酬は、一九七八年から二〇一四年のあいだに一〇〇〇パーセント増加した。似たような時期の一九七五年から二〇一七年のあいだに、インフレ調整後のアメリカのGDPはおよそ三倍に増加し[17]、労働者の生産性はおよそ六〇パーセント成長した。しかし、たしかにアメリカの一部の労働者の給与は上昇したものの、多くのアメリカ人の実質時給は横這い、あるいは減少している。イギリスも似たような状況だ。一九七〇年には、一パーセントの富裕層の収入が国民所得の七パーセントを占めていたが、二〇〇五年までにその割合は一六パーセントに増加した。それにもかかわらず、イギリス国家統計局の報告によると、一九七〇年代以降、賃金は「概ね減少傾向にある[18]」という。

ゲームが巨大企業に支配されるにつれ、多くの人々に提供されるステータスの質は低下した。ウェールズにあるアンマンフォードという町を訪れたとき、わたしはこのことを痛感させられた。そこはかつて、独立した地元事業がひしめく誇り高き鉱山町だった。一九七六年に鉱山が閉鎖され、その後、大型スーパーマーケットがやってきた。「〈テスコ〉に肉屋や八百屋といった地元の商売をことごとくつぶされた」と、ある若者がインタビューに応じてそう語ってくれた。彼は自分の世代についてこう言った。「なんの目的もなく、ただ棚のあいだを行き来している。〈テスコ〉で何年も働いて、『人生で何かを成し遂げた！』とは決してならないだろう。あそこから得られるものは何もない」

一〇〇〇万人以上のイギリス人が[19]、雇用者に有利な権利ばかりを並べたて、仕事がある保証もない「ゼロ時間契約」を結んでいる。ガイ・スタンディング教授は、イギリスには低賃金の短期仕事でやりくりしている、おもに移民労働者からなる「プレカリアート」という新たな社会階級が出現したと述べている。[20]「プレカリアートは、不安定、不確実、借金、屈辱に支配された生活を送っている。彼らは市民というより外国人居留者であり、何世代にもわたって築きあげられた文化的、市民的、社会的、政治的、経済的権利を失っている」とスタンディング教授は書いている。彼らの存在の多くは、ほぼ完全な従属と、自分自身の生活すら自分ではままならないことを特徴としている。営利企業が生活に充分な給料を彼らに支払わないため、その分が生活保護で賄われている。こうしたやり方は、ステータスのとてつもない重要性を無視している。懸命に働く人に給料を支払わずに補助金を押しつけるのは、彼らに対し不正を働いているのと同じだ。なぜなら、彼らが稼いだものを盗んでいるのだから。

右派と左派の政治争いでは、成功ゲームでどう富を生みだすか、その富をどう分配するかがしばしば争点となる。富のつくり手に最大限の自由を与えて可能なかぎり現金を生みだし、経済を潤すほうがよいのか？　それとも、コントロールを強化し、税や規制などで美徳の要素を増やし、ゲームの公平性を高めるべきか？　これは本質的な議論だ。資本主義には生活水準と平均寿命を引きあげる魔法のような能力があることは明らかだが、その一方で、成功ゲームのリーダーたちが勝利の欲望に無慈悲かつ社会病質的になりうることもまた紛れもない事実なのだ。

二〇〇八年の世界金融危機のあと、大学生を対象に心理学者が実施した調査から、緊張の兆候が見いだされた。[21]新自由主義のゲームが崩壊し、もはや期待する報酬は得られないという認識が広まるにつれ、学生たちのあいだの個人主義やナルシシズムを示す指標は減退した。同じ時期に、ソーシャルメディアそのもののような実社会が出現した。Twitter や Tumblr や Reddit などのウェブサイトのルールとシンボルを用いて部分的にオンラインで社会化していた人々が、これらのプラットフォームのきびしく徳に縛られた、アイデンティティの流動的なプレーモードをオフラインの世界に持ち込んだのだ。反抗的で怒りに満ちた彼らのゲームは、いまや若く恵まれたプレーヤーたちにとってステータスのゴールドラッシュとなった。今後の数年間で、これらのゲームが大きく拡大していく可能性もある。彼らの多くの戦いの中心にあるのは、新自由主義の失敗と、わたしたち人間が人種とジェンダーの垣根を超えてプレーするための公平な機会をいまだうまく提供できないでいるという事実である。

第二六章　公平と不公平

二一世紀のこの最初の二〇年、わたしたちは一六世紀に起こった文化革新の爆発的流れにいまだのりつづけている。学術共和国のプレーヤーたちにとって、重要なのは出身国ではなく自身のアイデアの質だった。これこそが近代性を支える成功ゲームの望ましいプレーのあり方だ。自分が誰かではなく、何をするかによって称賛を得られる。産業革命が広まり、これらのゲームが文化に与える影響が大きくなるにつれ、個々のプレーヤーの価値と幸福がより重要視されるようになった。イギリスでは、一八五九年にそうしたことを扱った最初の著書、サミュエル・スマイルズの『自助論』が出版された。興味深いケーススタディがいくつも紹介されるなかで、ゲームの底辺にいるプレーヤーであっても、努力と忍耐があれば上へ行けると説かれている。スマイルズは冒頭で、哲学者のジョン・スチュアート・ミルの言葉を引用している。「国家の価値とは、長い目で見れば、それを構成する個々人の価値である」この本は瞬く間にベストセラーとなった。

人はかつて部族に属していた。そこから自分自身に属するようになった。人は誰しも個々に権利を持つ尊い存在だった。この考え――つまり、素晴らしいゲームは階級、人種、ジェンダー、セクシュアリティの垣根なくプレーされるべきという考え――から生まれたルールは画期的であった。その奮闘はいまでも何百万人もの日常生活を支配し、彼らが受ける不当の物語は旧来のメディアやソーシャルメディアの現代的噂話ネットワークをしばしば賑わせる。このような不安と憤りの渦のなかにいると、公平性という基本的な概念が実はどれほど見直されてきたかについて、人はつい見落としがちになる。啓蒙思想家のデイヴィッド・ヒュームは奴隷制反対論者だったが、それでも一七五四年に、「ニグロをはじめ、白人以外のあらゆる種類の人間（四から五種類ほどある）は、生まれながらに白人より劣っているのではないかと思ってしまう」[1]と書いた。一八七九年、社会心理学の先駆者として大きな影響力を有したギュスターヴ・ル・ボンは、「脳の大きさが、最も発達した人間男性よりもゴリラに近い女性が多数存在する。（中略）もちろん、平均的な男性よりも非常に優れた女性もなかにはいるが、彼女たちの存在は、たとえば頭がふたつあるゴリラといった怪物が誕生するのと同じくらい例外的なことである」[2]と書いた。

今日では、このような見解は言語道断どころかタブーである。これらの考えにいまだ固執する過激論者ですら、欧米でそれを公言すれば神聖なルールに反することになり、よって告発されたり、職場から追放されたり、世間で恥をかいたり、ともすれば物理的な危害を加えられるかもしれないと理解している。しかし、このような深い偏見に満ちた概念が主流となり、世界の名だたる聡明な思想家に受け入れられていたのは、つい最近のことなのだ。人生というゲームについて説明しようとするとき、脳は、ものごとがなぜそのようであるかについての単純でしばしば利己的な物語を語る。ヒュームやル・ボンのような知識人は、ジェンダーや人種にたしかなランク付けのある現実を生きていた。[3]彼らは、白人男性の優位を謳うヒエラルキーを軸にステータスを生みだす夢を紡いだのだ。現代のわたしたちとは違い、西洋文化が生まれながらの優位性や計画の産物ではなく、ただ運や偶然、意図せぬ結果によって生じたものだと、彼らは知る由もなかった。女性に対する世界規模の抑圧についても、避けられない自然の法則ではなく壮大な歴史的不公平によるものだとはわかっていなかったのだ。

しかし、西洋の成功ゲーム文化をつくりだしたルールの微調整は、やがてわたしたちの互いに対する概念やフェアプレーという考え方を一変させることとなった。一八世紀末に向かうにつれ、西洋では「人権」についての議論が盛んに行われるようになった。一七八〇年代から一七九〇年代にかけて、「権利」という語が出版物に使用された回数は四倍に増加した。[4] 同時期には、個人の価値に対する信念の高まりを示す一連の法改正が実施された。拷問はますます流行遅れとなり、[5] 一七五四年から一七八八年のあいだにプロイセン、スウェーデン、ボヘミア、フランスなどのヨーロッパ諸国で次々と廃止された。アメリカの医師ベンジャミン・ラッシュは、一七八七年、たとえ犯罪者であっても「われわれの友人と同じ素材からなる魂と身体を持っている」と主張した。かつてイギリスでは、公開処刑はとてつもなく大勢の騒々しい群衆を魅了するものだった。[6] ロンドンで執行された絞首刑に関する当時の報告書には、その「驚くべき高揚と道楽の極みの光景」と「叫び、笑い、互いに雪玉を投げあう無慈悲な群衆」について記されている。一八六八年、議会はこれを廃止した。[7] 女性に対する火あぶりの刑が廃止されてから八〇年と経っていなかった。

歴史学者のリン・ハント教授によると、このような変化は個々のプレーヤーに対する人々の見方が大きく変わったことがきっかけにあったという。「痛みと身体そのものが、いまやコミュニティではなく個人だけのものになったため、もはや個人がコミュニティの利益、あるいはより崇高な宗教目的の犠牲になるなどありえなくなった」[8]と、ハント教授は書いている。拷問や公開処刑のような残酷な慣習が廃れはじめたのは、「痛みと人間性に関する従来の枠組みが崩壊し、代わりに、個人が自分の身体を所有し、その分離と肉体的不可侵性に対する権利を持ち、他人に自分と同じ情熱、感情、共感があることを認識する新たな枠組みへと移行したからだ」という。

平等の権利の原則は、宗教的・人種的マイノリティや女性にも広がった。最初の文明以来、世界中につねに存在してきた奴隷制が、ついに終焉に向かいはじめた。デンマークは一八〇四年に奴隷貿易への参加を禁じた。次いでイギリスも一八〇七年に奴隷貿易への参加禁止を決議し、一八三四年にはほとんどの植民地において奴隷貿易を廃止した。アメリカでも、一八六五年一二月六日に連邦議会によって憲法修正第一三条が可決され、奴隷制が廃止された。一九一八年、イギリスの国民代表法は、無産階級の男性と財産を所有する一部の女性に投票権を拡大した。この法律は、三八五対五五の賛成多数により可決された[9]。一〇年後、女性も平等な投票権を獲得した。アメリカでは、一九二〇年に完全な参政権が達成された（スイスでは一九七一年までかかった）。かつては人間の普遍的行動様式であったとされる死刑は、徐々に非合法化されていった。それ以前の一七世紀には、アメリカのニューヘイヴンの住民は自慰行為をしただけで死刑に処されることがあった[10]。イギリスでは一八三四年まで、殺人犯の遺体がさらしものにされていた[11]。二〇二〇年までに、世界の半数以上の国が死刑を正式に廃止している。最近では、平等の原則がセクシャル・マイノリティにも拡大されつつある。本書執筆時点で、二八カ国で同性婚が合法化されており、そのほとんどが欧米文化圏である。

しかし、このプロセスはまだ進行中だ。人種、ジェンダー、セクシュアリティといった階層によるアイデンティティよりも能力に焦点が当てられるようになったのは最近のことである。いまでも何十億という人々が昔ながらのゲームをプレーしており、肌の色や生まれた国、あるいは染色体がＸＸかＸＹかによって大きなステータスを獲得している。これは美徳ゲームである。内向きで自分の親族を守ることに関心があり、たいていはスキルや才能や知識よりも名誉や義務や道徳的主張が優先される。残念ながら、人間の脳は文字どおりコンピュータではない。あらゆるジェンダー、人種、セクシュアリティのプレーヤーを偏見なく受け入れるよう指示する、まったく新しいＯＳをすべての人にプログラミングすることはできないのだ。すでに学んだように、人はゲームを一緒にプレーする相手を探すときに、「自己類似性」を手がかりにする。わたしたちは、その基本プログラムでいまだに動いている。人は自分自身に引き寄せられるのだ。

　人種による不公正に関する研究文献には、恥ずべき事実がぎっしり詰まっている。欧米九カ国の二〇万件を超える求人応募を分析したある大規模調査[12]で、応募者が二次面接の通知を受け取る可能性に、人種的アイデンティティがどれほど影響しているかが検討された。その結果、どの国でも「非白人グループに対する雇用差別が蔓延している」証拠が見いだされた。最も深刻な問題が露呈したのはフランスとスウェーデンで、これらの国では、マイノリティのグループに属する人が白人と同じだけの通知を受け取るためには、白人よりも七〇パーセントから九四パーセントも多くの応募書類を送らなければならなかった。イギリスは三位で、その割合は五五パーセントだった。

　一方で、いくつか明るい兆しも見られた。人種問題が根深いことで非常によく知られているアメリカは、それにもかかわらず下から三番目という結果だった。研究者らはその理由について、アメリカの大企業には各役職の人種構成を雇用機会均等委員会に報告する義務があるからだと考えている。こうした監視モードは、ヨーロッパ諸国では行われていない。さらに、かつて人種差別で突出した評判を得ていたドイツにも明るい傾向が見られた。調査対象にした九カ国のうち、ドイツは最も公正だという結果が出たのだ。社会学者のリンカーン・クイリアン教授は、ドイツの「差別が少ない」理由のひとつとして、求職の際に実習レポートなどのさまざまな証明書類を一緒に提出しなければならないからだと指摘している。[13]「最初の応募時点で多くの情報を得ておくことで、マイノリティの応募者の能力を低く見たり、資格がないと判断する傾向が減る」と、クイリアン教授は述べている。雇用側が応募者の能力をしっかり知れば知るほど、彼らへの偏見は減少するようだ。

このことは、ほかの研究でも裏づけされている。ある研究では、「集団タスクに直接関わり、その場にいるほかの人よりも行為者が優位であることを示す正当で明確なステータス情報を与える」[14]と、その集団内の最初の人種的偏見が克服された。また別の研究では、[15]黒人選手と同じチームに振り分けられた白人選手は、「当初の人種的偏見をうわまわる」チームへの支持を示すようになった。このような研究は希望を与えてくれる。人間は人種差別をするようにプログラミングされているわけではなく、自分の集団に偏るようにプログラミングされているのだ。自分のステータス欲求を人種的アイデンティティにあまりにも多く注ぎ込むと、人は人種ゲームをプレーしてしまうことになる。しかし、これは絶対ではない。人間は勝つことを望む。そして自分のプレーするゲームが勝つことを望む。人々のステータス欲求が成功ゲームに注ぎ込まれれば、彼らの関心は肌の色よりもプレーヤーの能力に向かうようになるのだ。

また、これからの世代はジェンダーの平等のためにも戦いつづけることになるだろう。性差別主義者の思い込みは、依然として広く存在している。カナダ、フランス、ドイツ、イタリア、日本、イギリス、アメリカのG7諸国で実施された調査[16]では、メディア、科学、医学、法律、政治、金融の分野におけるリーダーとしての適性は男女ともに平等だと考える回答者が約八〇パーセントにのぼった。スポーツ、テクノロジー、航空宇宙、エンジニアリングにおいては、六五パーセントから七五パーセントのあいだだった。防衛、警察、ファッション、美容、保育では、リーダーとしての素質に性差はないと考えた回答者は約半数だけだった。おそらく、多くの回答者は、たとえばエンジニアリングには男性が多く、保育には女性が多いことを考慮し、それらの職業ではどちらか一方のジェンダーが優れていると結論づけたのだろう。ここからは、もどかしいほど頑固な考えが根づいていることがわかる。ジェンダーを理由にプレーヤーを過小評価するなど、無知であるばかりか、成功を目指す戦略としては最悪である。

もちろん、実際には、これらのどの職業においても男女ともにリーダーとして等しく適性があるのは間違いない。しかし、一部の職業においてどちらかの性別が多数を占める理由については、見解が分かれている。多くの研究者は、性別間に見られる一般的な差異がその答えのひとつではないかと考えている。いまの時代、男性と女性の心理に決定的な違いがあると考える人はほとんどいない。わたしたちは木星人と金星人ではないのだ。さらに、男女間には異なる点より似ている点のほうがはるかに多いことも理解されてきている。その一方で、男女の性格、興味、職業選択の好みには概して違いがあり、それが人生というゲームにおける男女分布に影響を与えているという研究結果もある。五三カ国の二〇万人の回答者を対象にしたある研究では、[17]女性はいくつかのパーソナリティ特性に明らかな違いが見られ、職業の選択において「大きく一貫した性差」があることが判明した。よく引きあいに出される研究結果によると、男性は「モノ」と仕事することにより興味を持ち、女性は人と仕事することにより興味を持つ傾向があるという。五〇万人以上を対象にした分析では、このような特質に「大きな効果量」があることが見いだされ、それが「年齢や時代を超えて驚くほど一貫している」ことが判明した。心理学者のスティーヴン・ピンカー教授によると、「この特質においては、男女間に非常に大きな平均的差異がある」[18]という。

　このような差異は、わたしたちのゲームのジェンダーバランスにもちろん反映されている。しかし、ここで注意すべき重要な点がふたつある。第一に、これらは大規模な人集団の平均的統計であり、個々の女性や男性については何も示唆していない。第二に、好みは能力ではない。先ほどのリーダーシップに関する調査からもわかるように、一般的な性差別的解釈では、あることにおいては男性のほうが優れ、別のことにおいては女性のほうが優れているとされる。だが、これは正しくない。むしろ、それは数の重みの問題なのだ。たとえば、一〇〇人の男女を集めて、トラクターに興味のある人は前に進みでてくださいと頼んだら、女性より男性のほうが多く前に出てくるだろう。結果、現実でもトラクター工場で働く男性は女性より多く、その業界のリーダーも男性が多くなる。このことは、トラクター工場で働く女性が男性よりも仕事ができるとかできないといった話とは関係ない。

　フェミニストの学者は、この種の研究結果の妥当性をしばしば否定する。これらのなかに、現状を維持するための都合のよすぎる言い訳を嗅ぎ取るのだ。彼らはまた、主張の根拠についても論争をふっかける。それは純粋に文化としてプログラミングされたものなのか？　つまり、女性は性差別的な環境で育ち、トラクターなどに興味を持つべきではないと信じるようにプログラミングされているのか？　それとも、このプログラミングは人間のDNAというハードウェアに書き込まれるほどはるか昔からのものなのか？　女性が人と関わるゲームにより興味を持つのは、何百万年も前にできた分業と、母親であるという生物学的事実が理由の一部になっているのか？　言うまでもなく、こうした話は物議を呼ぶ。これらはステータスの問題に直結するため、議論するのに危険が伴う。ジェンダーの不公平はひとえに男性の悪意から生じうるとする、一部の人が信じ込んでいる神聖な物語を脅かすことで、いとこという名の暴君が呼び覚まされてしまうのだ。しかし、どちらの陣営にも理性的で良識ある専門家がおり、それぞれが熟慮された証拠を持っている。どちら側もジェンダーの不公平が現実に起こっている重大事項であり、性差別主義者の思い込みが問題であるという点に疑いは持っていない。もし原因の一部が遺伝的なものだと明らかになった場合は、何百万という女性たちが自分らしさを表現することで不当に不利益を被ることがないように、社会経済をどうにか変えていく戦いが始まるだろう。

今日わたしたちがプレーするゲームに組み込まれている不公平は、ジェンダーと人種だけではない。農業の黎明期から五〇〇世代が過ぎたいまでも、わたしたちはヒエラルキー内での地位と将来の職業を方向づける社会カーストのなかに生まれてくる。階級というものがいつまでもなくならないのは、こうしたゲームのなかで育つ子どもたちには、生まれたときから脳にエリートのルールとシンボルが刷り込まれているからだ。このことは、マンハッタンのアッパー・イースト・サイドにおける子育てを扱ったカッセロウ教授の研究でも明らかにされたとおりだ。社会階級とは単に富や家柄だけのことではなく、芸術、食べもの、スポーツ、休暇の過ごし方、衣服などの好みも大事な要素になる。話し方や使う言葉もそうだ。第二代リーズデイル男爵の娘ナンシー・ミットフォードは、一九五五年に「上流階級の英語の使い方」を探求したエッセイを発表し、ちょっとしたセンセーションを巻き起こした。[19] ミットフォードは「U（上流階級 upper class）」と「非U」の言葉をリストアップした。「スイーツは非U、プディングはU」、「トイレットペーパーは非U、ラヴァトリーペーパーはU」、「Uは昼に昼食を、夜に夕食をいただくが、非U（およびUの子どもやUの犬）は昼に夕食をすませる」など。ミットフォードはまた、Uが用いる叱責の批判的沈黙について書いている。「沈黙は、現代の多くの恥ずべき状況――たとえば、乾杯前に大声をあげる、さようならと言ったあとに『会えてうれしかった』などと言うこと――に対してUが示す唯一の反応だ。ほかにも、たいして知りあいでもない人から洗礼名で呼ばれることや、敬称なしで洗礼名や苗字で紹介されることの恐怖にも、沈黙で耐えなければならない」

現在、イートンにある名門校では「新入生ガイド」の一部として用語集が配布されている。それで新入生たちは、〈ヘヴンズ・ゲート〉のカルトメンバーたちが話していたのと大差ない奇妙な秘密の言語を学ぶ。「ビークは指導者、すなわち先生」、「ドライボブはクリケット部員」、「オピダンは寄宿生以外の学生」、「ポーニー・スクールはイートン・ハイ・ストリートにある小学校」、「ザ・ウォールはウォールゲーム［壁に向かって行われるイートン校式フットボール］をする壁」など。このように、エリート教育機関に独自の秘密の言語が存在するのは珍しいことではない。プレーヤーたちは、ともに育ったこれらの言葉を「イートン概念」や「オックスフォード概念」などと呼ぶ。イートン校出身者には、「アクセントやネクタイ以外にも互いを識別するちょっとした方法がある。出身校が同じかもしれないふたりのあいだでは、『学校へは行きました?』といったイートン校式挨拶が交わされる」と、ロバート・ヴァーカイク氏は書いている。[20]

ヴァーカイク氏の見解では、これらの特殊言語は「選ばれたコミュニティへの帰属意識を瞬時に[21]」与え、学生たちと通りを共有する町の住民とを分離するのに役立つという。これは非難すべきことに聞こえるかもしれないが、ステータス・ゲームはどれもそのように機能している。「オピダン」や「ドライボブ」の意味を知ったり、「トイレ」ではなく「ラヴァトリー」と言ったりすることは、インドを火星になぞらえることが人種差別で植民地主義的であると知り、ほかの人のヤムイモ畑を絶対に見てはいけないと知ることと同じなのだ。ほかのプレーヤーと交わすこうした架空の合意は、わたしたちがプレーする共有領域となる。それによって、わたしたちは互いの存在を心地よく、また価値ある存在と感じるようになる。そしてルールとシンボルを学び、それに従うことで互いにステータスを与えあうのだ。これらは親族を識別する魔法の言葉というわけだ。

ケンブリッジ大学のキングス・カレッジ・チャペルでの演説で、作家のアラン・ベネットは、「私教育は公平ではない。それを提供する人も、それに費用を出す人も、そのことを知っている。それを買うために犠牲を払わなければならない人も、そのことを知っている。そしてそれを受ける人もそのことを知っている、あるいは知るべきである」と語った[22]。法律、行政、メディア、芸術など、イギリスの最も名声あるゲームに彼らのようなプレーヤーが圧倒的に多いことはよく知られている。イギリス人のうち、私教育を受ける人の割合はおよそ七パーセントだが[23]、この国の弁護士の七〇パーセント以上[24]、アカデミー賞受賞者の六〇パーセントを彼らが占めている[25]。オックスフォード大学またはケンブリッジ大学で学んだ人の数は人口の一パーセントにも満たないが[26]、この国の首相のほとんどは両大学の卒業生から輩出されている。二〇一九年に行われた調査では、控訴院判事の七一パーセント[27]、閣僚の五七パーセント、新聞コラムニストの四四パーセントがオックスフォード大学またはケンブリッジ大学出身であることが判明した。二〇一〇年から二〇一五年のイギリス議会では、首相と野党党首がオックスフォード大学の哲学、政治学、経済学の学位取得という、まったく同じ学歴を有していた[28]（影の大臣、外務大臣、大蔵首席政務次官も同じだった）。

これら不公平のおもな原因となっているのが、エリートのゲームに直接アクセスできる「卒業生ネットワーク」だ。イートン校は元生徒たちのデータベースを保持しており、生涯にわたって連絡が取れるようになっている[29]。ほかの不公平は、もう少しさりげない。こうした卒業生同士が役員室や会員制クラブで出会うと、彼らは同じステータス・ゲームの言語を話す。それは魔法の用語だけにかぎらない。同じ工場で製造された仮想現実マシン同士、彼らは無数の文化的合図を――ほとんど無意識のうちに――検知することで、ほぼ瞬時に互いを識別できる。そうして自分の夢という真実の生ける肯定である相手の存在に自然と安心感を覚え、互いのステータスの源となるのだ。イートン校などのエリート校出身者が感じるこの強力な結びつきは、野心にあふれ、資格も充分あるはずのプレーヤーの介入をしばしば不当に妨げる。彼らの輪の外にいる人々は、自分たちの潜在的なステータス言語が通じないために、混乱し、排除されていると感じてしまう。

こうした疎外感については、社会学者のマイク・サヴィジ教授が率いた調査でも報告されている[30]。インタビューを受けたひとり、ルイーズは、サウスロンドンの公営住宅で育ち、一四歳になっても読み書きができなかった。しかし大人になると、複数の大手美容ブランドの役員を務め、二五万ポンド以上もの年収を稼ぐようになった。ルイーズはエリート家庭で育った人々と日々プレーをした。そうした人々は彼女の生い立ちや歩んできた道を尊重してくれたという。それにもかかわらず「強い孤独感」があったと、彼女はインタビューで答えている。それは「職場での気軽なおしゃべり文化」に根づいたものだったと思うという。「芸術について話す、休日のエピソードを語らう、子どもの教育について意見しあうといったことは、ビジネスでの潤滑油になり、上司と信頼を築いたりするうえで役立つ」と、ルイーズは語った。「自分はそれに心の底では参加していないというか、距離ができてしまうの」

　文化的なレベルでゲーム間を移動する人々も、似たような疎外感を経験することがある。一連のルールとシンボルとともに育ってきた移民は、しばしば大人になってからほかのルールとシンボルにどっぷり浸かった生活をしなければならなくなる。サヴィジ教授のチームは、ギータという女性にインタビューを行った。[31] 彼女の両親はウガンダ出身のインド系移民で、ロンドンのイーストエンドにやってきて新聞販売店を営んでいた。ギータは大学へ進学し、その後グラフィックデザイナーとして成功した。研究者らは、彼女が「労働者階級のアイデンティティ、民族アイデンティティ、中層の職業階級のアイデンティティという複数の文化的価値のあいだで骨身を削ってバランスを取ってきた」と書いている。ギータは次のように語った。「結局のところ自分はどこにも属していないとずっと思っていたけれど、それもわたしのせいなのかしらっていつも思っていた。というのも、インド文化をそこまで信じているとは自分でも思えなかったし、かといってイギリス人の友だちの生活にも馴染めなかったから。彼女たちはもっと自由だった。だから、わたしはいつも漂流していた。いろんな文化に浸かったり出たりして、どこへ行っても孤立した人間だった」

　距離感、孤立感、疎外感。これらが自分のステータス・プレーを阻んでいるのではないかと、ルイーズとギータが考えたとしてもおかしくはなかっただろう。エリート階級や、その国の最も人口割合の多い文化のなかで育った人にとって、成功はより簡単なものになりうる。このことは、ふたりが出会った人々が悪意を持って出し抜いたという意味ではない。彼らはただ、脳に植えつけられたルールとシンボルに従ってプレーをしていただけだ。自分たちが知っている唯一の方法で、人間として存在していただけなのだ。しかしその一方で、こうしたプレーヤーたちが有利なスタートを切って――すなわち特権を持って――人生というゲームを始めるのもまた事実だ。

特権とは危険な概念だ。すでに見てきたように、人間は他者が自分の上にのさばり、自分のステータスがあからさまに不当だと感じられるときに怒りを爆発させるように設計されている。憤りによって人は、社会的疎外なり、嘲りなり、屈辱なり、排除なり、処刑なりで相手を引きずりおろしたいという欲求に駆られる。このような憤りが、人類の歴史上最も破滅的な数々のできごとの原動力となってきた。ナチスや共産主義者は、分不相応なステータスを得ているとみなした集団に憎しみを向けた。彼らは、敵とみなした集団が得る資格のない富、影響力、権力を掌握してしまったのだから、狩って殺すことでその集団を特権的な高みから引きずりおろすのはフェアプレーであるという物語を語ったのだ。

危険は夢のなかにある。自分たちより上にいる人々は、汗と能力でその地位にのぼりつめたのかもしれない。策略を張りめぐらせて優位を勝ち取ったのかもしれない。おそらく、あらゆる戦略を駆使しただろう。真実はどうであれ、わたしたちは、彼らが不正を働いたのであり、その目に見える繁栄はいんちきだと語る単純な脳内物語をつい信じてしまう。彼らの繁栄がどのような形で現れるかは、わたしたちがプレーするゲームによって異なる。自分たちより大きな富を享受するかもしれないし、彼らのゲームのほうがより社会から尊敬されるかもしれない。彼らの神聖な信念のほうが影響力を持ち、ことあるごとにこちらの信念を凌駕するかもしれない。いずれにしろ、自分たちが蓄えた貴重なステータスを偉そうなネズミにかすめ取られていくような感覚に、わたしたちはいとも簡単に取り憑かれてしまう。立ちあがってそのような話をする戦士たちは、この移民め、白人め、男め、女め、ミレニアル世代め、団塊世代めと非難することでステータスのゴールドラッシュを扇動しつつ、自らも大きなステータスを得ていく。

このような謳い文句を聞くとき、わたしたちは難解な現実に関する単純化された物語を押し売りされているのだ。人種について考えてみよう。たしかに白人には特権がある。しかし、収入面においてイギリスで最も成功している民族集団は白人ではなく、中国人やインド人だ。[32] 中国人は白人よりもゆうに三〇パーセントも多く稼いでいる。イギリスで公立学校に通う中国系の生徒の六九パーセントが大学進学を成し遂げており、[33] アジア系は五〇パーセント、黒人は四四パーセントという進学率だった。では最下位は？　答えは白人で、その進学率は三〇パーセントだった。同じくアメリカでも、収入面で最も成功しているのは白人ではなくアジア系アメリカ人である。[34] これらは、いずれも人種差別が喫緊の現実問題ではないと示すものではない。ただ、この世界は戦士が語る以上に複雑だということが観察されるにすぎない。

人生というゲームで特権を得る方法はいくらでもある。頭がいい、魅力がある、精神的に強い、才能がある、体が丈夫、男性優位のゲームの男性、女性優位のゲームの女性、三〇歳以下、私教育、大卒、貧困階級の生まれではない、仕事のコネがある、正しいアクセントで話せる、環境のいい地域に住んでいる、両親が成功していてコネがある、自由や機会があり、平等や人権への配慮がある西洋文化圏に住んでいるなど。実のところ特権とは、こうしたあらゆることの組みあわせなのだ。それは複雑で動的で、わたしたちが何者であるか、どんなゲームをプレーしようとしているのかによって変わってくる。

おもな特権は遺伝的なものである。成功するにはある種の人格が必要になるが、人間の気質、根性、知性、社交性、ステータスに対する各欲求などの多くは遺伝的にわたしたちのなかに生まれ、それから運よくそうした類の子育てを受けられた場合にさらに育まれる。大半のエリートは、正しい子宮から生まれるという神からの贈りものをただ授かっているだけなのだ。

たとえ階級やジェンダーや人種の壁が取り払われた約束の地というものが実現したとしても、やはり人々は遺伝的エリート、つまり出生という宝くじで特権に当選した人々によって支配されることだろう。その羨ましいかぎりの少数の人々がともに暮らし、働き、ゲームをプレーし、互いのステータスの源になる。彼らはある作法で話し、ある作法で服を着こなし、ある特定の娯楽に興じ、独自のルールとシンボルを取り入れる。意識的であれ無意識的であれゲームを固定し、自分自身と子どもたちのためにさらなる特権をつくりだす。わたしたちは、いまと同じように彼らを称賛し、模倣し、憎むだろう。エリートの問題とは、それが決して解決できない問題だということだ。人間がプレーするようにプログラミングされたゲームの必然の要素なのだ。彼らはつねにそこに存在し、わたしたちはつねに自分がちっぽけな存在だと思い知らされる。

第二七章　夢と夢がぶつかるとき

新自由主義の領土で、ある戦争が激化している。戦っているのは、それぞれ異なる現実という夢に住むライバルの連合だ。両者とも、人生というゲームが固定されたものだと信じている。一方は、そのゲームが白人——とりわけ白人男性、とりわけストレートの白人男性——によって不当に支配されていると感じている。もう一方は、高学歴のエリートに不当に支配されていると考えている。近年、彼らが社会のヒエラルキーに大きく流入しつつある。一方は文化、教育、商業のゲームに定着し、一連の劇的な勝利をおさめている。もう一方は政治ゲームにおいて大きな勝利をおさめている。なかでも注目すべきは、二〇一六年にドナルド・トランプがアメリカ合衆国大統領に選出されたこと、そしてイギリスのＥＵ離脱が決議されたことだろう。彼らの戦いは、わたしたちの知っている新自由主義時代の終わりの始まりを示しているのかもしれない。

これらの軍隊は、一方がウォーク〔ソーシャル・アウェアネスに対する意識が高すぎる人〕、ＳＪＷ〔社会正義を振りかざす戦士〕、進歩的活動家など、もう一方がオルタナ右翼、白人至上主義者、ナショナル・ポピュリストなど、さまざまな正確とは言えない仰々しい蔑称で知られている。簡潔かつ公平を期すために、ここでは新左翼と新右翼と呼ぶことにする。

どちらの陣営も美徳ゲームをプレーしている。彼らは信念を含む神聖なシンボルのために戦うことで、仲間のプレーヤーたちから道徳的ステータスを得ようとする。互いに緊張したプレーを展開し、ネットや街なかで攻撃する、暴力的な抗議活動を行う、敵の神聖なシンボルを破壊する、左翼の〈アンティファ〉や右翼の〈プラウド・ボーイズ〉といったグループが脅迫や武力をちらつかせるなど、支配的な戦略を利用している。自分たちは不正という悪の力をやっつける道徳的ヒーローなのだと、両者ともに単純化された身勝手な物語にどっぷり浸っている。これは周縁同士の戦いだ。大半の人々は、ゲームとその運用方法についての彼らの認識をよくわかっていない。問題は、新左翼も新右翼も自分たちの意にそぐわないすべての人を敵とみなす傾向があることだ。そのため、大多数が暮らす政治的中心部は気づけば両端からはさみ撃ちされており、まわりで世界が揺れ動くなかで人々は疎外感、困惑、怒り、恐怖にさらされているのだ。

ステータス・ゲームの観点から見ると、この文化戦争を動かしている秘めたる力がおのずと浮かびあがってくる。前にも触れたように、社会は歴史を通じて、ゲームで期待される報酬が支払われないときにストレスを受けてきた。このことは新左翼の多くの人々に当てはまる。イギリスのある分析が明らかにしたところによると、彼らは七つの統計グループのうちで最も年齢層が若く、ミレニアル世代とZ世代が圧倒的に多い。[1] これらの世代は、自分たちの相対的ステータスが低下していると感じている。事実、彼らのほうが団塊世代より多くの資格を有しているにもかかわらず、同年齢時で比べたときの裕福度が二〇パーセントも低い。[2] 二〇一六年のミレニアル世代の平均資産は、一九八九年当時に近しい年齢だった人々より四一パーセントも少なかった。また、彼らは不動産を購入することが難しく、学生ローンによる大きな負債を背負っている。卒業時に彼らが抱える平均負債額はアメリカで三万二七〇〇ドル、[3]イングランドで四万ポンドに及ぶ。[4]

社会崩壊へのさらなる歴史的前兆と考えられるのは、「エリートの過剰生産」だ。これは、すでに見てきたように、あまりに多くのエリート・プレーヤーが生産され、あまりに少ない高ステータスの立場をめぐって争わなければならないときに起こる。このようなことが新左翼の多くの人々の身に起きているようだ。彼らは七つの統計グループのなかでもエリート層に位置し、裕福な家庭の出身で高学歴な人が最も多く集まっている。[5]博士号や修士号など、大学院以上の学位を持つ人がほかのどのグループよりも多い。二〇一九年、イギリスの大卒者の三一パーセントがそこまで資格を必要としない職についていた。[6]この数字は一九九二年には二二パーセントだった。二〇二〇年に二一万五〇〇〇人の新卒者を対象に行われた調査では、[7]彼らが一般の人々より多くの不安を抱えていることが判明した。成人の一三パーセントが博士号、修士号、専門職学位を有する[8]（この数は二〇〇〇年より倍増している）アメリカでは、大卒者の三四パーセント、[9]新卒者の四一パーセントが不完全雇用に陥っている。ITなどの活況産業で新たな役割が生みだされる一方で、ほかのゲームは過度に打撃を受けている。アメリカでもイギリスでも、芸術、人文科学、メディア専攻の卒業生たちがとりわけ不完全雇用に追いやられている。[10]

若くネット社会にも適応した高学歴のプレーヤーたちにおける相対的ステータスの低下は、このゲームへの拒否感を強めている。二〇一五年から二〇一八年のわずか三年間で、アメリカの若者の資本主義への支持率は三九パーセントから三〇パーセントにまで下落した。[11]二〇一九年の世論調査では、ミレニアル世代の三六パーセントが共産主義に賛成と回答した。[12]「反資本主義は、ある意味で知識人たちの世俗宗教の中心柱となり、ステータス集団としての現代の批判的知識人の習慣となっている」[13]と、社会学者のトーマス・クッシュマン教授は書いている。二〇二〇年には、ミレニアル世代の民主主義に対する満足度が初めて五〇パーセントを切った[14]。研究論文の筆頭著者であるロベルト・フォア博士は、「増える債務負担、家を所有できる機会の低下、家庭を持つ困難の増加、成功するうえで努力や才能よりも相続財産のほうが信頼されることなど、それらすべてが若者の不満に寄与している」[15]と述べている。

もう一方の新右翼はどうか。このカテゴリには、民族マイノリティを含む数千万人のトランプやブレグジット支持の有権者全員が当てはまるわけではない。ここで注目するのは、新自由主義の時代に相対的ステータスが低下した、学位を持たない労働者階級や中下層階級の白人層である。一九七九年から二〇〇五年のあいだに、高校卒業資格を持たない白人労働者階級のアメリカ人の実質的平均時給は一八パーセントも低下した[16]。政治学者のキャスリン・クレーマー教授は、彼らが親と同じくらい懸命に働いているにもかかわらず、昔より質の悪い生活しかできないと感じていることについて、「彼らは成功するために必要だと教えられたことをやっているつもりだが、なぜかそれでは不充分なのだ」[17]と書いている。ルイジアナ州の白人労働者階級からなるティーパーティー運動［オバマ政権の〝大きな政府〟路線に対する反対から始まった保守派の運動］支持者たちのあいだでも、同様の考えが見られた。社会学者のセシリア・リッジウェイ教授の研究によると、彼らは「勤勉で伝統的な中流アメリカ人というステータスを持つ自分たちこそ国の尊敬されるべき中心的存在であるという自覚のもとで育ってきた[18]」が、それがいまや社会的にも経済的にも貶められ、「自分たちを無知で偏見に満ちた田舎者と見くだし、自分たちより努力していないと思われるほかの社会集団に特権を与える、沿岸暮らしの裕福なアメリカ人や都市部のエリートたちから蔑ろにされている」と感じているのだという。こうした憤りは、人種差別へと容易に発展する。この「特権」から恩恵を受けていると彼らがみなした「ほかの社会集団」というのが、つまりアフリカ系アメリカ人などである。

こうした白人たちが紡ぐ物語は、高学歴のエリートたちが全権を掌握し、自分たちを「貧乏人」や「みじめな人」と侮辱し貶める一方で、マイノリティの地位を不当に高めていると訴える。イギリスでも同じような物語が語られている。イギリスの場合、こうしたマイノリティは移民であることが多い。どちらの国においても、高学歴のエリートたちが何十年もかけて新自由主義によるグローバル化計画を推進し、商品、サービス、労働が自由に行き来できる開かれた市場へとできるかぎり世界を移行させようとしてきた。結果、イギリスの白人労働者階級のコミュニティは、黒人や東欧人やイスラム教徒の労働者の流入によって大きな影響を受けた。この新自由主義の計画によってもたらされた経済の変化は、「相対的剝奪の強い感覚――つまり、他者に比べて自分たちのほうが負けているという、特定の集団内に広がる思い――を煽った[19]」と、ナショナル・ポピュリズムの台頭に関する広範な分析研究の著者である政治学者のロジャー・イートウェル教授とマシュー・グッドウィン教授は書いている。「つまり、彼らは自分自身や子どもたちの将来について非常に恐れている。このような深い敗北感は、移民やアイデンティティといった問題についての人々の考え方と密接に絡みあう。今日では、数百万人もの有権者が現在より昔のほうがよかったと、そしてどれだけ現在に希望がなくても、それでも将来よりはまだましだと思っている」

新右翼の政治的立場は、多くの左翼と一部の中道左派の人々に忌み嫌われている。彼らは国民国家を支持し、逆にグローバル化、移民の受け入れ、「過度な民族変化[20]」に反対する。また、「国の文化と利益を優先し、[21]自分たちとはかけ離れた往々にして腐敗したエリートたちから疎かにされている、むしろ軽蔑されていると感じている人々の声を届けると約束してくれる」ような政治家に賛同すると、イートウェル教授とグッドウィン教授は書いている。こうした相対的剝奪の認識――つまり、自分たちのグループがゲームで負けているという認識――こそ、この動向の「絶対的中心[22]」をなしているのだ。新自由主義とグローバル化は、「社会において自分たちが他者と比べてどれだけの敬意、承認、ステータスを得ているかという知覚レベルに強い影響を与えた[23]」という。近年、資格をほとんど持たない白人男性労働者たちは、「自分が経済の嵐のなかをうまく航海する装備を持ちあわせていない」ことに気づき、「社会における自分のステータスがまるで他者に比例して低下しており、もはや自分はより広い社会の一員として充分に認識も評価もされていないように感じることがとくに多くなっている。このような人々は、高給で安定した無期雇用の減少や、大学の学位を重視する知識経済といった経済の煽りを一身に受けてきたのだ」と、両教授は書いている。こうした懸念が、二〇一六年のブレグジットやトランプの大統領選に見事に結びついた。それはまた、フランスのマリーヌ・ル・ペン、イタリアのマッテオ・サルヴィーニ、ハンガリーのオルバーン・ヴィクトルといった人物に具象化されているように、ヨーロッパ全域でも高まりを見せている。

アメリカのジャーナリストのラニ・モーラによる一連のツイート投稿には、新右翼と新左翼の夢同士の衝突がとてもよく表現されている。[24]彼女は、田舎の鶏肉加工工場で時給わずか一三ドルで働く貧しい白人労働者の窮状を伝える記事をリンクしたうえで、「ああ、うるさいな。（リツイートの形で）〝あらゆる優位を享受しておきながら、まだ泣き言を並べる自分をどう思う？〟っていう記事タイトルに変えたほうがいいんじゃない」とコメントした。モーラは『ウォール・ストリート・ジャーナル』紙、ブルームバーグ、ヴォックスなどに寄稿しており、オーバリン大学とコロンビア大学ジャーナリズム大学院という、いずれもエリート校の学位を取得している。モーラなどの新左翼は、ゲームを固定された一方向のものと見ている。つまり、肌が白いなどの生物学的カテゴリがプレーヤーに「あらゆる優位」を与えていると考えるのだ。しかし、彼女たちの対極にいる人々は、ゲームを別方向に固定されたものと見ている。つまり、モーラのようなエリート教育こそ「あらゆる優位」を与えるものだと考えている。新右翼が上を見あげると、「まったく異なる育てられ方をし、根本的に異なる人生を送り、非常に異なる価値観を持つ人々がしばしば目に入る。教育がこの格差の中心にあるのだ」[25]と、イートウェル教授とグッドウィン教授は書いている。二〇一六年にトランプに投票した白人ミレニアル世代の四一パーセントのほとんどが大学の学位を保持していなかった。全体として、二〇一六年にトランプを支持した有権者のうち、約五分の三を白人の非大卒者が占めた。[26]イギリスでは、資格をひとつも持たない人の七四パーセントがブレグジットを支持した。[27]このように、社会階級や収入や年齢よりも、教育による格差のほうがはるかに大きいのだ。

大学に通う人は、そうではない人に比べて「文化的にリベラルな思想[28]」を持つ傾向にある。この思想には、新左翼と新右翼の双方にとって核心的な問題である国家と移民をめぐる信念も含まれる。イギリスの高学歴の新左翼は、ほかのどの人口層よりもイギリス人であることに対する誇りが低いことがわかっている。[29]また、移民が自国にプラスの影響を与えると強く信じている人が多く、全国的な割合が四三パーセントなのに対し、新左翼の人々は八五パーセントがその意見に同意している。一方、彼らのライバルは国家主義のゲームをプレーしている。白人やキリスト教徒のものではない言語、店、食べもの、宗教に自分たちのものが取って代わられることは、敗北のシンボルとして経験される。新右翼は自分たちのまわりでプレーされているゲームから疎外されていると感じ、今後新たに屈辱的に貶められる可能性しか考えられなくなるのだ。

新右翼たちはまた、彼らの敵が勝っていることを示すより幅広い文化のなかのシンボルにもいらだちを募らせている。新左翼たちの勝利は、社会を構成する数多くのエリート・ゲームを見れば明らかで、それはお馴染みの企業のなかにも見いだせる。スターバックスは、トランスジェンダーの権利を支援する慈善団体〈マーメイド〉を宣伝するショートブレッドクッキーを販売した。[30] カミソリ製品会社のジレットは、「これらがあまりに長く続いている」とのナレーションとともに、男性（ほぼすべて白人）をいじめっ子、性差別主義者、セクハラ加害者として描いた広告を打った。[31] アメリカのストリーミング会社のフールーは、「今年の #Huluween で仮装する際は、文化的に適切かつ他者を尊重したコスチュームを着てくださいね」とツイートした。彼らの台頭は、数々のエリート・ゲームの主導的な地位が彼ら新左翼のプレーヤーたちによって占められていることからもわかる。大英図書館長のリズ・ジョリーは、「人種差別は白人がつくりだしたもの」と発言した。[32] エジンバラ・コメディ・アワードのディレクターのニカ・バーンズは、「社会意識に目覚めた世界でのコメディの未来を期待している」と述べた。[33] アメリカ心理学会は、「アメリカのすべての機関は白人至上主義イデオロギーと資本主義の血から生まれているが、このことは病である」[34] という会員のテオピア・ジャクソン博士の発言を承認したうえで、プレスリリースを発表した。『ニューヨーク・タイムズ』紙は、「白人老害につらくあたるの楽しすぎ」、「白人は繁殖をやめた。みんなもうすぐ絶滅する。それがわたしの初めからの計画」、「白人とかありえない」、「ばかな白人たちが、消火栓におしっこをする犬みたいに、自分の意見でネット上をマーキングしている」、「#cancelwhitepeople（白人を排除せよ）」などの人種差別的ツイートをした過去を持つジャーナリストのサラ・ジョンを編集委員に選出した。[35]

　新左翼は、急速に拡大するＤＥＩ（多様性《ダイバーシティ》［Diversity］、公平性《エクイティ》［Equity］、包摂《インクルージョン》［Inclusion］）産業を通じて、自分たちのゲームとその夢を制度化することにも見事に成功した。多くの大学には大規模なＤＥＩ事務局が設置され、たいていどこも何百万ドルもの予算を監督する豊富な指導スタッフが雇われている。ミシガン大学のＤＥＩ本部は、従業員への年間支給額が一一〇〇万ドルを超えている。[36]一〇〇人近い常勤職員を抱え、そのうちの二五人は年に一〇万ドル以上の収入を得ている。イェール大学では、一五〇人以上の職員と学生代表がＤＥＩの目標に取り組んでいる。[37]アメリカの六六九校の大学を対象にした研究では、三分の一近くの大学が教員にＤＥＩの研修を義務づけていることがわかった。[38]

　大学だけにとどまらない。二〇一九年、『ニューヨーク・タイムズ』紙は、ＤＥＩ産業が「活況を呈し、新たなキャリアパスや役割を生みだしている」と報じた。[39]あるアメリカのリクルート会社の報告によると、そのような職の求人広告が二〇一七年から二〇一八年のあいだに一八パーセント増加し、[40]さらに二〇一八年から二〇一九年には二五パーセントも跳ねあがったという。[41]Ｓ＆Ｐ５００のうちの二三四社を対象にした調査では、六三パーセントが過去三年間にＤＥＩの専門家を任命した、あるいは昇進させていたことがわかった。[42]イェール大学、コーネル大学、ジョージタウン大学を含む複数の大学では、関連する認定プログラムの提供が開始された。[43]ＤＥＩ関連の学会のなかには参加費だけで最大二四〇〇ドルを徴収しているところもある。[44]グーグル社は二〇一四年に一億一四〇〇万ドルを、二〇一五年にはさらに一億五〇〇〇万ドルをDEIプログラムに投じた。[45]アメリカ企業は毎年八〇億ドルをDEIの研修に費やしていると推定されている。[46]これらのお金はどこに行っているのだろうか？　流出した文書によると、二〇〇六年から二〇二〇年のあいだに、あるひとりのコンサルタントが、司法省や司法長官室を含むアメリカ連邦政府機関に多様性の研修費として五〇〇万ドル以上を請求していたという。[47]二〇一一年、同じコンサルタントは自身の「権力、特権、性的指向に関するワークショップ」の費用としてNASAに五〇万ドルを請求していた。

ほかにも、#MeToo 運動の余波から生まれた慈善団体〈タイムズアップ〉は、初年度に三六〇万ドルを調達し、そのうちCEOに三四万二〇〇〇ドル、最高マーケティング責任者に二九万五〇〇〇ドル、会計担当に二五万五〇〇〇ドルなど、給与に一四〇万ドルを費やしたものの、性的虐待の被害者を支援するために設立された基金に寄与した額はわずか三一万二〇〇〇ドルにとどまった。[48]以上のことは、新左翼が強力なゴールドラッシュ運動と化し、充分な働きをしたプレーヤーに大きなステータスと富などのシンボルを与えるようになったことを示唆している。いまや何千もの人々の生活がその信念を積極的に信じることに依存しており、また数え切れないほどの個々人がジャーナリズム、出版、政治、ソーシャルメディアのゲームで戦うことで大きなステータスを得ている。その成功は、一神教徒たちによってあみだされたトリックをうまく利用することで促進された。キリスト教徒は地獄をつくりだすことによって救済への不安を生み、それから逃れられる唯一の方法として自分たちのゲームを提示した。同じように、新左翼の活動家たちは、偏見だと非難してもよい条件を根本的に書き直し、単に白人や男性であることが罪の兆候になるようにハードルをさげることで地獄をちらつかせる。こうして救済への不安を生みだしたうえで、自分たちの運動を唯一の救済策として提示するのだ。地獄の脅威から逃れるためには、これみよがしに熱心に、非常に正しくプレーをするしかないのだと。

緊張した美徳ゲームは敵対心に満ちた夢を紡ぐ。人々は、有害な道徳の風に吹き荒れる架空の領域のなかで暮らしている。プレーヤーは自分のことを、不正というおぞましい力と戦うヒーローだと信じ込む。このような現実の漫画化は、敵を一元的な悪役に割り当てることで危険な状態となる。新左翼の文明化の使命が白人（とくに白人男性など）を悪魔に仕立てあげるのに対し、新右翼は民族マイノリティを悪魔に仕立てあげ、彼らが学歴のあるエリートたちから不当に地位を与えられていると考える。公共政策行政学のジャスティン・ゲスト准教授は、オハイオ州のヤングスタウンとロンドン東部のダゲナム地区のふたつの白人労働者階級の居住地域で、まさにこのような状況を観察した。どちらの地域の白人労働者階級も、[49]自分たちがマイノリティ集団に数で圧倒されており、政治過程から除け者にされ、人種による偏見にさらされていると感じていたという。[50]「多くの白人労働者階級の人々は、平等な扱いを求める戦いを、自分個人のステータスの喪失——すなわち、ほかの人を向上させるのではなく、白人を格下げする運動だと見ている[51]」と、ゲスト准教授は述べている。

過去一世紀のあいだに、ヤングスタウンは自称「鉄鋼業の世界中心地」の立場から、平均所得わずか一万四九九六ドルの都市に衰退してしまった。「これはアメリカの悪夢だ。どう見たって勝ち目なんてない[52]」と、ある男性は語った。ゲスト准教授は彼ら白人労働者[53]たちに、誰が自分たちの利益を考えてくれていると思うかと尋ねた。[54]すると、たいていの人が「誰もいない」、「あんたくらいだよ」と回答し、なかでも最も多かったのは「自分で考えるしかない」という回答だった。人種による不満も多かった。自分たちとは違い、アフリカ系アメリカ人は配慮もされ心配もされているという言い分がその大半を占めていた。ふたりの子を持つある母親はこう語った。[55]「みんな、白人は恵まれているかのようにふるまうの。白人なんだから金持ちに決まってるだろうって。わたしたちはふたつの仕事をかけ持ちして、子どもたちを学校に通わせるのにも苦労している。なのに、白人だから余裕があると思われている。援助も必要ないだろうって、マイノリティ・ローンもなければ、行政の割引もない」そう言うと、彼女は隣の家を指さした。「あの家にはギャングの構成員が住んでいるの。（中略）彼らがこのあたりを牛耳っている。だから、みんなさっさとここを出ていくの。（中略）黒人の子どもには触れちゃだめ、話しかけちゃだめ。脅すのもだめ。白人の子どもには言いたい放題、やりたい放題なのにね」。また別の住人は、「新車を乗りまわす」[56]人々について、遠まわしな言葉でこういう内容の不平を述べた。「こっちは車を買う余裕もない。彼らは政府が家賃も光熱費も払ってくれるから、その分の現金を金のネックレスやキャデラックに費やす。こっちはトヨタのキャバリエを買うことすらままならないというのに」

イギリスのダゲナム地区では、そのような政策による不公平はあまり見受けられなかった。かつてのダゲナムはほぼ白人からなるイギリス人コミュニティだったが、いまではその人口の半数近くをアフリカ人、アフリカ系カリブ人、南アジア人、東欧系の人々が占めている。[57]以前はフォードの自動車工場を中心に多くの仕事があったものの、二〇〇二年に工場が操業停止となってしまった。ゲスト准教授は、五九歳のナンシー・ペンバートンの自宅を訪れた。[58]庭には五本のユニオンジャック旗がはためき、そのうちの一本は約四メートルもあるポールに掲げられていた。さらに足元にも、まるで国旗に見えるように配置された花々が咲き誇っていた。「昔はひとつのコミュニティだった。そのほとんどがイギリス人だったわ。アジア人の女の子がひとりいたけれど。あと黒人の男の子がひとり。彼の母親は図体の大きなでっぷりとしたレズビアンで、おだやかとは言えない生活を送っていた。でも、ずっと仲よくやっていたわ。結局のところイギリス人が圧倒的に多かったし」と、ペンバートンは語った。彼女は、EUがイングランドへ移民を「奨励」していると考えていた。「福利厚生のいい場所だからね。でも、働きもしない怠け者ならもう充分たくさん抱えているの。ある晩、バーキングで駅をおりると、子連れのルーマニア人女性が何十人といて、明らかに盗みを働いていた。ルーマニア人って、なんて卑劣な連中なのかしら。外を歩けばハラールの店が並んでいたり、通りにはごみが散乱していたり、騒々しいったらありゃしない。まるでナイロビ郊外のようよ」

人種差別的な見方は、年配者にかぎられたものではなかった。ある二二歳の女性はこう語った。「仕事の面接があったとして、受からなかったら、その移民は雇い主を人種差別主義者と呼ぶのでしょうね。仕事も家も、政府がイギリス人のためにとやっているすべてのことを移民に奪われている気がする。彼らが先に取っていってしまうの」[59]。一八歳の男性は、アジア人についてこう語った。「まるで自分たちのほうが偉いかのように練り歩いている。こっちが国に迎え入れてあげたっていうのに。みんな本当に迷惑している。なんだか自分が外からなかの移民を見ているような気になる」

また、「自分は人種差別主義者ではないけれど……」という前置きの癖もよく見られた。ゲスト准教授によると、これは偏見を持っていると思われたくないという切実な願いではなく、話を聞いてほしいという訴えから来ているものだという。人種差別主義者という言葉は、「喪失感を訴える人の声を消してしまうミュートボタン」[60]なのだ。ゲスト准教授は、実施した四〇回のインタビュー中に[61]「自分は人種差別主義者ではないけれど……」という前置きをなんと三二回も耳にしたという。ここで少し紹介しておこう。「自分は人種差別主義者ではないけれど、アルバニア人やアフリカ人が来る前、ここはイギリス人のいいコミュニティだった」、「自分は人種差別主義者ではないよ。ヤギ肉のカレーも好きだし。口が悪くて申し訳ないけど、イギリス人家族が優先されないのはおかしいってだけだ」、「自分は人種差別主義者ではまったくないけれど、（中略）ポーランド人は仕事を全部奪っていくし、売春や麻薬組織を動かしている」、「自分は人種差別主義者ではないけれど、この国は黒人とボスニア人に覆い尽くされてしまった」

ダゲナムの白人労働者階級の住民たちは、このような有害な夢のなかに生きている。なぜなら、彼らは人種と国家というシンボルを使ってゲームをプレーしているからだ。新自由主義とグローバル化の計画は彼らのゲームのランクをさげ、その物理的領域と神経領域の両方を敗北のシンボルで埋め尽くした。彼らからすれば、移民の受け入れがイギリス経済にとって勝利かどうかは別に重要ではないのだ。彼らの衰退のまた別の原因である自動化とアウトソーイングを顧みることもない。彼らが見ているのは、自分たちの衰退だけだ。「わたしはイギリス人であることを誇りに思っていますし、イギリスを愛していますす。ですが、この国が消えてなくなり、英語がほかのあらゆる言語にまみれて失われていくのを見るのは我慢なりません」[62]と、ある政治家に宛てた手紙のなかでナンシー・ペンバートンは書いた。「イギリス人の生活様式が侵食され、わたしたちの価値観のすべてが無視されるのは我慢なりません。イギリス社会の枯渇のもとであり、国民になんの利益ももたらさないことが明らかな移民をさらに受け入れるために、わたしたちのわずかな緑地に家が建設されるのも我慢なりません」。二〇〇七年に実施されたある調査で、ダゲナムとバーキングの住民たちに、自分たちのコミュニティをどう改善するのがよいかアンケートを取った。それに対し最も多かった回答は、「五〇年前のようにすること」[63]だった。

人が眠りのなかで紡ぐ夢には、真実と狂気が入りまじっている。わたしたちが夜のあいだに見る夢は、完全な空想ではない。自分は自分であり、見覚えのある場所で見知った人と出会うが、こうした見せかけの現実に妄想が差し込まれる。わたしたちが人生とそのヒエラルキーのまわりに紡ぐ夢も、さほど変わらない。新左翼は、ゲームが性差別主義的で白人至上主義的になっていると訴える。彼らには敵の偏見が見えているのだ。新右翼は、学歴のあるエリートたちが自分たちを完全に見放したと訴える。彼らには、エリートたちが苦しみのなかにいる白人をさげすみ、一方でマイノリティを崇拝しているように見えるのだ。これは誇張によるエラーだ。すべての白人が偏屈なわけではないのと同じように、すべての学歴あるエリートが白人労働者階級に偏見を持っているわけではない。しかし、彼らはまた、そうした事実を考慮せずに誤解を生みだしている。衝突するそれぞれの夢のなかに、嫌悪と真実の両方が存在していることに、彼らは目を向けないのだ。

第二八章　共産主義の寓話

もしもステータスのない生き方が可能だとしたら？　人より成功する必要性が排除され、まわりとうまくやることだけが重要な社会がつくられるとしたら？　ステータス・ゲームが生みだす不幸や不公平も、妬みや怒りも、そして血反吐を吐くような疲弊も、すべてなくなるのだ。想像してみてほしい。それはきっとユートピアだ。真の楽園の地上への到来であり、人類の進化物語の美しい最終章だ。だが、それをどう実現すればいい？　どこから始めればいい？　そもそも、人間のあいだのこのような格差はどうしてできるのか？　何が不平等を生みだしているのか？　それは富だ。財産、物品、土地、事業、産業など、あらゆるものの私有だ。なら、そこから始めればいい。私有をいっさいやめるのだ。何もかも共有されなければならない。人は共同で生活し、働く。みなが自分のためではなく互いのために努力するようになれば、信じられないほどの豊かさが生まれ、それを強欲ではなく必要性に応じて分配することができる。人はこれを「共産主義」と呼ぶ。

この考え方のルーツは古代ギリシャにあると考えられている。[1]私有地が商品化された最初の地であるギリシャは、そのようなシステムによってもたらされる不平等もまた最初に目の当たりにしたのだった。

プラトンは、妻や子どもを含むすべてのものが共有され、「私的で個人的なものが生活から完全に取り除かれ、目や耳や手といった本来私的なものが共有のものとされる」理想国家を提唱した。共産主義という言葉自体は一八四〇年代のパリで生まれた。プラトン主義的な完全な平等の理想が謳われ、そのなかでは個人というものが社会現実から実質上いなくなり、私有財産が非合法となると説かれた。また、この純粋につながりあう夢の世界を実現するために提案されるプログラムや望まれる体制についても言及された。

これは産業革命が起こり、階級間のきびしい不平等がますます顕在化してきた時期に重なる。それまでは、世界経済の八〇パーセントから九〇パーセントが農業に依存していた。[4] しかし、それがいまや実業家、資本家、「ブルジョワジー」といった新たな階級が、不当に扱われ屈辱を強いられる労働者たちを尻目に、著しく裕福になりつつあった。労働者階級の人々だけではなく、彼ら成金たちのステータスの上昇に不快感を抱いた知識人のあいだでも、徐々に怒りがふくれあがった。[6] こうした思想家のなかに、カール・マルクスとフリードリヒ・エンゲルスがいた。彼らは一八四八年に発表した『共産党宣言』のなかで、次のように書いた。「共産主義者の理論は一文に集約されうる。すなわち、私有財産の廃止である」[7]

共産主義のもとでは、何万年と続く不平等の誕生を運命づけた分業に終止符を打てると、彼らは考えた。人間は特化した能力によるゲームひとつに専念するのではなく、ひとつのタスクからまた別のタスクへと行き来するようになるのだと。共産主義の世界では、「社会が生産一般を規制するため、今日はこれをやり明日はあれをやるといったことが可能になる。朝は狩りをし、午後は釣りをし、夜は牛の世話をし、食後に批評するといったことが、(中略) 狩人、漁師、牛飼い、批評家にならずしてできるのだ」

と、マルクスは書いている。

共産主義者が紡ぐ夢は、人間という動物の復活を告げた。資本主義の制度は、人々を自然な協力状態から競争へと追いやった[9]。そこは、愛と分かちあいがコスト、利益、商売という怪物に取って代わられたきびしい世界であり、そのなかにいる人間は他者の成功をお膳立てする程度にしか価値のない存在だった。強欲な資本主義の「ブルジョワジー」によって生みだされたこのステータスの追求は、わたしたちの知覚そのものを汚染した。「家は大きくても小さくてもよい。周囲の家が同じように小さいかぎり、住居に対するすべての社会的要求は満たされる[10]」と、マルクスは書いている。「しかし、小さな家のそばに豪邸が建てば、それは小さな家から掘立て小屋へ縮む」。たとえ、その小さな家をどんどん増築しても、「近くの豪邸が同じかそれ以上に増築されれば、小さな家の住人はその四方の壁のなかでますます居心地の悪さを感じ、不満と閉塞感に苛まれるだろう」

ブルジョワのエリートは、ただ産業の私有によってこれら豪邸の資金を調達し、トップの座を維持できたのだと、この夢物語は語った。彼らはほかの人を搾取するために、その権力を乱用した。社会階級をつくりだしたのも、貧しい人の「貧困化」を招いたのも、「数々の不幸、抑圧、隷属、堕落、搾取を助長した」のも、この私有だったのだ[11]。平等の楽園を実現したいなら、生産手段の私有を終わりにしなければならない。実際、これは実現されると思われた。そこに疑念はなかった。なぜなら、この制度は持続不可能だからだ。資本主義のブルジョワジーたちは共食いをし、激しい競争の末に数を減らしていくだろう。その一方で、搾取され財産のない怒れる労働者たち——すなわちプロレタリア階級——の数はますます増えつづける。産業界のいたるところで革命は避けられなかった。「共産主義革命で支配階級を震えあがらせよ」と、マルクスたちは書いている。「プロレタリア階級の人々は、自らを縛る鎖以外に失うものは何もない。彼らには勝ち取るべき世界がある」

そうして彼らが実際に革命を起こしたとき、人間は約束の地にたどり着けるはずだった。ナチスや〈ヘヴンズ・ゲート〉のカルト信者たちが想像したような、超越的レベルのステータスに生まれ変われるはずだった。「人類、すなわち停滞したホモ・サピエンスは、ふたたび抜本的な再建状態に入るだろう」[12]と、革命家で理論家のレフ・トロツキーは書いた。人間は「これまでとは比べられないほど強く、賢く、明晰になったあかつきには、より高次の社会生物種に、すなわち超人になるだろう。その肉体は調和を増し、動きは律動的に、声は音楽的になるだろう。(中略)人間の平均タイプはアリストテレス、ゲーテ、マルクスの水準にまで高まるだろう。そして、その尾根の向こうに、さらなる頂上が出現するだろう」

この夢を実現しようとした人物として最も有名なのが、レーニンの名で知られるウラジミール・イリイチ・ウリヤノフだ。彼のブルジョワジーに対する憎悪は見境なく暴力的で、どこまでも徹底的だった。その発端は、彼の兄のサーシャが、「笑えるほど素人」[14]でありながら皇帝の暗殺を成功寸前まで企てた罪で処刑されたことで、上流中産階級だった家族が屈辱にさらされたことにあったと、多くの現代史家は見ている。[13]レーニンの両親は、社会的野心に満ち、ステータスの獲得において著しく成功した人たちだった。一八三一年に仕立屋の子として生まれたレーニンの父親は、のちに貴族階級に昇格し、名誉ある聖ウラジーミル勲章第三等級を授かった。しかし、家族がのぼりつめたこのようなエリートの地位も、たしかなものとは言えなかった。「シンビルスクに住む貴族の多くは、何世代にもわたってそのステータスを享受していた」[15]と、歴史学者のロバート・サーヴィス教授は書いている。新参者だったレーニンの父親は、しばしば市のエリートたちから軽蔑の眼ざしを向けられていたという。

サーシャが逮捕されたのちに処刑されると、誇り高き一家はふたたび「社会の片隅」に追いやられた。それまでよく来ていた要人たちは、彼らの家に立ち寄らなくなった[16]。古い友人からの連絡も途絶えた。街なかでは、見知らぬ人からじろじろと見られた。「シンビルスクのお偉方[17]——医者、教師、行政官、陸軍士官など——が、一家への嫌悪感をあらわにした」という。子どもを含む家族全員がその犯罪の責任を負わされ、「果てしない社会的排斥」に直面した[18]。人々の拒絶はすさまじく、レーニン一家は立ち去るほかなかった。歴史学者のヴィクター・セベスチェン教授は次のように書いている。「これをきっかけに、（レーニンのなかに）自由主義者と〝中産階級の偽善者〟たちに対する激しい、ときに抑えきれないほどの憎悪が生まれ、以後、彼はその感情を死ぬまでむきだしにすることとなった。『ブルジョワども……やつらはいつだって卑怯で臆病だ』と、その後レーニンは繰り返し断言した。政治とは得して個人的なものだが、これはまさしくそうであった[19]」。レーニンは「ほぼ一夜にして急進的になった[20]」という。貧しい人々への同情ではなく、憎しみこそがレーニンのおもな特徴だったと、彼の協力者のひとりはのちに書き記している[21]。

彼の憎しみは、世界を変えるほどの憎しみだった。一九一七年の十月革命は、ロシアにおける七〇年以上に及ぶ共産主義支配の幕開けとなった。そして一九七〇年代までに、その夢は世界人口の三分の一以上を支配することになった[22]。とはいえ、レーニン率いる「ボリシェヴィキ」党は、少なくとも初めは人気がなく、最も勢いづいた時期ですら四分の一に満たない投票数しか獲得できなかった[23]。クーデターによって暴力的に政権を掌握したボリシェヴィキは[24]、国民の支持をほとんど得られないばかりか、気づけば社会主義者や無政府主義者といったライバル派閥に取り囲まれていた。そこにいたのが、屈辱に突き動かされた誇大妄想狂の男だった。彼は、目に余るほど激しい支配と美徳のプレーを駆使するハイステータス集団を率いていた。その結果、彼らの立場は偏執症的に不安定で、現実と想像の両方でステータスの高い敵に囲まれていた。ステータス・ゲームの論理からすると、これは地獄を生みだすには完璧の状況だった。

マルクスは、階級のないユートピアが新たに出現するにあたって、社会を再編成し、資本主義者たちの手から私有を奪い取るために支配力が使われる一時的な移行期が必要だと説いた。いわゆる「プロレタリアートの独裁」[25]だ。そこでレーニンは、指導者たちに「略奪者たちからの略奪」[26]を開始する権限を付与した。それはつまり、ブルジョワジーたちから現金や物品や財産を奪うことだった。彼らブルジョワジーは、除雪作業や道路清掃といった単調な公共事業を無理やりやらされることで屈辱を受けた。ある指導的立場にあった革命家は、「これまで何世紀ものあいだ、われわれの父や祖父たちが支配階級の汚物を掃除させられてきたが、今度は彼らにわれわれの汚物を掃除させるのだ」[27]と述べた。彼らブルジョワジーはいまや「昔の人民」[28]に分類され、「生き延びるために必死にもがいた」と、歴史学者のオーランドー・ファイジズ教授は書いている。「彼らは食べていくために財産をひとつ残らず売らなければならなかった。メイエンドルフ男爵夫人は、ひと袋の小麦粉をなんとか買うために、ダイヤモンドのブローチを五〇〇〇ルーブルで売却した」

共産主義者による国家の神経領域支配は完全なものでなければならず、ステータスを主張するためのその基準は唯一絶対でなければならなかった。レーニンはほかの政党はもちろん[29]、自分の政党内におけるサブ派閥の形成も禁止した。脅威となりうるすべてが「階級敵」とみなされ、弾圧された。ロシアで非常に高いステータスを保持していたクリスチャンも、その対象となった。何千という司祭や修道女が[30]「殺された。なかには磔にされたり、去勢されたり、生きたまま埋められたり、タールが煮えたぎる大釜に投げ入れられたりする者もいた」という。一九一八年に起きたレーニン暗殺未遂事件をきっかけに、彼のゲームはますます緊張した。報道各社はブルジョワジーへの復讐を訴えた。[31] それにより、数千人が逮捕された。その多くは、皮膚が剝がれるまで手を煮沸されるなどの拷問を受けた。[32]

やがて全国の穀物の国有化が布告されると、武装した軍隊が地方に押し寄せ、穀物を奪い取った。充分な収穫が得られなかったレーニンは、奸計をめぐらす魔女の存在をでっちあげた。そこそこ裕福で繁盛していた富農《クラーク》たちを、穀物をため込む資本主義者だと非難したのだ。「クラークはソビエト政府の狂った敵だ[33]」と、レーニンは書いた。「やつら吸血鬼は人民の飢えを糧に金持ちになった。やつら蜘蛛は労働者の働きを絡め取って肥えた。やつらヒルは働く人民の血を吸い、都市労働者が飢餓に苦しむ一方で、より豊かになった。クラークどもに慈悲なき戦争を！ やつらを皆殺しにせよ」彼のこの異常なまでの冷酷さは、一九一八年の次のような電報にも顕著に表れている。[34]

同志諸君！

諸君の住む五地区で起きているクラーク蜂起を情け容赦なく鎮圧せよ。革命全体の利益がこれを要求する。なぜなら、われわれはいま、いたるところでクラークとの戦いの最終局面を迎えているからである。模範が示されねばならない。

一．少なくとも一〇〇人以上の悪評あるクラーク、すなわち裕福な吸血鬼を絞首刑にせよ（人民の目に入るように、必ず吊るすこと）
二．その者たちの名をさらせ
三．その者たちからすべての穀物を没収せよ
四．人質を指名せよ（以下略）

数百マイル離れた人民までがそのありさまを目の当たりにし、震え、事態を察して叫ぶことができるように、これを実行せよ。その者たちが、血を吸うクラークどもを殺しつづけるのだ。これを受け取り実行後に電報を頼む。

追伸　もっと強靱な人民を探せ

レーニン

階級のない新たなユートピアの実現は、まだ道半ばであった。共産主義者たちは「かつての特権階級である〝昔の人民〟を容赦なく差別し、新しい〝独裁者階級〟である労働者を優遇する政策を支持した」[35]と、歴史学者のシェイラ・フィッツパトリック教授は書いている。この新たなステータスのヒエラルキーは、ひとつに食糧配給に現れはじめた。頂点に君臨する赤軍兵士と官僚の食糧が最も多く、次に労働者、そして最後が憎きブルジョワジーだった。ある上級革命家いわく、彼らは「そのにおいをかろうじて覚え

ておける程度のパン」[36]しか与えられなかったという。この新しい共産主義のゲームで出世するには、入党するか、党のために働くかが最も確実な方法だと、人々は察した。一九二〇年までに、実に五四〇万人が政府に直接雇用された。[37]ファイジズ教授は次のように書いている。「ソビエト連邦には、労働者の二倍もの役人がおり、彼ら役人が新体制の重要な社会基盤となっていた。これはプロレタリアートの独裁というより、官僚の独裁だった」

プレーヤーというのは、プレーをしているうちにそれを信じるようになるものだ。何百万もの人々は、自分個人のステータスを共産主義のゲームに注ぎ込んでその夢にどっぷり浸かるうちに、忠実な真のプレーヤーになっていった。彼らの指導者は、西洋諸国から大きく遅れた社会だと思われていたソ連が、そこから世界一の先進国になるのだという抗しがたい物語を語った。政治学者のレスリー・ホームズ教授はこう書いている。「一九二〇年代半ばの時点で、多くのソ連国民が自国の将来に夢中になっていたのはほぼ疑いない」[38]

共産主義のゲームは、ソ連以外にも広がっていった。一九三一年にドイツ共産党に入党した小説家のアーサー・ケストラーのエッセイからは、こうした改心者の心の動きに関する興味深い洞察が得られる。[39]金融危機によって中産階級が崩壊したのち、ケストラーは彼らが極左と極右に流れていくのを目の当たりにした。彼は『共産党宣言』のなかで、「支配階級全体」がこの動きに「啓蒙と進歩の新鮮な分子」をもたらすことになるとマルクスが予言しているのを読んだ。この言葉の響きをケストラーは気に入った。「この〝啓蒙の新鮮な分子〟とはわたしのことだと、うれしいことに気づいたのだ」

ゲームに参加するやいなや、ケストラーのプレー装置にそのルールとシンボルがどんどん書き込まれていった。イートン校の生徒や〈ヘヴンズ・ゲート〉の世界でもすでに見たように、ここでもメンバーである資格は秘密の言語によって象徴された。党員証を渡されたケストラーは、これからは〝you〟ではなく〝thou〟と言うようにと指示された。また、「自発的」という語は、当時すでに階級敵となっていたレフ・トロツキーと結びつくとして使用してはいけないことを知った。同様に、「まだましな悪」などというものは存在しなかった。それは、「哲学的、戦略的、戦術的な誤り、すなわちトロツキー派、反政府活動家、精算主義、反革命家の概念」であった。反対に、「勤勉な大衆」、「党支持」、「ヘラストラトス的［名声を得るためならどんな犠牲も払うこと］」、「具体的（「同志よ、質問はもっと具体的な形にしなければならない」などのように使う）」などの言葉やフレーズが推奨された。ナチスの弾圧のなか、ケストラーの知るある女性は、共産主義を象徴するこの「具体的」という語を使ったことでナチスに背いたとされた。「ゲシュタポ長官は退屈そうに彼女の話を聞いていた。部下が誤認逮捕したのではないかと半ば疑っていたのだ。しかしそこで、彼女がまたしてもその致命的な言葉を使ったのだ」

ゲームがケストラーの神経領域をますます侵食し、模倣‐追従‐同化の回路のスイッチが入ると、彼の芸術的・音楽的嗜好はエリートたちのものと同じになっていった。レーニンがバルザックを愛読していたので、いまやバルザックは「史上最高の作家」となった。煙をあげる工場の煙突やトラクターが描かれていない絵は、「現実逃避」だと一蹴された。真実そのものが夢にのみこまれていった。党方針へのいかなる疑問も妨害行為とみなされた。党の会合では、党員たちが順番に正しい信念を復唱し、互いを称えあった。言論の自由という価値観は背信とされた。「党のスローガンにこうあった。『前線は議論の場ではない』と。またこうもあった。『共産主義者のいるところ、そこがつねに最前線だ』」

誤った考えに「白紙のカード」を出すことを指示された〈ヘヴンズ・ゲート〉のカルト教団のように、ケストラーは正しく考えることを学んだ。入党して間もない頃、彼は党の分析が明白な真実に反しているのではないかと疑問に思うことがあった。すると、おまえはまだ「機械論的なものの見方」に囚われていると説教された。代わりに彼は「弁証法的に」考え、党の目を通じて世界を解釈しなければならなかった。「徐々に事実に対する機械論的な先入観を疑い、弁証法的解釈の観点で世界を見るようになった。それは実に至福の境地だった。ひとたびそのテクニックを吸収してしまえば、もはや事実に煩わされることはなく、自然と正しい色を選び、正しい場所におさまれた」と、ケストラーは回想している。カルトのメンバーと同じように、ケストラーはゲームの夢のなかに自ら進んで迷い込んだ。「わたしたちはみなでひとつの単純な精神を持ちたいと切望していた」という。ゲームに囚われ、そのなかでステータスを追い求めるうちに、この極めて知的な男の現実に対する理解力はますます失われていった。「信仰とは不思議なものだ。山も動かせるし、ニシンを競走馬だと信じさせることもできる」

ソ連に話を戻すと、階級のない完璧なユートピアにはまだ時間がかかっていた。一九二一年、レーニンは経済の活性化を図り、資本主義にヒントを得た「新経済政策（NEP）」を導入した。たとえば、一部の小規模事業を許可する、農民から穀物を取りあげる代わりに税金を課すなどの譲歩が取り入れられた。[40] これにより経済は急速に成長した。[41] だが、このNEPは廉潔なボリシェヴィキたちから「プロレタリアートの新たな搾取[42]」と呼ばれ、まったく支持されなかった。

やがて、レーニンの健康状態が悪化しはじめた。一九二四年、彼は死去した。後継者のスターリンは、NEPに代わり、急速な工業化と強制的集団農場化計画を推進した。農業を再編成するために、武装部隊が地方に派遣された。党はまた、国民を養うための穀物を調達し、西洋のライバル諸国を圧倒するような輝かしい未来を建設するための資金繰りをしなければならなかった。スターリンは次のように書いた。「われわれは長年の〝ロシア人〟の後進性から脱却し、社会主義へと向かう工業化の道を全速力で突き進んでいる。わが国は金属の国に、自動車の国に、トラクターの国になるのだ。そしてソ連という国を自動車に乗せ、農民をトラクターに乗せたあかつきには、〝文明〟をたいそう鼻にかけたご立派な資本主義者たちに、われわれを追い抜かせるかぜひとも挑戦してもらおうではないか！　そのとき、どの国が後進国でどの国が先進国に分類されるか、われわれは目にすることになるだろう」[43]

地方へのこの新たな圧政をきっかけに、かつて国の市場向け穀物の四分の三近くを生産していた有能な農民たちに対する魔女狩りがふたたび始まった。[44] スターリンは、「階級としてのクラークの一掃」[45]を目論んだ。一九三〇年の最初の二カ月だけで、約六〇〇〇万人の農民が集団農場に連行された。[46] 二年後、約一四〇万人が凍てつく北部の「特別居留地」に送られた。[47] 記録によると、ヤンチェノーヴォという小さな地方駅を出発した六一両もあるシベリア行きの一本の列車に、およそ三五〇〇人のクラークが乗せられていたという。[48] このような旅での死亡率は、およそ一五パーセントにものぼった。「朝になって、そこにある死体を見るのにも慣れてしまった」[49]と、ある目撃者は回想している。「馬車が止まって、病院の馬丁のアブラムが死体を積み込んでいくんだ。全員が死んだわけじゃない。大半の人は、浮腫んで血の気の失せた青い脚を引きずり、まるで犬みたいに懇願するような目つきで通行人ひとりひとりを窺いながら、埃っぽい貧困地帯をさまよい歩いた。（中略）彼らは何も恵んでもらえなかった」

一九三三年、およそ五〇〇〇人のクラークと「没落分子」がオビ川に浮かぶ島に捨てられた。[50] 持たされたのは、わずか数袋の腐った小麦粉だけだった。ある者は、岸まで泳ごうとして氷水のなかで溺れ死んだ。またある者は、靴やパンをめぐって争い殺された。共食いの犠牲になる者もいた。ある公式報告によると、「肝臓、心臓、肺、体の肉の多い部位（胸やふくらはぎなど）が切り取られた[51]」五人もの遺体がわずか一日のうちに発見されたという。ある目撃者は、コスティヤ・ヴェニコフという若い看守が求愛していた「可憐な少女」のことを回想した[52]。「ヴェニコフが彼女を守っていた。ある日、彼はしばらく留守にしなければならず、仲間のひとりに『彼女を頼む』と言い残した。（中略）人々はその少女をとらえ、ポプラの木に縛りつけると、胸や筋肉をはじめ、食べられそうなところをすべて切り落とした。（中略）コスティヤが戻ってきたとき、少女はまだ生きていた。なんとか助けようとしたが、彼女はすでにあまりに多くの血を失っていた。やがて少女は死んだ。この男には運がなかったんだ[53]」。ソ連の刑務所ではカニバリズムが常態化しており、食べられる運命にある人を指す呼び名までつくられていた。すなわち、「牛」と。かつてスターリンの通訳を務め、のちに強制収容所の囚人となったジャック・ロッシは、次のように書いている。「〝牛〟になるのは新参者で、ほかの囚人たちから一緒に脱獄を図ろうと誘われる。たいていの場合、新参者は悪名高い古株たちの仲間になれたことをうれしく思う。だが、彼らの食料が不足すれば、自分が殺され血まですすられることを知らないのだ」

ソ連の「クラーク撲滅運動」に寄与した人々は、人間に自然に備わる同情心を積極的に抑え込むことで報酬を得た。「ブルジョワ的人道主義を窓から投げ捨て、同志スターリンにふさわしいボリシェヴィキとして行動しろ[54]」と、彼らは教え込まれた。「資本主義的農業の腐敗した最後の残骸まで、いかなる犠牲を払ってでも一掃しなければならない！」と。そのひとりであるレフ・コペレフは、泣き叫ぶ子どもの声に動揺した自分を責め立て、「体力を使って同情する」のは不道徳であり、「自分たちは歴史に必要なことを実現しようとしているのだ。革命の義務を果たそうとしているのだ。社会主義の祖国のために穀物を調達しようとしているのだ」といった英雄物語を自分に言い聞かせた。[55] また別の人は、こう自分を納得させた。「彼らは人間ではなく、クラークだ」[56]

多くのクラークたちが飢えに苦しんだ。一九三二年、「社会主義者の財産のあらゆる窃盗または損害」に対し、一〇年の重労働または死刑を命ずる法令が出された。[57] そのなかには、穀物を食用として数本持ちだすことも含まれた。これにより、農民たちは草や木の皮を食べるようになった。[58] 大量の穀物、牛乳、乳製品、卵、肉などが、スターリンの工業化計画の資金捻出のために地方から出荷され、国際市場で販売されるなか、およそ六〇〇万人の農民が餓死していった。[59] クラークの撲滅は「ソ連経済にとっての破滅[60]」だったと、ファイジズ教授は書いている。「とりわけ優秀で働き者の農民を集団農場から奪うことになった。なぜなら、〝クラーク〟とは実際には彼らのような農民であったからだ。結局、これがソ連の農業部門の末期的衰退を招いた」という。一九三〇年代初め、町や都市の店から商品が消えはじめた。[61] 食品や衣類などの必需品の深刻な供給不足が始まったのだ。経済学者のアレク・ノーヴ教授によると、一九三三年までに、ソ連は「記録史上、平時における生活水準の最も急激な低下[62]」に見舞われたという。

そして一九三六年、凶作が国を襲った。

革命の不具合の責任は誰かしらにあるはずだ。もちろん、共産主義者であるわけがない。では誰だ？それは反革命を企てる敵対勢力、つまり背信者や隠れ資本主義者、そして魔女だ。問題は、彼らをどう見つけるかだ。このゲームはすでに二〇年近くもプレーされ、極限にまで緊張していた。同調することこそ、人生の典型モードになっていた。党は私生活という概念を受けつけなかった。「人々が私生活で行うすべても〝政治に関わる〟[63]」ため、それ自体が「共同体からの非難の対象となった」と、ファイジズ教授は書いている。一九三六年にソ連を訪れたフランスのある親共産主義の作家は、出会った人々の服装の「異様な画一性」を指摘したうえで、[64]「彼らの心も等しくなっているに違いない。（中略）個人は集団に埋没し、ほとんど識別できない。それゆえ、ここの人々について話すときは、『here are men（ここに人々がいる）』ではなく、『here is some man（ここに人がいる）』のように、集合名詞を使わなければならないような気がする」と述べた。

しかし、誰もが共産主義の夢を信じていると口では言っているなら、誰が背信者かをどう見分ければいいのだろうか？　スターリンは、自分の部下のエリートのうち、真に忠実なのは誰か、脳内の秘密の世界では異なるゲームをプレーしているのは誰かを、どうやって知りえたのだろうか？　彼は、公式の共産主義ゲームでは絶対的頂点に君臨していたものの、周囲の人々の心のなかでプレーされる真のゲームではどのような立場か知る由もなかった。「ここから粛清は始まった[65]」と、ファイジズ教授は書いている。「ボリシェヴィキは潜んでいる敵の正体を暴く必要に迫られたのだ」

こうして史上最も悪名高いと言ってよいステータス偏執症による事件が始まった。すなわち、スターリンの恐怖政治である。善良な共産主義者たちは、自分たちのなかに紛れ込み、善良な共産主義者を装った危険な背信思想を持つ背信者の存在をつねに警戒しなくてはならなくなった。「党の決定や計画に疑念と不信を投げかける」ような「公然および隠れた違反者[66]」は除名されると布告され、実際に五〇万人以上の党員が除名された。[67]多くの人々にとって、人生を捧げてきたゲームから糾弾されたり追放されたりすることによる疎外感は、耐えがたいほどの苦痛だった。ある人は、いまや「すべての人から孤立し、人民の敵となり、怪物のような存在となり、人生の核を構成するすべてから孤立してしまった」[68]と、不平を述べた。またある人はこう問うた。「こんなふうにすべてが崩れ去るなんてありうるのか？　わたしという人間をつくってくれた党の敵になどなるわけないだろう？　これは何かの間違いだ」

現エリートのみならず、元エリートたちも大きな疑惑にさらされることになった。[70]革命前の知識人たちは、「ブルジョワ専門家」[71]という汚名を着せられた。さらに司祭、クラーク、「Nepman」と呼ばれる人々――レーニンの新経済政策（ＮＥＰ）の時期に小規模事業を営んでいた企業家たち――も攻撃された。[72]誤った思想を疑われた多くの人々は、粛清会議で自分たちの信念について尋問された。「〝尋問を受ける〟[73]ということは、自分の罪、とりわけ反対派の一員であることや社会的出自が悪いことなどを延々と自白しつづけることを意味した。しかし、この儀式において、嫌疑から解放される条件はなかった。〝過ちを認め〟、謝罪し、運がよければ警告だけで追い払われる。だが、その認めた過ちは次回に持ちこされるだけだった」と、フィッツパトリック教授は書いている。見せしめ裁判が開かれ、決まって有罪判決がおりる。彼らは除名されるか、銃殺されるか、強制収容所に追放された。ある人はこう怒りをにじませた。「わたしの失墜という恥ずべき事例は、党とのほんのわずかな亀裂、党へのほんのわずかな不誠実、指導者や中央委員会に対するほんのわずかな戸惑いが、反革命陣営に身を置いている充分な証拠になってしまうことを示している」[74]

ナチスや、スペインの異端審問などの極度に緊張した時期にも見られたように、ここでも相次ぐ糾弾合戦が始まった。友人、同僚、家族など、情報提供者は数百万人にのぼった。[75]ある者は恐怖に突き動かされ、ある者は恨みや憎しみ、はたまた個人的野心に突き動かされ、ある者は心からの信念に突き動かされた。人々は新聞で読んだ著名人を糾弾した。[76]労働者は自分の上司を糾弾した。生物学者の妻は、夫の学問上のライバルを「人々の目を欺く俗物、哀れな小物の科学者、盗人、改ざん者」と糾弾した。[77]歴史学者は「一流の俳優や女優やオペラ歌手たちが、自分を侮辱し、ふさわしい役をくれなかった劇場監督らを非難している数多くの書簡」を暴露した。

ある詩人は、ふたりの年配の革命家の処刑を求める集団依頼書に署名しなかったことで糾弾された。[78]ある作家は、糾弾されていた別の人の飲み仲間であったことで糾弾された。多くの大学生たちは、父親がクラークだったり、「商人の家で育った」りしたことで糾弾された。[79]ある写真家は、革命前のほうが印画紙の質がよかったと不平を漏らしたところ、弟子に告発され、処刑された。[80]フィッツパトリック教授によると、野心的な戦士のなかから「スーパー糾弾者[81]」、つまり「事実上のプロ糾弾者」になる者が現れたという。そのうちのひとりは、自分ともうひとりが「敵として糾弾する人物たちの予め用意されたリストを持って」党の会合に出向いたときの様子について、のちに次のように語った。[82]「われわれが姿を現すと、会合に当惑が広がるだけでは飽きたらず、恐れをなした党員たちが建物から静かに逃げだした」。心から党を信じている真の共産主義者も逮捕された。いまだ党の完全無欠の夢のなかでさまよっていた彼らは、事態を理解できずに当惑した。ある人はこう書いている。「ここにいるということは、自分が何か間違ったことをしたに違いない。自分でもわからない何かを」

恐怖政治の時代、警察には自分たちの管轄区域の何パーセントかの住民を銃殺あるいは強制収容所送りにするノルマが課せられた。[83]一九三七年六月二日、ある地域に三万五〇〇〇人の「弾圧」、そのうちの五〇〇〇人を銃殺することが命じられた。一九三七年から一九三八年のあいだに、一六万五二〇〇人の司祭が逮捕され、そのうちの一〇万六八〇〇人が銃殺された。[84] この頃、一日に平均一五〇〇人もが処刑されていった。[85] 一五〇万人の一般ロシア人が秘密警察に逮捕され、[86] 七〇万人近くが「反革命活動」の罪で処刑された。[87] レーニン時代のエリートほぼ全員を含む、スターリンに近い政敵は残らず一掃された。[88]

スターリンは国の農業を破滅させたうえ、粛清や飢饉によって何百万人もの命を奪った一方で、ソ連を無理やり近代化させることにも余念がなかった。彼は新しい都市、工場、施設の建設を命じた。これを受け、多くの労働者たちが未来のためにと週七日休まずに働いた。成功していたプレーヤーを大量に死に追い込んだことにより、恐怖政治は新たな欠員を生みだした。[89] これは、何百万という人々にとっての新たな機会を意味した。まずは、知識人を「プロレタリア化」する集中プログラムが開始された。[90] この新たなゲームに参加した人々は、「大粛清のあいだに並外れて急速な昇進を果たした」という。彼らは産業、芸術、政治のゲームで活躍する新たなエリートとなった。ソ連の官僚組織は、それまでステータスの低かった経験の浅いプレーヤーで占められた。そのほとんどが読み書きもままならなかった。「ソ連全土のあらゆるレベルで、人々の社会的ステータスが変動していた。農民が町に出て工場労働者になったり、労働者が技術職についたり、党の役人になったり、かつての学校教師が大学教授になったりした」[91] とフィッツパトリック教授は書いている。

スターリンは人民のためにステータス・ゲームをつくり、憧れと野望と意味を生みだしていた。この新たに勢いづいた階級は、スターリンが完全な平等という建国の夢から驚きの方針転換を図ったことで、さらにあと押しされた。社会階級がいっさいないのではなく、実際には労働者、農民、知識人の三つの階級が存在すると宣言したのである。[92] 学位や尊称といった廃止されていたヒエラルキーの古いシンボルがふたたび採用されると同時に、「ソ連の英雄」や「スポーツの名選手」などの新たな称号が導入された。[93] 軍隊では、廃止されていた肩書きや階級のほか、肩章などの身分を示すシンボルが復活した。労働者は能力レベルにかかわらず同じ賃金を支払われるべきだと主張するような「平等主義」は、いまや「極左」思想となった。[94] スターリンはそれを「平等の悪用」と表現した。[95] 彼はまた、国民の牛の所有を擁護した。「人はひとりの人間だ。自分のものを所有したいものだ[96]」とスターリンは言った。そこに「何も問題はない」と。

以前はたとえ最高幹部であっても、「党の上限賃金」というのがあった。[97] しかし、それも撤廃された。スターリンは「個人のスキルや努力が、より高い賃金やほかの物質的報酬によって支払われることを強く要求した」と、社会学者のユッカ・グロノフ教授は書いている。「スターリンの考えでは、労働者が自身の働きの成果に個人的関心を持つよう奨励する必要性が出てきた[98]」という。いまや何十万人ものプレーヤーが豊かになった。とはいえ、お金はできても、買うべきステータス・シンボルとなる物品がほとんどない状態では、なんの役に立つだろう？ 「当局は、新たな高品質の物品と、それを販売する店が重要事項であることをはっきりと理解していた[99]」とグロノフ教授は続けている。

一九三六年、スターリンによる個人への介入が実施されたのち、ソ連にシャンパン産業が誕生した。[100] シャンパン製造の責任者には、月に二〇〇〇ルーブル、工場労働者の実に一〇倍もの給料が支払われた。それからビール、ワイン、リキュール、ケチャップ、香水、菓子、アイスクリーム、チョコレートも製造されるようになった。一九三四年、カカオ豆の輸入量は一四〇〇トンだったが、[101] 一九三七年には一万一一〇〇トンに増加した。禁止されていたクリスマスツリーも「新年のツリー」[102]として復活し、一九三八年には、レニングラードだけで二一万本が売れた。ある都市の食料品店は、「それまでどこにも売っていなかった二〇種類の新製品を含む」、五〇種類のパンに二〇〇種類の菓子とチョコレート、三八種類のソーセージを販売していることを売り文句にしていた。[103]

しばしば西洋のライバル諸国とのきびしい比較にさらされるなかで、品質と技術革新への注目が高まっていった。資本主義地域から送られてくる報告書には、アメリカ人が一時間に五〇〇〇個のハンバーガーをつくる方法や、ドイツ人が使い捨ての食器を使っていることなどが詳細に記されていた。[104]「ドイツでは、アイスクリームが紙カップで販売されている。同じ店では、紙皿でソーセージを食べることもできる。わが国も貿易省のシステム内で、すべてを紙皿と紙カップで販売する専門店を直ちに企画しなければならない」。こうして生まれたソ連の新製品には、折りたたみ傘や保温皿（これは商業的に成功しなかった）などが含まれる。[105]レストランも続々とオープンし、そのうちの一部の店舗は品質とサービスの向上のために三〇パーセントの値あげが許可された。[106]成功に慢心し、自分たちのほうが優れていると宣伝する店も出てきた。これは致命的な不協和音を招きかねなかった。こうした成功ゲームの野心的プレーヤーたちは「ファシストの山賊集団」と呼ばれ、「質の高いレストラン設立のための政策を詐取している」と非難された。

一九三〇年代を通じて、ステータスの複雑なヒエラルキーが形成されていった。スターリンはいままでは三つの階級があると認めていたが、社会学者たちは、支配エリート、優秀な知識人、一般知識人、労働者階級貴族、頭脳労働者、裕福な農民、平均的労働者、平均的農民、貧しい労働者、強制労働者の、少なくとも一〇の階級があったことを明らかにしている。[106] スターリン政権は、「教育、司法、住居、食料配給など、日常生活に重要なあらゆる場面において、階級に基づく体系的な差別を導入した」[107]と、フィッツパトリック教授は書いている。「選挙権も、〝勤勉な労働者〟階級出身者だけに与えられていた。若い労働者が高等教育や共産党員の資格などのたくさんの恩恵を特権的に享受していた一方で、貴族や司祭の息子はそのぶん不利益や制限を受けていた」[108]という。個人の社会階級は、パスポートにも記載された。

　党員資格には差別的な基準が設けられていた。入党の手続きには推薦状や社会的背景の調査が含まれ、労働者家庭の出身者は優遇された。[109] 大学への入学も同様に規制された。芸術分野では、しばしば少数民族出身者だけに名誉ある賞が贈られた。[110]「アルメニア人とかジョージア人とかウクライナ人――つまり、ロシア人以外ばかりがメダルを受賞していた」と、ある芸術家は不平を残している。技術者や、政治的に正しいと認められた新興知識人も特権を与えられた。[111] 工場労働者が占める労働力の割合は全体の四〇パーセントだったにもかかわらず、[112] 約七五パーセントもの食料が彼らに渡っていた。社員食堂すら、このように階層化されていた。「とりわけ重要な工場で働くとりわけ重要な労働者は、低価格でいちばんよい料理を食べていた」と、グロノフ教授は書いている。こうした社員食堂は、ステータスによって少なくとも三階級に分けられていることが多かった。「このヒエラルキーの原理――すなわち立場や仕事の種類に基づく想像上の振り分け――は、社会のあらゆる分野に浸透した」という。スターリンは「新たな中産階級の忠誠心を〝小手先の物品〟だけではなく、本物の特権で」買収したのだ。「これがステータス格差の拡大につながった」とグロノフ教授は続けている。

　新しいエリート層は専用のアパートメントに入居できたうえ、最高級品が自動的に手に入った。[114] 彼らの子どもたちは特別なサマーキャンプに送られた。[115] 彼らは休暇も取れたし、運転手つきの車やお金も与えられた。やがて、住み込みの使用人がいるのが「当たり前」になった。[116] 一方、こうした使用人の多くはベッドも与えられず、台所のテーブルの下や椅子の上で寝ることを余儀なくされた。「彼女たちは、以前の〝婦人たち〟、すなわち技術者や医者や〝実行能力のある〟幹部の妻たちよりも、さらにひどい扱いを受けていた」と、ある勇敢な告発者は語った。こうした新興エリートたちは、共産主義下では、これらの恩恵のすべてを実際に所有しているわけではないと言い訳することによって、自分たちの高尚な暮らしに対する不協和音をなんとか鎮めていた。すべては国家のものなのだからと。彼らにとって特権とは、私有に代わる所有方法だった。だが、たしか所有を廃止することが重要なポイントだったのでは？　国家はというと、彼らの特権は一時的なもので、まもなくソ連全体がそのような暮らしになると主張した。彼らを特権階級のエリートではなく、先駆者とみなしたのだ。[117]

共産党のなかでも、行政官、軍高官、官僚などのエリート層はノーメンクラトゥーラと呼ばれた。一九三三年、飢饉が猛威をふるい、クラークたちが草や木の皮、はたまた互いを食べて飢えを凌いでいたさなか、彼らは豪華列車に連れられ、南部のヘルス・スパで休暇を過ごしていた。[118] ある公式文書には、食堂車両の一カ月分の勘定書が記録されている。バター二〇〇キロ、スイスチーズ一五〇キロ、ソーセージ五〇〇キロ、鶏肉五〇〇キロ、ほか肉類五五〇キロ、魚三〇〇キロ（加えて魚の缶詰三五〇キロ、ニシン一〇〇キロ）、キャビア一〇〇キロ、砂糖三〇〇キロ、チョコレートなどの菓子一六〇キロ、果物一〇〇箱、タバコ六万本。「ノーメンクラトゥーラは別の惑星に住んでいる。火星人だよ。それは単に高級な車とかアパートメントとかの話ではない。大事なのは、自分の気まぐれがつねに満たされることだ。取り巻き集団のおべんちゃらで何時間も苦もなく働けるといったように。こうした小役人たちはなんでもしてくれる。あらゆる望みを叶えてくれるのだ。気が向けば観劇もできるし、狩猟小屋からそのまま日本に飛ぶこともできる。何もかもが造作なく進んでいく人生。(中略)まるで王さまのようだ。ただ指をさすだけでことがすむ」と、あるノーメンクラトゥーラは書いている。[119]ソ連の崩壊までに、ノーメンクラトゥーラとその家族は約三〇〇万人、人口のおよそ一・五パーセントを占めた。歴史学者のリチャード・パイプス教授によれば、これは「一八世紀の帝政下の貴族とほぼ同じ割合である。また彼らが受けていた恩恵は、帝政時代の有力者のそれと似たようなものであった」という。

何がいけなかったのだろうか? 共産主義は「平等な国」[120]をもたらすはずだった。それは、ソ連がただ不運にもレーニンやスターリンを指導者にまつりあげてしまったせいでもなければ、階級に支配された専制政治がある意味でソ連固有の文化的特質だったせいでもない。現に、ヒエラルキーと恐怖はカンボジアや中国にも出現した。もっと言えば、共産主義の誤りは、はるかプラトンの主張にまで遡ることができる。ロシア革命より二〇〇〇年以上前に共産主義を初めて夢見たこの古代ギリシャ人は、弟子のアリストテレスによって考えを訂正されていた。[121]アリストテレスは、人より成功したいという人間の欲を生みだすのは実は富や私有ではないと指摘し、こうした欲は人間の本質の一部であり、「平等化しなければならないのは所有そのものではなく、人間の欲望のほうである」と述べた。

共産主義の寓話は、ゲームから人間という存在を解放するなど不可能であることを明らかにしている。人より成功したいという衝動は、絶えず自己主張をやめない。それはわたしたちのなかにある。それがわたしたち人間なのだ。ソ連の最初の数十年間に、ステータス・ゲームのあらゆる詳細を見いだすことができる。その抑えがたさ。暴力を引き起こす力。勝利しているプレーヤーやリーダーに抱かせる誇大妄想。エリートという存在の必然性。自分はもっと多くのステータスを得て当然とつねに人々に信じ込ませる欠陥。屈辱を最終兵器として利用すること。いとこたちの恐怖と彼らの専制の才。神経領域内で激化するイデオロギーの戦争ゲーム。自分のステータスがかかっているとき、ほぼすべての現実という夢を信じてしまう人間の脆弱さ。わたしたちの現実認識をねじ曲げる夢の力。積極的な信念の危険性。秘密の言語。未来の約束の地にこのうえないステータスのビジョンを描き、その実現を阻む敵を標的にする熱烈なリーダー。彼らが刺激する怒りと熱狂。噂話、憤り、同意、きびしい罰のサイクル。リーダーを悩ますパラノイアと、それによってもたらされる恐怖。有害な道徳という恐ろしい魔法と、悪を徳あるものに見せるその奇術。自らの存続のためにゲームがステータスを生みだす必要性。ステータス・ゴールドラッシュの世界を変えるほどの力。

理想主義者の語る物語のなかで、しばしば人間は生まれながらに平等を追い求める存在だと言われる。しかし、これは真実ではない。ユートピアを夢見る人は、不正について語りながら新たなヒエラルキーを築き、そのトップに自分を据える。これは、人間誰しもがすることだ。それが人間の本質なのだ。地位を求める衝動は止められない。自分自身と参加しているゲームのためにステータスを獲得すること——そして、そこのあなたやあなたやあなたよりも、できるかぎり多くのステータスを得ること。それこそが人生の隠された目標なのだ。そうやって人は意味をつくりだしている。そうやって人はアイデンティティをつくりだしている。そこがわたしたちの最悪にして最高の特徴であり、逃れられない真実だ。人類にとって、平等はいつまでも実現されない夢なのだ。

第二九章　ステータス・ゲームの七つのルール

ステータスに対して感じる快感とは、人間生活のルールに沿ってプレーすることに対する褒美である。自然は、ホラー映画さながらのあらゆる奇怪なことにもめげず、生き延び繁殖するために必要な行為を人間に耐えさせるために、賄賂を与えなければならない。ペニスを膣に出し入れさせるために、自然はオーガズムを発明した。糞まみれで泣き叫ぶ幼児のために自分の幸せを犠牲にしてもよいと思わせるために、自然は愛をつくりだした。すりつぶした異物を無理やり喉に流し込ませるために、自然は味覚と食欲を発達させた。協力的な集団生活を送らせるために、自然はつながりと称賛に対する強迫的な喜びをつくりだした。ルールに従えば、それも上手に従えば、素晴らしい気分を味わえるのだ。

しかし、これまで見てきたように、人生というゲームには隠されたルールと罠が潜んでいる。社会的存在の問題は、現実と幻想のずれのなかに生じることが多い。これも脳がわたしたちを騙し、自分の属する集団のつくり話や偏見を信じるよう仕向け、自分はゲームのプレーヤーではなく物語のヒーローなのだと思い込ませてくるからだ。このことが、人間という種を傲慢で攻撃的で騙されやすい存在にしているのだ。自分やゲームのためのよりよいステータスを求めてプレーするとき、人は聖人やら悪魔やら不合理な信念やらで歪んだ身勝手な夢を紡ぐことで、モチベーションを高める。こうした夢は、現実としてわたしたちに提示されるが、色、音、ピントなど、どこを取っても見事な説得力を持つ。わたしたちは、その夢が真実である証拠をいたるところで目にする。それは、憎悪や蛮行といった最も堕落した行為へとわたしたちを誘う。しかしそれはまた、真によりよい世界をつくるプレーモードへと、わたしたちを導くこともできるのだ。

夢にそれほどまでの説得力があるなら、自分が正しいゲームをプレーしているかどうか、どう判断すればよいのだろうか？　また、実際にプレーしているとき、必要なものをどうすれば勝ち取れるだろうか？　自分の人生をよりよくするために、そして危険から自分の身を守るために、以下の七つのルールを覚えておいてほしい。

一　やさしさ、誠実さ、能力を示す

狩猟採集民族の時代から、名声はほかのプレーヤーの自由意志によって与えられてきた。相手に対し自分をどう社会的に提示するかが、彼らにどれだけのものを与えてもらえるかに大きく影響してくる。最適な自己提示の仕方について研究している心理学者のあいだでは、密接に関連する一連の概念が考察されている。スーザン・フィスク教授によると、人は他者と出会うとき、ふたつの基本的な質問をするという。[1]「目的は何か？」と「それを追い求めるのにどんな能力を備えているか？」だ。これに正しい答えを返して肯定的に受け止められたいと思うなら、やさしさと能力を暗に示すようなふるまいをすべきだと、フィスク教授は述べている[2]。最近では、ここに第三の要素を加えるべきとの議論が持ちあがっている。ジェニファー・レイ教授いわく、道徳性は「重要ながら分離可能な要素というだけでなく（中略）、むしろ最も重要な要素であるかもしれない」[3]という。ほかにも、「相手に誠実さを知覚してもらうこと」が「印象管理」の成功には欠かせないこともわかってきている。

ステータス・ゲームの観点からこれらの主張を見ても、うまくゲームをプレーするにはやさしさ、誠実さ、能力という三つの要素が役立ちそうだ。これらは人間の行動における一種の聖なる三位一体をなし、言うは易く行うは難しではあるが、少なくとも目指すべき理想である。すでに見てきたように、人間のゲームにはステータスへ到達するためのおもに三つのルートがある。すなわち、支配行為のなかでそれを掌握するか、美徳や成功につながる行為により、自分がいかに集団にとって有益かを証明することで名声を勝ち取るかである。やさしさは、支配行為に走る気がないことを暗に伝える。誠実さは、公平にプレーするつもりであることを伝える。能力は、ゲーム自体のステータス争いの面でも、個々のプレーヤーの手本になれるという面でも、ゲームそのものにとって自分が価値ある存在になれることを示す。

リーダーの場合、このやさしさ、誠実さ、能力のルールは少々異なってくる。やさしさもたしかにあったほうがよいが、とくに甘やかされたエリートに対処する際には、ゲームへの熱意を示すことのほうが重要かもしれない。自分たちはもっと多くのステータスを得てしかるべきだという物語を語ることで、歴史上のリーダーたちは成功してきた。実際、そう語る彼らの指揮下で人々はステータスを得ていく。ただし、人々を導くこうした情熱が傲慢へと変わらないようにすることが大切だ。大物ぶる人間を誰も好ましくは思わない。

二　ささやかな名声の瞬間をつくる

人はいとも簡単に支配のちょっとした瞬間をつくりだす。本書の考察でも、支配プレーのとりわけ顕著な例をいくつか見てきた。カレン・ターナー、ネット暴徒、大量殺人犯、歴史に残る専制的ないとこたち。みな、力によってより高いステータスを得ようとした。彼らと同じように、人はみな第二の自己状態に陥りやすく、最悪のときには一生後悔するような過ちだって犯しかねない。しかし、ちょっとした支配の瞬間に蓄積されるダメージも同じくらい深刻だ。にらみつける、ため息をつく、不平を漏らす。このような動物的行動による攻撃は、目先の目標の達成には役立つかもしれないが、結局は他人の心のなかで自分のランクを落とすことにつながる。

このように無意味な緊張が起こるのは、得てして人間のゲームプレーの回路が決してオフにはならないからだ。わたしたちは常日頃、超ローカルなレベルで意味のない競争に身を投じている。空港のセキュリティチェックの列に並んでいるとき、コールセンターに電話をかけるとき、相手が面倒くさかったり失礼だったりするかもしれない。しかし、それを自分の地位への挑戦と受け取る必要はないのだと、自分に言い聞かせてみよう。支配側に立つために言い返したくなる衝動を意識的に抑え、代わりに相手の労力に敬意と称賛を示し、名声を与えるような返答をしてみよう。望む支配は手に入らないかもしれない（そのチャンスは増えるかもしれない）が、少なくとも、相手も自分自身も、自分という人間について気分よくその場を去ることができる。このように、支配の蓄積を名声の蓄積に変えることで、やがて評判が劇的にあがり、それによってさまざまな報酬を手にできるかもしれない。

つい忘れがちだが、わたしたちは他者にステータスを与えられる。コストもかからないし、枯渇することもない。ささやかな名声の瞬間をつくりだすとは、そうしたステータスを活用する機会をつねに探すということだ。ステータスに満ちた気分を相手に与えられれば、そのぶん相手が自分の影響を受け入れてくれる可能性が高くなる。部下に頼みごとをするとき、あるいは仕事を課すときには、たとえわずかでも支配のサインは出さずに、プレッシャーのない状態で相手に自ら「正しい」決断にたどり着いてもらうことが望ましい。ここで部下がやらざるをえないと感じたら、彼らは自分のすることに満足できない。具体的にどうするべきかは文化のルールによって異なり、とくに西洋と東洋では大きく変わってくる。[4] とはいえ、研究者の見解によると、個人主義社会では、「自由を呼び覚ます[5]」ことが説得の大きな力になりうるという。ある研究で、見知らぬ人にバス運賃を請求したうえで、払うか拒否するかは自由だと伝えたところ、応じる人が一六パーセントから四〇パーセントに増えた。これはおもにステータスに起因しているのではないかと、わたしは考えている。人が「正しい」ことを強制されていると感じるなら、たとえやさしくても、それは支配から同意しているにすぎない。これはつまり、ステータスはその人ではなく、服従する相手のプレーヤーの手にあるということだ。しかし、もし本人が自由に決断したと感じるなら、その人は弱者ではなく徳ある者となり、よってその高潔さに対する報酬を正当に享受できるのだ。

三　ゲームのヒエラルキーをつくってプレーする

人生というこのゲームでとくに危険なのは専制だ。それに抗うということは、つまり専制は楽しいものだと理解しているということだ。専制は、大きなステータスという餌でわたしたちを誘惑する。とくに、物理的領域よりも心理的領域をめぐって争いが激化する傾向にある現代では、人々に間違っていると言っても暴君は成功しない。代わりに、彼らは人々がすでに信じていることを言うところから始める。その主張は道理にかなっている。ロシア民衆に対するきびしい搾取を終わらせることに誰が反対できるだろう？　ドイツの経済と誇りを回復させ、共産主義の脅威を取り除くことに誰が反対できるだろう？　児童虐待と戦うことに誰が反対できるだろう？　共産主義者も、ナチスも、悪魔ハンターも、それぞれ美徳と希望を感じさせるゲームを提供した。指導者たちは、人々が聞きたいと思っている物語を語って聞かせた。自分たちは正しいのだ、道徳的ヒーローなのだ、高いステータスが用意された約束の地への輝かしい道を歩んでいるのだと。プレーヤーたちは、押し売りされた夢を真実として生きるようになった。彼らは、自分が善の側にいると心の奥底から信じていた。

このように、ゲームには人間の現実認識を歪める力がある。そのなかで、わたしたちは自分が誘惑されているとどうしたら気づけるだろうか？　一般的にステータスがどのように与えられているかを観察することによって、自分が参加しているゲームの種類を見分けることができる。専制は美徳と支配のゲームだ。その日常的なプレーと会話は、服従と信念と敵の問題にほぼ集中するはずだ。自分がプレーしているゲームは、内外の人々にそのルールとシンボルへの服従を強要していないか？　イデオロギー上の敵を黙らせようとはしていないか？　ヒエラルキーの単純化された物語を語り、自分たちの集団を神聖化する一方で、共通の敵を悪魔に仕立てあげていないか？　まわりにいるプレーヤーたちは、その神聖な信念に取り憑かれていないか？　絶えず貪欲な喜びに駆られてその話ばかりし、積極的な信念によって大きなステータスをかき集めていないか？　そのゲームは、ときに嬉々として、人々の人生を破壊しようとしていないか？　その攻撃を徳に感じるように仕向けられていないか？　もしそうなら、そのゲームは専制だ。メロドラマのように聞こえるかもしれないが、わたしたちはみな、この恐ろしいモードでプレーする能力を秘めている。これらの「いとこ」は、脳のプログラミングに組み込まれているのだ。もし「もう二度と繰り返さない」ことを本気で目指すなら、専制とは「左派」や「右派」の問題ではなく、人間の問題であることを受け入れなければならない。それは恐ろしい隊列を組んで通りを行進してやってくるわけではなく、物語でわたしたちを誘惑するのだ。

最善の防御モードは、おそらくたくさんのゲームをプレーすることだろう。洗脳されているのではないかと思われる人々は、ひとつのゲームに自分のアイデンティティをあまりにも多く注ぎ込む。彼らはつながりとステータスを完全にそのゲームに依存しており、それを維持するために、どんな妄想であっても、その現実という夢で自分を満たさなければならない。このことは、彼らを他者に危害を加える危険な存在に追いやるだけではなく、自らの身も滅ぼしかねない。もしゲームが失敗したり、彼らがゲームから追放されるようなことがあれば、彼らのアイデンティティ——すなわち、自己そのもの——が崩壊しかねないのだ。そのようなリスクは、多様なゲームをプレーし、多様なアイデンティティを持つプレーヤーには生じない。実際のところ、そうすることはわたしたちにとてもよい影響をもたらすようだ。心理学者の研究によると、「複雑な」[6]複数の自己アイデンティティを持つ人ほど、幸福度が高く、健康で、安定した感情生活を送る傾向があるという。

とはいえ、すべてのゲームに等しく注力しないことも重要だ。望みどおりの名声を得るためには、仲間のプレーヤーにとって真に価値ある存在になるよう努力しなければならない。これには時間がかかるため、あるひとつの追求にほかより粘り強く注力する必要がある。よって、人生はゲームのヒエラルキーとして構成されるべきである。その頂点のゲームが最も多くの努力を引きだし、最も大きな意味を生みだすのだ。

四　自分の道徳的領域を小さくする

ステータスには、ほかに比べて獲得しやすいステータスというものがある。容姿端麗な人でもないかぎり、徳は最も見つけやすいステータスかもしれない。それは人を判断するのと同じくらい簡単だ。なぜなら、ステータスとは相対的なものであり、たとえ自分の心のなかだけのことであっても、相手がさがれば自分があがるからだ。スマートフォンとソーシャルメディアは、わたしたちのポケットのなかにグローバルな美徳ゲームをセットした。この種のステータスを勝ち取ることが、かつてないほど容易になった。しかし、その代償として、とくに支配ゲームとまじりあった際に、それは人を不幸にする可能性がある。わたしたちの大半は、自分の道徳的領域を意識的に小さくすることで利を得られる。他人を判断するのにどれだけの時間を割いているだろうか？　そうすることで、どれだけ安っぽく汚れたステータスを手にしているだろうか？　自分の道徳的領域を小さくするとは、自分の目を内に向け、他人の行動ではなくおもに自分自身の行動に関心を持つということだ。それはつまり、自分が理解する気もなくただただ見くだし憎悪する、異なる夢を生きている遠い存在のプレーヤーたちを気軽に非難することをやめるということだ。

五　トレードオフの精神を育む

道徳という麻薬は共感を毒する。わたしたちには、自分の住む夢の世界が現実で真実であるように見える。そのため、それを構成している道徳的信念もまた、正しく議論しているかぎりは、あたかも地面から掘りだされ、誰もが観察できる物体であるかのように、現実で真実であると信じ込む。しかし、道徳的「事実」などというものは、頭のなかにしか存在しない。この物質性にこだわるあまり、わたしたちは他者の見方を許容できなくなる。自分たちの道徳的現実こそ現実なら、ほかの人のそれは嘘に違いない。ならば彼らは嘘つきだ、悪魔だ、となってしまうのだ。

この思考モードは、わたしたちを答えのない議論に陥らせる。移民の受け入れやら新自由主義やら宗教やらが「よい」か「悪い」かを問うても意味がない。それはただのステータス・プレーだ。どの道徳的階級に割り当てるかは、自分がそのときたまたまプレーしているゲームに依存する。このような複雑な現象の真実は、往々にしてそれらが一得一失《トレードオフ》の関係だということだ。それらにはたくさんのプラスとマイナスの効果があり、それぞれが異なるゲームに異なる形で影響をもたらしているのだ。

わたしたちは、自分の道徳的真実が物質的現実のものとして分類され、一〇〇パーセント誰からも従われるものになるよう戦うのではなく、トレードオフの考え方を育むべきである。つまり、勝者と敗者という観点ではなく、トレードオフに折りあいをつける集団同士という観点で世界を見るということだ。それはつまり、道徳的ヒーローと悪役という身勝手な幻想を飛び越えて、さまざまな結果によって敵がどう傷つくかを想像するということだ。彼らだって、自分たちと同じくらい痛みを感じている。これすなわち、共感するということだ。敵がプレーするゲームを心から理解しようと努力し、たとえそれが妥当だとは思えなくても、ステータスを獲得するための彼らなりの基準を認めるのだ。

どんなに激しい対立でも、たいていの場合、どちらが語る物語にもどこかしら真実は含まれているものだ。このことは、新左翼と新右翼のぶつかりあう物語で見たとおりだ。両者とも真実であると同時に嘘である夢を紡いだ。わたしたちは、マイノリティにあらゆる機会を与えて繁栄させる必要があると同時に、白人や困窮者が疎外感を抱いて傷ついていることも理解する必要がある。それが微妙な現実というものだ。わたしたちは偏見――これはどちらにも罪がある――と戦わなくてはならない。移民の受け入れは「よい」でも「悪い」でもなく、異なる集団に異なる形で影響をもたらす取り決めなのだ。道徳漫画の本質を見抜き、世界をドラゴンとドラゴンスレーヤーが住むところではなく、トレードオフに折りあいをつけるプレーヤーたちが住まうところとして理解しようと知恵を振りしぼれば、前進する道が見つかるかもしれない。

六　人と違ったことをする

とくに今日のような超個人主義的な新自由主義の世界では、ステータス・ゲームのなかの人生はとかくきびしいものになりがちだ。研究によると、このことが人間に変化をもたらしているという。わたしたちは自分を取り巻く環境のなかの失敗の合図により敏感になり、そのせいでより完璧主義になってきている。自己評価の基準があまりにも高く、完璧でなければ納得できないのだ。しかし、ほかにも方法はある。心理学者は、「集団の基本的な行動基準には違反しないが、注目を集めるような小さな非同調的行為」[7]を行うことで、成功に基づくステータスを得ることができると主張している。独自の行動を取るのは想像力も勇気もいることだが、神聖なルールを破らず、集団の役に立っているかぎり、ステータスをあげられるチャンスになるのだ。また、独創性があれば、ライバルにも追いつかれにくくなる。これは、完璧になれないことに強迫観念を抱いている人々にとっては救いになるはずだ。人とは違ったことをしてみるのが、ときにより優れた戦略になる。

七　夢を見ているということを忘れない

ステータス・ゲームとは、自分を重要な存在だと感じるために参加する陰謀である。ひとたび自分の基本的な生存欲求が満たされ、他者とのつながりができると、あとは競争だ。なんのために？　ステータスとは、砂漠の窪地に行き、隠された鉄の箱を開けたら出てくるようなものではない。ステータスとは、ベッドに連れていってキスできるようなものではない。わたしたちは、敬意、影響力、お金、お世辞、アイコンタクト、衣服、宝石、肩書き、オレンジジュースの量、飛行機の座席など、無限のシンボルから魔法のようにステータスをつくりだす。自分の人生の長い年月を、すべてを蝕むほどの重要なプロジェクトに注ぎ込む。そして上へ下へ、上へ下へ、上へ下へと行き来する。生きているあいだ、人は上下行を繰り返し、勝利すれば恍惚とし、敗北すれば自殺に追い込まれるほど――死の苦みが失敗よりも甘く見えるほど――絶望する。

わたしたちは自分をゲームから決して切り離すことはできないが、ゲームがそこにあるとただ知っているだけでも知恵になる。この研究を始めて数年経つうちに、わたしはその知識が安らぎになることを知った。このことはさまざまな文脈で起こった。たとえば、わたしはいま四五歳でこれを書いている。少し前までは、自分の年齢やそのさまざまな兆候をよく気にしてしまっていた。いまでは、これらの兆候がもはや自分がプレーする必要のないゲームのシンボルであることに気づいた。若者のゲームで若者と競うのは、なんの望みもないばかりか退屈である。コツは、新しくよりよいゲームを見つけることだ。人生の後半には、前半よりももっと意義のあるさまざまな世界が待っている。

わたしはまた、自分の思考や、その思考が都合のよい物語を紡ぎだす力に意識が向くようになった。ものごとに熱くなり、ささいな屈辱や世界のニュース記事のまわりにヒーローと悪役の道徳物語を勝手に紡ぎだしている自分にふと気づくのだ。こうした想像は自分が脅威を感じたときに現れるが、その核心には必ずステータス争いがある。この現象に気づくことで、わたしはそのプロセスを防ぎ、そこから一歩外に出て、少なくともわずかな理性を回復することができるようになった。

危険な空想に流されやすい自分を自覚する一方で、そうさせる集団の並々ならぬ力もまた痛感するようになった。ますます怒り分裂する時代を迎えている西洋において、わたしはこのゲームという知識によって、新たに荒唐無稽な夢が文化全体にわたって形成され、大衆を魅了していく過程をよりたしかな感覚で観察できている。賢い人々の集団がなんだかおかしなものを信じはじめたからといって、彼らが正しいとして必ずしも追従する必要はないと理解し、自分の認識を守れるようになった。彼らの数が多いからといって、その信頼度が増すわけでもなければ、その力や政策、思考力が高まるわけでもない。人類の歴史を通じて、エリートとそのゲームは間違いを繰り返してきた。自分の生きているあいだにもその過ちが繰り返されない根拠はどこにもない。

最後にもうひとつ、ゲームのプレッシャーが非常に強まるタイミングをわたしは認識できるようになった。この奇妙な果てしない夢の世界で、わたしたちは勝者を示す新しいシンボルを次々と提供されつづけている。痩せているほうがよい、大きいほうがよい、肌が白いほうがよい、肌が黒いほうがよい、賢いほうがよい、幸せなほうがよい、このキャリアの成功やあの「いいね！」の数で威張ってはだめだと。これらのシンボルが往々にして巨大なヤムイモ並みにばかげたものであることを、そしてたとえどれだけそう感じられたとしても、世界のすべての人と戦っている人などいないことを、わたしは自分の心に言い聞かせている。

スーパースター、大統領、天才、芸術家。人々から羨望と畏敬の念を抱かれるどんな人であろうと、約束の地にはたどり着けない。そうわかっていれば、みなの慰みになるのではないだろうか。約束の地は蜃気楼だ。それは神話だ。最悪のときこそ、夢の真実を思いだそう。人生は物語ではなく、終わりのないゲームだと。つまり、わたしたちが追い求めるべきは最終的な勝利ではなく、シンプルに謙虚に前進すること、すなわち正しい方向へ進んでいるときの果てない喜びなのだ。ステータス・ゲームで勝つ人はいない。勝者は絶対に生まれない。人生の意味とは、勝つことではなくプレーすることなのだ。

本書の研究方法について

科学ライターとしてのわたしの知識は広いが浅い。本書で取りあげたアイデアのほとんどは、おもな研究ソースであるさまざまな書籍、学術論文、定期刊行物などですでによく立証されている。また本書に出てくる一般的な概念のほとんどは、比較的異論の少ないものばかりである。やや論争のある研究についいて触れた部分で、複雑すぎて一般の読者にうまく伝わらない恐れのあるところについては、専門家の助言を仰いだ。そのうえで適した専門分野を持つ学者のみなさんにお声がけし、原稿を読んでもらった。誤りがあった箇所には、適切な指摘と助言をいただいた。この件で、スチュアート・リッチー博士、ソフィー・スコット教授、〈人間の仕組みと行動研究所〉のウィリアム・バックナー氏には大変お世話になり、わたしの質問にも明瞭かつ忍耐強く回答いただいた。さらに、マデレーヌ・フィーニー氏とアイザック・シャー氏に事実関係の確認をお願いした。そのうえでまだ誤りがあった場合は、すべてわたしが責任を負う。

偏見にはどんな作家も悩まされるものだが、わたしにもまったくないとは言い切れないし、間違いを犯さないともかぎらない。もし事実誤認があった場合、あるいは新たな知見が本文中の主張より有効である場合は、ぜひ著者のウェブサイトwillstorr.comを通じてお知らせ願いたい。修正・更新をして、本書の今後の版に反映させていただく。

当然ながら、本書には関連する科学のほんの一部しか書かれていない。ここで引きあいに出した人々と意見の異なる学者も、もちろんいるだろう。もし、何か興味引かれるものがあれば、ぜひ深く掘りさげてみてほしい。より新しく、ここでの研究結果とは一部見解の異なるものも見つかるはずだ。

掲載したインタビューはすべて編集ずみである。一部の引用は、読みやすさを考慮して時制を変更した。第一章で扱ったベン・ガンのインタビューは、以前に『オブザーバー・マガジン』誌で別の形態で掲載された。

謝辞

もしこのページがステータス・ゲームだとしたら、トップに来るのはわたしの比類なきエージェントのウィル・フランシスだろう。彼は賢く、正直で、辛抱強く、鋭い――つまり完璧なエージェントだ。それから、まるで疲れ知らずの素晴らしい編集者のショアイブ・ロカディアも。決して楽な道を選ばずにつきあってくれてありがとう。スチュアート・リッチー、ウィリアム・バックナー、ソフィー・スコット、クリストファー・ボイス、マデレーヌ・フィーニー、アイザック・シャーへ。本書を批判的かつ専門的な目でチェックしてくれた優秀な頭脳にとても感謝している。ウィリアム・コリンズ社のみなさん、トム・キリングベック、ベン・ガン、マランダ・ディンダ、アントン・ハウズ、リチャード・イースターリン、ティム・ディクソン、ロブ・ヘンダーソン、Sci-Hub、アンドリュー・ハンキンソン、ティム・ロット、イアン・リー、アダム・ラザフォード、ジェシー・シンガル、ロルフ・デゲンに格別の感謝を。最後に、聡明で美しい妻のファラに感謝したい。この四年間、わたしがステータスについてくどくど語っているのに耳を貸しているふりをしてくれて、本書の研究と執筆のあいだに何週間も遠い国へ姿を消すのを許してくれて、そしてこの本を一ページも読んでくれてありがとう。愛している。

訳者あとがき

近年、社会正義や道徳に対する人々の意識がますます高まりつつあるように感じます。人種・ジェンダー・セクシュアリティといった多様性の未来に向かって人類が前進している明るい兆しとも言えますが、その一方で、本書内でも言及されている「キャンセル・カルチャー」のような風潮が社会問題として取り沙汰されることも多くなりました。日本でも、誰かしらが何かしらの不祥事や不適切発言を追及され、社会的抹殺に追い込まれる一連のニュースがほぼ毎日のように報じられています。こうした悪者の退場劇を、多くの人は道徳的にそうなって当然だと、すがすがしい気持ちすら抱きながら見ていたりします。このとき、わたしたちは自分の道徳観念が普遍的なもので、絶対に間違っているはずがないと信じ切っています。

ですが本書を読むと、このような道徳観念の正体が実は普遍的なものでもなんでもなく、脳が紡ぎだした幻想にすぎないことがわかってきます。こうした幻想を共有した者同士でステータスをひたすら競いあうのが人生というものだと、著者のストー氏は一貫して主張します。これはなかなか受け入れがたい考えかもしれません。人類みな平等こそ当たり前によいものとする世間一般の信念とは明らかに矛盾するからです。しかし、自分の身近な例に照らしあわせてみても、いまの道徳的価値観がほんのひと昔前と比べてもずいぶん異なってきていること、人より高いステータスを得られたときのこのうえない喜び、逆に自分が人より劣っていると感じたときの屈辱など、思い当たる節がたくさんあることに気づかされます。

本書では、なぜ人間がこのように高度に道徳的でありながらステータス・ゲームをせずにはいられない動物になったのかが、脳の仕組みや進化の過程から丁寧に紐解かれます。力ずくでステータスを得ていた人類以前の支配ゲームから、集団で行動するようになり、輪を重んじつつ人より多くのステータスを得るために編みだした美徳ゲーム、そして個人主義の成功ゲームへと、脳が少しずつ配線を変えていった経緯をたどることで、わたしたちが現在抱えている数々の社会問題の根幹にある原因が浮き彫りにされていきます。

著者ストー氏は、人の自意識や現実認識など、ステータスを追い求める人間の本質に関わる諸テーマと長年向きあってきました。本書につながる著書として、『異端児たち（The Heretics）』（未邦訳、二〇一三年）、『セルフィー（Selfie）』（未邦訳、二〇一七年）、『ストーリーテリングの科学（The Science of Storytelling）』（未邦訳、二〇一九年）が出版されており、いずれも高い評価を得ています。それぞれの内容については、本書のプロローグでも触れられていますので、ぜひ参考にしてみてください。また、ストー氏はナショナル・プレス・クラブ・アワードを受賞するなどジャーナリストとしても多くの社会問題を扱っているほか、フィクション作品も手がけています。今回の邦訳を機に、社会や人間に対する彼の鋭くウィットに富んだ思考の一端が日本にも広く知られるようになれば幸いです。

本書を翻訳中に、ロシアがウクライナに侵攻しました。これほどまで進化を遂げ、道徳観念や個人の能力を高めてきた人間が、なぜまたこのような暴走モードに陥ってしまうのかと、連日のニュースを受け止めきれずにいます。しかし、本書を通じて歴史を振り返ってみると、人はこの決して逃れられないステータス・ゲームのなかで何度となくエラーを起こしては微調整を繰り返してきた事実が見えてきます。わたしたちはまだ、進化の途中なのかもしれません。これから数百年、数千年、数万年とかけて、さらなる試練のたびに脳の配線を変えつづけたその先に、人類はどんな答えを導きだしているのでしょうか。

風早さとみ

二〇二二年五月

原注

プロローグ

1: On the Origin of Stories, Brian Boyd (Harvard University Press, 2010), p. 109.

第一章

1: 'A life spent at Her Majesty's Pleasure', Damian Whitworth, *The Times,* 8 December 2010.
2: 'Is the Desire for Status a Fundamental Human Motive? A Review of the Empirical Literature', C. Anderson, J. A. D. Hildreth and L. Howland, *Psychological Bulletin*, 16 March 2015.
3: 'Is the Desire for Status a Fundamental Human Motive? A Review of the Empirical Literature', C. Anderson, J. A. D. Hildreth and L. Howland, *Psychological Bulletin*, 16 March 2015.

第二章

1: https://australian.museum/learn/science/human-evolution/humans-are-apes-great-apes.
2: *Private Truths, Public Lies,* Timur Kuran (Harvard University Press, 1995), p. 40.
3: *Evolutionary Psychology,* David Buss (Routledge, 2015), p. 11.
4: 'Social group memberships protect against future depression, alleviate depression symptoms and prevent depression relapse', T. Cruwys, G. A. Dingle, C. Haslam, et al., Social Science and Medicine, 2013, 98, 179–186.
5: 'Feeling connected again', T. Cruwys, G. A. Dingle, C. Haslam et al., Journal of Affective Disorders, 2014, 159, 139–146.
6: The Village Effect, Susan Pinker (Penguin Random House, 2014), p. 25.
7: *Loneliness,* John T. Cacioppo and William Patrick (W. W. Norton & Company, 2008), p. 30.
8: *Loneliness,* John T. Cacioppo and William Patrick (W. W. Norton & Company, 2008), p. 6.
9: 'Social exclusion impairs self-regulation', R. F. Baumeister, C. N. DeWall, N. J. Ciarocco and J. M. Twenge, *Journal of Personality and Social Psychology*, 88 (2005): 589–604.
10: *Loneliness,* John T. Cacioppo and William Patrick (W. W. Norton & Company, 2008), p. 61.
11: *The Redemptive Self,* Dan P. McAdams (Oxford University Press, 2013), p. 29.
12: *The Status Syndrome*, Michael Marmot (Bloomsbury, 2004). Kindle location 793.
13: *The Status Syndrome*, Michael Marmot (Bloomsbury, 2004). Kindle location 681.
14: *The Status Syndrome*, Michael Marmot (Bloomsbury, 2004). Kindle location 757.
15: *The Status Syndrome*, Michael Marmot (Bloomsbury, 2004). Kindle location 1472.
16: 著者によるインタビュー
17: 'Social rank theory of depression: A systematic review of self-perceptions of social rank and their relationship with depressive symptoms and suicide risk', Karen Wetherall, Kathryn A. Robb, Rory C. O'Connor, Journal of Affective Disorders, 2019, 246, 300–319.
18: 'The Emotional Underpinnings of Social Status', Conor Steckler and Jessica Tracy, *The Psychology of Social Status,* 2014, 347–362. Accessed at 10.1007/978-1-4939-0867-7_10.
19: *Suicide: The Social Causes of Self-Destruction*, Jason Manning (University of Virginia Press, 2020). Kindle location 728.
20: *Suicide: The Social Causes of Self-Destruction*, Jason Manning (University of Virginia Press, 2020). Kindle location 715.
21: *Suicide: The Social Causes of Self-Destruction*, Jason Manning (University of Virginia Press, 2020). Kindle location 937.
22: *Why We Fight,* Mike Martin (Hurst & Company, 2018). Kindle location 856.

第三章

1: *Incognito:* The Secret Lives of the Brain, David Eagleman (Canongate, 2011), p. 46.
2: *Livewired*: The Inside Story of the Ever-Changing Brain, David Eagleman (Pantheon, 2020), p. 27.
3: この章で説明する概念の詳細については以下を参照のこと．*Making up the Mind,* Chris Frith (Blackwell Publishing, 2007).
4: *Incognito:* The Secret Lives of the Brain, David Eagleman (Canongate, 2011), p. 77.
5: *Who's In Charge?* Michael Gazzaniga (Robinson, 2011), p. 105.
6: *Who's In Charge?* Michael Gazzaniga (Robinson, 2011), p. 102.
7: *Who's In Charge?* Michael Gazzaniga (Robinson, 2011), p. 108.
8: Social psychologists Carol Tavris and Elliot Ar-

onson believe we use 'confabulations of memory' to 'justify and explain our own lives'. Mistakes Were Made (But Not By Me) by Carol Tavis and Elliot Aronson (Pinter & Martin, 2007), p. 76. 信頼できない記憶についての詳細は第一〇章 The Heretics (Picador, 2013).

9: *How We Know What Isn't So,* Thomas Gilovich (Simon & Schuster, 1991), p. 78. Untrustworthy beliefs are the subject of *The Heretics* (Picador, 2013).

10: *Mindwise,* Nicholas Epley (Penguin, 2014), p. 50.

11: *How We Know What Isn't So,* Thomas Gilovich (Simon & Schuster, 1991), p. 78.

12: 'The Illusion of Moral Superiority', B. M. Tappin, R. T. McKay, *Social Psychological and Personality Science,* August 2017, 8(6): 623–631. https://doi.org/10.1177/1948550616673878. Epub 10 October 2016. PMID: 29081899; PMCID: PMC5641986.

13: *Incognito:* The Secret Lives of the Brain, David Eagleman (Canongate, 2011), p. 9.

14: *Incognito:* The Secret Lives of the Brain, David Eagleman (Canongate, 2011), p 5.

15: *Making up the Mind,* Chris Frith (Blackwell Publishing, 2007), p. 97.

16: *Making up the Mind,* Chris Frith (Blackwell Publishing, 2007), p. 110.

17: *The Psychology of Social Status,* Joey T. Cheng, Jessica L. Tracy, Cameron Anderson (Springer, 2014), p. 121.

18: *The Psychology of Social Status,* Joey T. Cheng, Jessica L. Tracy, Cameron Anderson (Springer, 2014), p. 167. When all the vice presidents at a US corporation: 'Is the Desire for Status a Fundamental Human Motive? A Review of the Empirical Literature', C. Anderson, J. A. D. Hildreth and L. Howland, *Psychological Bulletin*, 16 March 2015.

19: 'Is the Desire for Status a Fundamental Human Motive? A Review of the Empirical Literature', C. Anderson, J. A. D. Hildreth and L. Howland, *Psychological Bulletin*, 16 March 2015.

20: 'Social Hierarchy, Social Status and Status Consumption', David Dubois, Nailya Ordabayeva, 2015. 10.1017/CBO9781107706552.013.

21: 'Economic status cues from clothes affect perceived competence from faces', D. Oh, E. Shafir, A. Todorov, *Nature Human Behaviour* 4, 287–293 (2020). https://doi.org/10.1038/s41562-019-0782-4.

22: *Behave,* Robert Sapolsky (Vintage, 2017), p. 432.

23: Subliminal, Leonard Mlodinow (Penguin, 2012), p. 120.

24: *The Psychology of Social Status,* Joey T. Cheng, Jessica L. Tracy, Cameron Anderson (Springer, 2014), p. 330.

25: Fact-checking note, William Buckner.

26: C. Anderson, J. A. D. Hildreth and L. Howland, *Psychological Bulletin*, 16 March 2015.

27: *Our Inner Ape*, Frans de Waal (Granta, 2005), p. 56.

28: *Possessed,* Bruce Hood (Penguin, 2019), pp. 53–54.

29: *The Domesticated Brain,* Bruce Hood (Pelican, 2014), p. 195.

30: *Just Babies,* Paul Bloom (Bodley Head, 2013), p. 80.

31: 'When Getting Something Good Is Bad: Even Three-Year-Olds React to Inequality', Vanessa LoBue, Tracy Nishida, Cynthia Chiong, Judy DeLoache, Jonathan Haidt, Social Development, 2011, 20, 154–170. 10.1111/j.1467-9507.2009.00560. 'Why people prefer unequal societies', Christina Starmans, Mark Sheskin, Paul Bloom, *Nature* Human Behaviour, 2017, 1, 0082. 10.1038/s41562-017-0082.

32: 'Is the Desire for Status a Fundamental Human Motive? A Review of the Empirical Literature', C. Anderson, J. A. D. Hildreth, L. Howland, *Psychological Bulletin*, 16 March 2015..

33: *Status*, Cecilia L. Ridgeway (Russell Sage Foundation, 2019), p. 59.

34: ウォール街のバンカーでさえ、貨幣よりもステータスを重視するかのような振る舞いをしている。20 世紀の大半は、ウォールストリート・ジャーナル紙のような一流の金融新聞で、証券発行の発表が行われ、関係銀行が全面広告に掲載された。左上から順に上位となるように配置される。1979 年、モルガン・スタンレーは、20 年来の取引先である IBM の買収に反対し、買収を断念した。100 万円程度のギャラで、広告にランキングを載せているのだから。将来、もっと儲けたければ、まず自分のステータスに気を配らなければならない、と彼らは計算した。Status Signals, Joel M. Podolny (Princeton University Press, 2005). Kindle location 799.

35: 'Is the Desire for Status a Fundamental Human Motive? A Review of the Empirical Literature', C. Anderson, J. A. D. Hildreth and L. Howland, *Psychological Bulletin*, 16 March 2015. 'Money and Happiness: Rank of Income, Not Income, Affects

Life Satisfaction', C. J. Boyce, G. D. A. Brown, S. C. Moore, *Psychological Science,* 2010, 21 (4):471–475. https://doi.org/10.1177/0956797610362671.
36: 'Neighbors as Negatives: Relative Earnings and Well-Being', Erzo F. P. Luttmer, National Bureau of Economic Research Working Paper Series, No. 10667, August 2004. dhttps://doi.org/10.3386/w10667.
37: Email to author.
38: For the contra argument, see Enlightenment Now!, Steven Pinker (Penguin, 2018), p. 268.
39: 著者へのＥ－ｍａｉｌによる
40: 'Different Versions of the Easterlin Paradox: New Evidence for European Countries', Casper Kaiser, Maarten Vendrik, IZA Discussion Paper No. 11994.
41: *The Status Syndrome*, Michael Marmot (Bloomsbury, 2004). Kindle location 1505.
42: 'Ponapean Prestige Economy', William R. Bascom, Southwestern Journal of Anthropology, 1948, Vol. 4, No. 2, pp. 211–221. www.jstor.org/stable/3628712.
43: The Status Seekers, Vance Packard (Pelican, 1966), pp. 273–276.
44: *Mixed Messages,* Robert Paul (University of Chicago Press, 2015), p. 299.

第四章

1: *Making up the Mind,* Chris Frith (Blackwell Publishing, 2007), p. 111.
2: *Mixed Messages,* Robert Paul (University of Chicago Press, 2015), p. 49.
3: 'Is It Good to Cooperate?: Testing the Theory of Morality-as-Cooperation in 60 Societies', Oliver Scott Curry, Daniel Austin Mullins, Harvey Whitehouse, Current Anthropology, 2019, 60:1, 47–69.
4: Watching the English, Kate Fox (Hodder, 2005), pp. 88–106.
5: 'In search of East Asian self-enhancement', S. J. Heine and T. Hamamura, Personality and Social Psychology Review, 2007, 11 (1) 4–27.
6: The Time Span Effect and Illusory Superiority', Vera Hoorens, Peter Harris, Psychology and Health, 1998, 13 (3): 451–466.
7: Perceptions of bias in self versus others', E. Pronin, D. Y. Lin, L. Ross, Personality and Social Psychology Bulletin, 2002, 28 (3): 369–381.
8: 'The Grand Delusion', Graham Lawton, New Scientist, 14 May 2011.
9: The Lucifer Effect, Philip Zimbardo (Rider, 2007). Kindle location 6880.
10: *Personality Psychology,* Larsen, Buss and Wisjeimer (McGraw Hill, 2013), p. 473.
11: For a detailed and fascinating analysis of this subject, see The Geography of Thought, Richard E. Nisbett (Nicholas Brealey, 2003). immature and uncivilised …
12: 'The Concept and Dynamics of Face: Implications for Organizational Behavior in Asia', Joo Yup Kim and Sang Hoon Nam, Organization Science, 1998, 9:4, 522–534.
13: *The Polite World,* Joan Wildeblood and Peter Brinson (Oxford University Press, 1965), p. 21.
14: *The Civilizing Process,* Norbert Elias (Wiley-Blackwell, 2000), p. 111.
15: https://www.gutenberg.org/files/35123/35123-h/35123-h.htm.
16: *The Brain,* David Eagleman (Pantheon Books, 2015). Kindle location 85. At this age, we are better than adults at recognising faces: *The Self Illusion,* Bruce Hood (Constable, 2011), p. 28.
17: *The Self Illusion,* Bruce Hood (Constable, 2011), p. 15.
18: *Moral Origins,* Christopher Boehm (Basic Books, 2012), p. 172.
19: The Paradox of Self-Enhancement', R. Vonk and Anouk Visser, *European Journal of Social Psychology,* 2020, 10.1002/ejsp.2721. Mindfulness and meditation "lead to narcissism and spiritual superiority": Rhys Blakely, *The Times,* 29 December 2020.
20: 'Japan's modern-day hermits: The world of hikikomori', France 24 via YouTube, 18 January 2019.
21: 'New Insights Into Hikikomori', Emma Young, *The British Psychological Research Digest*, 22 May 2019.

第五章

1: 'Maxims or myths of beauty? A meta-analytic and theoretical review', J. H. Langlois, L. Kalakanis, A. J. Rubenstein, A. Larson, M. Hallam, M. Smoot, *Psychological Bulletin*, May 2000, 126 (3): 390–423. dhttps://doi.org/10.1037/0033-2909.126.3.390. PMID: 10825783.
2: *The Goodness Paradox,* Richard Wrangham (Profile, 2019). Kindle location 1860.
3: *The Goodness Paradox,* Richard Wrangham (Profile, 2019). Kindle location 1015–1028.
4: 'The Domestication of Humans', Robert G. Bednarik, *Anthropologie,* 2008, XLVI/1, 1–17.

5: *The Goodness Paradox,* Richard Wrangham (Profile, 2019). Kindle location 2627.
6: *The Goodness Paradox,* Richard Wrangham (Profile, 2019). Kindle location 2640.
7: *The Secret of our Success*, Joseph Henrich (Princeton University Press, 2016), pp. 304–307.
8: *The Social Conquest of Earth,* Edward O. Wilson (Livewright, 2012), p. 42.
9: *The Goodness Paradox,* Richard Wrangham (Profile, 2019). Kindle location 2627.
10: *The Domesticated Brain,* Bruce Hood (Pelican, 2014), p. 7.
11: *Evolutionary Psychology,* David Buss (Routledge, 2015), p. 110.
12: *The Social Conquest of Earth,* Edward O. Wilson (Livewright, 2012), p. 48.
13: *Evolutionary Psychology,* David Buss (Routledge, 2015), p. 344.
14: *The Psychology of Social Status,* Joey T. Cheng, Jessica L. Tracy, Cameron Anderson (Springer, 2014), p. 180.
15: 'The Appeal of the Primal Leader: Human Evolution and Donald J. Trump', Dan P. McAdams, *Evolutionary Studies in Imaginative Culture,* 2017, 1 (2), 1–13. https://doi.org/10.26613/esic.1.2.45. *The Goodness Paradox,* Richard Wrangham (Profile, 2019). Kindle location 2559.
16: *The Psychology of Social Status,* Joey T. Cheng, Jessica L. Tracy, Cameron Anderson (Springer, 2014), p. 17.
17: *Evolutionary Psychology,* David Buss (Routledge, 2015), p. 79.
18: *Evolutionary Psychology,* David Buss (Routledge, 2015), p. 280.
19: *Evolutionary Psychology,* David Buss (Routledge, 2015), p. 353.
20 : *Grooming, Gossip, and the Evolution of Language,* Robin Dunbar (Harvard University Press, 1996).
21: Fact-checking note, Sophie Scott.
22: 'Gossip as Cultural Learning', R. F. Baumeister, L. Zhang, K. D. Vohs, Review of General Psychology, 2004, 8 (2):111–121. https://doi.org/10.1037/1089-2680.8.2.111.
23: 'Gossip in Organizations: Contexts, Consequences, and Controversies', Grant Michelson, Ad Iterson, Kathryn Waddington (2010), Group & Organization Management 35, 371–390. 10.1177/1059601109360389.
24: *Moral Tribes,* Joshua Greene (Atlantic Books, 2013), p. 45.
25: 'Gossip as Cultural Learning', R. F. Baumeister, L. Zhang, K. D. Vohs, Review of General Psychology, 2004, 8 (2):111–121. https://doi.org/10.1037/1089-2680.8.2.111.
26: *The Secret of our Success*, Joseph Henrich (Princeton University Press, 2016), p. 319.
27: *Transcendence,* Gaia Vince (Allen Lane, 2019), p. 156.
28: *Transcendence,* Gaia Vince (Allen Lane, 2019), p. 171.
29: *The Goodness Paradox,* Richard Wrangham (Profile, 2019). Kindle location 344.
30: *The Goodness Paradox,* Richard Wrangham (Profile, 2019). Kindle location 322.
31: 'Prestige and the Ongoing Process of Culture Revision', Barkow J. (2014), *The Psychology of Social Status,* edited by J. Cheng, J. Tracy and C. Anderson (Springer, 2014). https://doi.org/10.1007/978-1-4939-0867-7_2.
32: *Suicide: The Social Causes of Self-Destruction*, Jason Manning (University of Virginia Press, 2020). Kindle location 880–898.
33: 'Death Before Dishonor: Incurring Costs to Protect Moral Reputation', A. J. Vonasch, T. Reynolds, B. M. Winegard, R. F. Baumeister, *Social Psychological and Personality Science,* 2018, 9 (5) 604–613.https://doi.org/10.1177/1948550617720271

第六章

1: これらの効果の詳細な分析については、*The Secret of our Success*, Joseph Henrich (Princeton University Press, 2016) を参照されたい．
2: 'The Evolution of Prestige: Freely Conferred Status as a Mechanism for Enhancing the Benefits of Cultural Transmission', Joseph Henrich and Francisco Gil-White, Evolution and Human Behavior, 2000, 22, 165–196.
3: 'Smiles as Signals of Lower Status in Football Players and Fashion Models: Evidence That Smiles Are Associated with Lower Dominance and Lower Prestige', Timothy Ketelaar, Bryan L. Koenig, Daniel Gambacorta, Igor Dolgov, Daniel Hor, Jennifer Zarzosa, Cuauhtémoc Luna-Nevarez, Micki Klungle and Lee Wells, Evolutionary Psychology (July 2012).
4: 'Prestige Affects Cultural Learning in Chimpanzees', V. Horner, D. Proctor, K. E. Bonnie, A. Whiten, F. B. M. de Waal, PLoS ONE, 2010,

5(5): e10625. https://doi.org/10.1371/journal.pone.0010625. 5: *The Secret of our Success*, Joseph Henrich (Princeton University Press, 2016), p. 97.

6: *The Secret of our Success*, Joseph Henrich (Princeton University Press, 2016), p. 110.

7: *The Secret of our Success*, Joseph Henrich (Princeton University Press, 2016), p. 41.

8: *The Secret of our Success*, Joseph Henrich (Princeton University Press, 2016), p. 44.

9: *The Secret of our Success*, Joseph Henrich (Princeton University Press, 2016), p. 38.

10: *Possessed,* Bruce Hood (Penguin, 2019), p. 96.

11: 'Is the Desire for Status a Fundamental Human Motive? A Review of the Empirical Literature', C. Anderson, J. A. D. Hildreth and L. Howland, *Psychological Bulletin*, 16 March 2015.

12: *The Secret of our Success*, Joseph Henrich (Princeton University Press, 2016), p. 42.

13: *The Secret of our Success*, Joseph Henrich (Princeton University Press, 2016), p. 126.

14: *The Secret of our Success*, Joseph Henrich (Princeton University Press, 2016), p. 139. www.captaincooksociety.com/home/detail/scurvy-how-a-surgeon-a-mariner-and-a-gentleman-solved-the-greatest-medical-mystery-of-the-age-of-sail-bown-stephen-r-2003.

15: 'Captain Cook and scurvy', Egon Hynek Kodicek and Frank George Young, Notes and Records, Royal Society London, 1969, 2443–63. https://doi.org/10.1098/rsnr.1969.0006. 'I don't know if I can adequately convey to you': *White Heat* 25, Marco Pierre White (Mitchell Beazley, 2015), p. 110.

16: *White Heat* 25, Marco Pierre White (Mitchell Beazley, 2015), p. 9. Ramsay, who White would describe as: https://www.youtube.com/watch?v=55B-4nJxoUwQ.

17: 'Signaling Status with Luxury Goods: The Role of Brand Prominence', Y. J. Han, J. C. Nunes and X. Drèze, Journal of Marketing, 2010, 74 (4), 15–30. https://doi:10.1509/jmkg.74.4.015.

18: 'Who drives divergence? Identity signaling, outgroup dissimilarity, and the abandonment of cultural tastes', J. Berger, C. Heath, *Journal of Personality and Social Psychology*, September 2008, 95 (3) 593–607.

19: *The Honour Code,* Kwame Anthony Appiah (W. W. Norton & Company, 2010). Kindle location 736.

20: *Status Anxiety,* Alain de Botton (Hamish Hamilton, 2004), p. 115.

21: *The Honour Code,* Kwame Anthony Appiah (W. W. Norton & Company, 2010). Kindle location 590.

22: *The Honour Code,* Kwame Anthony Appiah (W. W. Norton & Company, 2010), Part One: The Duel Dies.

23: *The Honour Code,* Kwame Anthony Appiah (W. W. Norton & Company, 2010). Kindle location 746.

24 'Even as China turns away from shark fin soup, the prestige dish is gaining popularity elsewhere in Asia', Simon Denyer, *Washington Post,* 15 February 2018.

25: *The Psychology of Social Status,* Joey T. Cheng, Jessica L. Tracy, Cameron Anderson (Springer, 2014), p. 182.

26: *The Psychology of Social Status,* Joey T. Cheng, Jessica L. Tracy, Cameron Anderson (Springer, 2014), p. 49.

第七章

1Easter Sunday 2018: https://www.youtube.com/watch?v=Y5zx1xzzi7k.

2Turner resigned … in a statement she regretted letting 'my emotions': 'Port Authority slams Caren Turner over ethics, after sorry-not-sorry apology', Ted Sherman, NJ.com, 30 January 2019.

3'the human expectation that social status can be seized': 'The Appeal of the Primal Leader: Human Evolution and Donald J. Trump', Dan P. McAdams, Evolutionary Studies in Imaginative Culture 1, no. 2 (2017), 1–13.

5: 'The Psychology of Social Status', Joey T. Cheng, Jessica L. Tracy, Cameron Anderson (Springer, 2014), p. 19.

6: 'Two signals of social rank: Prestige and dominance are associated with distinct nonverbal displays', Z. Witkower, J. L. Tracy, J. T. Cheng, J. Henrich, *Journal of Personality and Social Psychology*, January 2020; 118 (1) 89–120.

7: 'Infants distinguish between leaders and bullies', Francesco Margoni, Renée Baillargeon, Luca Surian, *Proceedings of the National Academy of Sciences*, September 2018, 115 (38) E8835-E8843. https://doi.org/10.1073/pnas.1801677115.

8: *The Secret of our Success*, Joseph Henrich (Princeton University Press, 2016), p. 122.

9: *The Psychology of Social Status,* Joey T. Cheng, Jessica L. Tracy, Cameron Anderson (Springer, 2014), p. 12.

10: *The Psychology of Social Status,* Joey T. Cheng,

Jessica L. Tracy, Cameron Anderson (Springer, 2014), p. 13.
11: *The Psychology of Social Status,* Joey T. Cheng, Jessica L. Tracy, Cameron Anderson (Springer, 2014), p. 9.
12: *The Psychology of Social Status,* Joey T. Cheng, Jessica L. Tracy, Cameron Anderson (Springer, 2014), p. 11.
13 : *The Psychology of Social Status,* Joey T. Cheng, Jessica L. Tracy, Cameron Anderson (Springer, 2014), p. 236.
14: *The Psychology of Social Status,* Joey T. Cheng, Jessica L. Tracy, Cameron Anderson (Springer, 2014), p. 124.
15: 'A Dual Model of Leadership and Hierarchy: Evolutionary Synthesis', Mark Van Vugt, Jennifer E. Smith, *Trends in Cognitive Sciences*, 2019, Volume 23, Issue 11, 952–967, ISSN 1364-6613.
16: *The Psychology of Social Status,* Joey T. Cheng, Jessica L. Tracy, Cameron Anderson (Springer, 2014), pp. 4–12.
17: 'Aggress to impress: hostility as an evolved context-dependent strategy', V. Griskevicius, J. M. Tybur, S. W. Gangestad, E. F. Perea, J. R. Shapiro, D. T. Kenrick, *Journal of Personality and Social Psychology*, 2009, May 1996 (5) 980–994. https://doi.org/10.1037/a0013907. PMID: 19379031.
18: *The Ape that Understood the Universe*, Steve Stewart-Williams (Cambridge University Press, 2018), p. 103.
19: *Why We Fight,* Mike Martin (Hurst & Company, 2018). Kindle location 959.
20: 'Shame, guilt, and violence', James Gilligan, *Social Research*: *An International Quarterly*, 2003, 70 (4) 1149–1180.
21: *Virtuous Violence,* Alan Fiske and Tage Shakti Rai (Cambridge University Press, 2014), p. 72.
22: 'How Social Media Is Changing Social Networks, Group Dynamics, Democracies, & Gen Z', Jonathan Haidt: https://youtu.be/qhwTZi3Ld3Y.
23: 'Sex differences in victimization and consequences of cyber aggression: An evolutionary perspective', J. P. Wyckoff, D. M. Buss and A. B. Markman, *Evolutionary Behavioral Sciences*, 2019, 13 (3) 254–264.
24: *Collision of Wills*, Roger V. Gould (University of Chicago Press, 2003), p. 69.
25: *Collision of Wills*, Roger V. Gould (University of Chicago Press, 2003), p. 52.

第八章

1: *My Twisted World,* Elliot Rodger, accessed at: https://www.documentcloud.org/documents/1173808-elliot-rodger-manifesto.html.
2: *Every Last Tie,* David Kaczynski (Duke University Press, 2016), p. 11.
3: 'My Brother, the Unabomber', Michaela Haas, 25 February 2016, Medium.
4: *Every Last Tie,* David Kaczynski (Duke University Press, 2016), p. 12.
5: *Serial Killers,* Peter Vronsky (Berkley, 2004), p. 258.
6: *Mindhunter,* John Douglas (Random House, 2017), p. 111.
7: *Sacrifice Unto Me*, Don West (Pyramid, 1974), p. 191.
8: *Serial Killers,* Peter Vronsky (Berkley, 2004), p. 264.
9: 'Genocide, *Humiliation,* and Inferiority: An Interdisciplinary Perspective', Evelin Gerda Lindner, 2009, in *Genocides by the Oppressed*: *Subaltern Genocide in Theory and Practice*, edited by Nicholas A. Robins and Adam Jones, pp. 138–158.
10: 'Humiliation: Its Nature and Consequences', Walter J. Torres, Raymond M. Bergner, *Journal of the American Academy of Psychiatry and the Law Online*, June 2010, 38 (2) 195–204.
11: 'Humiliation: Its Nature and Consequences', Walter J. Torres, Raymond M. Bergner, *Journal of the American Academy of Psychiatry and the Law Online*, June 2010, 38 (2) 195–204.
12: 'Shame, Guilt, and Violence', J. Gilligan, *Social Research*, 2003, 70 (4), 1149–1180.
13: 'Humiliation: Its Nature and Consequences', Walter J. Torres, Raymond M. Bergner, *Journal of the American Academy of Psychiatry and the Law Online*, June 2010, 38 (2) 195–204.
14: 'Shame, Guilt, and Violence', J. Gilligan, *Social Research*, 2003, 70 (4), 1149–1180.
15: 'California killer's family struggled with money, court documents show', Alan Duke, CNN, 28 May 2014.
16: Kemper's defence of insanity rested on this claim, which was disputed at trial by Dr Joel Fort.
17: 'My Brother, the Unabomber', Michaela Haas, 25 February 2016, Medium.
18: *Murder*: *No Apparent Motive*, HBO documentary, 1984.
19: *Mindhunter,* John Douglas (Random House,

2017), p. 108.
20: *Mindhunter,* John Douglas (Random House, 2017), p. 391.
21: *Mindhunter,* John Douglas (Random House, 2017), p. 114.
22: 'Teasing, rejection, and violence: Case studies of the school shootings', M. Leary, R. M. Kowalski, L. Smith and S. Phillips, *Aggressive Behavior,* 2003, 29 202–214.
23: *Serial Killers,* Peter Vronsky (Berkley, 2004), p. 259.
24 Kemper on Kemper, 2018 documentary.
25: 'Kemper and Me', Katherine Ramsland, *Psychology Today,* 17 March 2018.
26: *Humiliation,* Marit Svindseth and Paul Crawford (Emerald, 2019). Kindle location 822.
27: My account of the Hanssen incident comes from *Spy*, David Wise (Random House, 2013).
28: *Behave,* Robert Sapolsky (Vintage, 2017), p. 288.
29: 'When Women Commit Honor Killings', Phyllis Chesler, *Middle East Quarterly*, Fall edition.
30: 'When Women Commit Honor Killings', Phyllis Chesler, *Middle East Quarterly*, Fall edition.
31: 'Honor Killing Is Not Just A Muslim Problem', Phyllis Chesler, *Tablet,* 16 April 2018.
32: Advocacy groups go as high as 20,000. *Behave*, Robert Sapolsky (Vintage, 2017), p. 290.
33: *Evolutionary Psychology,* David Buss (Routledge, 2015), p. 310.
34: 'Elliot Rodger's Violent Video Games Like World Of Warcraft To Blame For The Santa Barbara Shooting, Says Glenn Beck', Patrick Frye, *The Inquisitr,* 30 May 2014.
35: 'A Day at the First Video Game Rehab Clinic in the US', Jagger Gravning, 18 June 2014.

第九章

1: *The Self Illusion,* Bruce Hood (Constable, 2011), pp. 135–136.
2: Fact-checking note, William Buckner.
3: 'The Emotional Underpinnings of Social Status', Conor Steckler and Jessica Tracy, *The Psychology of Social Status,* pp. 347–362, 10.1007/978-1-4939-0867-7_10.
4: *Why We Fight,* Mike Martin (Hurst & Company, 2018). Kindle location 704.
5: *Not Born Yesterday,* Hugo Mercier (Princeton University Press, 2020), p. 130.
6: 'Driven to Win: Rivalry, Motivation, and Performance', G. J. Kilduff, *Social Psychological and Personality Science,* 2014, 5 (8) 944–952.
7: *The Weirdest People in the World*, Joseph Henrich (Penguin, 2020), p. 348.
8: 'Driven to Win: Rivalry, Motivation, and Performance', G. J. Kilduff, *Social Psychological and Personality Science,* 2014, 5 (8): 944–952.
9: 'Do status hierarchies benefit groups? A bounded functionalist account of status', C. Anderson and R. Willer, 2014, in *The Psychology of Social Status,* edited by J. T. Cheng, J. L. Tracy and C. Anderson (Springer, 2014), pp.47–70.
10: 'The Psychology of Rivalry: A Relationally Dependent Analysis of Competition', Gavin Kilduff, Hillary Elfenbein and Barry Staw, *Academy of Management Journal*, 2010, 53, 943–969. 10.5465/AMJ.2010.54533171.
11: https://www.youtube.com/watch?v=yleJZ3hV-cyM

第一〇章

1: www.statista.com/statistics/278414/number-of-worldwide-social-network-users/. A 2019 survey of nearly two thousand US smartphone users: https://www.asurion.com/about/press-releases/americans-check-their-phones-96-times-a-day/. another survey, of 1,200 users: https://rootmetrics.com/en-US/content/rootmetrics-survey-results-are-in-mobile-consumer-lifestyles.
2: 'The Class That Built Apps, and Fortunes', Miguel Helft, *New York Times,* 7 May 2011.
3: *Persuasive Technology*, B. J. Fogg (Morgan Kaufmann, 2003). Kindle location 169.
4: *Persuasive Technology*, B. J. Fogg (Morgan Kaufmann, 2003). Kindle location 2154.
5: *Persuasive Technology*, B. J. Fogg (Morgan Kaufmann, 2003). Kindle location 286.
6: *Persuasive Technology*, B. J. Fogg (Morgan Kaufmann, 2003). Kindle location 2180.
7: 'The Formula for Phone Addiction Might Double As a Cure', Simone Stolzoff, *Wired,* 1 February 2018.
8: 'A behavior model for persuasive design', B. J. Fogg, 2009, 40. 10.1145/1541948.1541999.
9: 'The Binge Breaker', Bianca Bosker, *The Atlantic,* 8 October 2016.
10: *Persuasive Technology*, B. J. Fogg (Morgan Kaufmann, 2003). Kindle location 750.
11: Instagram Rich List 2020, www.hopperhq.com/

blog/instagram-rich-list/niche/influencer/.
12: 'Tiptoeing on Social Media's Tightrope', Sarah Ellison, *Washington Post,* 3 October 2019.
13: 'The Facts: BJ Fogg & *Persuasive Technology*', B. J. Fogg, Medium, 3 August 2018.
14: 'The Tech Industry's War on Kids', Richard Freed, Medium, 12 March 2018.

第一一章

1: 'The Ballad of Paul and Yoko', Gilbert Garcia, *Salon,* 18 June 2009.
2: 'We can work it out, Sir Paul tells angry Yoko', Adam Sherwin, *The Times,* 18 December 2002.
3: 'The Ballad of Paul and Yoko', Gilbert Garcia, *Salon,* 18 June 2009.
4: 'Ono! You Can't Do That Paul!', Uncredited author, *NME,* 16 December 2002.
5: 'Beatles Credit Feud Continues', Gil Kaufman, *Rolling Stone,* 16 December 2003.
6 : 'McCartney makes up with Ono', BBC News, 1 June 2003.
7: 'Paul McCartney', Alex Bilmes, *Esquire,* 2 July 2015.
8': *Status,* Cecilia L. Ridgeway (Russell Sage Foundation, 2015), p.59.
9: *Possessed,* Bruce Hood (Penguin, 2019), p. 29.
10: 'The Reason Many Ultrarich People Aren't Satisfied With Their Wealth', Joe Pinsker, *The Atlantic,* 4 December 2018.
11: 'The Most Outrageous Celebrity Diva Demands', Sarah Biddlecombe, *Daily Telegraph,* 16 November 2014.
12: 'Fashion, Sumptuary Laws, and Business', Herman Freudenberger, *Business History Review,* 1963, vol. 37, issue 1–2, pp. 37–48.
13: 'Shoes, Jewels, and Monets: The Immense Ill-Gotten Wealth of Imelda Marcos', Catherine A. Traywick, *Foreign Policy,* 16 January 2014. 'The Weird World of Imelda Marcos', David McNeill, *Independent,* 25 February 2006. '11 Bizarre Things You Didn't Know About Imelda Marcos', Valerie Caulin, Culture Trip, 14 November 2017.
14: 'Andrew Wasted Thousands Using Helicopters Like Taxis, say Officials', Andrew Johnson, *Independent,* 23 January 2005.
15: *Old Court Customs and Modern Court Rule,* Hon. Mrs Armytage (Richard Bentley & Son, 1883), pp. 37–47.
16: https://brightonmuseums.org.uk/discover/2015/02/26/george-ivs-coronation/.
17: 'Ex-RBS chief Goodwin Faces Legal Challenge to £693k Pension', Graeme Wearden, Jill Treanor, *Guardian,* 26 February 2009. 'Lifting the Lid on Fred "The Shred" Goodwin's Greed and Recklessness', Julie Carpenter, Daily Express, 27 August 2011.
18: *The Dark Side of Transformational Leadership*, Dennis Tourish (Routledge, 2013), p. 81.
19: *The Dark Side of Transformational Leadership*, Dennis Tourish (Routledge, 2013), p. 79.
20 : *The Dark Side of Transformational Leadership*, Dennis Tourish (Routledge, 2013), p. 79.
21: *The Dark Side of Transformational Leadership*, Dennis Tourish (Routledge, 2013), p. 78.
22: *The Dark Side of Transformational Leadership*, Dennis Tourish (Routledge, 2013), p. 77.
23: *The Dark Side of Transformational Leadership*, Dennis Tourish (Routledge, 2013), p. 81.
24: *The Dark Side of Transformational Leadership*, Dennis Tourish (Routledge, 2013), p. 89.
25: *The Dark Side of Transformational Leadership*, Dennis Tourish (Routledge, 2013), p. 87.
26: 'Being a Celebrity: A Phenomenology of Fame', Donna Rockwell and David Giles, *Journal of Phenomenological Psychology,* 2009, 40, 178–210. 10.1163/004726609X12482630041889.

第一二章

1: Paul Bloom, *Just Babies* (Bodley Head, 2013), p. 68.
2: Women in an egalitarian hunter–gatherer society', P. Fedurek, L. Lacroix, J. Lehmann, et al., *Evolutionary Human Sciences,* 2, 2020, E44. doi:10.1017/ehs.2020.44.
3: Paul Bloom, *Just Babies* (Bodley Head, 2013), p. 68. *Our Inner Ape*, Frans de Waal (Granta, 2005), p. 74. The term 'big shot behaviour', in this context, is from Polly Wiessner, quoted in *Moral Origins,* Christopher Boehm (Basic Books, 2012), p. 70.
4: *The Goodness Paradox,* Richard Wrangham (Profile, 2019). Kindle location 3552.
5: *The Goodness Paradox,* Richard Wrangham (Profile, 2019). Kindle location 2587.
6: *Just Babies*, Paul Bloom (Bodley Head, 2013), p. 69.
7: *The Goodness Paradox,* Richard Wrangham (Profile, 2019). Kindle location 2600.
8: *Behave,* Robert Sapolsky (Vintage, 2017), p. 302.

9: *The Oxford Handbook of Gossip and Reputation* (Oxford University Press, 2019), p. 179.
10: *Evolutionary Psychology,* David Buss (Routledge, 2015), p. 373.
11: *The Weirdest People in the World*, Joseph Henrich (Penguin, 2020), p. 116.
12: you could be born into: *The Weirdest People in the World*, Joseph Henrich (Penguin, 2020), pp. 380-470
3: *The Weirdest People in the World*, Joseph Henrich (Penguin, 2020), p. 117.
4: *The Weirdest People in the World*, Joseph Henrich (Penguin, 2020), p. 116.
5: Note from fact-check, William Buckner: 'hunter-gatherers did have accumulations of resources, just less so'.
6: The Rise and Fall of the Third Chimpanzee, Jared Diamond (Vintage, 1991). Kindle location 3283–3295.
7: *Blueprint,* Nicholas Christakis (Little Brown, 2019), p. 108. *Possessed,* Bruce Hood (Penguin, 2019), pp. 111–112.
8: https://yougov.co.uk/topics/politics/articles-reports/2018/11/14/prince-charles-first-line-throne-only-seventh-popu.

第一三章

1: *Darwin, Sex and Status,* Jerome Barkow (University of Toronto Press, 1989), pp. 217–227.
2: 'We Made History: Citizens of 35 Countries Overestimate Their Nation's Role in World History', Franklin M. Zaromb, James H. Liu, Dario Páez, Katja Hanke, Adam L. Putnam, Henry L. Roediger, *Journal of Applied Research in Memory and Cognition,* Volume 7, Issue 4, 2018, pp. 521–528.
3: 'Historical analysis of national subjective wellbeing using millions of digitized books', T. T. Hills, E. Proto, D. Sgroi et al., *Nature Human Behaviour* 3, 2019, 1271–1275.
4: *Down in the Valley*, Laurie Lee (Penguin, 2019), chapter 6.
5: 'Consequences of "Minimal" Group Affiliations in Children', Y. Dunham, A. S. Baron and S. Carey, *Child Development* 82, 2011, 793–811.

第一四章

1: 'Complex societies precede moralizing gods throughout world history', H. Whitehouse, P. François, P. E. Savage et al., *Nature* 568, 2019, 226–229.
2: 'What is India's caste system?', Soutik Biswas, bbc.co.uk, 19 June 2019.
3: *Private Truths, Public Lies,* Timur Kuran (Harvard University Press, 1998), p. 159.
4 : *Private Truths, Public Lies,* Timur Kuran (Harvard University Press, 1998), p. 240.
5: 'A Historical Analysis of Segregation of Untouchable Castes in North India from circa AD600–1200', Malay Neerav, *Amity Business Review,* Vol. 17, No.2, July–December 2016.
6: *A Little History of Religion,* Richard Holloway (Yale University Press, 2016), p. 170.
7: 'What is India's caste system?', Soutik Biswas, bbc.co.uk, 19 June 2019.
8: *Private Truths, Public Lies,* Timur Kuran (Harvard University Press, 1998), p. 158.
9: 'India's "Untouchables" Face Violence, Discrimination', *National Geographic,* Hillary Mayell, 2 June 2003.
10: *Private Truths, Public Lies,* Timur Kuran (Harvard University Press, 1998), p. 163.
11: *Private Truths, Public Lies,* Timur Kuran (Harvard University Press, 1998), p. 163.
12: *Private Truths, Public Lies,* Timur Kuran (Harvard University Press, 1998), p. 237.
13: *Private Truths, Public Lies,* Timur Kuran (Harvard University Press, 1998), p. 237.
14: *The Psychology of Social Status,* Joey T. Cheng, Jessica L. Tracy, Cameron Anderson (Springer, 2014), p. 172.
15: *Revolutions,* Jack A. Goldstone (Oxford University Press, 2013), pp. 16–17.
16: *Revolutions,* Jack A. Goldstone (Oxford University Press, 2013), p. 10.
17: *Revolutions,* Jack A. Goldstone (Oxford University Press, 2013), pp. 117–119.
18: http://peterturchin.com/cliodynamica/intra-elite-competition-a-key-concept-for-understanding-the-dynamics-of-complex-societies/.
19: *Sapiens,* Yuval Noah Harari (Vintage, 2015), p. 246.
20: *Sapiens,* Yuval Noah Harari (Vintage, 2015), pp. 247–248.
21: *Sapiens,* Yuval Noah Harari (Vintage, 2015), p. 235.

第一五章

1: *Personality*, Daniel Nettle (Oxford University

Press, 2009).
2: *Personality Psychology,* Larsen, Buss and Wisjeimer (McGraw Hill, 2013), p. 147.
3: *Blueprint,* Robert Plomin (Penguin, 2018), p. viii.
4: *Personality,* Daniel Nettle (Oxford University Press, 2009), p. 83.
5: *Personality,* Daniel Nettle (Oxford University Press, 2009), p. 143.
6: *American Individualisms,* Adrie Kusserow (Palgrave Macmillan, 2004), p. 4.
7: *American Individualisms,* Adrie Kusserow (Palgrave Macmillan, 2004), pp. 71–72.
8: *American Individualisms,* Adrie Kusserow (Palgrave Macmillan, 2004), p. 26.
9 : *American Individualisms,* Adrie Kusserow (Palgrave Macmillan, 2004), p. 37.
10: *American Individualisms,* Adrie Kusserow (Palgrave Macmillan, 2004), p. 55.
11: *American Individualisms,* Adrie Kusserow (Palgrave Macmillan, 2004), pp. 51–52.
12: *American Individualisms,* Adrie Kusserow (Palgrave Macmillan, 2004), p. 4.
13: *American Individualisms,* Adrie Kusserow (Palgrave Macmillan, 2004), p. 73.
14: *American Individualisms,* Adrie Kusserow (Palgrave Macmillan, 2004), p. 82.
15: *American Individualisms,* Adrie Kusserow (Palgrave Macmillan, 2004), p. 171.
16: *American Individualisms,* Adrie Kusserow (Palgrave Macmillan, 2004), p. 103.
17: *American Individualisms,* Adrie Kusserow (Palgrave Macmillan, 2004), p. 76.
18: *American Individualisms,* Adrie Kusserow (Palgrave Macmillan, 2004), p. 106.
19: *American Individualisms,* Adrie Kusserow (Palgrave Macmillan, 2004), pp. 103–104.
20: *American Individualisms,* Adrie Kusserow (Palgrave Macmillan, 2004), p. 82.
21: *American Individualisms,* Adrie Kusserow (Palgrave Macmillan, 2004), p. xii.
22: *The Popularity Illusion,* Mitch Prinstein (Ebury, 2018). Kindle location 826.
23: *Inventing Ourselves,* Sarah-Jayne Blakemore (Transworld, 2018), p. 25.
24: I first read this term in Blakemore's book. She, in turn, credits the psychologist David Elkind. *Inventing Ourselves,* Sarah-Jayne Blakemore (Transworld, 2018) p. 26.
25: *Inventing Ourselves,* Sarah-Jayne Blakemore (Transworld, 2018), p. 27.
26: *The Popularity Illusion,* Mitch Prinstein (Ebury, 2018). Kindle location 861.
27: *The Psychology of Social Status,* Joey T. Cheng, Jessica L. Tracy, Cameron Anderson (Springer, 2014), p. 191.
28: *Virtuous Violence,* Alan Fiske and Tage Shakti Rai (Cambridge University Press, 2014), p. 180.
29: *Virtuous Violence,* Alan Fiske and Tage Shakti Rai (Cambridge University Press, 2014), p. 181.
30 : *Virtuous Violence,* Alan Fiske and Tage Shakti Rai (Cambridge University Press, 2014), p. 184.
31: *Virtuous Violence,* Alan Fiske and Tage Shakti Rai (Cambridge University Press, 2014), p. 183.
32: *Virtuous Violence,* Alan Fiske and Tage Shakti Rai (Cambridge University Press, 2014), p. 182.
33: *Blueprint,* Nicholas Christakis (Little Brown, 2019), p. 283.
34: 'Burnout as Cheerleader: The Cultural Basis for Prestige and Privilege in Junior High School', D. Merten, *Anthropology & Education Quarterly*, 1996, 27 (1) 51–70.
35: 'On Being a Happy, Healthy, and Ethical Member of an Unhappy, Unhealthy, and Unethical Profession', Patrick J. Schiltz, *Vanderbilt Law Review,* 1999, 52, 871.

第一六章

1: www.voicesforvaccines.org/i-was-duped-by-the-anti-vaccine-movement/ www.npr.org/transcripts/743195213?t=1611143785309 www.publicradioeast.org/post/when-it-comes-vaccines-and-autism-why-it-hard-refute-misinformation.
2: 'How group identification distorts beliefs', Maria Paula Cacault, Manuel Grieder, *Journal of Economic Behavior & Organization*, Volume 164, 2019, pp. 63–76.
3: '(Ideo)Logical Reasoning: Ideology Impairs Sound Reasoning', A. Gampa, S. P. Wojcik, M. Motyl, B. A. Nosek, P. H. Ditto, *Social Psychological and Personality Science,* 2019, 10 (8): 1075–1083.
4: 'That's My Truth: Evidence for Involuntary Opinion Confirmation', M. Gilead, M. Sela, A. Maril, *Social Psychological and Personality Science,* 2019, 10 (3) 393–401.
5: 'Taking the High Ground: The Impact of Social Status on the Derogation of Ideological Opponents', Aiden Gregg, Nikhila Mahadevan and Constantine Sedikides, *Social Cognition,* 2017, 36, 10.1521/

soco.2018.36.1.43.
6: *The Intelligence Trap,* David Robson (Hodder, 2020). Kindle location 999–1016.
7: 'Coalitional Instincts', John Tooby, *Edge,* 22 November 2017.
8: https://www.pewforum.org/2012/12/18/global-religious-landscape-exec/.
9: *The Consuming Instinct,* Gad Saad (Prometheus, 2011), p. 100.
10: Even God could not change some moral facts', Madeline Reinecke and Zach Horne 2018, 10.31234/osf.io/yqm48.
11: *Taboo: A Study of Malagasy Customs and Beliefs* (Oslo University Press, 1960), pp. 89, 117, 197.
12: *Mixed Messages,* Robert Paul (University of Chicago Press, 2015), pp. 46–49.
13: *The Origins and Role of Same-Sex Relations in Human Societies*, James Neill (McFarland, 2011), p. 48.
14: *Evolutionary Psychology,* David Buss (Routledge, 2015), p. 8.
15: 'There's Something About Marie', Ros Coward, *Guardian,* 25 January 1999.
16: 'Royal Mail Criticised for Stamp Honouring "Racist" Marie Stopes', John Bingham, *Daily Telegraph,* 14 October 2008.
17: Married Love, Marie Stopes (Oxford University Press, 2004), p. xv.
18: Radiant Motherhood, Marie Stopes, via: https://www.gutenberg.org/files/45711/45711-h/45711-h.htm.
19: Subliminal, Leonard Mlodinow (Penguin, 2012), p. 157.
20: *The God That Failed*, Richard Crossman (editor) (Harper Colophon, 1963), p. 23.

第一七章

1: *The Day Care Ritual Abuse Moral Panic*, Mary de Young (McFarland, 2004), p. 16.
2: *We Believe The Children*, Richard Beck (PublicAffairs, 2015), p. 27.
3: *The Day Care Ritual Abuse Moral Panic*, Mary de Young (McFarland, 2004), p. 55.
4: *The Day Care Ritual Abuse Moral Panic*, Mary de Young (McFarland, 2004), p. 8.
5: *The Day Care Ritual Abuse Moral Panic*, Mary de Young (McFarland, 2004), p. 47.
6: 'The child sexual abuse accommodation syndrome', R. C. Summit, *Child Abuse and Neglect,* 1983, 7, 177–193.
7: *The Day Care Ritual Abuse Moral Panic*, Mary de Young (McFarland, 2004), p. 18.
8: *The Day Care Ritual Abuse Moral Panic*, Mary de Young (McFarland, 2004), p. 33.
9: *We Believe The Children*, Richard Beck (PublicAffairs, 2015), pp. 58–59.
10: *We Believe The Children*, Richard Beck (PublicAffairs, 2015), p. 60.
11: *We Believe The Children*, Richard Beck (PublicAffairs, 2015), p. 60.
12: *We Believe The Children*, Richard Beck (PublicAffairs, 2015), p. 46.
13: *Conviction: American Panic*, podcast, 2020, episode 3.
14: *Conviction: American Panic*, podcast, 2020, episode 5.
15: This paragraph is a compilation from all noted sources.
16'Abundant with clinical terms': *The Day Care Ritual Abuse Moral Panic*, Mary de Young (McFarland, 2004), p. 93.
17: *Satan's Silence*, Debbie Nathan and Michael Snedeker (iUniverse, 2001), pp. 126–129.
18: *The Day Care Ritual Abuse Moral Panic*, Mary de Young (McFarland, 2004), pp. 52–53.
19: *We Believe The Children*, Richard Beck (PublicAffairs, 2015), p. xxii.
20: *Conviction: American Panic*, podcast, 2020, episode 5.
21: 'The History of Satanic Panic in the US – and Why it's Not Over Yet', Aja Romano, Vox, 30 October 2016.
22: 'Is Shaken Baby Syndrome the New Satanic Panic?' Amy Nicholson, LA Weekly, 9 April 2015.
23: *We Believe The Children*, Richard Beck (PublicAffairs, 2015), p. 62.
24: *The Day Care Ritual Abuse Moral Panic*, Mary de Young (McFarland, 2004), p. 35.
25: *The Day Care Ritual Abuse Moral Panic*, Mary de Young (McFarland, 2004), p. 36.
26: *The Day Care Ritual Abuse Moral Panic*, Mary de Young (McFarland, 2004), p. 36.
27: *The Day Care Ritual Abuse Moral Panic*, Mary de Young (McFarland, 2004), p. 41.
28: *The Day Care Ritual Abuse Moral Panic*, Mary de Young (McFarland, 2004), p. 44.
29: *The Day Care Ritual Abuse Moral Panic*, Mary de Young (McFarland, 2004), p. 44.

30: *We Believe The Children*, Richard Beck (PublicAffairs, 2015), p. xxi.
31: *We Believe The Children*, Richard Beck (PublicAffairs, 2015), p. 115.
32: *The Day Care Ritual Abuse Moral Panic*, Mary de Young (McFarland, 2004), p. 51.
33: *The Day Care Ritual Abuse Moral Panic*, Mary de Young (McFarland, 2004), p. 51.
34: *The Witch-Hunt Narrative*, Ross Cheit (Oxford University Press, 2014).
35: 'A Critical Evaluation of the Factual Accuracy and Scholarly Foundations of *The Witch-Hunt Narrative*', J. M. Wood, D. Nathan, R. Beck, K. Hampton, *Journal of Interpersonal Violence*, March 2017, 32 (6): 897–925. 'The Methodology of *The Witch-Hunt Narrative*: A Question of Evidence – Evidence Questioned', K. M. Staller, *Journal of Interpersonal Violence*, March 2017, 32 (6) 853–874. *We Believe The Children*, Richard Beck (PublicAffairs, 2015), pp. 248–252.
36: 'A Critical Evaluation of the Factual Accuracy and Scholarly Foundations of *The Witch-Hunt Narrative*', J. M. Wood, D. Nathan, R. Beck, K. Hampton, *Journal of Interpersonal Violence*, March 2017, 32 (6) 897–925.
37: *We Believe The Children*, Richard Beck (PublicAffairs, 2015), p. 248.
38: The Righteous Mind, Jonathan Haidt (Penguin, 2012), p. 28.

第一八章

1: https://worldhatchlearning.wordpress.com/2018/09/22/the-origins-of-web-community-the-well/.
2: Steve Jobs, Commencement address at Stanford University, 12 June 2005.
3: *The Well,* Katie Hafner (Carroll & Graf, 2001), p. 18.
4: *The Well,* Katie Hafner (Carroll & Graf, 2001), p. 7.
5: 'The Epic Saga of The Well', Katie Hafner, *Wired,* 1 May 2005.
6: *The Well,* Katie Hafner (Carroll & Graf, 2001), pp. 33–34.
7: *The Well,* Katie Hafner (Carroll & Graf, 2001), p. 34.
8:'Censorship In Cyberspace', Mark Ethan Smith, www.angelfire.com/bc3/dissident/.
9: *The Well,* Katie Hafner (Carroll & Graf, 2001), p. 34.
10: 'Censorship In Cyberspace', Mark Ethan Smith, www.angelfire.com/bc3/dissident/. Smith would start brutal
11: *The Well,* Katie Hafner (Carroll & Graf, 2001), p. 42.
12: 'The Epic Saga of The Well', Katie Hafner, *Wired,* 1 May 2005.
13http://shikan.org/bjones/Usenet.Hist/Nethist/0020.html.
14: http://shikan.org/bjones/Usenet.Hist/Nethist/0020.html. He threatened to track down and sue: 'Complaint and the World-Building Politics of Feminist Moderation', Bonnie Washick, Signs: *Journal of Women in Culture and Society*, 2020, 45:3, 555–580.
15: https://groups.google.com/g/misc.legal/c/NLUs2u11X_s/m/NJbxBjEWbEAJ.
16: https://www.linux.it/~md/usenet/legends3.html.
17: https://groups.google.com/g/soc.women/c/6gj8v0K9ZHQ/m/_Qj5U8w0K1gJ.
18: Censorship In Cyberspace, Mark Ethan Smith, www.angelfire.com/bc3/dissident/.
19: 'Complaint and the World-Building Politics of Feminist Moderation', Bonnie Washick, Signs: *Journal of Women in Culture and Society*, 2020, 45:3, 555–580.
2: 'Censorship In Cyberspace', Mark Ethan Smith, www.angelfire.com/bc3/dissident/.
21: 'According to Mark, you have to call me by a name': 'Complaint and the World-Building Politics of Feminist Moderation', Bonnie Washick, Signs: *Journal of Women in Culture and Society*, 2020, 45:3, 555–580.
22: *The Well,* Katie Hafner (Carroll & Graf, 2001), pp. 42–43.
23: https://groups.google.com/g/soc.women/c/6gj8v0K9ZHQ/m/_Qj5U8w0K1gJ.
24:: *Journal of Women in Culture and Society*, 2020, 45:3, 555–580.
25: *The Well,* Katie Hafner (Carroll & Graf, 2001), p. 37.
26: *The Well,* Katie Hafner (Carroll & Graf, 2001), p. 43.
27: 'Censorship In Cyberspace', Mark Ethan Smith, www.angelfire.com/bc3/dissident/.
28: 'Censorship In Cyberspace', Mark Ethan Smith, www.angelfire.com/bc3/dissident/.
29: 'Censorship In Cyberspace', Mark Ethan Smith, www.angelfire.com/bc3/dissident/.
30: 'Neural correlates of maintaining one's political

beliefs in the face of counterevidence', Jonas Kaplan, Sarah Gimbel and Sam Harris, *Scientific Reports,* 2016, 6. 39589. 10.1038/srep39589.
31: 'The Neuroscience of Changing Your Mind', *You Are Not So Smart*, David McRaney, Episode 93, 13 January 2017.
32: *The Case Against Reality*, Donald Hoffman (Penguin, 2019), p. 70.
33: '"They Saw a Protest": Cognitive Illiberalism and the Speech-Conduct Distinction', February 5, 2011, Dan M. Kahan, David A. Hoffman, Donald Braman, Danieli Evans Peterman and Jeffrey John Rachlinski, *Cultural Cognition Project Working Paper* No. 63, Stanford Law Review, Vol. 64, 2012, Temple University Legal Studies Research Paper No. 2011–17.
34: *Red Guard,* Gordon A. Bennett and Ronald N. Montaperto (Allen & Unwin, 1971), p. 5.
35: *Snoop,* Sam Gosling (Profile, 2008), p. 127.
36: A fuller exploration into these biases features in my book *The Heretics* (Picador, 2013), in chapter 6: 'The Invisible Actor at the Centre of the World'.
37: 'Questioning the Banality of Evil', Steve Reicher and Alex Haslam, *The Psychologist,* January 2008, Vol. 21, pp. 16–19.
38: *Virtuous Violence,* Alan Fiske and Tage Shakti Rai (Cambridge University Press, 2014), p. xxii.
39: *Virtuous Violence,* Alan Fiske and Tage Shakti Rai (Cambridge University Press, 2014), p. 19.
40: *Mixed Messages,* Robert Paul (University of Chicago Press, 2015), pp. 46–49. The women of the
41: 'The dialects of sex in Marind-anim culture', Jan van Baal, in *Ritualized Homosexuality in Melanesia*, edited by Gilbert H. Herdt, (Berkeley, Los Angeles, London, 1984), p. 128.
42: 'The Truth, and the Anti-Black Violence of My Lies', Jessica A. Krug, Medium, 3 September 2020. 'I
43: 'Musician went on a "Tinder date from hell" with race faker Jessica Krug', Ben Ashford, *Daily Mail,* 10 September 2020.
44: 'The Evolutionary Anthropology of War', Luke Glowacki, Michael L. Wilson, Richard W. Wrangham, *Journal of Economic Behavior & Organization*, Volume 178, 2020, pp. 963–982.
45: *The Goodness Paradox,* Richard Wrangham (Profile, 2019). Kindle location 373.
46: 'Xinjiang: Large Numbers of New Detention Camps Uncovered in Report', Uncredited author, bbc.co.uk, 24 September 2020.
47: *Stasi,* documentary, 2016.
48: *Brain and Culture*, Bruce Wexler (MIT Press, 2008), p. 215.
49: *Uncivil Agreement*, Lilliana Mason (University of Chicago Press, 2018), p. 49.
50: *Blueprint,* Nicholas Christakis (Little Brown, 2019), p. 267.

第一九章

1: *Personality Psychology,* Larsen, Buss and Wisjeimer (McGraw Hill, 2013), p. 199.
2: *Rule Makers,* Rule Breakers, Michele J. Gelfand (Robinson, 2018). Kindle location 1005.
3: *Personality Psychology,* Larsen, Buss and Wisjeimer (McGraw Hill, 2013), p. 199.
4: *Moral Origins,* Christopher Boehm (Basic Books, 2012) p. 109.
5: For a great analysis, see *Moral Origins,* Christopher Boehm (Basic Books, 2012).
6: Richard Wrangham credits Ernest Gellner with this phrase: *The Goodness Paradox,* Richard Wrangham (Profile, 2019). Kindle location 2439.
7: *Moral Origins,* Christopher Boehm (Basic Books, 2012), p. 86. a band of males
8: *The Goodness Paradox,* Richard Wrangham (Profile, 2019). Kindle location 2411.
9: *Moral Origins,* Christopher Boehm (Basic Books, 2012), p. 83. *The Goodness Paradox,* Richard Wrangham (Profile, 2019). Kindle location 3517.
10: *The Goodness Paradox,* Richard Wrangham (Profile, 2019). Kindle location 2439.
11: *The Goodness Paradox,* Richard Wrangham (Profile, 2019). Kindle location 2467. the group could exact punishments of shame: Behave, Robert Sapolsky (Vintage, 2017), p. 323.
12: *Moral Origins,* Christopher Boehm (Basic Books, 2012), p. 39.
13: 'Effects of group pressure upon the modification and distortion of judgments', Asch, S. E. (1951), in Groups, *Leadership and Men: Research in Human Relations* edited by H. Guetzkow (Carnegie Press, 1951), pp. 177–190.
14: *The Domesticated Brain,* Bruce Hood (Pelican, 2014), p. 195.
15: *Enigma of Reason,* Dan Sperber and Hugo Mercier (Penguin, 2017), p. 71.
16: 'Understanding Rejection between First-and-Second-Grade Elementary Students through Reasons Expressed by Rejecters', Francisco J. Bacete García,

Virginia E. Carrero Planes, Ghislaine Marande Perrin, Gonzalo Musitu Ochoa, *Frontiers in Psychology*, Vol. 8, 2017, 462.
17: 'A New Study Looks at Why Kids Reject Other Kids', Susie Neilson, *Science of Us*, 17 May 2017.
18: https://www.eff.org/cyberspace-independence.
19: https://fringeassociation.com/2019/01/07/2019-my-year-of-color/.
20a follow-up blog entitled 'Words Matter': https://fringeassociation.com/2019/01/12/words-matter/.
21: 'Portland Burrito Cart Closes After Owners Are Accused Of Cultural Appropriation', Carolina Moreno, *Huffington Post,* 25 May 2017.
22: 'Kindness Yoga Called Out', Jennifer Brown, *Colorado Sun,* 29 June 2020.
23: 'Ubisoft Says It Will Patch Out a Watch Dogs Actor Who Made "Controversial Remarks" about Gender', Andy Robinson, *Video Games Chronicle*, 7 November 2020.
24: 'Vanity Von Glow: the Left Eats its Own', Andrew Doyle, *Spiked,* 6 June 2017.
25: 'Baptist Health: Woman in Videos No Longer on Staff', Uncredited author, *West Kentucky Star*, 11 June 2020.
26: *Selfie* (Picador, 2017). でオースティン・ハインツについて言及.
27: This account comes from *Like War,* P. W. Singer and Emerson T. Brooking (Mariner, 2018), pp. 4–11, 150–154.
28: 'Britain's Choice: Common Ground and Division in 2020s Britain', October 2020, report conducted by More in Common. Additional information via private communication with study co-author Tim Dixon.
29In the US, a similar study: *American Fabric: Identity and Belonging*, December 2020, MiC Report.
30: 'In U.S., 87% Approve of Black-White Marriage, vs. 4% in 1958', Frank Newport, Gallup, 25 July 2013.
31: 'Culture wars risk blinding us to just how liberal we've become in the past decades', Kenan Malik, *Guardian,* 23 June 2020.
32: Common Ground and Division in 2020s Britain', October 2020, MiC Report.
33: https://yougov.co.uk/topics/politics/explore/issue/Political_correctness.
34: 'Who are the real Shy Trumpers?' Eric Kaufmann, *Unherd,* 6 November 2020.
35: 'Britain's Choice: Common Ground and Division in 2020s Britain', October 2020, MiC Report.
36: https://www.dailymail.co.uk/news/article-9583001/Sir-Keir-Starmers-Labour-Party-touch-public-opinion-poll-finds.html
37: https://yougov.co.uk/topics/politics/explore/issue/Political_correctness.

第二〇章

1: 'Meg Lanker-Simons, UW Student, Accused Of Threatening Herself With Rape In Facebook Hoax', Rebecca Klein, *Huffington Post,* 5 March 2013. 'Meg Lanker-Simons Cited for Making UW Crushes Post', Trevor T. Trujillo, kowb1290.com, 30 April 2013. 'UW Student Cited in Facebook Post Investigation', Uncredited author, uwyo.edu, 30 April 2013.
2: 'Jussie Smollett's image takes new hit with revived charges', Tammy Webber, Associated Press, 12 February 2020.
3: *The Rise of Victimhood Culture*, Jason Manning and Bradley Campbell (Palgrave Macmillan, 2018). Kindle location 3417. 'Bias incidents at Vassar were a hoax as one of the culprits was "the transgender student leading the investigations into the offensive graffiti", Uncredited author, *Mail Online*, 5 December 2013.
4: 'Claremont Professor's Past Is a New Puzzle', Nora Zamichow, *Los Angeles Times,* 5 April 2004. 'Teacher Gets Prison in Hate Crime Hoax', Wendy Thermos, *Los Angeles Times,* 16 December 2004.
5: *The Rise of Victimhood Culture*, Jason Manning and Bradley Campbell (Palgrave Macmillan, 2018). Kindle location 3308.
6: 'From Hate to Hoax in Claremont', Tom Tugend, Jewish Journal, 1 April 2004.
7: 'Ashley Todd Fake "Mutilation" Exposed', Uncredited author, *Huffington Post,* 24 November 2011.
8: 'The Tale of an Ivy-League Hoaxer', Laura Fitzpatrick, *Time,* 18 December 2007.
9: 'The Role of Rewards in Motivating Participation in Simple Warfare', Luke Glowacki and R. Wrangham, *Human Nature* 24, 2013, 444–460.
10: 'Collective Narcissism Predicts Hypersensitivity to In-group Insult and Direct and Indirect Retaliatory Intergroup Hostility', A. Golec de Zavala, M. Peker, R. Guerra and T. Baran, *Eur. J. Pers.,* 2016, 30: 532–551.
11: *Uncivil Agreement*, Lilliana Mason (University of Chicago Press, 2018), p. 23.
12: *Uncivil Agreement*, Lilliana Mason (University of Chicago Press, 2018), p. 84.

13: 'Attentional capture helps explain why moral and emotional content go viral (in press)', W. J. Brady, A. P. Gantman and J. J. Van Bavel, *Journal of Experimental Psychology*: General.
14: *LikeWar,* P. W. Singer and Emerson T. Brooking (Mariner, 2018), p. 162.
15: 'Online Public Shaming on Twitter: Detection, Analysis, and Mitigation', R. Basak, S. Sural, N. Ganguly and S. K. Ghosh, in *IEEE Transactions on Computational Social Systems*, Vol. 6, No. 2, pp. 208–220, April 2019.
16: 'Like My Good Friend Jameela Told Me At The Chateau Marmont', Kristin Iversen, *Nylon,* 12 December 2018.
17: 'Calling time on Jameela Jamil and her toxic brand of feminism', Diyora Shadijanova, *The Tab,* 3 May 2019.
18: 'Put It Away RiRi!', Jameela Jamil, *Company,* April 2013.
19,20: 'Calling time on Jameela Jamil and her toxic brand of feminism', Diyora Shadijanova, *The Tab,* 3 May 2019.
21: 'Beyonce's Drawing A Line Under That "Is She A Feminist Question" Once And For All', Sophie Wilkinson, *The Debrief,* 2 February 2014.
22: 'J.K. Rowling criticized once again for anti-trans comments', Clark Collis, *Entertainment Weekly,* 7 June 2020.
23: 'Jameela Jamil reignites feud with Caroline Flack as the stars get into war of words', Ellie Phillips, *Mail Online*, 23 October 2019.
24: 'Stinking Hypocrisy!', Piers Morgan, *Mail Online*, 3 October 2020.
25: 'Laurence Fox issues apology to Sikhs for his "clumsy" 1917 comments – but stands by everything else he's said', Emma Kelly, *Metro,* 24 January 2020.
26: 'Laurence Fox says he is boycotting Sainsbury's for "promoting racial segregation and discrimination" after it announced support for Black History Month', Katie Feehan, *Mail Online*, 4 October 2020.
27: Via The Wayback Machine.
28: 'A "Need for Chaos" and the Sharing of Hostile Political Rumors in Advanced Democracies', Michael Petersen, 2018, 10.31234/osf.io/6m4ts.
29: *Grandstanding,* Justin Tosi and Brandon Warmke (Oxford University Press, 2020), p. 53.
30: 'The False Enforcement of Unpopular Norms', Robb Willer, Ko Kuwabara and Michael W. Macy, *American Journal of Sociology,* 2009, 115:2, 451–490.
31: *The Rise of Victimhood Culture*, Jason Manning and Bradley Campbell (Palgrave Macmillan, 2018). Kindle location 4576.
32: 現代の研究者たちは、どんな場所でも不利な気候条件だけで魔女裁判や処刑の発生を予測するのは十分ではないと指摘している。このような地域がしばしば熱狂的になるのは、当時激しかったカトリックとプロテスタントの争いが見て取れるような戦士の登場があったためであった。経済学者のピーター・リーソン教授とジェイコブ・ラス教授の分析によれば、裁判は、これらのライバルが民衆の精神の領域をめぐってより激しい競争をしていた地域で最も多く発生したことがわかっている。宗教市場の競争が激しいほど、魔女裁判の活動も激しくなる。彼らの裁判は、彼らの特定のゲームのための強力な広告として機能した。カトリックとプロテスタントの両方の宗教指導者が精力的に魔女を訴追したされている。「宗教的な指導者は、そのような人々を魔女として起訴するという誓約によって力を行使し、サタンの悪の世俗的な出現から消費者を守るという誓約を証明することができたのだ」。彼らの処刑は、しばしば数百人、時には数千人を集める大規模な公開イベントであった。 'Witch Trials', P. T. Leeson and J. W. Russ, Economic Journal, 128: 2066–2105.
33: *The Reformation,* Peter Marshall (Oxford University Press, 2009), p. 112.
34: 'Taxes, Lawyers, and the Decline of Witch Trials in France', N. Johnson and M. Koyama, *The Journal of Law & Economics,* 2014, 57(1), 77–112. https://doi.org/10.1086/674900.
35: 'Witch Trials', P. T. Leeson and J. W. Russ, *Economic Journal,* 2018, 128: 2066–2105.
36: 'Witchcraft, Weather and Economic Growth in Renaissance Europe', Emily F. Oster, *Journal of Economic Perspectives*, Winter 2004, Available at SSRN: https://ssrn.com/abstract=522403.
37: *The Spanish Inquisition*, Henry Kamen (Yale University Press, 2014).
38: '*The Spanish Inquisition*, 1478–1492', Ruth Johnston, ruthjohnston.com/AllThingsMedieval/?p=2272.

第二一章

1: *Rule Makers,* Rule Breakers, Michele Gelfand (Robinson, 2018). Kindle location 817.

2: *Rule Makers,* Rule Breakers, Michele Gelfand (Robinson, 2018). Kindle location 812.
3: *Rule Makers,* Rule Breakers, Michele Gelfand (Robinson, 2018). Kindle location 1379.
4: *Rule Makers,* Rule Breakers, Michele Gelfand (Robinson, 2018). Kindle location 382.
5: *Rule Makers,* Rule Breakers, Michele Gelfand (Robinson, 2018). Kindle location 125.
6: *Rule Makers,* Rule Breakers, Michele Gelfand (Robinson, 2018). Kindle location 610.
7: *Rule Makers,* Rule Breakers, Michele Gelfand (Robinson, 2018). Kindle location 1229.
8: *Rule Makers,* Rule Breakers, Michele Gelfand (Robinson, 2018). Kindle location 1229.
9: *Rule Makers,* Rule Breakers, Michele Gelfand (Robinson, 2018). Kindle location 592.
10: *Rule Makers,* Rule Breakers, Michele Gelfand (Robinson, 2018). Kindle location 1229.
11: *Rule Makers,* Rule Breakers, Michele Gelfand (Robinson, 2018). Kindle location 538.
12: *Rule Makers,* Rule Breakers, Michele Gelfand (Robinson, 2018). Kindle location 718.
13: *Rule Makers,* Rule Breakers, Michele Gelfand (Robinson, 2018). Kindle location 784.
14: *Rule Makers,* Rule Breakers, Michele Gelfand (Robinson, 2018). Kindle location 1224.
15: *Heaven's Gate Cult documentary* – History TV, https://www.youtube.com/watch?v=ca2LhJdlK3U.
16: *Heaven's Gate: America's UFO Religion*, Benjamin E. Zeller (NYU Press, 2014), p. 53.
17: *Heaven's Gate: America's UFO Religion*, Benjamin E. Zeller (NYU Press, 2014), p. 33.
18: *This "Little Book" Provides the "Backside" Evidence Showing How All Jesus' Prophecy Revelations are Fulfilled By Those who were known as: Ti & Do The Father and "Jesus" Heaven's Gate UFO Two Witnesses* … Sawyer (Authorhouse, 2017).
19: 'Heaven's Gate 20 Years Later: 10 Things You Didn't Know', Michael Hafford, *Rolling Stone,* 24 March 2017.
11: 'Making Sense of the Heaven's Gate Suicides', R. Balch and D. Taylor, in *Cults, Religion, and Violence* edited by D. Bromley and J. Melton (Cambridge University Press, 2002), pp. 209–228.
21: *Heaven's Gate*: America's UFO Religion, Benjamin Zeller (NYU Press, 2014), p. 55.

第二二章

1: 'Is the Desire for Status a Fundamental Human Motive? A Review of the Empirical Literature', C. Anderson, J. A. D. Hildreth, L. Howland, *Psychological Bulletin*, 16 March 2015.
2: *Status,* Cecilia L. Ridgeway (Russell Sage Foundation, 2019), p. 13.
3: *The Reputation Game,* David Waller (Oneworld, 2017). Kindle location 2058.
4: *Uncivil Agreement*, Lilliana Mason (University of Chicago Press, 2018), p. 122.
5: *Uncivil Agreement*, Lilliana Mason (University of Chicago Press, 2018), p. 123.
6: *Uncivil Agreement*, Lilliana Mason (University of Chicago Press, 2018), p. 124.
7: *The Hitler Myth,* Ian Kershaw (Oxford University Press, 2001), p. 1.
8: *The Coming of the Third Reich,* Richard Evans (Penguin, 2004). Kindle location 289.
9: *The Coming of the Third Reich,* Richard Evans (Penguin, 2004). Kindle location 790.
10: *The Coming of the Third Reich,* Richard Evans (Penguin, 2004). Kindle location 1491.
11: *The Coming of the Third Reich,* Richard Evans (Penguin, 2004). Kindle location 1535.
12: *The Coming of the Third Reich,* Richard Evans (Penguin, 2004). Kindle locations 1491, 1560.
13: *The Coming of the Third Reich,* Richard Evans (Penguin, 2004). Kindle location 2211.
14: *The Coming of the Third Reich,* Richard Evans (Penguin, 2004). Kindle location 2263.
15: *The Coming of the Third Reich,* Richard Evans (Penguin, 2004). Kindle location 2290.
17: *The Coming of the Third Reich,* Richard Evans (Penguin, 2004). Kindle location 2247.
18: *The Coming of the Third Reich,* Richard Evans (Penguin, 2004). Kindle location 2211.
19 *The Coming of the Third Reich,* Richard Evans (Penguin, 2004). Kindle location 1568.
20: *The Coming of the Third Reich,* Richard Evans (Penguin, 2004). Kindle location 1491.
21: *The Coming of the Third Reich,* Richard Evans (Penguin, 2004). Kindle location 1679.
22: *The Coming of the Third Reich,* Richard Evans (Penguin, 2004). Kindle location 4561.
23: *The Coming of the Third Reich,* Richard Evans (Penguin, 2004). Kindle location 833.
24: *The Coming of the Third Reich,* Richard Evans (Penguin, 2004). Kindle locations 822, 847. a
25: *The Coming of the Third Reich,* Richard Evans (Penguin, 2004). Kindle location 3129.

26: *The Coming of the Third Reich,* Richard Evans (Penguin, 2004). Kindle locations 1099, 1113, 1127.
27: *The Hitler Myth,* Ian Kershaw (Oxford University Press, 2001), p. 235.
28: *The Coming of the Third Reich,* Richard Evans (Penguin, 2004). Kindle location 4239.
29: *The Hitler Myth,* Ian Kershaw (Oxford University Press, 2001), p. 230.
30: *The Hitler Myth,* Ian Kershaw (Oxford University Press, 2001), pp. 231–241.
31: *The Hitler Myth,* Ian Kershaw (Oxford University Press, 2001), p. 234.
32: *Marketing the Third Reich,* Nicholas O'Shaughnessy (Routledge, 2017), pp. 71–72. O'Shaughnessy notes that by 1931, almost 40 per cent of members of the Nazi Party were under 30.
33: Selling Hitler, Nicholas O'Shaughnessy (C. Hurst & Co, 2016), p. 160.
34: they cannot be': Speech, April 1921, https://web.viu.ca/davies/H479B.Imperialism.Nationalism/Hitler.speech.April1921.htm. 'greatest villainy of the century' …
35: *The Coming of the Third Reich,* Richard Evans (Penguin, 2004). Kindle location 3333.
36: *The Coming of the Third Reich,* Richard Evans (Penguin, 2004). Kindle location 4354.
37: *The Coming of the Third Reich,* Richard Evans (Penguin, 2004). Kindle location 7315.
38: *The Hitler Myth,* Ian Kershaw (Oxford University Press, 2001), p. 56.
39: *The Third Reich in Power,* Richard Evans (Penguin, 2006), p. 134.
40: *The Third Reich in Power,* Richard Evans (Penguin, 2006), p. 15.
41: *The Hitler Myth,* Ian Kershaw (Oxford University Press, 2001), p. 57.
42: *The Coming of the Third Reich,* Richard Evans (Penguin, 2004). Kindle location 6447. エバンスは、13万人が逮捕・投獄され、2500人が殺されたという共産党の数字を引用しているが、この数字は「おそらく何か誇張がある」と付け加えている。
43: *The Coming of the Third Reich,* Richard Evans (Penguin, 2004). Kindle location 6454.
44: *The Hitler Myth,* Ian Kershaw (Oxford University Press, 2001), p. 60.
45 : *The Hitler Myth,* Ian Kershaw (Oxford University Press, 2001), p. 60.
46a then-teenager reported: *The Third Reich in Power,* Richard Evans (Penguin, 2006), p. 266.
47: https://research.calvin.edu/german-propaganda-archive/goeb62.htm.
48: Selling Hitler, Nicholas O'Shaughnessy (C. Hurst & Co, 2016), p. 100.
49: *The Coming of the Third Reich,* Richard Evans (Penguin, 2004). Kindle location 2744.
50: *The Coming of the Third Reich,* Richard Evans (Penguin, 2004). Kindle location 7826.
51: *The Coming of the Third Reich,* Richard Evans (Penguin, 2004). Kindle location 2763.
52: *The Coming of the Third Reich,* Richard Evans (Penguin, 2004). Kindle location 7813.
53: *The Third Reich in Power,* Richard Evans (Penguin, 2006), p. 271.
54: *The Coming of the Third Reich,* Richard Evans (Penguin, 2004). Kindle location 2962.
55: *The Coming of the Third Reich,* Richard Evans (Penguin, 2004). Kindle location 7165.
56: *The Coming of the Third Reich,* Richard Evans (Penguin, 2004). Kindle location 4131.
57: *Marketing the Third Reich,* Nicholas O'Shaughnessy (Routledge, 2017), p. 71.
58: *Marketing the Third Reich,* Nicholas O'Shaughnessy (Routledge, 2017), p. 70.
59: Public display, NS-Dokumentationszentrum Muenchen (as per September 2020).
60: *The Coming of the Third Reich,* Richard Evans (Penguin, 2004). Kindle location 7275.
61: *The Third Reich in Power,* Richard Evans (Penguin, 2006), pp. 322–328.
62: *The Third Reich in Power,* Richard Evans (Penguin, 2006), p. 330.
63: *The Third Reich in Power,* Richard Evans (Penguin, 2006), pp. 330, 331.
64: *The Third Reich in Power,* Richard Evans (Penguin, 2006), pp. 466–467.
65: *The Third Reich in Power,* Richard Evans (Penguin, 2006), p. 467.
66: *The Third Reich in Power,* Richard Evans (Penguin, 2006), p. 474.
67: *The Third Reich in Power,* Richard Evans (Penguin, 2006), p. 467.
68: *The Third Reich in Power,* Richard Evans (Penguin, 2006), p. 487.
69: *The Third Reich in Power,* Richard Evans (Penguin, 2006), p. 409.
70: *The Reputation Game,* David Waller (Oneworld, 2017). Kindle location 1251.

71: www.bbc.co.uk/bitesize/guides/zpvhk7h/revision/1.
72: *The Third Reich in Power,* Richard Evans (Penguin, 2006), p. 333.
73: www.bbc.co.uk/bitesize/guides/zqrfj6f/revision/3.
74: *The Third Reich in Power,* Richard Evans (Penguin, 2006), p. 349.
75: *The Third Reich in Power,* Richard Evans (Penguin, 2006), p. 409.
76: Berlin Diary: *The Journal of a Foreign Correspondent*, 1934–1941, William L. Shirer (Ishi Press, 2010), p. 85.
77: *The Hitler Myth,* Ian Kershaw (Oxford University Press, 2001), p. 122.
78: *The Hitler Myth,* Ian Kershaw (Oxford University Press, 2001), p. 126. 'frenzied acclaim' with hundreds of thousands: *The Hitler Myth,* Ian Kershaw (Oxford University Press, 2001), p. 127.
79: *The Hitler Myth,* Ian Kershaw (Oxford University Press, 2001), p. 129.
80: *The Third Reich in Power,* Richard Evans (Penguin, 2006), p. 663.
81: *The Hitler Myth,* Ian Kershaw (Oxford University Press, 2001), p. 132.
82: *The Hitler Myth,* Ian Kershaw (Oxford University Press, 2001), p. 155.
83: *The Hitler Myth,* Ian Kershaw (Oxford University Press, 2001), p. 48.
84: *The Hitler Myth,* Ian Kershaw (Oxford University Press, 2001), p. 58.
85: *The Hitler Myth,* Ian Kershaw (Oxford University Press, 2001), p. 151.
86: *The Hitler Myth,* Ian Kershaw (Oxford University Press, 2001), p. 55.
87: *The Third Reich in Power,* Richard Evans (Penguin, 2006), p. 122.
88: *How to be a Dictator,* Frank Dikötter (Bloomsbury, 2019). Kindle location 921.
89: *The Hitler Myth,* Ian Kershaw (Oxford University Press, 2001), p. 58.
90: *Marketing the Third Reich,* Nicholas O'Shaughnessy (Routledge, 2017), p. 119.
91: *The Hitler Myth,* Ian Kershaw (Oxford University Press, 2001), p. 73.
92: *Marketing the Third Reich,* Nicholas O'Shaughnessy (Routledge, 2017), p. 116. the walls of bombed houses holding Hitler's portrait: *Marketing the Third Reich,* Nicholas O'Shaughnessy (Routledge, 2017), p. 125.
93: *How to be a Dictator,* Frank Dikötter (Bloomsbury, 2019). Kindle location 926.
94: *Marketing the Third Reich,* Nicholas O'Shaughnessy (Routledge, 2017), p. 116.
95: *Marketing the Third Reich,* Nicholas O'Shaughnessy (Routledge, 2017), p. 19.
96: *Marketing the Third Reich,* Nicholas O'Shaughnessy (Routledge, 2017), p. 116.
97: *The Coming of the Third Reich,* Richard Evans (Penguin, 2004). Kindle location 6604.
98: Berlin Diary: *The Journal of a Foreign Correspondent*, 1934–1941, William L. Shirer (Ishi Press, 2010), p. 17.

第二三章

1: *Virtuous Violence,* Alan Fiske and Tage Shakti Rai (Cambridge University Press, 2014), p. 94.
2: *Virtuous Violence,* Alan Fiske and Tage Shakti Rai (Cambridge University Press, 2014), pp. 94–95.
3: *Virtuous Violence,* Alan Fiske and Tage Shakti Rai (Cambridge University Press, 2014), p. 96.
4: 'The Cultural Revolution', Tom Phillips, *Guardian,* 11 May 2016.
5: For more on Mao's narcissism, see: *How to be a Dictator,* Frank Dikötter (Bloomsbury, 2019), chapter 4.
6: 'The Cultural Revolution', Tom Phillips, *Guardian,* 11 May 2016.
7: 'The Cultural Revolution', Tom Phillips, *Guardian,* 11 May 2016.
8: *Red Guard,* Gordon A. Bennett and Ronald N. Montaperto (Allen & Unwin, 1971), pp. 42–44.
9: *Red Guard,* Gordon A. Bennett and Ronald N. Montaperto (Allen & Unwin, 1971), p. 41.
10: *Red Guard,* Gordon A. Bennett and Ronald N. Montaperto (Allen & Unwin, 1971), p. 53.
11: *Red Guard,* Gordon A. Bennett and Ronald N. Montaperto (Allen & Unwin, 1971), pp. 70–80.
12: 'Shame, guilt, and violence', James Gilligan, *Social Research: An International Quarterly* 70 (4):1149–1180.
13: *Why We Fight,* Mike Martin (Hurst & Company, 2018). Kindle location 2964.
14j: 'Shame, guilt, and violence', James Gilligan, *Social Research: An International Quarterly* 70 (4):1149–1180.
15: *Virtuous Violence,* Alan Fiske and Tage Shakti Rai (Cambridge University Press, 2014), p. 105.

16: *Virtuous Violence,* Alan Fiske and Tage Shakti Rai (Cambridge University Press, 2014), p. 211.
17Chimpanzee, Jared Diamond (Vintage, 2002). Kindle location 4933.
18: 'Genocide, *Humiliation,* and Inferiority: An Interdisciplinary Perspective', Evelin Gerda Lindner, in *Genocides by the Oppressed: Subaltern Genocide in Theory and Practice*, edited by Nicholas A. Robins and Adam Jones (Indiana University Press, 2009), chapter 7, pp. 138–158.
19: *The Geometry of Genocide,* Bradley Campbell (University of Virginia Press, 2015), p. 16.
20: *The Geometry of Genocide,* Bradley Campbell (University of Virginia Press, 2015), p. 31.
21: *The Geometry of Genocide,* Bradley Campbell (University of Virginia Press, 2015), p. 3.
22: *The Geometry of Genocide,* Bradley Campbell (University of Virginia Press, 2015), p. 74.
23: 'Genocide, *Humiliation,* and Inferiority: An Interdisciplinary Perspective', Evelin Gerda Lindner, in *Genocides by the Oppressed: Subaltern Genocide in Theory and Practice*, edited by Nicholas A. Robins and Adam Jones, 2009, chapter 7, pp. 138–158.
24: Holocaust survivor at UN, asks world to act with "empathy and compassion"', Uncredited author, UN News, 28 January 2019.
25: Public display, Topography of Terror, Berlin (visited November 2018).
26dangerous quantities of castor oil: *The Coming of the Third Reich,* Richard Evans (Penguin, 2004). Kindle location 7898.
27: Public display, Topography of Terror, Berlin (visited November 2018).
28: *The Journal of a Foreign Correspondent*, 1934–1941, William L. Shirer (Ishi Press, 2010), p. 110.
29: *The Geometry of Genocide,* Bradley Campbell (University of Virginia Press, 2015), pp. 159–160.
30: *The Geometry of Genocide,* Bradley Campbell (University of Virginia Press, 2015), p. 150.

第二四章

1: *The Weirdest People in the World*, Joseph Henrich (Penguin, 2020), p. 27.
2: *The Weirdest People in the World*, Joseph Henrich (Penguin, 2020), p. 167.
3: The Politico's World, Joan Wildeblood and Peter Brinson (Oxford University Press, 1965), p. 21.
4: *The Weirdest People in the World*, Joseph Henrich (Penguin, 2020), p. 157.
5: This argument was made in Guns, Germs, and Steel, Jared Diamond (Vintage, 1998).
6: *This argument was made in The Geography of Thought,* Richard E. Nisbett (Nicholas Brealey, 2003) and explored further in my 2017 book *Selfie*.
7: This argument was made in *The Weirdest People in the World*, Joseph Henrich (Penguin, 2020).
8: 'The Origins of WEIRD Psychology', Jonathan Schulz, Duman Bahrami-Rad, Jonathan Beauchamp and Joseph Heinrich, 22 June, 2018. *The Weirdest People in the World*, Joseph Henrich (Penguin, 2020), pp. 165–199.
9: 'Western Individualism Arose from Incest Taboo', David Noonan, Scientific American, 7 November 2019.
10: *The Weirdest People in the World*, Joseph Henrich (Penguin, 2020), p. 28.
11: 'Western Individualism Arose from Incest Taboo', David Noonan, Scientific American, 7 November 2019.
12: *Sapiens,* Yuval Noah Harari (Vintage, 2015), p. 242.
13: *Not Born Yesterday,* Hugo Mercier (Princeton University Press, 2020), p. 123.
14: *Inside the Conversion Tactics of the Early Christian Church*, Bart D. Ehrman, History.com, 29 March 2018.
15: *Sin and Fear,* Jean Delumeau (St Martin's Press, 1990), pp. 365, 380.
16: 'Medieval Muslim societies', Uncredited author, Khanacademy.org.
17: *Inside the Conversion Tactics of the Early Christian Church*, Bart D. Ehrman, History.com, 29 March 2018.
18: *A Little History of Religion,* Richard Holloway (Yale University Press, 2016), pp. 124–150.
19: *The Weirdest People in the World*, Joseph Henrich (Penguin, 2020), pp. 182, 185
20: *The Weirdest People in the World*, Joseph Henrich (Penguin, 2020), pp. 183–184.
21: *Sin and Fear,* Jean Delumeau (St Martin's Press, 1990), p. 2.
22: *The Reformation,* Peter Marshall (Oxford University Press, 2009), pp. 43–44.
23: *The Weirdest People in the World*, Joseph Henrich (Penguin, 2020), p. 185.
24: *The Renaissance,* Jerry Brotton (Oxford University Press, 2006), p. 69.
25: *The Weirdest People in the World*, Joseph Hen-

rich (Penguin, 2020), p. 189.
26: *The Weirdest People in the World*, Joseph Henrich (Penguin, 2020), p. 319.
27: *The Weirdest People in the World*, Joseph Henrich (Penguin, 2020), p. 447.
28: Work, Andrea Komlosy (Verso, 2018). Kindle locations 213, 229.
29: *The Weirdest People in the World*, Joseph Henrich (Penguin, 2020), p. 314.
30: *The Reformation,* Peter Marshall (Oxford University Press, 2009), p. 13.
31: *The Renaissance,* Jerry Brotton (Oxford University Press, 2006), p. 69.
32: *The Renaissance,* Jerry Brotton (Oxford University Press, 2006), p. 71.
33: *The Reformation,* Peter Marshall (Oxford University Press, 2009), p. 47.
34'we are all equally priests', wrote Luther: *The Reformation,* Peter Marshall (Oxford University Press, 2009), p. 80.
35: *The Weirdest People in the World*, Joseph Henrich (Penguin, 2020), pp. 9–10.
36: *The Weirdest People in the World*, Joseph Henrich (Penguin, 2020), p. 10.
37: *The Reformation,* Peter Marshall (Oxford University Press, 2009), pp. 19, 80.
38: *The Reformation,* Peter Marshall (Oxford University Press, 2009), p. 81.
39: *The Renaissance,* Jerry Brotton (Oxford University Press, 2006), pp. 90–91.
40: *Empire of Things,* Frank Trentmann (Allen Lane, 2016), pp. 38–40.
41: 'The 1363 English Sumptuary Law: A comparison with Fabric Prices of the Late Fourteenth-Century', Sarah Kelly Silverman, PhD thesis 2011.
42: 'Sumptuary Laws of the Middle Ages', www.lordsandladies.org/sumptuary-laws-middle-ages.htm.
43: *Empire of Things,* Frank Trentmann (Allen Lane, 2016), p. 39. 'a family without as much as an old broom': *Empire of Things,* Frank Trentmann (Allen Lane, 2016), p. 47.
44: *Empire of Things,* Frank Trentmann (Allen Lane, 2016), p. 32.
45: *Empire of Things,* Frank Trentmann (Allen Lane, 2016), p. 30.
46Giovanni Pontano, even wrote a treatise: 'The Economic and Social World of Italian Renaissance Maiolica', R. Goldthwaite, *Renaissance Quarterly,* 1989. 42(1), 1–32.
47: *The Civilizing Process,* Norbert Elias (Blackwell, 2000), p. 51.
48: *Empire of Things,* Frank Trentmann (Allen Lane, 2016), p. 29.
49: 'The Economic and Social World of Italian Renaissance Maiolica', R. Goldthwaite, *Renaissance Quarterly,* 1989, 42 (1), 1–32.
50: *A Culture of Growth*, Joel Mokyr (Princeton University Press, 2016), p. 146.
51: *The Renaissance,* Jerry Brotton (Oxford University Press, 2006), pp. 26–27.
52: *A Culture of Growth*, Joel Mokyr (Princeton University Press, 2016), p. 152.
53: *A Culture of Growth*, Joel Mokyr (Princeton University Press, 2016), p. 153.
54: *A Culture of Growth*, Joel Mokyr (Princeton University Press, 2016), p. 154.
55: *A Culture of Growth*, Joel Mokyr (Princeton University Press, 2016), p. 204. モキールは次のように書いている「近世ヨーロッパでは、一部のスーパースターを除いて、知識人の社会的地位はまだかなり低かった。強力で地位の高いパトロンが、彼らに社会的地位の向上と同時に安定した生活の機会を与えた。このように、パトロネージは、創造的で教養ある人々が力を発揮するための強力なインセンティブを提供した」(p. 183).
56,57 モキールは次のように書いている「同業者の評価に基づく評判が重要であった」: *A Culture of Growth*, Joel Mokyr (Princeton University Press, 2016), p. 181.
58: *A Culture of Growth*, Joel Mokyr (Princeton University Press, 2016), pp. 201, 214.
59: *A Culture of Growth*, Joel Mokyr (Princeton University Press, 2016), pp. 189, 192, 199.
60: *A Culture of Growth*, Joel Mokyr (Princeton University Press, 2016), p. 198.
61: *Why Nations Fail*, Daron Acemoglu and James A. Robinson (Profile, 2012), pp. 155–156.
62: *Why Nations Fail*, Daron Acemoglu and James A. Robinson (Profile, 2012), p. 185.
63: *Why Nations Fail*, Daron Acemoglu and James A. Robinson (Profile, 2012), pp. 102–103.
64: *Empire of Things,* Frank Trentmann (Allen Lane, 2016), p. 60.
65: 'The Spread of Improvement: Why Innovation Accelerated in Britain 1547–1851', Anton Howes, Working Paper April 2017.
66: British Clubs and Societies 1580–1800: The Or-

igins of an Associational World, Peter Clark (Oxford University Press, 2000).
67: *A Culture of Growth*, Joel Mokyr (Princeton University Press, 2016), p. 222.
68: 'The Spread of Improvement: Why Innovation Accelerated in Britain 1547–1851', Anton Howes, Working Paper April 2017.
69: 'Age of Invention: England's Peculiar Disgrace', Anton Howes, Newsletter 14 April 2020.
70: 'Mind over Matter: Access to Knowledge and the British Industrial Revolution', Dissertation, J. Dowey, London School of Economics and Political Science, 2017.
71: 'Age of Invention: Higher Perfection', Anton Howes, Newsletter 19 December 2019.
72: 'Adam Smith and Thorstein Veblen on the Pursuit of Status Through Consumption versus Work', Jon Wisman, *Cambridge Journal of Economics*, 2019, 43, 17–36. 10.1093/cje/bey015.
73: All the statistics from this section are from *Enlightenment Now,* Steven Pinker (Allen Lane, 2019).

第二五章

本章は私の著書『*Selfie*』（2015）をもとにしている。
1: *The Rise and Fall of American Growth,* Robert J. Gordon (Princeton University Press, 2016), p. 617.
2: 'Mrs Thatcher: The First Two Years', Ronald Butt, *Sunday Times,* 1 May 1981.
3: 'Fitting In or Standing Out: Trends in American Parents' Choices for Children's Names, 1880–2007', Jean M. Twenge et al., *Social Psychological and Personality Science,* 2010, 1(1), 19–25.
4: 'Hey, I'm Terrific!', Jerry Adler, *Newsweek,* 17 February 1992.
5: *The Age of Entitlement,* Christopher Caldwell (Simon & Schuster, 2020), p. 128.
6: Generation Me, Jean Twenge (Atria, 2006), p. 99.
7: 'Children say being famous is best thing in world', Andrew Johnson and Andy McSmith, *Independent,* 18 December 2006.
8: 'Front-facing cameras were never intended for *Selfies*', Anne Quito, qz.com, 26 October 2017.
9: 'Taking Selfies Destroys Your Confidence and Raises Anxiety, a Study Shows. Why Are You Still Doing It?', Minda Zetlin, Inc., 31 May 2019.
10: *Bowling Alone,* Robert D. Putnam (Simon & Schuster, 2001), pp. 27, 16, 183.
11: The South Bank Show, 9 November 1980.
12: 'Conspicuous Consumption of Time: When Busyness and Lack of Leisure Time Become a Status Symbol', Silvia Bellezza, Paharia Neeru and Keinan Anat, *Journal of Consumer Research* 44, June 2017, no. 1, 118–138.
13: Interviews, Professor Gordon Flett, Professor Rory O'Connor.
14: 'Perfectionism Is Increasing Over Time: A Meta-Analysis of Birth Cohort Differences From 1989 to 2016', Thomas Curran and Andrew Hill, *Psychological Bulletin*, 2017, 145. 10.1037/bul0000138.
15: '69 of the richest 100 entities on the planet are corporations', Uncredited author, *Global Justice Now*, 17 October 2018.
16: twitter.com/olifranklin/status/1354547507574034432?s=03
'Apple surpasses $100 billion in quarterly revenue for first time in its history', Chris Welch, The Verge, 27 January 2021. 'Apple Becomes First U.S. Company Worth More Than $2 Trillion', Sergei Klebnikov, Forbes, 19 August 2020. Between 1978 and 2014, inflation-adjusted CEO pay: 'Top CEOs make more than 300 times the average worker', Paul Hodgson, Fortune Magazine, 22 June 2015.
17 : *The Value of Everything*, Mariana Mazzucato (Allen Lane, 2018), p. xiii. in the UK: the richest one per cent: 'Britain must close the great pay divide', Danny Dorling, *Guardian,* 28 November 2010.
18: 'Real wages have been falling since the 1970s and living standards are not about to recover', Institute of Employment Rights, 31 January 2014.
19:www.statista.com/statistics/414896/employees-with-zero-hours-contracts-number/.
20: *The Precariat,* Guy Standing (Bloomsbury, 2016). Kindle location 112.
21: Jean M. Twenge, Sara H. Konrath, A. Bell Cooper, Joshua D. Foster, W. Keith Campbell, Cooper McAllister, 'Egos deflating with the Great Recession: A cross-temporal meta-analysis and within-campus analysis of the Narcissistic Personality Inventory, 1982–2016', *Personality and Individual Differences*, volume 179.

第二六章

1: The Enlightenment, John Robertson (Oxford University Press, 2015), p. 63.
2Gustave Le Bon wrote: *The Ape that Understood the Universe*, Steve Stewart-Williams (Cambridge University Press, 2018), p. 64.

3: このような見方はよくあることだった。デヴィッド・スローン・ウィルソンは、『人間をヨーロッパ人を頂点とする人種のヒエラルキーに並べなかった主要人物を見つけるのは難しい』と書いている。' *This View of Life*, David Sloan Wilson (Pantheon, 2019). Kindle location 285.
4: *Inventing Human Rights*, Lynn Hunt (W. W. Norton & Company), p. 135.
5: *Inventing Human Rights*, Lynn Hunt (W. W. Norton & Company), p. 76.
6: *Inventing Human Rights*, Lynn Hunt (W. W. Norton & Company), p. 95.
7: *Inventing Human Rights*, Lynn Hunt (W. W. Norton & Company), p. 77.
8: *Inventing Human Rights*, Lynn Hunt (W. W. Norton & Company), p. 97.
9: www.historyextra.com/period/20th-century/what-was-the-1918-representation-of-the-people-act/.
10: *The Goodness Paradox,* Richard Wrangham (Profile, 2019). Kindle location 2346.
11: *Inventing Human Rights*, Lynn Hunt (W. W. Norton & Company), p. 77.
12: 'The persistence of racial discrimination in hiring', Lincoln Quillian, Devah Pager, Ole Hexel, Arnfinn H. Midtbøen, *Proceedings of the National Academy of Sciences*, September 2017, 201706255; https://doi.org/10.1073/pnas.1706255114.
13: 'Do Some Countries Discriminate More Than Others?', Uncredited author, Institute for Policy Research, 18 June 2019.
14: *Status,* Cecilia L. Ridgeway (Russell Sage Foundation, 2019), p. 119.
15: 'The neural substrates of in-group bias: a functional magnetic resonance imaging investigation', J. J. Van Bavel, D. J. Packer, W. A. Cunningham, *Psychological Science,* November 2008, 19 (11):1131–9. doi:10.1111/j.1467-9280.2008.02214.x. PMID: 19076485.
16: The Reykjavik Index for Leadership survey on behalf of the World Economic Forum, www.weforum.org/agenda/2018/12/women-reykjavik-index-leadership/.
17: 'Men and things, women and people: a meta-analysis of sex differences in interests', R. Su, J. Rounds, P. I. Armstrong, *Psychological Bulletin* November 2009, 135 (6):859–884. https://doi.org/10.1037/a0017364. PMID: 19883140.
18: 'The Science of Gender and Science: Pinker vs. Spelke', *Debate,* 16 June 2005, transcript: www.edge.org/event/the-science-of-gender-and-science-pinker-vs-spelke-a-debate.
19: イギリス貴族の娘ナンシー・ミットフォーフォードについては www.unz.com/print/Encounter-1955sep-00005. イートン校の「新入生ガイド」は www.etoncollege.com/glossary.aspx で公開されていた。ただし私のリサーチでは 2021 年 1 月に削除されていた。
20: *Posh Boys*, Robert Verkaik (OneWorld, 2018), p. 141.
21: *Posh Boys*, Robert Verkaik (OneWorld, 2018), p. 21.
22: *Engines of Privilege*, David Kynaston (Bloomsbury, 2019), p. 15.
23: 'Private school and Oxbridge "take top jobs"', Sean Coughlan and David Brown, BBC News, 24 June 2019.
24: *Engines of Privilege*, David Kynaston (Bloomsbury, 2019), p. 4.
25: *Engines of Privilege*, David Kynaston (Bloomsbury, 2019), p. 6.
26: More elitist than we thought', Hannah Richardson, BBC News, 20 October 2017.
27: 'Private school and Oxbridge "take top jobs"', Sean Coughlan and David Brown, BBC News, 24 June 2019.
28: *Social Class in the 21st Century,* Mike Savage (Pelican, 2015), p. 222.
29: *Posh Boys*, Robert Verkaik (OneWorld, 2018), p. 140.
30: *Social Class in the 21st Century* (Pelican, 2015), p. 204.
31: *Social Class in the 21st Century* (Pelican, 2015), p. 213.
32: Chinese ethnic group biggest earners in the UK', Uncredited author, BBC News, 9 July 2019.
33: Entry rates into higher education, 24 August 2020, www.ethnicity-facts-figures.service.gov.uk/.
34: 'Asian women and men earned more than their White, Black, and Hispanic counterparts in 2017', 29 August 2018, www.bls.gov.

第二七章

1: 'Britain's Choice: Common Ground and Division in 2020s Britain', October 2020, More in Common Report.
2: 'The Emerging Millennial Wealth Gap: Divergent Trajectories, Weak Balance Sheets, and Implications for Social Policy', Report, Reid Cramer et al., New

America, October 2019.
3: 'Average Student Loan Debt in America: 2019 Facts & Figures', Justin Song, Value Penguin, 4 January 2021.
4: Student loan statistics, Paul Bolton, House of Commons Library, 9 December 2020.
5: 'Britain's Choice: Common Ground and Division in 2020s Britain', More in Common Report, October 2020. Additional information via private communication with study co-author Tim Dixon.
6: 'Almost a third of graduates "overeducated" for their job', Uncredited author, BBC News, 29 April 2019.
7: Graduate wellbeing recorded in the Graduate Outcomes survey, Office for Students report, 8 December 2020.
8: About 13.1 Percent Have a Master's, Professional Degree or Doctorate, American Counts Staff, census.gov, 21 February 2019.
9: '41% of Recent Grads Work in Jobs Not Requiring a Degree', Elizabeth Redden, insidehighered.com, 18 February 2020.
10: 'Almost a third of graduates "overeducated" for their job', Uncredited author, BBC News, 29 April 2019. '41% of Recent Grads Work in Jobs Not Requiring a Degree', Elizabeth Redden, insidehighered.com, 18 February, 2020.
11: 'Keynes was wrong. Gen Z will have it worse', Malcom Harris, *MIT Technology Review*, 16 December 2019.
12: 'US Attitudes Toward Socialism, Communism and Collectivism', YouGov, October 2019.
13: 'Intellectuals and Resentment Toward Capitalism', T. Cushman, Sociology, 2012, 49, 247–255.
14: Reversing the Democratic Disconnect?', R. S. Foa, A. Klassen, D. Wenger, A. Rand and M. Slade, 2020, Cambridge, United Kingdom: Centre for the Future of Democracy.
15: 'Democracy: Millennials are the most disillusioned generation "in living memory"' – global study, News release, University of Cambridge, 19 October 2020.
16: *Red, Blue and Purple America: The Future of Election Demographics*, Alan Abramowitz and Roy Teixeira (Brookings Institution Press, 2008), p. 110.
17: 'A new theory for why Trump voters are so angry – that actually makes sense', Jeff Guo, *Washington Post,* 8 November 2016.
18: *Status,* Cecilia L. Ridgeway (Russell Sage Foundation, 2019), p. 53.
19: *National Populism,* Roger Eatwell and Matthew Goodwin, (Pelican Books, 2018), p. xxii.
20: *National Populism,* Roger Eatwell and Matthew Goodwin (Pelican Books, 2018), p. 129.
21: *National Populism,* Roger Eatwell and Matthew Goodwin (Pelican Books, 2018), p. ix.
22: *National Populism,* Roger Eatwell and Matthew Goodwin (Pelican Books, 2018), p. 32.
23: *National Populism,* Roger Eatwell and Matthew Goodwin (Pelican Books, 2018), p. 212.
24：http://me.me/i/rani-molla-ranimolla-follow-oh-shut-the-fuck-up-how-0ac67c62de214f79af249d3c17487ab4.
25: *National Populism,* Roger Eatwell and Matthew Goodwin (Pelican Books, 2018), p. 106. 41 per cent of white millennials: *National Populism,* Roger Eatwell and Matthew Goodwin (Pelican Books, 2018), p. 10.
26: *National Populism,* Roger Eatwell and Matthew Goodwin (Pelican Books, 2018), p. 26.
27: *National Populism,* Roger Eatwell and Matthew Goodwin (Pelican Books, 2018), p. 26.
28: *National Populism,* Roger Eatwell and Matthew Goodwin (Pelican Books, 2018), p. 28.
29: 'Britain's Choice: Common Ground and Division in 2020s Britain', More in Common Report, October 2020.
30: 'Starbucks new limited-edition Mermaids Cookie is making a splash!', Press Release, 2 February 2020.
31: www.youtube.com/watch/koPmuEyP3a0. 'If you're dressing up for #Huluween this year': 'Hulu deletes tweet about wearing "respectful" Halloween costume', Audra Schroeder, The Daily Dot, 17 October 2018.
32:「大英図書館長は同僚が『労働党議員ダイアン・アボットの活動を支援するよう求められた』後、上司がBLM運動をきっかけにディスプレイの変更を要求したとしてこの発言をしている」Katie Feehan, Mail Online, 30 August 2020.
33: 'I am looking forward to comedy's future in the woke world', Nica Burns, chortle.co.uk, 5 August 2018.
34: 'APA calls for true systemic change in U.S. Culture', Zara Abrams, apa.org, 1 September 2020.
35: 'When Racism Is Fit to Print', Andrew Sullivan, *New York Magazine,* 3 August 2018.
36: 'The Campus Diversity Swarm', Mark Pulliam, *City Journal*, 10 October 2018.

37: 'The Downside of Diversity', Anthony Kronman, *Wall Street Journal*, 2 August 2019.
38: 'The rise of universities' diversity bureaucrats', B.S., *The Economist*, 8 May 2018.
39: 'The Big Business of Unconscious Bias', Nora Zelevansky, *New York Times,* 20 November 2019.
40: *Diversity Inc.*, Pamela Newkirk (Bold Type, 2019). Kindle location 2608.
41: 'The Big Business of Unconscious Bias', Nora Zelevansky, *New York Times,* 20 November 2019.
42: *Diversity Inc.*, Pamela Newkirk (Bold Type, 2019). Kindle location 2621.
43: 'The Big Business of Unconscious Bias', Nora Zelevansky, *New York Times,* 20 November 2019.
44: *Diversity Inc.*, Pamela Newkirk (Bold Type, 2019). Kindle location 2660.
45: *Diversity Inc.*, Pamela Newkirk (Bold Type, 2019). Kindle location 2737.
46: *Diversity Inc.*, Pamela Newkirk (Bold Type, 2019). Kindle location 2608.
47: 'Obscene federal "diversity training" scam prospers – even under Trump', Christopher F. Rufo, New York Post, 16 July 2020.
48: 'Star-studded Time's Up charities spent big on salaries, little on helping victims', Isabel Vincent and Paula Froelich, New York Post, 28 November 2020.
49,50 : *The New Minority,* Justin Gest (Oxford University Press, 2016), pp. 20–23.
51: *The New Minority,* Justin Gest (Oxford University Press, 2016), p. 22. average income of just $14,996: *The New Minority,* Justin Gest (Oxford University Press, 2016), p. 92.
52: *The New Minority,* Justin Gest (Oxford University Press, 2016), p. 159.
53,54: *The New Minority,* Justin Gest (Oxford University Press, 2016), p. 113.
55: *The New Minority,* Justin Gest (Oxford University Press, 2016), p. 136.
56: *The New Minority,* Justin Gest (Oxford University Press, 2016), p. 95. African, Afro-Caribbean,
57: *The New Minority,* Justin Gest (Oxford University Press, 2016), p. 47.
58: *The New Minority,* Justin Gest (Oxford University Press, 2016), pp. 44–45.
59: *The New Minority,* Justin Gest (Oxford University Press, 2016), p. 162.
60: *The New Minority,* Justin Gest (Oxford University Press, 2016), p. 73.
61, Gest heard the 'I'm not racist, but …': *The New Minority,* Justin Gest (Oxford University Press, 2016), p. 72.
62: *The New Minority,* Justin Gest (Oxford University Press, 2016), p. 61.
63: *The New Minority,* Justin Gest (Oxford University Press, 2016), p. 52.

第二八章

1: *Communism,* Richard Pipes (Weidenfeld & Nicolson, 2001), p. 1.
2: *Communism,* Richard Pipes (Weidenfeld and Nicolson, 2001), p. 2.
3: *Communism,* Richard Pipes (Weidenfeld & Nicolson, 2001), pp. ix–xi.
4: *Communism,* Richard Pipes (Weidenfeld & Nicolson, 2001), p. 9.
5,6: *Communism,* Richard Pipes (Weidenfeld & Nicolson, 2001), p. 10.
7: *Communism,* Richard Pipes (Weidenfeld & Nicolson, 2001), p. 12.
8,9: *Marx,* Peter Singer (Oxford University Press, 2000), p. 35.
10: *Marx,* Peter Singer (Oxford University Press, 2000), p. 63.
11: *Communism,* Richard Pipes (Weidenfeld & Nicolson, 2001), p. 13.
12: *Communism,* Richard Pipes (Weidenfeld & Nicolson, 2001), p. 68.
13: *Communism,* Leslie Holmes (Oxford University Press, 2009), p. 399.
14: *Lenin The Dictator*, Victor Sebestyen (Weidenfeld & Nicolson, 2018), p. 45.
15: Lenin, Robert Service (Macmillan, 2000), p. 59.
16: Lenin The Dictator, Victor Sebestyen (Weidenfeld & Nicolson, 2018), p. 47.
17: Lenin, Robert Service (Macmillan, 2000), p. 59.
18: Lenin, Robert Service (Macmillan, 2000), p. 62.
19 : Lenin The Dictator, Victor Sebestyen (Weidenfeld & Nicolson, 2018), p. 47.
20: Lenin The Dictator, Victor Sebestyen (Weidenfeld & Nicolson, 2018), p. 47.
21: *Communism,* Richard Pipes (Weidenfeld & Nicolson, 2001), p. 28.
22: *Communism,* Leslie Holmes (Oxford University Press, 2009). Kindle location 522.
23: *How to be a Dictator,* Frank Dikötter (Bloomsbury, 2019). Kindle location 1332.
24: *Revolutionary Russia 1891–1991,* Orlando Figes (Pelican, 2014). Kindle location 1484.

25: *Communism,* Leslie Holmes (Oxford University Press, 2009), p. 379.
26: http://www.orlandofiges.info/section6_TheOctoberRevolution1917/RevolutionandRevenge.php.
27: *Revolutionary Russia 1891–1991,* Orlando Figes (Pelican, 2014). Kindle location 1674.
28: *Revolutionary Russia 1891–1991,* Orlando Figes (Pelican, 2014). Kindle location 1674.
29: *Communism,* Leslie Holmes (Oxford University Press, 2009). Kindle location 543.
30: *How to be a Dictator,* Frank Dikötter (Bloomsbury, 2019). Kindle location 1328.
31: *Revolutionary Russia 1891–1991,* Orlando Figes (Pelican, 2014). Kindle location 1891.
32: *Revolutionary Russia 1891–1991,* Orlando Figes (Pelican, 2014). Kindle location 1854.
33: Lenin The Dictator, Victor Sebestyen (Weidenfeld and Nicolson, 2018), p. 394.
34: Lenin The Dictator, Victor Sebestyen (Weidenfeld & Nicolson, 2018), p. 396. https://www.marxists.org/archive/lenin/works/1918/aug/11c.htm.
35: *Everyday Stalinism*, Sheila Fitzpatrick (Oxford University Press, 1999), p. 5.
36: *Revolutionary Russia 1891–1991,* Orlando Figes (Pelican, 2014). Kindle location 1854.
37: *Revolutionary Russia 1891–1991,* Orlando Figes (Pelican, 2014). Kindle location 1850.
38: *Communism,* Leslie Holmes (Oxford University Press, 2009), p. 562.
39: *The God That Failed*, Richard Crossman (editor), (Harper Colophon, 1963), pp. 15–75.
40: *Revolutionary Russia 1891–1991,* Orlando Figes (Pelican, 2014). Kindle location 2184.
41: *Revolutionary Russia 1891–1991,* Orlando Figes (Pelican, 2014). Kindle location 2272. 'new exploitation of the proletariat': *Revolutionary Russia 1891–1991,* Orlando Figes (Pelican, 2014). Kindle location 2193.
42: *How to be a Dictator,* Frank Dikötter (Bloomsbury, 2019). Kindle location 1328.
43: *Revolutionary Russia 1891–1991,* Orlando Figes (Pelican, 2014). Kindle location 2411.
44: *Harvest of Sorrow,* Robert Conquest (Vintage, 2002). Kindle location 1822.
45: *Communism,* Richard Pipes (Weidenfeld & Nicolson, 2001), p. 58.
46: *Revolutionary Russia 1891–1991,* Orlando Figes (Pelican, 2014). Kindle location 2452.
47: *Revolutionary Russia 1891–1991,* Orlando Figes (Pelican, 2014). Kindle location 2475.
48: *Harvest of Sorrow,* Robert Conquest (Vintage, 2002). Kindle location 3020.
49: *Harvest of Sorrow,* Robert Conquest (Vintage, 2002). Kindle location 3038.
50: *Cannibal Island,* Nicolas Werth (Princeton University Press, 2007), p. 129.
51: *Cannibal Island,* Nicolas Werth (Princeton University Press, 2007), p. 139.
52: *Cannibal Island,* Nicolas Werth (Princeton University Press, 2007), p. 141.
53: *Cannibal Island,* Nicolas Werth (Princeton University Press, 2007), p. xiv.
54: *Revolutionary Russia 1891–1991,* Orlando Figes (Pelican, 2014). Kindle location 2449.
55: *Revolutionary Russia 1891–1991,* Orlando Figes (Pelican, 2014). Kindle location 2487.
56: *Harvest of Sorrow,* Robert Conquest (Vintage, 2002). Kindle location 2807.
57: *Communism,* Richard Pipes (Weidenfeld & Nicolson, 2001), p. 59.
58: *How to be a Dictator,* Frank Dikötter (Bloomsbury, 2019). Kindle location 1515.
59: *Communism,* Richard Pipes (Weidenfeld & Nicolson, 2001), p. 60.
60: *Revolutionary Russia 1891–1991,* Orlando Figes (Pelican, 2014). Kindle location 2504.
61: *Everyday Stalinism*, Sheila Fitzpatrick (Oxford University Press, 1999), p. 2.
62: *Revolutionary Russia 1891–1991,* Orlando Figes (Pelican, 2014). Kindle location 2328.
64: Caviar with Champagne, Jukka Gronow (Berg, 2003), p. 2.
65: *Revolutionary Russia 1891–1991,* Orlando Figes (Pelican, 2014). Kindle location 2352.
66: *Everyday Stalinism*, Sheila Fitzpatrick (Oxford University Press, 1999), p. 19. over half a
67: *Revolutionary Russia 1891–1991,* Orlando Figes (Pelican, 2014). Kindle location 2719.
68: *Everyday Stalinism*, Sheila Fitzpatrick (Oxford University Press, 1999), pp. 19–20.
69,70: *Everyday Stalinism*, Sheila Fitzpatrick (Oxford University Press, 1999), p. 7.
71: *Everyday Stalinism*, Sheila Fitzpatrick (Oxford University Press, 1999), p. 5.
72: *Everyday Stalinism*, Sheila Fitzpatrick (Oxford University Press, 1999), p. 7.
73: *Everyday Stalinism*, Sheila Fitzpatrick (Oxford University Press, 1999), p. 20.

74: *Everyday Stalinism*, Sheila Fitzpatrick (Oxford University Press, 1999), p. 19.
75: *Revolutionary Russia 1891–1991,* Orlando Figes (Pelican, 2014). Kindle location 3208.
76: *Everyday Stalinism*, Sheila Fitzpatrick (Oxford University Press, 1999), p. 208.
77: *The Rise of Victimhood Culture*, Jason Manning and Bradley Campbell (Palgrave Macmillan, 2018). Kindle location 1634.
78: *Everyday Stalinism*, Sheila Fitzpatrick (Oxford University Press, 1999), p. 198.
79: *Everyday Stalinism*, Sheila Fitzpatrick (Oxford University Press, 1999), p 204.
80: *Everyday Stalinism*, Sheila Fitzpatrick (Oxford University Press, 1999), p. 208.
81: *Everyday Stalinism*, Sheila Fitzpatrick (Oxford University Press, 1999), p. 209.
82: *Revolutionary Russia 1891–1991,* Orlando Figes (Pelican, 2014). Kindle location 3242.
83: *Communism,* Richard Pipes (Weidenfeld & Nicolson, 2001), p. 63.
84: *Communism,* Richard Pipes (Weidenfeld & Nicolson, 2001), p. 65.
85,86: *Revolutionary Russia 1891–1991,* Orlando Figes (Pelican, 2014). Kindle location 3080. One and a half million ordinary Russians were arrested by the secret police: *How to be a Dictator,* Frank Dikötter (Bloomsbury, 2019). Kindle location 1546.
87: *Revolutionary Russia 1891–1991,* Orlando Figes (Pelican, 2014). Kindle location 3066. All of
88: According to Pipes: 'In his 'Testament,' Lenin listed six leading Communists as his potential successors; all but one – Stalin – perished.' *Communism,* Richard Pipes (Weidenfeld & Nicolson, 2001), p. 64.
89: Caviar with Champagne, Jukka Gronow (Berg, 2003), p. 11.
90: *Everyday Stalinism*, Sheila Fitzpatrick (Oxford University Press, 1999), p. 6.
91: *Everyday Stalinism*, Sheila Fitzpatrick (Oxford University Press, 1999), p. 86.
92: workers, peasants and intelligentsia: Caviar with Champagne, Jukka Gronow (Berg, 2003), p. 5.
93: *Everyday Stalinism*, Sheila Fitzpatrick (Oxford University Press, 1999), pp. 106–107.
94: *Why Nations Fail*, Daron Acemoglu and James A. Robinson (Profile, 2012), p. 129.
95: *Communism,* Richard Pipes (Weidenfeld & Nicolson, 2001), p. 57.
96 : Revolutionary Russia 1891–1991, Orlando Figes (Pelican, 2014). Kindle location 2844.
97: Revolutionary Russia 1891–1991, Orlando Figes (Pelican, 2014). Kindle location 2755.
98: Caviar with Champagne, Jukka Gronow (Berg, 2003), p. 12.
99: Caviar with Champagne, Jukka Gronow (Berg, 2003), p. 13.
100: Caviar with Champagne, Jukka Gronow (Berg, 2003), p. 22.
101: Caviar with Champagne, Jukka Gronow (Berg, 2003), p. 50.
102: Caviar with Champagne, Jukka Gronow (Berg, 2003), p. 36.
103: Everyday Stalinism, Sheila Fitzpatrick (Oxford University Press, 1999), p. 90.
104: Caviar with Champagne, Jukka Gronow (Berg, 2003), pp. 74–75.
105: Caviar with Champagne, Jukka Gronow (Berg, 2003), p. 94. Restaurants … promoting themselves as superior: Caviar with Champagne, Jukka Gronow (Berg, 2003), pp. 109–115.
106: 'Social Stratification and Mobility in the Soviet Union: 1940-1950', A. Inkeles, American Sociological Review, 1950, 15(4), 465–479.
107: *Everyday Stalinism*, Sheila Fitzpatrick (Oxford University Press, 1999), pp. 11–12.
108: Caviar with Champagne, Jukka Gronow (Berg, 2003), p. 12.
109: *Everyday Stalinism*, Sheila Fitzpatrick (Oxford University Press, 1999), p. 16.
110: *Everyday Stalinism*, Sheila Fitzpatrick (Oxford University Press, 1999), p. 168.
111: *Everyday Stalinism*, Sheila Fitzpatrick (Oxford University Press, 1999), p. 96.
112: Caviar with Champagne, Jukka Gronow (Berg, 2003), p. 123.
113: Caviar with Champagne, Jukka Gronow (Berg, 2003), p. 125.
114: *Everyday Stalinism*, Sheila Fitzpatrick (Oxford University Press, 1999), p. 98.
115: *Everyday Stalinism*, Sheila Fitzpatrick (Oxford University Press, 1999), pp. 101–102.
116: *Everyday Stalinism*, Sheila Fitzpatrick (Oxford University Press, 1999), pp. 99–100.
117: *Everyday Stalinism*, Sheila Fitzpatrick (Oxford University Press, 1999), p. 105.
118: Caviar with Champagne, Jukka Gronow (Berg, 2003), p. 127.
119: *Communism,* Richard Pipes (Weidenfeld & Nic-

olson, 2001) p. 65.
120: *Communism,* Richard Pipes (Weidenfeld & Nicolson, 2001), p 7.
121: *Communism,* Richard Pipes (Weidenfeld & Nicolson, 2001), p. 3.

第二九章

1: 'The role of morality in social cognition', J. L. Ray, P. Mende-Siedlecki, A. P. Gantman and J. J. Van Bavel (in press), in *The Neural Bases of Mentalizing*, K. Ochsner and M. Gilead (Eds.) (Springer Press).
2: 'Universal dimensions of social cognition: Warmth and competence', S. T. Fiske, A. J. Cuddy and P. Glick, *Trends in Cognitive Sciences*, 11, 77–83.
3: この魅力的な論文は、人々がポジティブなイメージを作り上げるために用いる戦略として、「思い上がり、謙遜、偽善、裏表のない褒め言葉」を取り上げているが、これらは「失敗に終わることが多い」。研究者は、「人間は印象管理に関してかなり無能である」と結論付けている。日常的な問題としては、自己の地位を高めることが聴衆に与える感情的な影響を予測することが苦手であることが挙げられる。私たちは、自分が幸福を感じたことは当然他の人も幸福にすると考えているがそうではない。また、名声に基づくステータスは、勝者によって宣言されるのではなく、他の人々によって与えられるという、ゲームの基本的な誤解を表している。しかし、いくつかの興味深い点が追加された。第一に、私たちの努力が成功したのは、天性の才能というよりは努力のおかげであり、天性の才能にはあまり値しないように見えるため、より腹立たしいと思われるだろう。第二に、そして喜ばしいことに、私たちは失敗の告白がどのように行われるかを予測することも苦手である。人々は観察者が「実際よりも、事故や失敗について厳しく判断する」と信じがちである。しかし、私たちが誰かに自慢しない限り、親や恋人がいて、新しい地位の黄金の滴がトリクルダウンの原理で相手の方に流れていく可能性があるため、聴衆が私たちの勝利を喜ぶ可能性はほとんどない。
4: 'Cross-Cultural Investigation of Compliance Without Pressure: The "You Are Free to" Technique in France, Ivory Coast, Romania, Russia, and China', A. Pascual, C. Oteme, L. Samson et al., *Cross-Cultural Research*, 2012, 46 (4):394–416.
5: 'I'm free but I'll comply with your request: generalization and multidimensional effects of the "evoking freedom" technique'. N. Guéguen, R. V. Joule, S. Halimi-Falkowicz, A. Pascual, J. Fischer-Lokou and M. Dufourcq-Brana (2013), *Journal of Applied Social Psychology*, 43: 116–137.
6: *Happiness*, Daniel Nettle (Oxford University Press, 2005), pp. 156, 175.
7: *Status*, Cecilia L. Ridgeway (Russell Sage Foundation, 2019), p. 114.

◆著者

ウィル・ストー（Will Storr）

ジャーナリスト、作家。ガーディアン、サンデー・タイムズ、ザ・ニューヨーカー、ニューヨーク・タイムズなどに寄稿。著書にサンデー・タイムズのベストセラーリスト入りした『ストーリーテリングの科学（*The Science of Storytelling*）』（未邦訳、2019年）などがある。ナショナル・プレス・クラブ・アワード受賞。

◆訳者

風早さとみ（かざはや　さとみ）

明治学院大学大学院文学研究科修了。大学の非常勤講師等を経て、書籍翻訳に携わるようになる。これまでの訳書に『場所からたどるアメリカと奴隷制の歴史』（原書房）などがある。

ステータス・ゲームの心理学《しんりがく》
なぜ人《ひと》は他者《たしゃ》より優位《ゆうい》に立《た》ちたいのか

●

2022年7月28日　第1刷

著者……………ウィル・ストー
訳者……………風早《かざはや》さとみ
装幀……………村松道代
発行者……………成瀬雅人
発行所……………株式会社原書房
〒160-0022 東京都新宿区新宿 1-25-13
電話・代表　03(3354)0685
http://www.harashobo.co.jp/
振替・00150-6-151594
印刷…………新灯印刷株式会社
製本…………東京美術紙工協業組合

ISBN978-4-562-07194-4, printed in Japan